国家社会科学基金重大招投标项目“蒙古族语言生活调查”
（批准号：17ZDA316）
国家语委项目“中国语言资源保护工程·塔塔尔语”
（批准号:YB1624A119）

主　编　王远新
副主编　赵婷婷　曾雪雨
作　者　（按姓氏笔画排序）

马雯雯　王远新　孔鑫颖　安冉欣　孙茹义　吴　青
吴　玲　张丁戈　帕尔文·帕尔哈提　郑仲桦　赵婷婷
郭中发　曾雪雨

中央民族大学
“双一流”建设项目

语言田野调查实录（18）

LANGUAGE FIELDWORK MEMOIR XVIII

◎王远新/主编

中央民族大学出版社
China Minzu University Press

图书在版编目（CIP）数据

语言田野调查实录.18/王远新主编.--北京:中央民族大学出版社，2025.2.(2025.7重印)--ISBN 978-7-5660-2445-9

Ⅰ.H004.2

中国国家版本馆CIP数据核字第2024P1C204号

语言田野调查实录(18)

主　　编　王远新
责任编辑　买买提江·艾山
封面设计　布拉格
出版发行　中央民族大学出版社
　　　　　北京市海淀区中关村南大街27号　邮编:100081
　　　　　电话:(010)68472815(发行部)　传真:(010)68932751(发行部)
　　　　　　　(010)68932218(总编室)　　　　(010)68932447(办公室)
经 销 者　全国各地新华书店
印 刷 厂　北京鑫宇图源印刷科技有限公司
开　　本　787mm×1092mm　1/16　印张:27
字　　数　530千字
版　　次　2025年2月第1版　2025年7月第2次印刷
书　　号　ISBN 978-7-5660-2445-9
定　　价　98.00元

目　录

田野调查通论

田野调查方法

语言本体调查

语言生活调查

语文教育调查

语言调查综述

Contents

General Introduction of Fieldwork

Fieldwork Methodology

Language Investigation

Language Life Survey

Language Education Survey

Summary of Language Investigation

田野调查通论

马学良先生对年轻学人的扶持以及在语言学领域的重要贡献

王远新*

【摘要】 回忆著名语言学家马学良先生扶持年轻学人的往事，从强调语言田野调查、注重语言学的应用研究、重视跨学科研究三方面阐述马学良先生在语言学领域的重要贡献，认为追述马学良先生的学术思想，不仅是为了回忆他的学术贡献以及对后学的恩泽，更重要的是要更好地学习他博大的胸怀和高尚的品格，更好地传承他的学术思想和治学理念。

【关键词】 马学良，治学理念，语言学贡献

马学良先生一生教书育人，在学术研究、少数民族语言文学以及相关学科的建设和发展、人才培养等方面均做出了奠基性贡献。限于时间，我的发言①主要谈两个主题，即先生对年轻学人的扶持和他在语言学领域的重要贡献。

一、马学良先生对年轻学人的扶持

我是中央民族大学的“土著”，1978 年读本科，后来的硕士和博士也都是在中央民族大学读的。我 1982 年本科毕业留校，在先生任系主任、兼任语言学教研室主任的少数民族语言文学系语言学教研室工作，直至 1999 年先生仙逝，与先生的接触时间有 21 年。在这 21 年里，本科和硕士期间多次聆听过先生的专题讲座，博士则拜入其门下。耳濡目染先生做人做事、学术大家的风范，使我终身受益。

马学良先生宽以待人、扶持后学的事迹，早已传为佳话。比如在特殊年代

---

*王远新（1958—），男，中央民族大学中国少数民族语言文学学院二级教授，博士研究生导师，主要从事中国少数民族语言和社会语言学研究。

① 本文是笔者在“马学良先生诞辰 110 周年纪念会暨马学良学术思想研讨会（2023-11-25）”上的发言稿。

里对“白专”学生的保护、对“文化大革命”期间批斗过他的弟子的宽容、对年轻教师的一贯提携等，不一而足。这里仅举三个与我本人有关的例子说明先生对年轻学人的扶持和恩泽。

第一个例子是1985年春季，我撰写了《语言民族学例证：论哈萨克人“东、西、南、北”概念的形成和发展》的论文，请先生审阅指正。出乎意料的是，没过几天，先生就让他的助手范慧娟老师把我叫到他14号楼的工作室，给了我一封邀请他出席“第二届全国两市一省理论语言学学术讨论会”[①]的邀请函，并当即给会议组织者、复旦大学中文系高天如教授书写了推荐信。推荐信的主要内容是他工作繁忙，无法抽身与会，并强调：“我系年轻教师写的论文以小见大，有理论价值。为了扶植年轻人尽快成长，特意推荐他代表我参会。”当时，学术会议不像现在这样频繁，与会者大都是国内名流，作为一个名不见经传的无名小辈能够参加这种档次的会议，无疑是一件十分荣耀的事情。先生是学术大师，能让我代表他参会，对初出茅庐的我是莫大的鼓励。

第二个例子是1992年冬季，我带着《中国民族语言学史》的打印稿，请先生审阅指正。一周后，年近80岁高龄的先生让助手范慧娟老师把我叫到他家中，和蔼地说：“你的大作我逐字逐句看了一遍，出乎我的意料，你为民族语言学的学科建设做了一件大事，很不容易。我从不会主动给人写序，今天破了例，主动为你写了序，你看看有哪些不合适的地方。”范慧娟老师接话说：“马先生是拿着放大镜看的，一个礼拜什么事都没干，白天晚上看你的书稿，这篇序言是马先生亲笔写的，改了好几次，我最后誊抄了一遍。”先生还让范慧娟老师给当时的中央民族学院出版社（现中央民族大学出版社）社长李耀宗教授打电话，让他来家里当面交代，希望这部书稿在中央民族学院出版社出版。李耀宗教授当即表态：“马先生极力推荐，我马上着手办理。”在当时出版经费十分紧张、出书极为困难的条件下，我的这部书稿得以顺利出版，这是我想都不敢想的。每当我回忆起当时的情景，感激之情油然而生。

第三个例子是1995年的某一天，先生约中国人民大学瞿霭堂教授、中国社会科学院罗美珍教授、中央民族大学黄布凡教授和我到他家讨论编写研究生教材《普通语言学教程》事宜。马先生是学术大师，其他几位教授也都是学术大家，而且都是我的长辈，我当时只是副教授，唯恐难以胜任、辜负先生的厚爱和编写组的期望。先生鼓励我说：“不要有顾虑，大家都是摸着石头过河，边学习边写作。你们年轻一代应该尽快成长起来，学术才能更好地发

① 1985年4月在复旦大学召开，两市一省指北京市、上海市、广东省，还邀请江苏省、香港地区的部分语言学家与会。

展。”这次写作以及编写组的讨论延续了一年多，这段时间里，我不仅从先生和诸位大家那里学到了很多知识，从先生那里学到了一丝不苟的治学态度以及处理学术争议的睿智，而且实实在在感受到了先生的大师风范和高尚品德，这些都使我终身受益。

二、马学良先生在语言学领域的重要贡献

马学良先生是学界公认的一代宗师，在人文社会科学诸多领域都有重要建树，在语言学特别是少数民族语言学领域的重大贡献更是学林皆知。比如，创建了中国少数民族语言学科、参与了新中国少数民族语言学科建设和发展的一系列重大决策、领导和参与了全国少数民族语言大调查、为无文字少数民族创制文字、开创了中国少数民族语言和汉语双语研究以及双语教学的先河、领导了多个学术组织……这里仅从先生强调语言田野调查、注重语言学的应用研究、倡导跨学科研究三个方面做简要的归纳，挂一漏万在所难免，不妥之处敬请各位同仁批评指正。

（一）强调语言田野调查

马学良先生1938年国立北京大学（现北京大学）中文系本科毕业后，考入该校中文系音韵训诂专业，师从罗常培、丁声树先生攻读研究生。1939年，李方桂先生从美国回国讲学，并调查研究西南少数民族语言。其间，罗常培、丁声树先生建议马先生跟随李先生学习描写语言学。李方桂先生当时已是世界著名学者，曾受业于美国描写语言学派代表人物布隆菲尔德（Leonard Bloomfield，1887—1949）等教授，并在人类语言学代表人物萨丕尔（Edward Sapir，1884—1939）的指导下，调查无文字的印第安语。1940年，李方桂先生指导先生赴云南省路南县（今石林彝族自治县）尾则村实习一个月，主要工作是调查记录撒尼彝语。这期间，在李方桂先生耳提面命的教导下，先生掌握了调查一种陌生语言的全部程序。先生回忆说（马学良述，瞿霭堂、劲松整理2000：24）：“这使我深感记音的技巧和准确性是一项必须下大力气练就的基本功……后来我在调查民族语言中的许多重要发现，都得益于从李方桂先生身上继承下来的严谨学风和严格的基本功。”实习结束后，先生在昆明继续调查撒尼彝语的长篇语料和词汇、语法系统，为研究生毕业论文做准备。1941年研究生毕业后，先生留在中央研究院历史语言研究所少数民族语言组任助理研究员，并在研究生毕业论文的基础上继续整理撒尼彝语的调查材料，将语音、

语法、长篇语料结合起来，撰写了我国第一部科学系统的少数民族语言研究专著《撒尼彝语研究》（中国科学院出版社 1950）。1949 年下半年，经罗常培先生推荐，先生到北京大学东方语文系执教。1951 年，应中央民族事务委员会之约，借调到刚成立的中央民族学院筹建民族语文系。中华人民共和国成立伊始，少数民族语言研究和学科建设都处在初创阶段，一切都要从头做起。创建语文系的首要任务是培训民族语言师资、编写教材和培养学生。在这一过程中，先生遵循李方桂先生的教诲（马学良述，瞿霭堂、劲松整理 2000：26）："描写语言学的精髓在于对具体的语言要具体分析，不能套用现成的理论框架，要根据语言事实揭示具体语言的独特的内部规律。"在后来几十年的学科建设、人才培养等工作中，先生始终强调语言田野调查获取第一手材料的重要性，倡导根据语言事实研究语言理论的求真务实学风。这一优良传统代代相传，成就了今天的中国少数民族语言学事业。

语文系初建时，为了尽快培养出新中国第一代民族语文研究者，先生根据自己多年学习和研究民族语的体会，在民族语教学方面特别强调语音学基本功的训练，认为只有过了语音关，才能真正掌握一门民族语。先生不顾教学管理工作的繁忙，亲自为前几期语言专业班的学生讲授语音学知识。与此同时，先生还让学生在所学语言的民族地区与当地民众"三同"（同吃、同住、同劳动），在语言田野调查的实践中学习和研究这种民族语言。先生将这种教学方法和人才培养模式作为一种制度确定下来，长期实践证明，这种制度对于民族语言研究人才的培养非常有效。

20 世纪 50 年代的全国民族语言大调查，先生不仅是组织者之一，而且担任第二工作队队长，主要负责苗瑶语调查和苗文的创制工作。在这项举世瞩目的语言工程中，先生呕心沥血、倾尽全力。先生一生在汉藏和阿尔泰语系语言调查研究方面，如辨析汉藏语系语言的松紧和长短元音及其功能、彝语音变规律、阿尔泰语系满语支语言送气清擦音，以及在调查记音和语料标注等方面的重要贡献，都是在田野调查获取第一手材料基础上取得的成果。这些贡献早已为学界知晓，但先生最早创立的语料标注方法却未能引起后人应有的重视。早在 20 世纪 40 年代，先生搜集、整理彝文经典，首次使用了四行标注法，即第一行为彝文原文，第二行为国际音标注音，第三行为逐字直译（汉译），第四行为汉文意译，加上详细的注解，注解甚至多于译文数倍。其主要成果见《倮文（彝文）作斋经译注》（《中央研究院历史语言研究所集刊》，1948 年第 20 本）、《作祭献药供牲经译注》（《中央研究院历史语言研究所集刊》，1949 年第 14 本）。关于彝语口语语料的搜集整理和标注研究，体现在先生 40 年代完成的研究生论文《撒尼彝语研究》（商务印书馆 1951）附录部分。该书附录了35则民间故事、传说、歌谣、谚语，均按国际音标注音、逐字对译、归纳意译三行标注法呈现。前述成果和这部著作附录的长篇语料不仅在客观上开了忠实记录、翻译和介绍少数民族文学的先河，为后来的少数民族民间文学搜集整理和研究做出了示范，还为读者验证结论或开发新课题提供了依据（马学良述，瞿霭堂、劲松整理 2000：221—222）。更重要的是，它为语料标注方法提供了示范，迄今仍为学界所沿用，较之“莱比锡语料标注法”早半个多世纪，值得大书特书。

（二）注重语言学的应用研究

马学良先生历来注重语言研究的应用价值。正如藏缅语研究专家谭克让先生所言（谭克让 2013：67）：“新中国成立后，我国有关民族语文发展的重大举措，大都是在马先生和其他语言专家的倡议和领导下进行的，为我国民族语文的传承与发展作出了巨大贡献。”用先生自己的话表述（马学良述，瞿霭堂、劲松整理 2000：224）：“我从人民政权诞生之日起，就积极投入到少数民族文化建设事业中去，无论是协助政府举办少数民族文物展览，还是创办中央民族学院语文系，组织领导少数民族语言普查工作，都投入全副精力，废寝忘食，不辞辛劳。”这里仅举三个例证。

1. 为少数民族创制文字

中华人民共和国成立后，实行民族平等政策。要提高少数民族的文化教育水平，首先应当解决语言不通和创制少数民族文字的问题。1952年，为了解有关地区少数民族语言使用情况和各界对帮助无文字少数民族创制文字的看法，先生受中国科学院和中央民族学院派遣，带领六位同事在贵州省进行了一年的田野调查，不仅摸清了苗语的分布情况，并且记录了20种方言土语材料，撰写了《贵州省少数民族概况和创制文字问题》《贵州省东南部苗语语音的初步比较》等论文，重点讨论了少数民族创制文字的迫切性、苗语方言分歧大需要创制方言文字等问题，为相关问题的后续研究指明了方向。

1956年7月，作为全国少数民族语言普查的组织者之一和第二调查工作队队长，先生深入贵州凯里、台江等地调查苗语。经过一年多的调查，搜集了解决少数民族文字问题的可靠材料。先生除指导和参与其他文字方案的设计外，还与王辅世、张济民等先生一起，从苗语方言土语分歧大的实际出发，为苗族设计了四种方言文字方案。这一举措打破了当时苏联文字创制经验的束缚，符合各地苗族的愿望，得到了苗族的普遍拥护，而且经受住了历史的考验。1957年后，先生花费大量精力研究民族文字的创制、改进和推行等应用问题，这期间的代表作《关于少数民族创制文字的若干问题》，对基础方言和标准音点的选择、民族文字方案与汉语拼音方案的关系、一个民族使用的几种文字之间字母的统一、民族标准语在语言丰富发展中的作用等问题做了系统阐述（马学良述，瞿霭堂、劲松整理 2000：36—38）。

2. 组织全国少数民族语言普查

1955 年，马学良先生与罗常培、傅懋勣先生应邀参加中宣部召开、胡乔木主持的语言普查计划筹备会。1956 年，中国科学院和中央民族事务委员会组织语言研究所、中央民族学院及各地民族语文机构等单位的 700 余人，组成了 7 个少数民族语言调查工作队，分赴全国少数民族地区进行语言普查，先生既是这项巨大工程规划的制定者之一，也是组织者和领导者之一。1956 年 2—6 月，先生与相关单位领导一同筹划了由中国科学院哲学社会科学部少数民族语言研究所筹备处和中央民族学院共同举办的少数民族语言调查培训班，先生主讲第一讲"对于少数民族语言调查者的基本要求"和第六讲"搜集词汇和编排词汇的方法"。在民族语言普查期间，先生领导的语文系各少数民族语言班即将毕业的学生和部分教师成为调查工作队的骨干力量。当年参与调查的学生和年轻教师，凡是坚持通过田野调查获取第一手材料做研究的，几乎都成为民族语言研究的中坚力量。

3. 率先研究双语和双语教学问题

双语是我国民族地区不同民族交往交流的现实问题，双语教学是提高少数民族文化教育水平、发展民族地区经济的重要途径。中央民族学院成立初期，为培养少数民族语文人才，先生高度重视少数民族语言和汉语的双语教学、双语教材编写等问题。改革开放后，先生是双语和双语教学研究的先行者，仅 20 世纪 80 年代，在总结几十年教学和科研经验的基础上，先后发表了《应该重视"双语"问题的研究》（《汉语学习》，1981 年 5 期）、《我国民族地区双语研究中的几个问题》（与戴庆厦合作，《民族研究》，1984 年 4 期）、《谈谈民族文字与双语教学》（《贵州民族研究》，1986 年 2 期）、《论双语与双语教学》（《民族语文》，1986 年 6 期）、《双语研究中的"双言"问题》（《民族教育》，1988 年 6 期）、《论双语现象和双语教学中的几个问题》（《第二届国际汉语教学讨论会论文选》，北京语言学院出版社，1988）等一系列研究成果，对相关领域的学术研究和教学实践具有重要的指导意义，对发展少数民族地区的经济、丰富少数民族的精神文化生活、培养少数民族双语研究和双语教学人才发挥了积极作用。正如瞿霭堂和劲松教授总结先生学术自述时指出的（马学良述，瞿霭堂、劲松整理 2000：94—95）："新中国建立后，倡导双语研究，建立双语研究的新学科，大力推广和普及双语研究，并以最大的热情投身于这项社会工作，为中国族际共同语的形成、双语教学发展、民族教育的提高作出重大贡献的，理应首推作为第一届中国少数民族双语教学研究会会长的马学良先生。”“马学良先生对双语和双语教学都作了深入的研究，为中国的双语和双语教学研究作了开拓性和奠基性的工作。先生的研究对于中国的双语和双语教学的研究具有极重要的指导意义。从双语的性质、研究内容到发展方向，他都有精辟的而详尽的论述。”

（三）重视跨学科研究

据马学良先生自述，他本科起初是学文学的，后来觉得学习文学首先要过语言关，加之罗常培等担任语言学科教学的诸先生大多是著名教授，授课生动，引人入胜，先生开始转学语言学。正如先生所言（马学良述，瞿霭堂、劲松整理 2000：112—113，226—227）：“这一转换应该说还有一定的兴趣因素在内。后来学习彝语文，在学习过程中遇到不少困难，觉得要学通一种民族的语言文字，尤其是文字，不了解这个民族的社会文化、民俗民风和宗教习俗，几乎是不可能的。于是我不能不进行社会文化的调查和研究，调查研究他们的宗教、民俗、民间文学和社会历史等，才使我的译经工作和语言文字的学习取得了较好的效果。从那时起，应该说我是多从理性来思考了。在后来的工作中，我一直将这些相关学科联系起来研究，常常取得意想不到的事半功倍的收获。”“我研究语言，又不囿于语言，研究文学，也不囿于文学，将少数民族语言和文学的研究与宗教、民俗学、民族学、历史学结合起来，成了我一生追求的目标。”

马学良先生在彝文起源，彝族文献收集、整理、翻译注释和研究等方面，在少数民族文学特别是民间文学、民俗学、宗教学等领域的奠基性贡献，均得益于先生的上述思想。正如瞿霭堂和劲松教授整理先生学术自述时总结的那样（马学良述，瞿霭堂、劲松整理 2000：124—125）：“只有将不同的学科结合起来进行综合的研究，也就是将各门学科融会贯通，才能充分发挥各门学科的优势，互补短长，从而推动单个学科的深入发展。先生一生的实践正好说明了这一点。先生高深的学术造诣，正是得益于他的这种在当时来说是超前的意识和领先的思想。即使从今天的眼光来看，这些思想依然闪烁着光芒，使我们后学受益良多。”

三、结　语

今天，我们作为马学良先生的学术传人聚集一堂，纪念先生诞辰 110 周年，追述先生的学术思想，不仅是为了回忆先生的学术贡献以及对后学的恩泽，更重要的是要更好地学习先生博大的胸怀和高尚的品格，更好地传承先生的学术思想和治学理念，将先生生前亲笔题写的“为人在实，为学在思”八个大字作为后学的座右铭，代代流传下去。

参考文献

[1] 马学良．马学良学述[M]．马学良述，瞿霭堂，劲松整理．杭州：浙江人民出版社，2000.

[2] 马学良．马学良文集（上卷、中卷、下卷）[C]．北京：中央民族大学出版社，2009.

[3] 谭克让．一代宗师——马学良先生[A]．中国少数民族双语教学研究会．马学良先生百年诞辰纪念文集[C]．北京：中国和平出版社，2013.

[4] 王远新．中国民族语言学基础教程[M]．北京：中央民族大学出版社，2012.

赵元任《湖北方言调查报告》与汉语方言研究

郑仲桦*

【摘要】《湖北方言调查报告》是赵元任依据中央研究院历史语言研究所第六次全国方言调查材料编写的方言学著作，是他继《现代吴语的研究》之后最重要的汉语方言学著作之一，也是他结合中国传统音韵学和西方方言地理学的尝试。该书的音韵学分析模式被后世学者继承，而方言地理学分析模式则长期处于学科边缘。本文在分析本书内容和结构的基础上，探讨赵元任对汉语方言研究的构想及其对汉语方言学的影响。

【关键词】赵元任，《湖北方言调查报告》，音韵学，方言地理学

一、引　言

《湖北方言调查报告》是赵元任、丁声树、杨时逢、吴宗济、董同龢等人依据1936年湖北汉语方言调查材料撰写的现代汉语方言学巨著，于1948年由当时的中央研究院历史语言研究所出版。在此之后，赵元任及其团队又调查了云南、湖南、四川等地的汉语方言，陆续出版了《云南方言调查报告》（1969）、《湖南方言调查报告》（1974）和《四川方言调查报告》（1984），杨时逢为主要编著者。这四部著作的调查方法和研究内容具有一致性，体现了赵元任对汉语方言调查研究的思考与构想。一直以来，以西方语言学方法调查研究汉语方言的论著多以《现代吴语的研究》（赵元任 1928）为滥觞。然而，从学科发展看，这四部著作对汉语方言研究的影响更为显著，尤其是《湖北方言调查报告》。

据《湖北方言调查报告》的序言，该书是中央研究院历史语言研究所

*郑仲桦（1980—），男，广州理工学院讲师，北京大学文学博士，中央民族大学中国少数民族语言文学学院博士后，南京大学社会学院人类学专业2019级博士研究生，主要从事社会语言学、方言地理学、中国少数民族语言和汉语方言研究。

（简称“史语所”）开展的第六次方言调查的成果。第一次是 1928—1929 年的两广方言调查，第二次是 1933 年的陕南方言调查，第三次是 1934 年的徽州方言调查，第四次是 1935 年的江西方言调查，第五次是 1935 年的湖南方言调查。前三次调查了少数几个代表点，做了深入细致的记录与研究；后三次针对全国汉语方言设计调查总计划，由少数人在几年内完成汉语方言的全面调查。这六次调查均在赵元任 1927 年吴方言调查之后，可见，吴方言调查经验对后续调查均有一定程度的影响。

《现代吴语的研究》与《湖北方言调查报告》存在以下差异：第一，调查点数量不同，《现代吴语的研究》包括江浙沪地区的 33 个吴语点，《湖北方言调查报告》则是 64 个调查点；第二，调查者人数不等，《现代吴语的研究》的调查者主要是赵元任，杨时逢任助理，《湖北方言调查报告》则由五个人共同完成；第三，研究结构存在差异，《现代吴语的研究》以方言与古音对应为主，综合探讨吴方言语音特点，《湖北方言调查报告》则分别描写各点方言音系，最后综合讨论湖北方言；第四，《现代吴语的研究》未附方言地图，《湖北方言调查报告》则有 64 幅方言特征图、1 幅方言分区图和 1 幅调查点示意图；第五，《现代吴语的研究》调查跨行政区的吴方言，《湖北方言调查报告》则调查一个行政区内的方言。从方言研究角度看，跨行政区调查同一方言，比限定在一个行政区内更加合理。至于吴方言的调查为什么跨行政区、之后的调查又大多限制在行政区内，可能是因为赵元任在调查前就已大致了解吴方言的分布，而对西南地区方言的了解有限。此外，两次调查的范围不同，也体现了他对汉语方言认识的差异。《湖北方言调查报告》有精心设计的研究方案，比《现代吴语的研究》更具系统性，应视为赵元任方言学研究的进一步发展。

高晓虹（2011）指出，赵元任的方言研究模式被后代学者所传承，但其中的方言地理学传统仅作为一种补充，一直未能成为中国方言学的主流。高晓虹认为，方言地理学之所以在日本大放异彩而在中国未得到发展，主要受方言地理学是“他源性”学术传统、汉语和汉字影响、中国学者“重文轻语”、当时中日国情不同等因素影响。赵元任《湖北方言调查报告》结合中国传统音韵学与西方方言地理学的分析模式，对后来的汉语方言研究产生了不同的影响，其中结合音韵学的历史方言学成为中国方言学的主流，强调共时比较的方言地理学却一直未受到应有的重视，直到近些年才出现了“方言地理热”。然而，近些年兴起的“方言地理热”并非来自赵元任的传统，而是受到了日本学者的影响，本质上仍无法与历史方言学抗衡。

1949 年以后，赵元任到美国发展，杨时逢、董同龢随中央研究院史语所到了台湾，吴宗济、丁声树则留在了内地。于是，中国的汉语方言学有了新的发展。

二、《湖北方言调查报告》的内容与结构

《湖北方言调查报告》由赵元任等师徒五人共同调查汇集而成，其序言介绍了五人的分工：杨时逢、吴宗济主要负责录制音档，赵元任负责整理语料、撰写报告大纲，董同龢负责近一半语料的转写，吴宗济负责整理的方言点不多，但调查难度较大，丁声树、杨时逢、吴宗济三人负责绘制方言地图，终稿由杨时逢负责整理。可以看出，赵元任负责整体策划，其他四人在赵元任指导下分工合作，最终由杨时逢整合。

《湖北方言调查报告》分两卷，前附“总说明”，包括语音和音韵学简介、调查字表（共678个字）、调查程序、录音方式和记录内容说明。卷一包括湖北境内64个方言点（当时湖北有71县，即有7个县未设调查点）的音系描写，描写模式完全一致；卷二包括以国际音标记音、由阅读文稿“总理遗嘱”“狐假虎威故事”提取出来的64个调查点的单字音比较、特字表、常用字表，以及湖北方言特点概说、特征总结、分区概说和64幅湖北方言地图（外加分区图、示意图各一幅）。

卷一“分地报告”（41—1427）是64个方言点音系的描写，占全书（共1574页，不含地图）的88%，也是全书的主体，包括：（1）发音人履历（A. 发音人编号、年龄、原籍、职业、教育程度、幼时语言环境、教师方言、住过的地方、是否学过国语、会不会说其他语言或方言，B. 调查时间、调查者）；（2）声韵调表；（3）声韵调描写；（4）与古音比较；（5）同音字表；（6）音韵特点；（7）会话（故事）。

“发音人履历”列出的发音人年龄绝大多数在20岁以下，最小的14岁，最大的49岁，无老年发音人。主要选择中华高中的初高中学生为发音人，大学生很少（年龄偏大，即29岁、30岁）。114个发音人中，只有9人不是学生，其职业分别是政界官员（含区长）、学校教务长、小学教师、职员。“履历”未说明发音人的性别信息，估计以男性为主；而《现代吴语的研究》中，标明了发音人的性别。在《湖北方言调查报告》和《现代吴语的研究》中，性别因素似乎未得到重视，很可能因为赵元任认为性别因素的影响不如地域或年龄因素大。此外，《湖北方言调查报告》中的发音人均为匿名，而《现代吴语的研究》除少数“声明名不发表”，均列出发音人姓名。64个方言点中，县城20个点、非县城44个点。一个方言点有两位发音人的51个、有一位发音人的13个。另外，两位发音人可能是同县同乡的，口音上有差异，书中采用

其中一位发音人的发音，另一位作为附带说明。至于为什么选择两位发音人，“总说明”介绍是为了减少国语或外语的影响，增加“乡音的空气”。就今天的角度看，不同乡之间口音存在差异是很常见的现象，尤其在南方，不仅乡镇之间口音有差异，村与村之间也存在差异。因此，选择两位发音人容易产生混淆，不如选择单一发音人。总体而言，《湖北方言调查报告》的发音人多是匿名的20岁以下、新派口音、非县城口音的初高中学生，且同一方言点往往同时调查两个发音人。

湖北方言的调查主要由四人完成，董同龢未参与调查，主要负责后续的语料整理。单人调查51个点：吴宗济30个点，丁声树14个点，杨时逢4个点，赵元任3个点。两人联合调查13个点：丁声树、杨时逢6个点，杨时逢、吴宗济5个点，赵元任、杨时逢1个点，丁声树、吴宗济1个点。总体而言，吴宗济共调查了36个点，超过调查点的一半。作为总策划的赵元任，湖北方言调查的参与度不如过去几次调查，可能体现了他训练学生、培养团队的意图。值得注意的是，有13个点采用了两人联合调查的方式，其原因如“总说明”所述，主要为了取得记音上的“一致性”，即几位记音人时常聚在一起讨论，减少不同记音标准产生的差异。

“声韵调表”部分的描写方式与现代非常接近：列出所有声母，以O代表零声母，后附几个例字；韵母根据类型排列成同类矩阵，后附几个例字；声调列出古调类，今调值使用五度竖标法。“声韵调描写”部分，根据声韵调表做更详细的分析，其中声调部分使用“调值数码法”，多与“北平话”“国语”（当时的普通话）比较。“与古音比较”部分，列出古音声韵调表，填上该方言对应的语音形式。“同音字表”部分，以该方言声韵调制成表格，将同音字列人表格。“音韵特点”部分，根据古音音韵特点，对应方言读音，即古今音类对应。“会话”部分，每个方言点的内容相异、长短不同，似乎是让两位发音人即兴发挥；有些方言点还附录故事，多是调查单一发音人时记录的。“声韵调表”“声韵调描写”“与古音比较”“同音字表”“音韵特点”等部分均被后来的方言研究所传承，未做较大的改动。

卷二“综合报告”是64个点调查材料的比较。语料搜集方法是让发音人用自己的方言念“总理遗嘱”和“狐假虎威故事”文稿，若是读错了就按之前记录的字音修改。“总理遗嘱”是孙中山的遗嘱，字数不多，非白话文，选用此文本可能是想收录各方言点的单字读音，而非自然口语。“狐假虎威故事”全篇以文言文写成，里面有很多文言字，如“之、曰、吾、乎、而、皆、其、奚、犹”等，选用此文本的目的与“总理遗嘱”相同，也是收录字音。由此可见，赵元任比较重视字音，有意采用文言为主的文本，但选用书面的文言文本不利于自然口语的调查，也不利于自然话语的语流音变分析。现代方言学很少采用这种方法，文本语篇主要是搜集语料，口语语篇主要是搜集自然语料。“特字表”主要讨论方言与古音对应不规则的字音，注重古音与方音的音类对应，使用传统音韵学术语，并对比了湖北省方言与其他方言，如广州话、福州话、苏州话、长沙话、南京话和北平话。这是赵元任将西方方言学重视共时层面比较与汉语音韵学历时音类发展结合的一种尝试，而这种做法在现代汉语方言学研究中很少见。现代多数学者并不重视共时层面比较，一般只讨论历时音类发展。“极常用词表”是从例句中摘选出来的，比如“这个东西”可将“这个”作为一个词的单位独立出来。这一方法最大的问题是很难将词调与语调分离，因为汉语有着丰富的连读变调，单字调、词调、词组调、句调都可能不同，若是先分析句子，再回到词，很可能会产生两种调型，不方便描写。后世学者很少采用这种方法，而是直接使用词表，完成字音调查后接着调查词，之后再调查句子、语篇。

“湖北特点及概说”部分选用了宜昌、孝感、咸宁、石首四地语料，制作古音音韵表，与广州话、苏州话、北平话声韵调比较，目的是凸显湖北方言的语音特点。“综合特点表”部分依据湖北方言内部语音特点分区，说明例外情况。这部分结合了音韵学术语和国际音标的描写法，被现代汉语方言学所继承。“分区概说”是“综合特点表”的结论，将湖北方言分为四区：一区是西南官话，二区是楚语（带下江话风味），三区是赣语，第四区未给出名称，仅说“近乎第二区，但更近湖南方言”。从今日方言分区看，第二区属江淮官话，第四区属西南官话。方言分区标准不同，得出结论就可能不同。《湖北方言调查报告》的标准可能未赋权重，不像之后的方言分区标准“首重音类、次重音值”，因此将湖北南部几个地区与湖南方言划为一体的做法是可以理解的。全书的最后是“湖北方言地图”，第一幅（第零图）是方言分区，最后一幅是“湖北方言调查点图”，有经纬度、铁路交通、河流湖泊、主要城镇、省界等信息，并以黑点标示调查点、白点标示未调查点。64 幅方言地图是方言解释地图，其中语音特征 54 幅（10 幅为“特字”），词汇特征 10 幅，以语音特征为主。这些地图均为手绘，其描绘方式和音韵术语均被现代汉语方言学继承。

三、赵元任对汉语方言研究的构想

从《湖北方言调查报告》可以看出赵元任对汉语方言调查的一些思考，

在他设计的调查架构中，隐含着他的方言观与方法论。

（一）少数人完成全国汉语方言调查

《湖北方言调查报告》"序"（1948：V）指出："到二十四年春本所拟了一个全国方言调查的总计划，打算由少数人在几年内，给全国方言做一个粗略的初次调查……"最后一句话（VI）说："湖北报告写完了，有了个模型以后，湖南、江西比较的好写了，我们的调查队不久又可以向河北、东三省等处去调查方言了。"赵元任在"总说明"（33）中指出，"我们预备作中国全国方言的调查的，无论怎么是一个人做不了的，所以我们起头就是几个人同时调查……"。早在调查吴方言时，全国汉语方言大调查或许就已是赵元任目标，这从他调查吴方言的方式就能发现端倪。从清华学校到史语所，他一方面希望能够深入具体方言的研究，一方面又希望可以扩展调查的广度，因此，史语所前三次调查（两广、陕南、徽州）均属深度的调查，后三次调查（江西、湖南、湖北）则是广度的调查。调查湖北方言后，赵元任在四川、云南等地的调查，基本采用了《湖北方言调查报告》的模式。经杨时逢二三十年的整理，剩余三部方言的调查报告才得以出版。受"抗战"影响，赵元任主要调查南方方言，北方方言涉及较少。

值得注意的是，赵元任采用的"少数人"合作调查方式与现代方言调查方式不同。赵元任之所以坚持由"少数人"完成的原则，是因为受到了西方方言学以及他本人方言调查描写经验的影响。在"总说明"（1948：33）中，他很直白地表达了这个想法："几个人随时互看工作，并且随时讨论音标问题，分类问题；以后整理记录的时候也是常常同在一起讨论，所以虽然不是一个人做的工作，但是在'一致化'的方面，我们的确花了很不少的工夫。"这里的"一致化"观念，与现今汉语方言调查思路截然不同，后者的实际情况是，无论之后的《汉语方言地图集》，或者近期的"语保工程"，几乎都是由许多学者"各做各的"，最后汇总。简言之，赵元任希望调查全国的汉语方言，知道这需要一个团队，并非一己之力能完成的。在他看来，每个人记音的标准不同，如果方言差异是记音导致的，就是研究上的失误。如甘肃、新疆、青海地区的汉语方言大多有小舌擦音声母，过去学者往往将其记为舌根擦音。如果有些学者记录出来，有些学者没记录，拿不同标准下的语料进行比较，就会产生语言事实的误导。因此，赵元任安排两人一组调查，彼此观察调查过程、组织讨论并使其"一致化"，就是为了使记录的语料具有"可比较性"。

赵元任曾留学美国，因此《湖北方言调查报告》中多处体现了欧美方言学传统的影响，比如他提到，"在欧洲小国做起方言调查来，总是一个人一气调查并且整理到底为原则”（1948：33）、“现在我们所调查的六十四个地方的密度比较法、意、瑞、德各国的方言地图所取的点大概稀疏十倍上下”（39）、“在一般画方言地图的习惯上有人就用政治的分区（例如有的德国方言地图），有人就索性在每调查点外画一个方框子以表示对于界不负责任（例如瑞意方言地图）”（1571）。赵元任未提到美国的方言地理研究，因为美国的研究晚于欧洲。赵元任 1910—1920 年留学美国，而汉斯·库拉斯（Hans Kurath）的《新英格兰语言地图集》（*The Linguistic Atlas of New England*，LANE）调查项目 1931 年才开始，所以他看到的方言地理研究主要是欧洲的，尤其是法国、德国、意大利和瑞士的成果。这些“欧洲小国”的调查工作也确实是由“少数人”甚至一个人完成，如法国方言调查者 E. 艾德蒙（Edmond Edmont）1897—1901 年独自一人完成了全法 639 个方言点的调查。组建全国汉语方言调查团队是赵元任的变通之道，因为中国不同于欧洲小国，所以“不是一个人做的工作”。为了获取大量调查资料，并使语料具有“同质性”和“可比较性”，赵元任组织了以他为主体的方言调查团队，具体成果就是四部方言调查报告。

（二）中国传统音韵学与西方方言地理学结合

《湖北方言调查报告》的模式，是赵元任将中国传统音韵学与西方方言地理学相结合的一次尝试，前者较后者在汉语方言学的发展方面产生了更为深远的影响。中国音韵学有悠久的传统，加之中国人“崇古”，中国文人对汉字的情感深厚，自然很难在西方语言学的影响下抛弃音韵学传统。在赵元任五人团队中，赵元任、丁声树、董同龢均精通音韵学，同时代的学者如罗常培、李方桂等人也精通音韵学。可以说，民国时期的中国语言学家几乎都具备深厚的音韵学知识，因此，《湖北方言调查报告》中有大量音韵学术语，并在多处强调古音与方音的对应关系，这是中国语言学发展的应有之义。

音韵学与方言学结合的传统，始于赵元任的《现代吴语的研究》。欧美和日本的方言学传统很少用到古音，通常是比较标准语和方言；中国的传统却以中古音作为方言比较的基础，没有与中古音的音类对应，是不可接受的方言研究。《湖北方言调查报告》中，作者用大量篇幅介绍音韵学基础知识的用意也很清楚，即“调查现代方言所根据的音韵系统，最方便的是用切韵、广韵、集韵这一系韵书所代表的中古音系”“多数字音的分合是可以追溯到切韵系统的”（1948：7）。由于中古音系可以涵盖几乎所有汉语方言的音类，因此便成为音类比较的基准。这个传统一直延续至今，即掌握音韵学知识仍被视为研究汉语方言的必要条件。

另一方面，赵元任用较多篇幅介绍了西方方言地理学观念，比如“分地报告”的“声韵调描写”多与北平话比较，“特字表”“湖北特点及概说”部分均采用了其他方言与湖北方言进行共时比较的方法，方言地图部分也体现西方方言地理的研究思路。受多种因素制约，现代汉语方言学并未传承赵元任研究中的方言地理学部分。近年来，中国的方言地理研究主要受到了日本的影响，整体上仍无法与传统音韵学影响下的历史方言学抗衡。

（三）受结构主义影响的语言观

索绪尔的结构主义语言学在现代语言学中的地位举足轻重，比如对语言规律的揭示、系统的对应、范式的追求等，都是其理论影响的产物。赵元任留学美国期间，结构主义语言学大行其道，即便他研究的是与变异息息相关的方言问题，仍不免受这一思潮的影响。直到乌里尔·温瑞奇（Uriel Weinreich）和威廉·拉波夫（William Labov）提出了社会变异理论，才改变了自索绪尔以来的重语言（langue）、轻言语（parole）的研究模式。语言是“抽象的、理想化的”结构，而言语则是“具体的、充满变异”的言语现象。对方言代表性的追求，体现了结构主义的影响。就《湖北方言调查报告》看，发音人多是15—19岁的中学生，这在今天的方言学看来是不具代表性的新派发音人。传统方言学强调老派、忽视新派，实际上并没有实证研究说明为什么老派有代表性、新派没有代表性。代表性本质上是规范性问题，而不是理据性问题。赵元任在了解西方方言学传统的调查对象是以老年、未离乡、教育程度低、男性为代表的前提下，依旧选择新派发音人，这可能是他的权宜之计。因为全国范围的调查不仅有数量要求，更有时间和效率的要求。新派口齿清晰、反应快、配合度高（尤其是学生），是大量方言调查的不二人选。然而，从社会变异研究的角度看，赵元任并不重视年龄、性别、职业、阶级或阶层等社会因素。在赵元任看来，只要发音人的乡音是纯粹的，其语料就具有该方言的代表性。在“总说明”中，他多次提到纯不纯的问题：“至于某人发音纯不纯，大致不难辨别……乡音纯粹者，遇字能很不踌躇的一说就说出来。”（1948：31）纯不纯即是否具有代表性，而方言的代表性本身就是一种理想的、静态的语言观，也是结构主义语言学的描写范式。

四、对现代汉语方言研究的影响

《湖北方言调查报告》是赵元任继《现代吴语的研究》之后最重要的著

作，是汉语方言研究的里程碑。就内容看，《湖北方言调查报告》采用的调查方法以及描写范式都具有示范作用，之后的汉语方言研究大多遵循这个路径发展与深入，可谓“萧规曹随”。赵元任将现代语言学与音韵学结合的汉语方言学描写范式，至今依然是汉语方言描写的主流范式。同样是受到《湖北方言调查报告》的影响，汉语方言调查一直都采用古音字表，其次才是调查词语、句子和语法，加之汉语的特性，即语音复杂、语法相似，历代学者也都以语音调查为主。

然而，赵元任《湖北方言调查报告》中的方言地理学模式，并未成为中国方言学的主流，甚至沉寂了很长时间。《湖北方言调查报告》中的方言地理学内容相当少，完全无法与音韵学相关内容比拟，因此可以说，自赵元任创立现代汉语方言研究的描写范式之初，方言地理学就处于边缘和补充的地位。近年来，新一代学者意识到中国在方言地理学领域存在很大发展空间，便纷纷学习欧美日的方言学研究范式，希望能够弥补这方面的不足。然而，现代汉语方言地理学研究存在一些盲区，这也是赵元任在《湖北方言调查报告》中反复提及的。其一是需要大量调查；其二是调查结果需要具有“一致性”，即能够进行客观比较。这两点目前还比较欠缺，调查点多的研究往往采用多人调查的成果，“可比较性”较差；单一调查者的调查存在调查点数量不够的问题。至于方言地图研究，虽然绘制了地图，但很多材料是引用他人的，难以建立客观的“一致性”。

此外，由于过度重视音韵学，汉语方言研究陷入了音类对应的内循环，与音类无关的语音特点常被忽视，导致记音结果不够准确。由于缺乏方言地理学传统，多数研究并不重视方言之间平行的、共时层面的比较。例如研究苏州话，重点是苏州话与中古音的对应关系，至于苏州话与上海话、无锡话、常州话、其他吴方言、其他官话方言之间的比较几乎是空白。仔细阅读《湖北方言调查报告》可以发现，上述问题都是赵元任曾经思考、关注过的，也是他极力避免的误区和盲区，值得后代方言研究者深思。

参考文献

[1] 高晓虹．汉语方言地理学历史发展刍议[J]．语言教学与研究，2011（5）．

[2] 苏金智．赵元任传[M]．南京：江苏文艺出版社，2012.

[3] 赵元任．现代吴语的研究[M]．北京：清华学校研究院，1928.

[4] 赵元任，丁声树，杨时逢，吴宗济，董同龢．湖北方言调查报告[M]．上海：商务印书馆，1948.

[5] 佐藤亮一，小林隆，大西拓一郎．方言地理学の課題[M]．东京：明治书院，2002.

田野调查方法

记音杂记

郑仲桦*

【摘要】语言调查和描写是一项复杂的系统工作。长期以来，不同地区和民族的语言研究包括音系整理受记音传统约束、记音标准不一等因素影响，还存在一定的不足。本文结合笔者的记音经历，在讨论先贤关于部分语音现象的调查记音和描写方式、分析其影响因素的基础上，认为记音应当遵循一致性和创新性原则：语音描写必须符合普通语言学的基本原理，必须依据语音事实、打破固有传统，做到规范性与现实性的统一。与此同时，进一步界定语料的代表性，认为调查时应当充分考虑发音人和调查地域的代表性。

【关键词】方言调查，记音，语音描写，记音原则

一、引　言

记音指发音人发音、记音人将其听到的语音用国际音标记录下来的过程，本质上是语音的模仿，也是语言学家的基本功。记音能力与天赋有关，并不是每个人都可以通过训练成为合格的记音人。

不同语言或方言语音系统之间既有共性，也有差异性。目前，不同语言或方言的研究缺乏交流和互鉴，跨语言或方言研究没有成为学科主流。从语音描写角度看，呈现出不同的记音传统，有自我束缚之嫌，也偏离了普通语言学的基本原理。换言之，“记得准”不仅受个体记音能力影响，也受具体语言描写传统对圈内人的制约，“记不准”一直是语言或方言调查描写的“老大难”问题。这个传统的“老大难”问题很难由各自领域内的学者发现并改正，真正的改变时常是受外在因素的驱动，即发现问题常常需要依靠局外人的视角（outsider's perspective），由从事跨语言、跨方言调查研究的学者提出。

---

*本文为笔者主持的2018年国家社科基金一般项目“阿美语方言研究”（编号：18BYY204）的阶段性成果。

记音是通过模仿将语音符号化的心理过程，关键是先要听得出是什么音，之后要能够重复（复制）所听到的音。很多时候，听得出是什么音，却发不出同样的音，尤其是一些比较罕见、标记性较高的音，如非洲地区的挤喉音、吸气音，都是容易听得出是什么音，但记音人未必能够准确发出这些音。听得出是什么音以及发得出这些音均需要天赋，靠练习未必能达到理想的效果。语音的音感与音乐的乐感有直接关系，所以“汉语方言学之父”赵元任以及“非汉语研究之父”李方桂都在音乐方面有很高的造诣和终生的兴趣，就不令人意外了。

记音能力的养成，除天赋外，经验的积累也很重要。前面提及记音需要模仿，进一步说就是将发音人的发音器官“复制”为记音人的发音器官。很多时候，一些语音的判定不是根据发音人的发音，而是记音人对自己发音器官的体悟。大量记音实践表明，记音是记音人对一些常见语音的快速定位，如元音 a、i、u、e、ə 等。一旦能够快速掌握这些音，其他较少见的音就比较容易把握。语音的定位在记音过程中非常重要，因为在判定语音时，时常是对语音之间差异与相似的感知，即先要判断某音是否为常见的定位音，在判断差异时，根据相似原则找出最合理的记音符号。比如，记音人熟悉央中元音 ə，当听到某个音不是 ə（感觉有差异），但接近 ə（与定位音相似），这时就会从比 ə 高或低的音中寻找对应的音标。例如冀鲁官话邹平话的“根”类字的韵母，听感上接近 ə 和 e，但又不是 ə 和 e，只能是介于二者中间的音，可以记为发音部位比 ə 高的 ɘ（该韵母是鼻化元音ɘ̃）。此外，在记音过程中，往往是发音人发一遍、记音人跟着模仿一遍，这样可以起到双重校对作用。一方面，发音人会纠正记音人的读音，避免听音的误差；另一方面，对记音人而言，听音和记音人的发音（即两次发音），有助于更好地掌握语音特点，因为记音人体悟自己的发音部位、发音方法变化，可以增加记音的准确性。

除了积累语言和方言调查经验，学习外语也是提高记音能力的重要途径。如同国内少数民族语言、汉语方言研究存在壁垒，外语学界也是壁垒分明，有各自的传统和习惯。这就需要秉持普通语言学的基本原则，实事求是、不拘一格，不仅要勇于发现具体外语语音记录存在的问题，更需要将积累的语音经验应用在语言描写上。比如，许多学者将日语的ち、し记为舌叶音 ʧ、ʃ，但熟悉汉语语音的学者应该知道，日语这两个音的实际发音跟汉语的 ʨ、ɕ 相同，发音时并不伴随圆唇化，与欧洲语言的舌叶音并不相同。因此日语的ち、し应当记为 ʨ、ɕ。学习标准日语可以学到后高展唇元音 ɯ，并以此作为定位标准，听到类似但不同的音就能排除 ɯ，而记为相近的音。我国藏缅语的传统记音大多有 ɯ 音，但实际上与日语的 ɯ 听感上有明显差异。笔者认为，藏缅语记录

的 ɯ 实际都是央高元音 ɨ，并不是 ɯ。判断一个音所使用的国际音标是否正确，描写传统往往不可靠，这样的例子还有很多，总之，语音描写应当以普通语言学基本原理为依据。

二、我的记音史

笔者出生于台湾彰化县，成长于云林县，母语是“台湾普通话”和台湾闽南话。在台湾大学读本科阶段学习了多种外语，除英语外，还包括日语、法语、德语、西班牙语、意大利语、俄语、韩语、阿拉伯语等，对外语有着浓厚的兴趣，尤其在语音的模仿方面有一定天赋。记得当时学意大利语的第一位外教是米兰人，第二位是佛罗伦萨人，后者说我的意大利语有浓重的“米兰口音”。研究生阶段到北京攻读语言学，对“台湾普通话”与北方普通话的语音差异有很强烈的印象。在研究生阶段又学习了波斯语、斯瓦希里语（Swahili）、豪萨语（Hausa）、印地语（Hindi）、阿卡德语（Akkadian）、苏美尔语、越南语、葡萄牙语等，并在 2009—2011 年留学美国期间学习了约鲁巴语（Yoruba）、阿侃语（Akan）、越南语等。2012 年回到北京继续攻读博士学位，再次接触了越南语，并发现在美国学的越南语和在北京接触的越南语存在差异，其主要原因是在美国接触的越南人大多是越战后移居美国的越南南部地区居民的后裔，而在北京接触的越南学生多是河内人，越南语南北方言的差异表现在声调和平翘舌等方面。与此相似，笔者自学了欧洲的葡萄牙语，在学校学的是巴西葡萄牙语，二者的语音差异也很明显，其主要表现是 te、de 这些音在巴西葡萄牙语中均读为腭化的舌叶音。如果看《速度与激情 5》，在巴西里约拍摄的最后一个场景，黑社会老大读 ponte（桥）的实际读音是［põtʃ］，欧洲葡萄牙语则是［põtə］，可见，看电影也能学到许多语言和方言知识。此外，听外语或方言歌曲也可以增加体悟语音特点的经验。比如，韩国歌手鸟叔的“江南”里唱到“女子”，对应转写的国际音标是/iɔ tsa/，但实际读音是［iɔ tɕa］，第二个音节的起首辅音是 ts 腭化后的舌面音。又如，2019 年笔者在台湾调研时，一边开车一边听台湾歌手曾心梅唱闽南话歌曲《纪念品》，隐隐感觉三次副歌的发音不同，仔细听辨发现“日子”一词的发音确实不同，一种是 lit^{21} tɕi^{53}，另一种是 dʑit^{21} tɕi^{53}，li-dʑi 变异在台湾闽南话中很常见，一般是老一辈读边音 li，年轻一代读塞擦音 dʑi。究其原因，台湾闽南话的 li 带塞音的特点，准确说是^{d}li，di 腭化为塞擦音 dʑi 是可以预测的音变结果。

2008 年，笔者攻读研究生时的第一次语言田野调查主要研究台湾南岛语族排湾语的儿童语言习得、语言流失问题。在采集儿童语言的过程中，顺便调查了排湾语大鸟（Pacavalj）方言的一些基本词汇。大鸟排湾语调查对笔者之后的方言调查具有重要的影响，因为这个方言非常特殊，前人也没有较多的研究成果，更重要的是，这是笔者第一次注意到方言这个概念，并由此一步步踏上探索方言的道路。2012 年，笔者自美国返回北京攻读博士学位后，逐渐将研究目标定在方言上。起初，笔者是想调查约 10 个排湾语方言点，然后做内部比较研究。在调查排湾语方言的过程中，逐渐发现了一些前人未发现的语音现象。到 2014 年，笔者一共调查了 90 个排湾语方言点，相当于完成了这个语言系统的方言调查。在 2014 年以后，笔者逐渐调查了台湾其他南岛语，迄今已调查了台湾岛内 20 多种现存南岛语的 100 多个方言点。2014 年暑假，笔者到新疆察布查尔锡伯自治县调查锡伯语，一共调查了 8 个牛录乡的 1200 个词，为满语支语言研究打下了基础，开启了我的阿尔泰语系语言调查历程。2015 年，笔者到内蒙古呼伦贝尔市调查通古斯语支的鄂温克语，并顺便调查了巴尔虎蒙古语和达斡尔语。2016 年博士毕业后返台，笔者在台湾“中央研究院”语言学研究所工作了四个月，集中调查了各种台湾南岛语，包括卑南语、鲁凯语、赛德克语、阿美语、布农语、邹语、泰雅语、邵语，为之后的台湾南岛语方言研究打下了基础。

2017 年，笔者返回内地工作。第一个工作单位在江苏，对我这个热爱少数民族语言调查研究、自认是民族语言研究的人而言，这里几乎是少数民族语言调查研究的“荒漠”。后来，笔者在学校调查了哈萨克斯坦留学生的哈萨克语。2018 年 3 月 27 日，笔者调查了赵元任的家乡话常州市区话，从此开启了汉语方言研究之路。最初调查汉语方言，笔者秉持的是学习的态度。当时，汉语方言研究已经非常完善，况且自己又是民族语研究者，跨入另一种语言领域单纯是为了学习，并没有太大的愿景。然而，随着调查的不断深入，逐渐发现语言事实与前人的研究存在差异，这几乎存在于所有汉语方言调查中。2018 年之前，笔者从未将汉语方言研究作为自己学术生涯的一个选项，求学阶段老师关于汉语方言的论述对我来说就是“金科玉律”。例如，笔者的博导曾说过“茶马古道上通行西南官话”“西南官话都差不多”的论断。然而，在调查过两百多个西南官话的方言点后，笔者更加关注西南官话的差异，究竟“茶马古道”上流通的西南官话是哪里的西南官话？是成都话还是大理话？四川和云南的西南官话声调调值、平翘舌、泥来母分布等方面均存在显著差异，遑论湖南、湖北一带的西南官话。换言之，能彼此对话与“西南官话都差不多”并不能画等号。

2018 年至今，笔者已调查了 16 种汉语方言的 950 多个方言点，尤其在疫情防控期间（2020—2022 年）调查得最多。早期调查以现场、实地调查为主，效率不高，而且常常节外生枝，完成率也不高。疫情期间，开始采用线上调查，从此进入了汉语方言调查的新阶段。2020 年调查了 94 个点，2021 年调查了 353 个点，2022 年调查了 270 个点，预计 2023 年能达到 1000 个调查点的目标。汉语方言的无差别调查，使笔者的记音能力有显著提高，更重要的是对汉语有了全新认识。笔者在调查一种汉语方言之前，几乎不会参考前人的调查成果，主要是避免受其影响与制约。例如，调查苏州话之前，事先知道苏州话有浊塞音、浊塞擦音、浊擦音，有 7 个声调，但调查发现，苏州话并不存在完整的浊声母系统，声调也仅记录到 5 个。在这种情况下，笔者不免怀疑自己记的究竟对不对。顶住自我怀疑的压力，挑战固有语言观，尊重并完整呈现语言事实，成为笔者方言调查遵循的基本原则。2019—2020 年，笔者多次赴浙江师范大学非洲研究院，以非洲留学生为调查对象，先后调查了十多种非洲语言，听到并学会了内爆音、挤喉音、吸气音等。

2022 年上半年，我决定再次突破调查的局限，将线上调查运用在少数民族语言的方言中，进入汉语方言—少数民族语言双修阶段，开始无差别调查阿尔泰语系、藏缅语、苗瑶语、壮侗语，其中调查较多的是突厥语族语言和蒙古语、藏语和彝语的方言，迄今已调查了 100 多种语言的 1300 多个方言点。

与此同时，要无差别调查全国汉语方言、少数民族语言的方言，对我最大的影响是不再区分生活与调研，而是将语言调查完全融入生活当中，只要有时间就做调查。从此以后，记音成为我生活中最重要的一件事，不论线上还是线下调查，都需要妥善安排时间、随时记录每次调查的心得以及方言信息。由于随时接触各种各样的语音现象，自然会有很多的反思与比较，时不时会迸发出新的想法、质疑传统。下面是这些年笔者发现的一些语音现象、提出的新观点，可供感兴趣的同仁参考。

三、语音的描写

（一）超音段特征的描写

1. 声调

世界上的声调语言大致分为两类：一类是像汉语这样的曲折型声调语言；一类是像日语、韩语那样的高低型声调语言。在传统的汉语方言研究中，一般采用赵元任的五度标调法记录声调的高低起伏。比如，普通话的声调是 55、

35、214、51，平调、升调、降调在汉语方言中是最主要、最常见的调型，而214这类的降升调在多数汉语方言中不是很多见，有些方言描写论著中的214，实际可能是24，或224，即并没有“降”，而是在低调处因发音惯性而拖长低调再上升。24或224在汉语方言中出现得非常多，214、213相对则比较少。吴方言的曲折调较复杂，尤其是南部吴方言中有很多4424、353、212之类的调，而且集中在一种方言有多个升降、降升的曲折调，记音时就比较困难。五度标调法是汉语方言记音的传统，多年来一直为学者所遵循，也就是任何一种汉语方言，最高只能是5，最低只能是1，不容许其他情况的出现。事实上，有些方言确实最高调超过普通话55、51的5，最低调也低于51的1，例如湖南一带的大多数方言，都有所谓的“超高调（假声）”，笔者记为6，常见的有56、66，比较少见但仍存在的是65（超高降），过去学者一般记为45，即将这个调压缩在五度以内，这样就无法呈现湖南方言的语音特色。换言之，抹去“超高调”这个特征，就等于忽略了湖南方言这个非常显著的特征。进一步看，45调是江淮官话最常见的一种声调，江淮官话的45调与湖南方言的45调并不是一回事，同样的标记却不能推导出同样的发音，这就是记音技巧与权变的重要性。一个相应的佐证是湖南人说普通话时也带有超高调，一般是将普通话的高降调51读为56。再比如“超低调”，在江西上饶地区，有一些方言最低的调可以导致一个音节产生断裂感，有些学者记为喉塞音ʔ，实际上是一个低于1的0，笔者记为202。总体而言，汉语方言的“超高调”“超低调”并不是很多，并且都集中在特定地区，“五度标调”大致上是合理的，但仍需因地制宜。相比之下，越南语的声调系统与汉语差异很大。笔者记录的越南语声调有横声55、玄声331、锐声56（塞音韵尾）、问声212、跌声326、重声21／20（塞音韵尾），既有“超高调”6，又有“超低调”0，而且曲折调非常多，这些都可以视为与汉语声调类型上的差异。正因为越南语的声调特点，使得它给人一种跌宕起伏的感觉。

再以普通话对方言的影响为例。受普通话影响，一般认为年轻一代的方言受普通话的影响较大，其方言中不免掺杂一些普通话的成分。从汉语方言看，除北京周边地区外，几乎找不到普通话55、35、214、51这类调值与调类的配置模式，最为接近的是东北地区，但东北官话的阴平比普通话低，一般是44或33；较接近的是调值与调类不同的配置，如聊城莘县话的35、51、55、214，或安徽六安霍邱话的214、55、35、51，调值都一样，但与调类的配置不同。因此，从声调配置就能基本判断出年轻发音人说的究竟是不是方言，即一旦出现调值与调类的配置与普通话完全一致，就确定不是方言，而是普通话。这类情况在河南一带的中原官话中屡屡出现，甚至只需要发一个音（阴平“初”）就能判断发音人说的是不是方言，因为河南一带中原官话的阴平基本上都是35。这里举三个河南中原官话的调查例证说明发音人受普通话影响，在调值上出现方言、普通话混杂的现象。

第一个例证是发音人在读声调例字时，全部读为普通话的调值，在字表开始阶段，前两页也是普通话的调值，到了第三页以后就全变为方言的调值。

第二个例证是发音人读前10页（字表共12页）的字时都读成普通话的调值，但读去声时有35和51变体；最后两页全部变为方言调值。

第三个例证是发音人将声调例字全部读为普通话的调值，组词依旧是普通话的调值，前两页的部分字读为方言的调，其他全部是普通话的调值。最后这位发音人在与家人交流时，河南口音很明显，调值完全不同，但一读字表就全然无法分辨究竟是方言还是普通话，最终只能放弃调查。

东北境内的东北官话和胶辽官话与普通话更为接近，年轻人一般很难区分二者，最为显著的就是平翘舌方面。东北话尤其是辽宁一带最为显著的特点就是平翘舌不分，存在着平舌读翘舌的现象。笔者记录过丹东话，其平翘舌均读为“舌面化舌尖音”，与普通话的翘舌音有差别，但年轻一辈平翘舌区分情况基本与普通话一致，这与受教育程度、年龄有关，是社会语言学语音变异调查的理想研究对象。然而，普通话不仅影响新派，也影响老派，对老派的影响与对新派的影响结果有所不同。前面说到的例子表明，新派无法一时间从普通话的调转变为方言的调，老派的情况更为复杂，时常将普通话、方言的调混在一起，无法分清是方言还是普通话。例如，笔者曾调查过浙江金华话，一位70多岁老人的发音中，时常出现一个字有四五种不同调值的情况，根本无法记录。又如新疆境内属兰银官话的奇台话，发音人（70多岁）时常在普通话与方言的调值之间徘徊。再如山东境内属冀鲁官话的利津话，原本对新派的调查发现，发音人无法读出方言的调，其母亲最初的声调是阴平35（或55）、阳平553、上声454、去声51、阴入44，等到了字表调查时，声调又变成了阴平55、阳平35、上声35（或24）、去声51、入声44，即基本变成普通话的调值，最终也只能放弃调查。

河南一带的中原官话，阳平和去声的调值非常接近，笔者记为553和53，对非母语人而言，二者均为高降调，然而，说河南话的人会明确地说是不同的调。二者的差异在于阳平有一个高平后降的调型，去声则是直接降，二者差异微小，未来是否走向合并还很难说。新疆的中原官话大多是三个声调，如吐鲁番话平声35、上声51、去声55，合并的是阴平和阳平，与阳平和去声无关。

汉语方言一般有高调、中调和低调，常见的有55、53、35、33、24、42等平调、升调、降调，声调记录应当以中调（即中声调）为参照。有些学者喜欢将低升调记为13，这个调实际上很不容易读，只出现在少数吴方言点中，其他方言很少见。笔者认为，记为24更为精确。

声调系统的合并是汉语北方官话尤其是中原官话的一个发展趋势。前面提到河南一带中原官话的调值大多是35、553、55（44）、53（42），阳平和去声的调值很接近，应该最容易合并。目前，已发现调类合并现象的有三个地区：第一个是洛阳话的35、55、53，阳平和上声合并为55；第二个是新疆地区吐鲁番话的35、51、55，平声不分阴阳，均为35；第三个是青海西宁话的55、35，阴平和上声合并为55，阳平和去声合并为35。同样是青海西宁地区的民和话是35、55，平声、去声、入声均为35，上声是55。声调合并类型对了解汉语方言声调的演变有很大的意义，必须根据语言事实加以描写。过去，一些学者无法接受部分汉语方言只有两个声调的事实。事实上，青海西宁地区的若干方言点均为两个声调，调值也都是55和35，已然成为两声调特征区。张成材、朱世奎的《西宁方言志》（1987）记录的西宁话是四个声调，西宁本地语言学家与笔者交流时并不认同这种看法。此外，山东滨州、淄博一带的冀鲁官话也是三个声调，比如邹平话是35、55、42，阳平和上声合并为55，与洛阳话一致。

2. 重音

重音是多音节语言常见的超音段特征，有些语言是固定重音，如法语固定在最后一个音节，有些语言是非固定重音，如英语。重音是多音节词中一个音节的音高最高、音长最长的语音现象，该音节即重音音节。欧洲语言大多是重音语言，因此，语言学家最初在记录其他非欧洲语言时，也比较重视重音，而对声调的掌握和描写不够。例如，马达加斯加的马拉加西语（Malagasy），法国学者将其描写为重音语言，笔者2021年的调查表明，马拉加西语是重音和声调混合型语言。若在一个多音节词中音长最长与音高最高的音不在同一音节时，该如何判断其重音的位置？以音高还是音长为准？蒙古语就存在这个问题。蒙古语大多数多音节词长音节出现在第一音节，而音高最高的往往是最后一个音节，这就很难判定何为重音音节。再者，有些语言的末音节音高最高，但音高变化是有语言差异的。例如英语的末音节重音是高降调，而法语的却是高平调。若是用英语高降调读法语的末音节重音，是典型的外国人腔调（exotic accent）。最后，伊犁哈萨克语的重音（主要是音高特征，与音长无关）说明了超音段特征的复杂性。笔者在调查中发现，伊犁哈萨克语的重音并不固定，而且并不是单一音节重音，可以有多个重音音节。在复合词中，甚至会出现第一音节和最后一个音节是非重音，中间的音节均为重音音节的情况。伊犁哈萨克语的重音是有规律的，对其描写不能停留在固定、单一音节重音的传统认知上，而应将所有的重音音节都描写出来，才能看出其中的规律。

（二）辅音的描写

辅音的描写在每种语言中难易不同，一般来说，汉语方言的辅音系统比较容易描写，常见的变化或变异主要表现在清浊音、送气音、鼻音/边音、鼻塞音（鼻冠音）、尖团音等方面。事实上，汉语方言还包括复辅音、小舌音、擦音/塞擦音等类型的语音变化或变异，过去人们往往不太关注这部分内容，致使许多重要的语音特征被忽略。

1. 清浊音

谈到汉语方言的浊音，必然想到吴方言，因为其是汉语方言中保留古浊音的代表。古浊音的保留情况一直被看作方言分类或分区划片的重要特征，然而，浊音清化是语言的自然变化，吴方言也不例外。在笔者调查的吴方言诸多方言点中，已经没有浊塞音、浊塞擦音、浊擦音，对照当下许多吴方言点的描写，可谓差异甚大。之所以存在这样的差异，主要因为浊音是重要的方言特点，又是长久以来学者所信仰的学术观点，研究者大多是吴方言母语人，不敢质疑传统，即便这个清化现象早已在许多学者的描写中不同程度地呈现出来。

无独有偶，在中国境内突厥语族语言的描写中，大多包含了清浊塞音的对立。在笔者的调查与观察中，中国境内突厥语族语言实际上没有浊塞音，有的是送气对立，而非清浊对立。中国境内突厥语族语言的描写“必须”出现清浊对立的音系格局，估计与学者希望向土耳其语以及国外突厥语族语言的描写靠拢有关。笔者调查过哈萨克斯坦的哈萨克语以及中国阿勒泰、伊犁等地的哈萨克语，前者有明显的清浊音对立，国内的哈萨克语只有送气对立，而无清浊对立。中国境内突厥语族语言中的维吾尔语、撒拉语、西部裕固语、柯尔克孜语等的情况也基本如此。坚持描写为浊塞音的国内突厥语族语言研究者大多是本族母语使用者，受文字的影响，即认为拉丁转写就是浊音，加之代代相传的描写传统，形成了牢不可破的“学术观点”。返回来看汉语方言的浊音，笔者观察到最“浊”的并非吴方言，而是江西北部的赣方言，赣北地区除有许多塞音“非常浊”的方言点外，南昌周边还有浊送气的方言点。赣方言浊音的特色是，古浊音和古送气清音均与赣方言的浊音相对应，说明送气与清浊之间存在密切关系。浙江丽水一带的南部吴方言，有古清不送气音对应方言浊音、古浊音对应方言浊送气音的情况，形成了浊不送气音、浊送气音、清送气音三分的格局。

2. 送气、小舌音

早期学者描写汉语方言的送气，往往在符号上方加一撇，之后的学者也多因循这种标注方法。国际音标中的送气符号大多是上加的“ʰ”，有学者认为一撇是所谓的“弱送气”，“ʰ”是所谓的“强送气”，并依此解释二者的音强差异。

韩语中塞音、塞擦音有三组对立，分别是平音（清不送气）、紧音、送气音。对说汉语的中国人来说，送气与否是最为敏感的一种语音特征，韩语的平音在词首处会读为送气，一般说汉语的中国人都能听得出这个音。令人疑惑的是，这个平音的送气跟送气音的送气究竟有何不同？一些学者提出“强送气”和“弱送气”的观点，认为平音是“弱送气”，送气音是“强送气”，一些韩国人也曾这样解释。以音强作为音位区分的特点在人类语言中似乎很少见，送气也是一样的道理。笔者认为，二者的送气并无本质差异，真正的差异是“声调”，也就是平音送气的音高比送气音送气的音高更低，正因为音高比较低，被错认为是“弱送气”，实则与送气强弱无关。无论韩国的标准语首尔话还是朝鲜的平壤话，均属韩语或朝鲜语的中部方言，残留了一部分高低声调的特征。韩语和满语都有所谓的送气擦音，如韩语的s^h，满语的s^h、f^h。送气擦音最多的是苗语中部方言，部分藏语也有这类音。韩语“我爱你”的第一个音节读音是s^ha，中国人往往读为sa或$ʦ^ha$；满语的“萨满”是s^haman，汉族人也容易读为$ʦ^haman$。

汉语方言的送气音有两种：一种是喉送气，记为^h；另一种是小舌送气，记为^χ。后者在音系中与小舌擦音共存，如“海”的声母若是读χ，“开”一般就是$k^χ$（也可记为q^h）。小舌送气在以往学者的描写中零星出现过，大致分布在西北地区，包括新疆、青海、甘肃、内蒙古晋方言区、陕北，东南地区也有小范围分布，包括南京、扬州北部、淮安等地的方言。因此，用传统的一撇来表示送气，并不能区分喉送气与小舌送气。

3. 鼻音/边音

泥来不分、n和l不分、n和l相混是汉语方言常见的语音特征，但这种界定并不准确。因为汉语方言中的n、l并非“不分”，只是分法与普通话或古音不同。从地理分布看，这种现象多存在于长江沿岸的方言中，可以说这个语音特征与自然地理条件息息相关。例如西南官话，四川成都周边方言n、l的分布大多与普通话不一致，而远离长江的云南地区，其分布与普通话基本一致。从类型看，四川的n、l分布以边音l为主，而湖南、湖北的西南官话以鼻音n为主。此外，四川方言的一大特色就是有大量的鼻边音nl、鼻塞音mb、ŋg，其中鼻边音nl声母与高元音i、y韵母组合，如“吕”“女”同音、“泥”“犁”同音。不过，成都市区的n、l分布与普通话更为接近，也没有鼻边音、鼻塞音这类音，说明“省会方言最不具语音代表性”这个论断有一定的道理。

4. 鼻塞音（鼻冠音）

m、b 和 ŋ、ɡ 都是阻塞音，差别仅在前者主要通过鼻腔、后者主要通过口腔，当一个音同时通过鼻腔和口腔发声时，就形成了鼻塞音，传统称为鼻冠音。关于这两组的转换关系，常见的例子是台湾闽南话中的浊塞音 b、ɡ 来源于古音 m、ŋ，例如“马” be^{51}(＜＊m-)。韩语也存在这样的现象，即词首位置的鼻音会带有明显的塞音，如“吃”（먹다），一般标注为 mɔk ta，实际读音是^{b}mɔk ta，也可以记为 mbɔk ta。许多汉语方言都有 ŋ 声母，而这个音又会变异为鼻塞音 ŋɡ、塞音 ɡ、擦音 ɣ 等多种变体，记音时不能一概而论地统一记为 ŋ。鼻边音 nl 与 ŋɡ、mb 时常出现在同一个方言音系中，可以视为音系系统性的表现，即在塞音和边音前都带上一个同部位的鼻音（即鼻冠音）。塞音 ɡ 通常来自鼻音 ŋ，因此，其音变顺序是：ŋ > ŋɡ > ɡ。换言之，ɡ 是语音创新，而非存古。

5. 尖团音

汉语方言描写中，尖团音一直受到重视。尖音 ʦi、ʦ^{h}i、si 一般在南部方言较常见，官话比较少见。在这三个音当中，si 出现的频率最高。比如，一个方言可能有 si，而没有 ʦi 和 ʦ^{h}i，这说明 si 比较容易保留尖音的特点，ʦi 和 ʦ^{h}i 更容易腭化为 ʨi 和 ʨ^{h}i。

6. 复辅音

上古汉语是否存在复辅音，是学界争论的焦点。持支持意见的学者多半有少数民族语言研究的背景，他们认为通过藏缅语与汉语的比较研究，可以构拟出具有复辅音的原始汉语。反对者多是传统音韵学家，他们坚持切韵系统的纯正性与逻辑性，对跨语言的构拟持质疑态度。笔者曾与安徽合肥某高校的一位音韵学家探讨此问题，他问现代汉语方言有没有复辅音，我回答：“合肥话不就有吗？”一种语言有没有某些音并不是“规范性”或“规定性”的，在不同的历史阶段都有可能出现过去不曾出现过的音。汉语方言中的复辅音在两个区域比较常见：一个是江淮官话区，普通话的韵母 i 往往对应江淮官话的舌尖元音 ɿ，舌尖元音容易导致声母的摩擦化，因此就出现了舌面?、ʑ、舌尖 z、舌面化舌尖 z̥、舌叶 ʒ 等音，与原本的声母 m、p、p^{h}、t、t^{h}、n、l 搭配，以 z 为例，就形成了 mz、pz、p^{h}z、tz、t^{h}z、nz、lz 等复辅音。这是个创新性的音变，在江淮官话区有不同的变异，在一些方言中，tz 和 t^{h}z 甚至已经变为塞擦音 ʦ、ʦ^{h}，因此，“地”读为 ʦɿ、“梯”读为 ʦ^{h}ɿ 的情况很常见。在另一些江淮官话方言中，nz、lz 则进一步演变为 z。因此，“泥”“犁”同音，都读为 zɿ。倘若不是根据实际发音记录这类复辅音，即音变中间阶段的 tzɿ、t^{h}zɿ，就很难解释为什么“地”“梯”的声母会是塞擦音 tsɿ、tsʰɿ。另一个出现复辅音的区域是湖南北部的西南官话，如张家界的桑植话，有kv-、kʰf-这样的复辅音。这类复辅音也是高元音韵母产生摩擦导致的，出现在后高展唇元音 ɯ 之前，如“苦” kʰfɯ^{35}。在发后高展唇元音 ɯ 时，嘴唇呈现扁平状态，促使唇齿产生摩擦，因此，出现了 v、f 这样的唇齿摩擦音，如果只是记为 kɯ、kʰɯ 自然不太准确。另外，在陕西中部关中地区与河南西部三门峡地区常见的双唇—唇齿塞擦音 pf、pʰf 与 f，对应普通话的 tʂ、tʂʰ、ʂ，由于发音部位相同，不应视为复辅音，而是塞擦音。这类音只出现在 u 韵母之前，是由于 u 元音导致双唇贴近、阻塞后产生阻塞与唇齿摩擦。

7. 擦音、塞擦音

擦音和塞擦音的描写比较困难。语音描写涉及记音人对语音类型的设定，如果记音人只有舌尖音（即平舌音）、舌面音和翘舌音这三类设定，就会将所有听到的音都置于这个框架之下。就汉语方言和少数民族语言的擦音、塞擦音描写而言，应该有五个基本设定，即舌尖音、舌面音、翘舌音、舌叶音、舌面化舌尖音。这当中，最常见也最难描写到位的是舌面化舌尖音，国际音标是 ts̥、ts̥ʰ、s̥。许多北方人会认为南方人说话“平翘舌不分”，主要原因在于北方官话大多是舌尖音与翘舌音对立，而南方许多方言是“舌尖音”与“舌面化舌尖音”对立。笔者将翘舌音称为“北方式翘舌音”，将“舌面化舌尖音”称为“南方式翘舌音”。在少数民族语言当中，彝语就有舌面化舌尖音，学者的描写方式值得汉语方言学界参考，即记为 tɕɿ、tɕʰɿ、ɕɿ，舌面音与舌尖元音搭配，不正是“舌面化舌尖音”吗？过去许多南方汉语方言对这组音的描写是 tʂ、tʂʰ、ʂ，并不是非常准确。以江淮官话和吴方言为例，江淮官话大部分方言点都有舌面化舌尖音，但唯独南京话、合肥话等省会城市方言点是“北方式翘舌音”，与广大的江淮官话方言存在差异。再以北部吴方言为例，部分方言有舌面化舌尖音，但常熟话却是典型的“北方式翘舌音”，与周边方言都不相同，属于孤岛型的语音特征。

少数民族语言的描写也存在许多类似的问题。例如，壮语、傣语有 tɕa、tɕu、tɕə 这样的记音，藏语也有这样的记音，但二者之间的读音并不相同。藏语的 tɕa、tɕu、tɕə 比较接近实际读音，从汉语方言角度看，比较接近有 i 介音的是 tɕia、tɕiu、tɕiə。然而，壮语和傣语中的这组音实际是“舌面化舌尖音” ts̥a、ts̥u、ts̥ə，也唯有这样的描写才能体现“舌面”和“舌尖”两个发音特点。

8. 清边音、边擦音

清边音的符号是 l̥，清边擦音的符号是 ɬ，二者读音不同，不能混淆。传统藏语描写中，将拉萨话中的第一音节声母描写为 ɬ，然而在笔者调查的十多种藏语方言点（包含卫藏方言、康方言、安多方言）中，听到的都不是边擦音，而是清边音，因此应当使用l̥这个符号。苗语有大量的清边音和清鼻音，均在辅音音标下加表清化的圆圈，因此传统的藏语和苗语的描写虽然使用的符号不同，实际上是同一个音。无独有偶，台湾某位学者在其论文中提到阿美语的清边音（原文为英文，voiceless fricative），使用的是 l̥这个符号。然而，根据笔者多年调研的结果，阿美语所有的方言都没有清边音，而是边擦音，正确的符号应当是 ɬ 和 ɮ。关于清边音和边擦音混淆的情况，大多来自各自语言的描写传统，倘若能进行跨语言比较，将所有语言和方言置于普通语言学基础上进行客观描写，就能避免误记的流传。

（三）元音的描写

元音的描写比辅音困难，因为元音的发音是一个连续体，稍微高一点、前一点，很可能不易察觉。记录元音时“定位”对基本元音的掌握是最重要的，可将其作为观察元音音值的基准。例如，将舌面元音四个最角落的音 i、a、ɑ、u，以及中心的 ə 在口腔中定位清楚，当听到一个音像 a 又不像 a 的时候，就能在 a 周围寻找可能的、最准确的音。常见的元音有 i、y、e、ɛ、a、ə、u、o、ɔ，这些元音在很多语言中是最容易出现的音。然而，大多数语言或方言都有其特色元音，但在个别语言或语群中密集出现，如 ɪ、ʏ、ɨ、ʉ、ɘ、ɵ、ɐ、ɯ、ʊ、ʌ、ɑ、ɒ 等。例如，粤方言的 ɐ，听起来像 a 和 ɔ，但又不是 a 和 ə，因此，最合理的推论就是介于二者之间的央半低元音 ɐ。又如，藏缅语族彝语支语言常出现的 ɨ（藏缅语传统描写为 ɯ，应是误记），这个音听起来像 ə 又不是 ə，仔细观察可知，它的发音部位很高，因此，可以定位为央高元音 ɨ。记录单元音比复元音简单，因为复元音的发音过程存在元音的动程，在不好判断是单元音或双元音时，可以仔细观察发音人的唇形变化。

1. 单元音与复元音

在祥云白语的描写中，有个音过去被记录为 au，但在调查中发现，这个音很容易听成单元音，但隐隐又有双元音（接近 au）的感觉。此外，这个音的发音部位相当靠后，元音动程很小，最终判断为 ʌɔ。这个描写最大的好处是结合了对语音观察的所有特点，包括发音部位靠后（后元音）、介于单元音和双元音之间（au、aɔ、ɔ 连续体）、元音动程小（ʌ 和 ɔ 都是后半低元音，仅圆展不同）。

汉语的单双元音具有显著特点，对其描写必须建立在调查全面、标准一致的基础上。例如，普通话的五组双元音 uo、ai、ei、au、ou 各自都有几种变体，即官话复元音单化的连续性音变。

（1）uo > ŭo（ʊo）> o；

（2）ai > aɛ > æɛ > ɛ 或 ai > æi > æ 或 ai > ae > e；

（3）ei > eɪ > e；

（4）au > aɔ > ʌɔ > ɔ；

（5）ou > oʊ > o。

有趣的是，这些变体非常规律地对应了个别的官话方言，具体见表1。

表1　普通话五组双元音与官话个别方言的对应

北京官话	uo	ai	ei	au	ou
西南官话	o	ai	ei	au	əu
冀鲁官话	uʌ	ɛ	e	ɔ	o
胶辽官话	uʌ	ɛ	e	ɔ	o
江淮官话	u	ɛ	e	ɔ	o
晋方言	uo	ɛ/e	e/i	ɔ	o
东部中原官话	uo	ɛ	e	ɔ	o
西部中原官话	u /o	e	ɪ	o	ɤ
中部中原官话	uo	aɛ	e/eɪ	aɔ	o/oʊ
兰银官话	uo	ɛ/e	e/ɪ	ɔ	ɤɯ

上表只是大致的情况，其内部仍有许多变异，但已能看出这五组双元音韵母在官话方言中的类型，即可以分为 uo 组与 ai、ei、au、ou 组。uo 组均为靠北边的官话（北京、冀鲁、胶辽、晋、中原、兰银），单元音化的均是靠南的官话（江淮、西南）。ai、ei、au、ou 组大致可以分为三种类型，即保留型（ai、ei、au、ou/əu/ɤɯ）、过渡型（aɛ、eɪ、aɔ、oʊ）、单化型（ɛ/e/æ、e/ɪ/i、ɔ/o、o）。北京官话、西南官话是保留型，中部中原官话是过渡型，其他都是单化型。从地理分布看，官话东北部的北京官话、西南部的西南官话都是保留型，官话东部的冀鲁官话、胶辽官话、江淮官话、东部中原官话、西部中原官话、兰银官话、晋方言都是单化型。这三种类型分布的区域几乎完全相连，河南中部是过渡型的主要分布区，横亘在东西部官话之间，将保留型和单化型分为东、西两片。

笔者最初调查河南境内的中原官话时，就对这些双元音的类型产生了疑问，因为传统上较少将其描写成 aɛ、eɪ、aɔ、oʊ 这样的过渡型双元音，多记为 ai、ei、au、ou，或单元音 ε/æ、ei、ɔ、ou。有趣的是，在许多传统的描写中，无论单元音 ε 和 ɔ 方言，还是记为 ei 和 ou 的双元音方言，在绝大多数双元音单化的汉语方言中，这四组音往往是系统性联动的关系，而且 ei 和 ou 甚至更容易单元音化为 e、o。只要让发音人"读得长一点"，就可以观察是否有元音的动程。四组均单化为 ε、e、ɔ、o 的现象也很常见；也有三组单化、一组不单化的情况，通常是 ε、e、ɔ、ou；还有两组过渡、两组单化的情况，通常是 aε、e、aɔ、o。若能积累 2000—3000 个官话方言点，将地理分布、复元音单化类型、统计等因素结合起来考虑，就能描绘出完整的变异模型。

2. 后滑音

如果说复元音单化是语言发展的一个趋向，单元音复化则是另一个方向，主要表现在后滑音（off-glide）上。后滑音是一种元音增生的现象，一般出现在高元音 i、y、u、ɯ，以及舌尖元音 ɿ、ʅ 之后，即出现元音的滑动，由一个元音滑向另一个元音，形成类似双元音的音，但后一个元音较短、较轻、较模糊。关于后滑音的描写，并非汉语方言以及少数民族语言的主流，前人研究大多忽略了这个语音现象，可能的原因是认为后滑音是个人发音习惯，而非语音特征。然而事实上，后滑音不是个人发音习惯，而是一个重要的、具有区别性的方言特征。例如彝语方言中，北部方言（凉山彝语）有丰富的后滑音，中部方言（澜沧彝语）、南部方言（石屏彝语）、东南方言（石林彝语）就没有后滑音。过去，学者在描写凉山彝语韵母时，记录的元音并非简单的单元音，而是蕴含着大量的后滑音。再以汉语方言为例，全国汉语方言有三大后滑音分布区：一是山东半岛，约有 70%以上的方言，包括冀鲁官话、胶辽官话、中原官话，都有后滑音；二是西北地区，甘肃兰州以西、青海、新疆，都有后滑音韵母；三是西南地区的四川南部、云南北部、贵州零星地区有后滑音。后滑音也有类型上的差异：有些方言的后滑音是固定的，如山东一带方言的后滑音多是-ɤ̆结尾；西南地区的后滑音是与主元音搭配的，如-iĕ、-uɔ̆、-yĕ。

后滑音的出现会对音系产生系统性的影响。在许多有后滑音的方言中，韵母也会出现相应的变化，这涉及方言音系的类型比较。例如，冀鲁官话邹平话有后滑音，普通话没有后滑音，普通话的韵母-uo、-iε、-yε 分别与邹平话的-uʌ、-iʌ、-yʌ 对应，像邹平话这样出现-ʌ 的韵母大多与后滑音有关。不仅冀鲁官话如此，有后滑音的西南官话、兰银官话、中原官话的情况也一样，说明后滑音与-ʌ 韵母之间有着系统性的联动关系。

（四）音节的描写

1. 开音节

以元音收尾的音节是开音节（阴声韵），以辅音收尾的是闭音节，后者又分为以塞音收尾的塞音韵尾（入声韵）和以鼻音收尾的鼻音韵尾（阳声韵）。开音节可以是单元音，也可以是复元音，单元音和复元音之间的变化是循环的，单音节会变双音节，双音节也会变单音节，它们均受音系的制约，这里以一个特殊的语音变化为例加以说明。笔者在江淮官话中发现了大量的“近音韵尾”，即开音节元音后增生出辅音的现象。这类“近音”ʋ 出现在音节末高元音后，显然与高元音开口度小、双唇贴近产生摩擦有关，其原理与高元音前的擦化类似。例如-iʋ、-ɯʋ、-ʊʋ 等，是江淮官话、部分北部吴方言（如上海话）的地区性特征。在过去的描写中，几乎没有出现过“近音韵尾”，有学者描写为双唇鼻音-m，甚至认为它是一种阴阳对转，这些看法似乎与语言事实不符。

开音节可能成为语言的一种类型特征。比如，藏缅语彝语支语言大多只有开音节，没有塞音韵尾，甚至没有鼻音韵尾。又如，苗瑶语族语言中苗语和瑶语的主要区别就在于前者均为开音节语言，后者有塞音韵尾和鼻音韵尾。

汉语多数方言的儿化是元音韵尾以及去掉鼻音韵尾后加上卷舌音 ɹ 构成，但在洛阳话中，则是加上央元音构成儿化。这种儿化现象的确认，在方言描写上具有一定的挑战性，因为它是多数方言中很少出现的元音。下面以汝阳话的儿化为例（汝阳话有后滑音）加以说明，具体见表 2。

表 2　汝阳话的儿化

不儿化	儿化	不儿化	儿化	不儿化	儿化
-ɤ	-ə	-au	-ə	-yen	-yɵ
-a	-ə	-ou	-ʉ	-in	-iɨ
-ɛă	-ə	-an	-ə	-yin	-ʉ
-ʅə̆	-ɨ	-ien	-iɨ	-aŋ	-ə
-ʅə̆	-ɨ	-uan	-uə	-oŋ	-ʉ
-iə̆	-iɨ	-ən	-ɨ		
-y	-ɥ	-iŋ	-iɨ		

由上表可知，汝阳话的儿化韵中出现大量的央元音，包括圆唇的 ʉ、ɵ 都

是多数汉语方言较少出现的元音，因此，对元音的发音掌握不到位，就很难做出正确的描写。从不儿化与儿化的对比可以看出，二者之间存在高度的关联，即高元音、舌尖元音对应央高元音的儿化，并且圆唇对圆唇、展唇对展唇，相当规律。这说明，掌握语音学的基本知识，可以帮助记音者做出判断，并找到对应规则。

2. 塞音韵尾

塞音韵尾在汉语发展过程中扮演着重要角色，即入声演变是汉语方言分区的一个重要标准。典型的入声有两个特点：一是有塞音，如-p、-t、-k、-ʔ；二是有短促的声调。一般认为，汉语方言中有入声的是粤方言、闽方言、吴方言、赣方言、江淮官话、晋方言、部分西南官话，其中粤方言和闽南话较多保留了中古音-p、-t、-k，其他音变为-ʔ，二者均伴随短促的声调，即入声调。然而，实际情况要复杂得多。据笔者调查，部分粤方言的入声塞音尾并不与古音形成对应，甚至呈现混乱分布的情况。再如晋方言和江淮官话的多数入声塞音尾消失，部分保留了短促的入声调，且多并入阴声韵，即入声彻底消失。这里要强调的一个描写细节是，前人对入声的描写往往不区分塞音尾和短促调，将二者视为同一语音特征，即认为很多方言并没有塞音尾，仅有短促调，描写时会加上塞音 ʔ。笔者认为，应该将塞音尾和短促调区分开来，而不是混为一谈。更为复杂的是入声演变后产生的变化，即完整保留古入声到入声完全消失之间，有各种各样的残余形式，笔者称之为“入声标记”。这些“入声标记”包括：塞音韵尾（-p、-t、-k、-ʔ）、特殊的元音韵尾（与阴声韵、阳声韵均不同的元音韵尾）、入声调（包括不同于阴声调或接近阴声调的短促调）、声母。最特殊的莫过于声母作为“入声标记”，它出现在成都郊区与周边的几个方言点，即翘舌音声母只出现在入声字中。换言之，声韵调都可能成为“入声标记”，在描写上最困难的是元音韵尾的入声。例如，河南新乡的晋方言获嘉话，塞音尾的入声脱落后遗留下元音的“入声标记”，大致分为-ə（主元音为高元音、舌尖元音）和-ɐ（主元音非高元音、非舌尖元音）两组，而阴声韵有-a，对这三个音的区分决定了是否能够准确地描写该方言元音结尾的“入声标记”。同样是新乡的晋方言卫辉话，其元音“入声标记”与获嘉话不一样，说明同一地区也可能有不同的入声类型，不能一概而论。

3. 鼻音韵尾

鼻音韵尾系统的变异，是汉语方言的一个显著特征。中古音的鼻音韵母称为阳声韵，有-m、-n、-ŋ 三种，现在大多数汉语方言-m 与-n 合并，因此，-m 韵尾只出现在少数一些南方方言中，主要是一种存古特征。然而，-m 韵尾也作为一种语音创新出现在许多方言中，如在昆明地区的西南官话、南京话、部分吴方言、徽州话等方言中，都发现了非存古性的-m。笔者的调查结果表明，这类-m尾韵都与主元音o相关，即几乎无一例外都是-om，如“东”“虫”这类字，结尾处都是闭唇的。还有些方言的情况比较模糊，听着像后鼻音-ŋ，但又能看到闭唇的动作，可以记为-oŋ^{m}。

再比如，就汉语标准语普通话的-n、-ŋ韵尾而言，许多人认为区分-n、-ŋ是汉语的基础音系类型，而不区分-n、-ŋ则时常被冠以“不分前后鼻音”的说法。这个说法是有问题的，应该是前后鼻音分布与普通话不同，因为多数汉语方言的-n、-ŋ分布都与普通话存在差异，即从数量上看，与普通话一致的区分方式在整个汉语方言当中只是少数，只有不到20%的汉语方言与之相同。如果考虑音值，只有东北地区、北京、天津等少数地区的方言与普通话一致，估计低于汉语方言的15%。那么，什么样的阳声韵类型是主流？汉语方言中最常见的是鼻化元音，有超过一半的汉语方言有鼻化元音。这说明，普通话在阳声韵方面是不具有汉语方言代表性的。再者，-n与-ŋ的分布在绝大多数汉语方言中都是跟着主元音的，例如在四川的西南官话中，只有-ən、没有-əŋ，只有-iŋ、没有-in，即普通话的-ən、-əŋ与四川西南官话的-ən对应，普通话的-in、-iŋ与四川西南官话的-iŋ对应。类似的方言还很多，像普通话一样区分-ən、-əŋ和-in、-iŋ的方言只有北京官话和冀鲁官话，但普通话的-n多与冀鲁官话的鼻化元音对应，即音类的区分一致、音值有所不同。河南一带的中原官话多是鼻化元音ĩ对应普通话的-in，但其他-n韵尾与普通话一致，即音类不同、多数音值一致。这些都是一些常见的鼻音韵尾类型，仔细区分还能找到不少值得进一步分类的语音特征。

四、记音的三个原则

学术的本质是创新，创新需要突破传统。记音的本质很简单，就是尽可能使用恰当的符号准确地记录语音。准确地记录语音之所以并不容易，一定程度上受制于文字、标准语、中古音以及前人的研究等非记音因素。出现诸如“记的跟前人不一样”“记音与中古音系统不符”“记音与文字不符”等情况该如何处理？这就不是记音本身的问题，而是传统描写作为一种范式（paradigm）对语言事实记录的规范或制约作用。例如，笔者调查发现吴方言出现了浊音清化现象，赵元任以降学者认定的吴方言保留了古汉语浊声母的原则，能不能被打破？这对于发现新语音现象的新一代学者来说，无疑是相当重要且困难的抉择。笔者曾与一位研究撒拉语的青年学者交流，她自述其博士学位论文答辩的经历，几位研究维吾尔语的评审教授都无法认同她描写的“没有浊塞音”这个事实。实际情况是，中国境内突厥语族语言中的多数确实没有塞音的清浊对立，而是送气与不送气对立。面对描写传统的旧范式，笔者提出以下三个记音原则。

（一）一致性原则

语音的描写必须符合普通语言学的基本原理，而且不同语言、方言之间应当是可以对比的，一个符号对应一个音，不能出现一个符号在 A 语言中一个音、在 B 语言中是另一个音的情况。比如，藏语和南岛语群中的阿美语均有 ɬ 音，藏语的音值被记为清边音，阿美语被记为清边擦音。与此相应，也不宜用不同符号记录不同语言的同一个音。比如，藏语和苗语音值相同的清边音，藏语记为 ɬ，苗语记为l̥，这样处理违背了普通语言学原理。

从描写的一致性原则出发，还需要注意两个方面的问题：一是记音者在不同时间所做的描写必须是具有可比性的，即采用同样的标准记音，不能一种语言或方言一种记法。二是不同记音者对同一语群的描写必须是可比较的，每个学者的记音标准需要统一。比如，赵元任在《湖北方言调查报告》中努力尝试将五位记音者的标准一致化。团队分工记音虽然在大量方言调查中效率高、速度快，但很难将所有人的记音都统一起来。因为不同方言变体的记音标准都不一致，很难说记录出的方言差异不是由描写差异造成的。

综上所述，回归普通语言学原理，打破语言或方言研究壁垒，能为语音类型学、语音演变提供有价值的原始语料。

（二）创新性原则

语音描写必须依据语音事实，一旦发现过去的描写范式无法准确描写语音特性，就应当做出改变。比如，湖南方言的超高调描写为 56、66，不仅更为精确，而且具有创新性。又如，怎样描写后滑音，既能体现其音值特点，又能区别于双元音？笔者认为，可以在音值上加短音符号，如ɤ̆、ĕ、ə̆，这样有助于体现后滑音的特点。后滑音的描写与描写传统有密切关系，最初的学者如果没有描写处理，后来的学者也会很自然地省略这个语音要素。这涉及语言和方言描写的传统，要做出改变相当困难。然而，并不是所有语言的描写都忽略了后滑音。以越南语为例，当初法国学者为越南语创制拼音方案时，将越南语所有的后滑音全部体现在文字上，包括开音节、鼻音韵尾的后滑音都有相对应的文字形式。倘若有越南的语言学家记录山东方言，很可能就会突破中国汉语方言描写的传统，将这些后滑音全部记录描写出来。这也说明，“局外人视角”

往往会带来新的突破。又比如笔者调查的科尔沁蒙古语，擦音、塞擦音在 o、ʊ、ɵ 等圆唇元音前是硬腭的 cç、cç^{h}、ç，在 a、ə 前是舌面化舌尖音 ts̥、ts̥^{h}、s̥，在 y、i 元音前是舌面音 ʨ、ʨ^{h}、ɕ。传统的记音将上述三组音合并为舌叶音 ʧ、ʧ^{h}、ʃ，如果将这三组音都视为独立的音位，与传统的记音有很大差异，并且会导致音系的复杂化，但好处是能将这些语音特征记录下来。

（三）充分性原则

语音调查的阶段性任务是整理所调查语言或方言的音系，音系是语音的基本结构，也是现代语言学基础。现代音系学受结构主义影响，而结构主义又是传承自古老的“柏拉图主义”，其核心精神是演绎法，认为所有的语音变体都来自一些更为基础的音位。音位是音系构成的核心，是语言研究的对象；而实际的语音大多是由音位通过规则演绎出来的，即一个音位 A 可以演绎出 a、b、c……许许多多的实际语音，也叫音位变体，这些变体由一些条件和环境限制，常见的公式是 A > a / ____。结构主义描写范式描写出的音位系统是简化后的产物，很多语音特征甚至是一些特色语音会随着音位的归并而消失。“柏拉图主义”影响下的结构主义音系学对西方影响巨大，例如早期传教士对汉语标准语的标音，“北京”是 Peking，认为 k 在 i 元音前会变为塞擦音［ʨ］，出现环境与 k 形成互补分布，因此用一个符号 k 就能同时代表［k］和［ʨ］。这样的归并方式也出现在南岛语群的布农语描写中。在布农语的 ti 结构中，郡群方言会音变为塞擦音［ʨi］，其他方言仍为塞音［ti］，也有一些早期学者将郡群方言的［ʨi］标为［ti］，因为它是 t 的音位变体。问题就在于，普通话的 k 和 ʨ、布农语的 t 和 ʨ，究竟是一个音位，还是两个音位？音位归并的原则究竟是什么？另一方面，秉持结构主义的观念记音，势必会忽略或删除一些语音特征。例如，山东境内汉语方言中的后滑音，江淮官话中的复辅音，如果记录了后滑音或复辅音，会导致音系的系统性差，甚至音系的混乱。总之，笔者认为，在记音的过程中，不应过度简化语音特征，也不应刻意忽略一些特殊的、少见的语音特征。这样，才能更准确地描写语音特征、归纳音位系统。当然，不排除个别发音人的语言特点，鉴别和取舍的基本原则是观察一个语音特征是否稳定，如果一直很稳定，基本可以认定是语言自身的特征，不应忽略，如后滑音。

语言现象十分复杂，如果语音产生了变化，应当如何记录和归纳音变中的音系呢？结构主义视角下的音系是静态的系统，在多数情况下，音系虽然较之词汇系统更加稳定，但也不排除调查到正在变化中的语言。比如，有些汉语方言的入声正处于脱落阶段，发音人很容易出现“这样读也可以，那样读也可以”的情况，即一个是保留入声标记的读音，一个是完全脱落入声标记的读法。又如，吴方言的浊音，在许多方言点中会出现“似清若浊”的模糊音感，究竟是记为清音还是浊音，常常举棋不定。最好的处理方式是将这些变异都完整记录下来，并借助历史语言学常见的音变规律加以整理归纳。

不论是否在调查音变中的语言，回归语言事实，即记录当下发音人的实际发音，才能保留最有价值的语料。这是反结构主义的态度，因为语言从来不是静止不变的，也不是语言学家规范的产物，更不是任何语言政策、标准语、文字所能限制的理想状态。总之，语言有规律的、系统性的一面，也有变异的、混杂的一面。

五、语料的代表性问题

（一）发音人的代表性

在汉语方言调查中，传统的说法是“男性、低学历、从未离乡、年纪大”的发音人提供的语料最具方言代表性。必须承认，从社会语言学角度看，理论上不存在完全没有变异的言语社区（speech community），性别、年龄、阶级或阶层、受教育程度、职业等都会成为影响变异的外部因素（external factor），通过对这些因素的操控往往也能够找到产生变异的动因。从地理语言学角度看，发音人必须能够代表调查群体的语言现况。从传统方言学角度看，存古性是其首先考虑的，即越古老的语言特征越具代表性，或者越值得被记录、被研究。

笔者认为，代表性应该界定为：在一个方言群里，某个方言点具有多数方言点都有的特征，即为其具有代表性。假如在一个方言群中，70%的方言点有A特征，80%的有B特征，90%的有C特征，则同时具有ABC三项特征的方言点就是最具代表性的，反之则代表性较差。问题是，倘若一个言语社群中，老派读音是少数，如仅占5%，这样的读音还能说是具有代表性吗？事实上，在缺乏大规模言语社区的全面调查之前，很难说究竟是老派占比高还是新派占比高。很多时候，新派的人数往往远多于老派，这时就很难说新派还是老派更具有代表性。另外，在某些民族地区通行的少数民族语言或汉语方言中，少数民族占多数，汉族很少，少数民族说的汉语方言是否具有代表性？此外，三代发音人均为同村之类的规定太过严苛，符合这一规定的发音人语料是否就是最“纯”的？不能过度迷信。再则，男性比女性的发音更具代表性的看法，更是匪夷所思。不可讳言，性别确实在某些情况下会产生语言表达上的差异，如日语的男女用语就有明显的差异，男性很少用かしら、わ这样的语气词，在语法和词汇调查上确实应当注意性别差异。然而，就语音调查而言，男性发音与女性发音差异很大的情况并不多见。音高的高低确实可能影响清浊音，但男性读浊音、女性读清音的现象很少见。

（二）语料的地域代表性

从地域方言层面看，汉语方言的分类与行政区并不重合，除湘语和平话外，大多存在跨省分布的格局。然而，行政区内会出现共享语音特征的成片分布，可视为一种区域特征，如山东一带的后滑音，遍及胶辽官话、冀鲁官话、中原官话。省会方言往往作为某方言研究的代表性方言，如长沙话之于新湘话，成都话、武汉话、昆明话之于西南官话，南昌话之于赣方言。由于一些特殊的历史因素，吴方言的代表性方言向来不是具有官话性质的杭州话，而是上海话和苏州话。所谓“代表性方言”是指能够代表所在地区的共享语音特征，即某地区方言普遍具有的特征，否则，代表性就很难成立，而应视其为特殊性方言。然而，由于省会城市的特殊属性，比如外来人口多、社会成分复杂、交通便利、教育发达，其方言往往更容易向国家标准语即普通话靠拢，导致它与所在地区语音特征的偏离，比如四川的成都话、江苏的南京话、山东的济南话。

四川一带西南官话共同的语音特点是有鼻塞音（鼻冠音）声母，包括mb-、ŋg-，而不是单纯的鼻音声母 m-、ŋ-。泥来母在齐齿呼和撮口呼前大多是鼻边音 nl-，其他位置则多为边音 l-。鼻边音 nl-作为一个语音特征，是四川一带西南官话的一大特色，贵州一些与四川接壤地区的方言点也有鼻塞音和鼻边音，云南、湖南、湖北的西南官话很少有这样的读音。泥来母在开口呼和合口呼的分布，四川一带西南官话大多是边音 l-，湖北则以鼻音 n-为主。然而，市区成都话（锦江、青羊、武侯、成华、金牛）则不带这些特征，没有鼻塞音和鼻边音；泥来母的区分，除“老”“脑”都是边音 l-，其余的 n-/l-分布多与普通话一致。值得注意的是，成都郊区的方言也带有四川西南官话的特色，与市区成都话不同。

南京市位于江苏省西南，属江淮官话洪巢片。江苏一带的江淮官话有许多独特的地区特征，包括复辅音声母 tz-、t^hz-、mz-、lz-、nz-（还有一些相关的变体），舌面化舌尖音声母 ts̥、ts̥^{h}、s̥，近音韵尾-ʋ（-iʋ、-ɯʋ、-yʋ 等），淮安、扬州北部还有成片的小舌音分布。然而，南京话的翘舌音声母与北京官话一致，不同于江苏省的江淮官话。江苏省江淮官话的翘舌音大多是舌叶音或舌面化舌尖音，发音时舌尖并未贴住齿龈后的位置，而是舌面略微隆起，一些方言点还会伴随圆唇特征，可以视为舌叶音，这些都不同于北方式的翘舌音，也与南京话不同。唇齿近音韵尾也是江苏一带江淮官话普遍存在的语音现象，市区南京话（秦淮区）并没有这样的音，但有小舌音。

山东省德州、聊城、泰安、临沂以东的冀鲁官话、胶辽官话，以及部分中原官话，都有后滑音，是出现在高元音和舌尖元音后的有明显动程的元音增生现象（单元音双化），记为-ɤʌ̆、-uʌ̆、-iɤ̆、-yɤ̆、-uɔ̆、-ɿɤ̆、-ʅɤ̆，山东半岛超过三分之二的方言都有后滑音。济南也在后滑音特征分布范围内，然而，市区济南话（市中区、天桥区、槐荫区、历下区）却都没有后滑音，形成了后滑音特征包围无后滑音特征的区域特点，市区济南话也更接近普通话。

由上述三个例子可以看出，省会方言受各种因素影响，偏离了所在地区的共同语音特点。比如，没有鼻塞音和鼻边音、泥来母分布与普通话基本一致的成都话，没有复辅音和舌面化舌尖音（舌叶音）、没有唇齿近音韵尾的南京话，以及没有后滑音的济南话。与普通话更为接近的省会方言在语音上是否具有“代表性”，值得方言研究者在方言调查以及分区划片时关注。

参考文献

［1］张成材，朱世奎．西宁方言志［M］．西宁：青海人民出版社，1987.

［2］郑仲桦．马拉加西语 Merina 方言音系［A］．汪锋，宋作艳，李子鹤．理论照亮材料［C］．昆明：云南大学出版社，2021.

［3］郑仲桦，高子淇．冀鲁官话邹平话的音系及后滑音的实验语音分析［G］//王远新．语言田野调查实录（17），北京：中央民族大学出版社，2023.

陕西省蒲城县胶辽官话方言岛语言生活和方言接触调查

赵婷婷*

【摘要】依据田野调查获取的第一手材料，讨论陕西省蒲城县胶辽官话方言岛语言生活、方言接触及其语言认同的特点。蒲城县胶辽官话方言岛的使用者主要是140多年前山东昌邑移民的后裔，其方言既保留了山东昌邑话（胶辽官话）的基本面貌，又受到陕西蒲城话（关中方言）的影响，形成了较典型的方言接触型方言岛（蒲城山东话）。方言岛内的村民多兼通蒲城山东话、陕西蒲城话和普通话；村民的语言交际模式主要分为"半双语"和"双语"交际两大类。在较长期的方言接触中，方言岛内部存在一定差异，其表现不仅存在于语言本体方面，也存在于交际模式方面，即蒲城山东话与陕西蒲城话的接触强度存在群体差异，其中老年人接触强度较低，中年人接触强度最高，年轻人接触强度出现分化趋势；早期和晚期嫁入"山东庄"的陕西本地妇女对蒲城山东话的认同不尽相同；昌邑移民后代对陕西蒲城话的认同存在年龄差异，对普通话的认同存在性别差异。

【关键词】胶辽官话方言岛，语言生活，方言接触，语言认同

2023年6月6日至25日，笔者赴陕西省蒲城县调查胶辽官话方言岛语言生活及方言接触。综合考虑山东昌邑移民后裔所在村落的地理位置、人口分布、经济和交通条件，主要选取尧山镇的崇礼村和八福村作为调查点。本文依据调查获取的第一手材料，初步讨论蒲城县胶辽官话方言岛的语言生活和方言接触状况。

---

*赵婷婷（1994—），女，青岛大学文学与新闻传播学院讲师，主要从事社会语言学和汉语方言学研究。

一、调查点概况

（一）崇礼村

崇礼村是尧山镇六合行政村下辖的自然村，距县城2.5公里，原名“五里镇”，中华人民共和国成立后，改名崇礼村，取山东人崇尚礼仪之义。“光绪十四年（1888），山东荒旱，益都、昌邑、高密等县的灾民亦迁来蒲城”，部分昌邑移民定居于今崇礼村。该村的昌邑移民后裔主要有张、刘、朱、初、孙、胡、于、别、王、周等姓氏，其中别姓、孙姓、周姓三户可能是最早迁来的。崇礼村耕地面积1600余亩，由六合行政村的第七、第八两个村民小组构成，有200余户1000人，其中昌邑移民后裔676人，占67.6%；六合行政村辖6个自然村、9个村民小组，共667户3015人（政协昌邑市委员会2021：51—52）。

近年来，六合村经济发展较快，村委会推出“村党支部+村级股份经济合作社+产业”模式，产业有大棚西甜瓜、高标准农田、手工馍厂、农耕产业体验园、养殖场等。2022年村集体纯收入12.6万元，预计2023年达到30万元。先后获得“陕西省美丽宜居示范村”“市级文明村”“陕西省传统村落”等荣誉。崇礼村依交通路网而建，交通便利，东靠201省道、南临五陵路。村落中心南北向主街，居民分布街道两侧居住，户户相连，村民主要收入来源为农业种植和外出务工，2022年人均年支配收入19500元。①

（二）八福村

八福村于宣统元年（1909）由八户村民所建，因村东有一庙和马车店、距县城八里路，故得名“八里店”。中华人民共和国成立初期，改名为八福村。八福村耕地面积4600亩，有四个村民小组，共559户2344人，其中昌邑移民后裔1840人，占78.5%。昌邑移民主要有贾、元、杨、于、孙、朱、刘、魏等姓氏（政协昌邑市委员会2021：54）。八福村发展金银花产业园130亩，带动贫困劳动力100余人，村民主要收入来源为农业种植（以梨、桃子、苹果为主）和外出务工，2022年人均可支配收入1万元以上。②

① 材料由六合村委会提供，特此感谢。

② 材料由八福村委会提供，特此感谢。

（三）村庄文化

在百余年的生产生活中，昌邑移民后裔和蒲城本地人习性渐融，但一直保持着山东人特有的忠孝文化特点。他们不仅传承“祖宗话”，还一直践行和发扬忠孝的美德和家风。八福村重点访谈对象杨爱云（女，69 岁，高中文化）讲述了她父亲杨培林的事迹。杨培林是一位身残志坚的民办教师，1958 年，他积极响应国家号召，从西安市回到八福村任教，并帮助村民扫盲。杨培林教书 45 载，多次被评为优秀教师，为八福村培养了三代人。1992 年退休后，杨培林坚持到学校义务为学生烧水、打铃、打扫卫生，直到 1995 年病倒在岗位上，为教育事业奉献了一生。杨老师不仅忠诚于教师事业，还是当地出了名的孝子，对子女更是言传身教，他女儿杨爱云是八福村的优秀共产党员，百姓口中的好人。

在“山东庄”还有许许多多像杨培林这样平凡又伟大的小人物，他们勤俭持家、艰苦朴素、自力更生、忠厚朴实，在关中平原传承山东人的家风家训，弘扬传统美德。这些是我专业调研的“意外收获”，将使我受益终身。

二、“半双语”和“双语”交际

在崇礼和八福村内主要通行蒲城山东话①，即方言岛内通行的方言是村民的主要交际语，多数家庭后代最早习得蒲城山东话，与家庭成员以及村内其他移民后裔主要使用蒲城山东话，通婚家庭后代中的一部分人最早同时习得蒲城山东话和关中方言蒲城话。近些年以来，随着外出经商务工者增加与教育和媒体的普及，掌握普通话的人数逐渐增多，经常外出者和学生中使用普通话的比例逐渐增加。总体而言，崇礼和八福两个“山东庄”虽然有大多数村民掌握蒲城山东话、关中方言蒲城话，部分人掌握普通话，但仍然是单方言为主的语言社区。由于双言或多言人的存在，村民交际出现了“半双语”和“双语”两类交际模式。

① 依据钱曾怡（1985）对山东方言的划分，蒲城山东话的源方言昌邑话属山东方言东区东潍片，处于东潍片和东莱片的过渡地带；依据《中国语言地图集》（中国社会科学院和澳大利亚人文科学院合作编纂 1987）的划分，昌邑话属胶辽官话青莱片；依据张树铮（2007）的划分，昌邑话属胶辽官话青莱片莱昌小片，本文依据《中国语言地图集》（第 2 版，2012）将昌邑话归入胶辽官话青莱片。

（一）“半双语”交际

早期昌邑移民后裔很少与关中本地人通婚，蒲城“山东庄”内无论男女老少都说带山东话底色、受关中方言蒲城话影响的方言。崇礼村张选民（男，66岁，初中文化）介绍：“通婚情况，这几年慢慢多了，原来少。1962年以前，村内山东人和本地人不联［luã^{53}］姻，之后才出现那么一两家。”八福村杨爱云介绍：“老一辈儿很少跟本地人打交儿，更别说娶本地媳妇，就我们这一辈儿也很少跟本地人结婚，有那么几个本地媳妇嫁来，在八福住上两年也会说山东话，只是说得不真。”

随着移民后裔与陕西当地人接触范围的广泛和程度的加深，彼此通婚比例逐渐增加，方言岛内出现了“半双语”① 交际状况。问卷数据显示，八福村和崇礼村通婚家庭比例分别为57.4%和71.7%，主要是本地女性嫁入，个别有本地女婿入赘的情况。这些女性年龄大多在45岁以下，她们一般能听懂山东话，但很少说。快的两三年、慢的七八年就能听懂山东话。笔者住在崇礼村王素梅（女，66岁，初中文化）家中，她儿媳妇（44岁，教师）是蒲城本地人，王素梅跟儿媳妇说山东话，儿媳妇跟她说蒲城话。王素梅解释：“我本地话能听懂，说不好，说起来撇腔拉调的。”她儿媳妇说：“山东话能听懂，不会说。我说啥，家里人都能听懂。”笔者记录了一段八福村超市老板娘（昌邑移民后裔）跟蒲城本地出生长大的媳妇交谈的素材，老板娘用蒲城山东话问：“你要鸡不，保南沣那个埝儿鸡受热［iə^{31}］了，美得很！”本地媳妇用蒲城话回答：“受热［ʐə^{44}］了［lia^{0}］多少［ʂau^{53}］钱？”老板娘继续用蒲城山东话回答：“一百［pei^{55}］块钱三个，一霎儿送过来，咱给他分了，不敢在群里说［ʃuə^{55}］，叫他们抢了。”事后老板娘解释：“我本地话撇得不像，这个本地媳妇嫁到咱这个庄好几年了，我跟她说山东话，她能听懂。”

“半双语”交际主要发生在中年和老年女性群体中。比如说蒲城山东话的中年女性与说关中方言蒲城话的女性一起闲谝或打牌时，彼此用各自的方言交流显得很自然。崇礼村一位李姓女性（39岁，初中文化）告诉笔者：“在村里跟这些本地媳妇都熟悉了，她们能听懂山东话。要是出村遇上陌生人跟我说本地话，我也跟他说本地话。”总体而言，中年女性的“半双语”交际具有自主性，老年女性因较少出村，加之关中方言蒲城话能力有限，她们的“半双语”交际多是被动的。

---

① 指说话双方能互相听懂对方的语言，交流时却使用各自的语言。

在“山东庄”，尽管老年和中年男性也主要使用蒲城山东话，但他们通常会顺应嫁入的年轻媳妇说蒲城话。笔者隐匿观察注意到，晚上乘凉时，一堆人聚在一起聊天，他们大都是昌邑移民后裔，有男有女，彼此之间使用蒲城山东话。这时，一位嫁入“山东庄”的蒲城县土生土长的中年妇女来到他们中间，人群中的女性跟她说蒲城山东话；男性跟她说蒲城话，跟其他女性仍然说蒲城山东话。三五位老年男性下棋时，经常出现这样的情景：上一秒还跟旁边看热闹的人说蒲城山东话，下一秒就跟下棋的另一方说蒲城话，“把你能的，我［ŋə³¹］就不信你能赢”。可见，在交际时，男性更愿意顺应对方，而女性则更愿意使用自己的母语。这与不同语言使用者的语言能力和语言态度有关：男性的语言能力比女性更强，在传统农村社会，男人主外，与外界接触较多，一般都是熟练的双方言甚至多方言人。

（二）“双语”交际

在“山东庄”，昌邑移民后裔双语交际模式一般遵循对内使用蒲城山东话、对外使用蒲城话的交际原则，但针对不同交际场合和交际对象采用的“双语”交际模式存在差异。

具体而言，中年和老年群体与家人、昌邑移民后代或熟人一般使用蒲城山东话，与蒲城当地陌生人使用蒲城话；去政府部门办事、去当地集贸市场买东西，主要使用蒲城话。以八福村为例，调查问卷数据显示，去本地政府办事时，79.6%的人使用蒲城话，其中中年和老年群体占比100%；11.1%的人兼用蒲城山东话，均为中年和老年女性。去当地集贸市场买东西，85.2%的人使用蒲城话，其中中年和老年群体占比100%；16.7%的人兼用蒲城山东话，均为中年和老年女性。

与老年和中年群体不同，年轻一代的语言使用出现了内部分化趋势，主要有以下表现：一是非通婚家庭中昌邑移民后代多是从小跟爷爷奶奶生活，他们在家或村里说蒲城山东话，去政府部门或集贸市场买东西主要使用普通话。二是在通婚家庭中，年轻人多是从小由母亲带大，他们在家跟母亲说蒲城话，跟爷爷奶奶和父亲说蒲城山东话；去政府部门或集贸市场买东西兼用蒲城话和普通话。以八福村为例，问卷数据显示，青年群体中76.5%的人去本地政府办事使用普通话，其中通婚家庭后代占38.5%，且均兼用蒲城话，非通婚家庭后代占61.5%，较少兼用蒲城话；青年群体中88.9%的人去集贸市场买东西使用普通话，其中通婚家庭后代占37.5%，且均兼用蒲城话，非通婚家庭后代占63.5%，较少兼用蒲城话。

总体而言，经过百余年的交往和传承，蒲城县境内“山东庄”的村民大多兼通蒲城山东话和关中方言蒲城话或普通话，其语言使用主要有“半双语”和“双语”两大类交际模式，其中前者又分为老年女性被动的“半双语”交际和中年女性的自主“半双语”交际模式，后者又分为“蒲城山东话+蒲城话”和“蒲城山东话+蒲城话+普通话”交际模式。前一类模式在中年和老年群体中比较普遍，后一类模式在青年群体中比较普遍，其主要原因是受到了学校教育和媒体传播的影响。

三、陕西版“山东话”

山东昌邑移民方言受到陕西关中方言蒲城话和普通话的双重影响发生了一定变化，多数调查对象认为自己说的话跟山东话有区别。

老年调查对象多认为，他们的话跟老山东话差别不明显，只是有些词语发生了变化，口音变化不大。八福村刘彩霞（女，65岁，初中文化）介绍：“俺平时说话跟老一辈差不多，有些土话不一样了。比如山东话叫‘布衫子’，咱现在叫‘小褂儿’，以前把母亲叫‘娘’，后来叫‘妈’，现在孩子都叫‘妈妈’。”八福村朱来福（男，55岁，初中文化）表示：“有些土词变了，老早了，我听俺娘把‘南瓜’叫‘番瓜’，现在没有人叫‘番瓜’了。”崇礼村张选民介绍：“以前咱山东人都说‘割［kɑ^{55}］了斤肉’，现在不说‘割［kɑ^{55}］’，说‘买了斤肉’；以前过年响鞭说‘发码子’，现在也不说了。”

中年调查对象多认为，他们的话与山东话存在差别，与陕西蒲城话发生了一些融合。八福村刘龙元（男，53岁，初中文化）认为：“俺现在说的山东话差事儿了，腔不一样了，跟老山东不是一个口音。”八福村王芳（女，47岁，初中文化）表示：“老一辈儿山东话正宗，俺这一辈儿转了个腔调，山东不山东，本地不本地，普通话不普通话。比如‘软’念得清叫［yã^{55}］，念得不清叫［ʐã^{55}］。”崇礼村张卫红（男，46岁，小学文化）介绍：“俺说的跟俺爷爷说的不一样了，俺说的是陕西版山东话。老一辈儿叫哥哥［kuə^{213}kuə^{0}］，俺都说［kə^{213}kə^{0}］，当地人说［kɤ^{24}］。”八福村别石泉（男，39岁，初中文化）认为，老一辈儿带腔儿，他这一代不带腔，陕化了，想怎么说怎么说，一辈比一辈说得接近陕西话，再过两代就没人说山东话了。崇礼村周葡萄（女，39岁，初中文化）介绍：“现在说的话跟融合了似的，比如‘吃肉’，咱老山东话是‘吃［ʧʰʅ^{55}］肉［iou^{31}］’，我平时跟本地人说‘吃［tʂʰʅ^{31}］肉［ʐou^{44}］’。跟本地人说习惯了，跟山东人就说成‘吃［ʧʰʅ^{55}］肉［ʐou^{31}］’了。”从调查材料看，“肉[ʐou^{31}]”保留了山东昌邑话即源方言的声调，但声母发生了变化，跟关中方言蒲城话相近。

年轻群体的语言使用出现了分化。部分年轻人认为，他们的话跟老一辈差不多，山东话保留相对较好，他们多是由祖父母辈带大的，山东话从小跟爷爷奶奶学会。崇礼村朱怡萌（女，17 岁，学生）解释：“我也不知道我说的是不是正宗的山东话，我跟俺嬷嬷（奶奶）说得一样，俺嬷嬷的话正宗我的就正宗。”部分年轻人认为，自己说的山东话跟老一辈有差别，他们多由母亲带大，母亲是陕西本地人。崇礼村朱怡轩（女，15 岁，学生）介绍：“我感觉我山东话说的不太像了，俺爷爷奶奶说‘鹅[uə^{53}]肉’，我很少说，我都说‘鹅[ŋə^{53}]肉’。”还有一些年轻人认为，自己说的山东话向普通话靠拢，这些人的受教育程度较高或有过外地求学、工作经历。八福村元浩（男，32 岁，高中文化）认为：“老一辈说的话更亲切，现在变味儿了，普通话掺得多，本身就跟普通话接近。”这部分年轻人说的话尽管有明显的普通话特征，仍然有蒲城话的成分。

笔者通过隐匿式观察法注意到，一些关中方言蒲城话的成分或特征，无论老年、中年还是年轻人，已经不能分出是陕西话还是山东话的。比如，“很”作程度补语、“嘛”字疑问句、“不胜”式比较句。这在一定程度上说明，这些蒲城话成分或特征在方言岛内部的扩散已经基本完成，成为昌邑移民后裔普遍使用的成分或语法特征。

值得注意的是，村里的小孩子从小学甚至幼儿园就开始学习普通话，普通话已成为部分少年儿童的母语。八福村杨菲菲（女，38 岁，初中文化）介绍：“20 岁以下一大些跟爷爷嬷嬷说山东话，陕西话跟当地孩子一接触才会。现在娃娃都变了，小大大儿都会说普通话。”笔者住在王素梅家时观察到，她与 17 岁的大孙女说蒲城山东话，与 6 岁的小孙子说普通话，尽管一些词语仍是方言词，发音却模仿普通话。

总体而言，方言岛的接触强度存在一定的群体差异。老年群体的语言接触强度相对较弱，表现在借用一些一般词汇及相关的词义、部分功能词；中年群体的语言接触强度相对较高，呈现出与关中方言蒲城话融合的发展趋势；青年群体接触强度出现两种情况：一是与关中方言蒲城话接触强度较高，二是与蒲城话接触强度不高，但受普通话影响较大。

四、语言认同各有侧重

蒲城“山东庄”内不同群体的语言态度和语言认同存在差异，各有侧重。

（一）不同时期嫁入“山东庄”的女性对蒲城山东话的认同有一定差异

早期嫁到“山东庄”的陕西本地女性，对山东昌邑移民后裔的方言认同较高。八福村元保罗（男，71岁，初中文化）介绍：“一般来庄里的媳妇两年就会说山东话，主要是陕西的，也有河南的。”八福村杜变娥（女，60岁，小学文化）是蒲城本地的女性，嫁到“山东庄”后学会了山东话。她说：“我在八福住了41年，山东话老早就学会了。我跟闺女、儿子都说山东话。”有的非本地女性嫁到“山东庄”后也学会了蒲城山东话，崇礼村汪东莲（女，40岁，湖北籍，初中文化）与山东人结婚后，学会了蒲城山东话。

晚期嫁到“山东庄”的陕西本地女性能听懂昌邑移民后裔的方言，但不会说，对其认同度也不高。近几年，越来越多的陕西本地女性嫁到“山东庄”，她们大多不学蒲城山东话，与昌邑移民后裔交流时也多使用陕西蒲城话。

（二）昌邑移民后裔对陕西蒲城话的认同存在年龄差异

总体而言，老年调查对象对陕西蒲城话的认同较低。崇礼村程北京（男，61岁，初中文化）表示：“在陕西说本地话，出了省就不行了。山东话全国各地容易懂，孩子说山东话，孙子都说普通话了。”八福村调查对象元保罗跟笔者简单交流后说：“我一听就知道你是山东来的，山东来的孩子，亲得很。庄里像我这么大的女的跟外面接触少，一般不会说陕西话，接触的时候也不说，陕西人能听懂山东话。现在‘山东庄’的人两三岁到六七岁说山东话，上幼儿园说普通话，上小学说蒲城话。从社会影响来说，山东话出去别的地方人家也能听懂，陕西话出去听不懂，就在陕西用。”

中年调查对象对陕西话的认同较高。八福村朱政（女，45岁，本科学历）表示：“山东话只在自己村和自己家说，出来都说蒲城话，蒲城话是地方语。”崇礼村单小健（女，54岁，小学文化）说：“陕西人还能不掌握陕西话，落人这里还不掌握陕西话？”

比起蒲城话，年轻的调查对象更认同普通话。崇礼村张航（男，32岁，大专学历）在新疆当过四年兵，娶的蒲城本地媳妇，他表示：“普通话更实用，影响力也大，我在外边当兵都说普通话。山东话跟普通话接近些，蒲城话差得有点远。”八福村别昱莹（女，16岁，学生）认为：“陕西蒲城话比蒲城山东话影响大，但是没有普通话影响大，普通话都能听懂。”

（三）昌邑移民后裔对普通话的认同存在性别差异

总体而言，女性调查对象对普通话的评价普遍高于男性。八福村王菊香（女，66岁，初中文化）不会说蒲城话，认为“撇腔拉调”。问及日常生活主要使用什么话，她毫不犹豫地说：“肯定是山东话最多嘛，庄里都是山东人。”问及什么话好听时，她认为：“普通话嘛，俺听人个（人家）说的普通话最好听。”八福村李政（女，34岁，高中文化）表示：“说山东话的人向普通话靠近，接近普通话。你出去听山东话和普通话大差不差，普通话听着亲切。”

男性调查对象对蒲城山东话的评价普遍比较高，情感认同度也更高。八福村别石泉（男，39岁，初中文化）认为：“俺蒲城的山东话比人老家那山东话好听，不带腔。”八福村别建卫（男，55岁，初中文化）表示：“看视频一听山东话，就仔细听听，回味回味，就害怕咱把山东口音改了一样。谁要是出去打工改口音了，就噘他，忘祖，出去打工，口音还变。”

五、调查方法反思

关于方言岛语言生活和方言接触的调查，笔者主要采用问卷调查法、访谈法、融入式参与观察法和隐匿式录音法获取第一手语料和数据。问卷主要涉及调查对象的基本信息和社会变量（年龄、性别、文化程度、语言背景等）、语言能力、语言使用、语言变异项使用及相关的语言态度等内容，采用一对一访谈式调查方法。在调查过程中，笔者通过与当地人“三同”（同吃、同住、同劳动）途径，与当地人尤其是发音人建立了密切的联系和深厚的感情。在与农户生活的一段时间中，通过日常对话、交流，记录自然语料中的特殊语言现象，观察其使用条件和变异情况，了解发音人及村民的语言使用情况和语言态度倾向。在调查对象不知情的情况下，利用录音设备录制词表和日常生活中的词语、话语语料以及访谈资料，事后告知并征得调查对象同意，然后用国际音标转写为话语材料，进一步核实语言变异项使用情况，以便后期的分析研究。

（一）语言使用调查方法

语言使用情况调查涉及调查对象语言习得、语言能力、语言使用现状、语言态度与认同等方面的内容，其中语言态度调查是语言生活调查的重要内容。

语言态度的形成受多种因素影响，语言使用者的语言背景、年龄、职业、文化程度等社会因素都会影响调查对象的语言态度与认同。

语言态度调查具有一定的难度。调查初期，调查对象自报对山东话具有浓厚的感情，他们认为自己是山东人的后代，理应会说山东话。随着调查的深入，笔者注意到，调查对象对山东话的评价存在一定的性别差异，即女性认为蒲城山东话更好听，而男性对其亲切程度评价更高。从不同性别调查对象对方言岛评价的量化得分看也印证了这一结论。蒲城山东话“好听度”（5 分制，5 分为最高分，1 分为最低分）的性别排序：女性（4.9）>男性（4.5）；“亲切度”排序：男性（4.9）>女性（4.7）；“实用度”排序：男性（4.7）=女性（4.7）；“社会影响力”排序：男性（3.4）=女性（3.4）。女性认为蒲城山东话更好听主要是因为与蒲城话相比，山东话与普通话更接近。从语言社会地位评价看，女性对普通话的认同普遍高于男性。笔者在与崇礼村商店老板娘（55 岁，小学文化）聊天时，她说：“落了人陕西，还能不说人陕西话。不过，俺还是觉得山东话好听，俺听俺说的话跟普通话差不多。”

上述例子说明，设计语言态度的问题和选项时，应当充分考虑调查对象的主观评价、心理认同、行为倾向等方面的因素，其中的每一个维度又都可以细化。比如，关于语言评价，可以从好听（悦耳动听）程度、亲切程度、日常生活的实用程度、社会影响力等角度设置问题和选项。此外，在获取调查对象主观评价、心理认同等方面的数据时，尽可能从多种途径观察其行为方面的表现，二者相互印证，结论才更加可靠。

语言能力调查需要采用隐蔽性调查方法。部分老年女性表示，她们在跟蒲城当地人交流时，主要使用陕西蒲城话。然而，在随意聊天时，笔者注意到，一些老年女性多使用蒲城山东话。一次，笔者做问卷时，调查对象自报，“在村里说山东话，出了村跟陌生人说蒲城话”。这时，一位外村的蒲城本地人向调查对象问路，调查对象很自然地跟他说蒲城山东话。这种“言行不一”的主要原因是，在她与世代居住在蒲城的当地人聊天时，认为对方能听懂她说的蒲城山东话，而对方使用陕西蒲城话时，她也能听懂。这种“半双语”交际模式，使得部分老年群体调查对象误认为，她们与陕西当地人交流时说的是蒲城话。

综上所述，调查语言使用状况时，不能完全依赖调查对象的自报，需要采用多种调查方法，比如观察法中的隐蔽观察法、参与观察法等。这不仅能较好地隐蔽调查意图，观察调查对象自然的或接近自然的语料，而且能够使调查者做出客观的判断，从而得出可靠的结论。

（二）方言接触与微观变异调查方法

语言变异项的使用具有不平衡性。不仅语音、词汇、语法变异项的使用具有不平衡性，同一语音、词汇和语法结构内部的使用也存在不平衡性。以方言岛的语法变异项为例，否定副词在“把”字句中不同位置的使用率调查结果表明，“不”“别”在“把”字之前（源方言特征）的使用率均高于“不”“别”在“把”字之后（周边蒲城话特征）的使用率，即“把”字句中的源方言特征占优势；而“冇”在“把”字之后的使用率高于“冇”在“把”字之前的使用率。

方言接触与方言岛微观变异调查需要注意两方面的问题：一是语言变异项的选择要根据研究目的和研究假设而定。以方言岛语音变异项的选择为例，如果单纯考察方言岛受周边方言影响而产生的变异和变化，选择语音变异项时，只需要重点考虑蒲城话对方言岛的影响；如果要考察方言岛内部新老派的差异，在选择变异项时，除考虑周边方言的影响，还需要考虑普通话的影响。二是调查不同变异项的社会分布时，不仅应当考虑它们在不同群体中的出现频率，还需要考虑其语言使用环境的差异。比如方言岛语音变异项调查，在方言岛中，日母字（止摄除外）存在零声母和［ʐ］声母两读现象，年长一代普遍读零声母，中年一代读零声母的比例降低，年轻一代读零声母的比例最低。同样是中年一代，与熟人交流时，多读零声母；与陌生人交流时，多读［ʐ］声母。

参考文献

［1］钱曾怡，高文达，张志静．山东方言的分区［J］．方言，1985（4）．

［2］张树铮．胶辽官话的分区（稿）［J］．方言，2007（4）．

［3］赵婷婷．陕西省蒲城县胶辽官话方言岛调查［G］//王远新．语言田野调查实录（17），北京：中央民族大学出版社，2023.

［4］政协昌邑市委员会．关中昌邑移民史［R］．昌邑文史资料第二十九辑（内部资料），2021.

［5］中国社会科学院语言研究所，中国社会科学院民族学与人类学研究所，香港城市大学语言资讯科学研究中心．中国语言地图集·汉语方言卷（第2版）［M］．北京：商务印书馆，2012.

语言本体调查

塔塔尔语新词构成的类型和特点

王远新

【摘要】依据语言田野调查获取的第一手语料，遵循描写全面性以及共时和历时相结合的原则，本文从结构和语义关系角度归纳了塔塔尔语三大类型的新词构成方法：派生法（包括共时性的词干缀接构词词缀、历时性的构形词尾转化为共时性的构词词缀、同形附加成分兼具构词和构形功能三种派生法）、复合法（包括两个不同词根语素按特定结构构成新词、两个相同词根语素完全重叠和变音重叠以及插入式重叠构成新词等复合法）、短语结构的词汇化。文章认为，共时性派生构词法不仅是认识塔塔尔语构词特点的重要方面，也是认识后附型黏着语的基础之一；复合词和短语的同构性特点，有助于认识塔塔尔语句法结构特别是语素序和词序的特点；历时性构形成分转化为共时性构词成分、不同类型的重叠形式、短语结构的词汇化，是认识语言单位语法化过程、构形成分和构词成分功能转化的重要途径。

【关键词】塔塔尔语，新词构成，类型和使用特点

构词法是黏着型语言的基础性问题，但梳理突厥语族语言的研究成果可知，构词法的描写并未达到充分性，分类也缺乏全局性视野，从而导致不同研究者对新词构成类型的认识存在差异，分类缺乏科学性。本文依据田野调查获取的第一手材料①，参考前人的相关研究（耿世民、李增祥 1985；赵相如、朱志宁 1985；陈宗振、伊里千 1986；胡振华 1986；王远新 1995，2015；张定京

① 塔塔尔语的使用主要有乌鲁木齐市、伊宁市、塔城市三个语言区，其中乌鲁木齐市塔塔尔语保留相对较好，使用人数最多，因此，本研究的调查地点选择乌鲁木齐市；调查时间为 2016—2017 年。主要发音合作人：阿不都热合木·阿巴斯（ɑbdərɑχim ɑbbɑs），男，塔塔尔族，78 岁，大专学历。辅助发音人：卡米力·库尔马尤夫（kɑməl qurmɑjef），男，塔塔尔族，60 岁，研究生学历；努尔巴依·阿布都沙力克（nurbɑj ɑbdusɑliχ），男，塔塔尔族，57 岁，研究生学历；吐尔孙·沙迪克（tursən sɑdəq），男，塔塔尔族，49 岁，大专学历；拉伟尔·瓦力也夫（rɑwil wɛlijef），男，塔塔尔族，46 岁，本科学历；杜里坤·努斯拉提（dolqun nusrɛt），男，塔塔尔族，46 岁，研究生学历；艾丽帕·木拉提（ɛlipɛ murɑt），女，哈萨克族，父亲是哈萨克族，母亲是塔塔尔族，34 岁，喀山大学本科学历；茹菲娜·瓦力也瓦（rufinɑ wɛlijewɑ），女，塔塔尔族，17 岁，乌鲁木齐市高级中学在读高中生。

2018），系统描写塔塔尔语新词构成的类型和特点。

从结构类型看，塔塔尔语词的构成可以分为单纯词和非单纯词两大类。词的核心部分、表最基本的词汇意义、能够独立成词并单独使用的词根语素是单纯词。当词根参与构词（构成新词）或构形（构成新的语法意义）时，相对于构词或构形成分而言，词根就变为词干。除音译借词，塔塔尔语新词（非单纯词）的构成主要有三种途径：第一，词干缀接构词词缀派生新词，包括共时性的词干缀接构词词缀派生新词、历时性的构形词尾转化为共时性的构词词缀构成新词、兼具构词和构形功能的同形附加成分构成新词；第二，复合构词法，包括两个不同词根语素按特定结构构成新词、两个相同词根语素完全重叠和变音重叠以及插入式重叠构成新词；第三，特定短语结构词汇化构成新词。第一类是派生构词法，第二和第三类为合成构词法。

一、派生词

塔塔尔语的派生构词法包括共时性的词干缀接构词词缀构成新词、历时性的构形词尾转化为共时性的构词词缀构成新词、兼具构词和构形功能的同形附加成分构成新词三种类型。

（一）共时性词干+构词词缀

“共时性词干+构词词缀”，可以派生新词或转变词性。塔塔尔语的绝大多数构词附加成分为构词后缀，少数波斯语和俄语借词的词干之前可以缀接构词前缀构成新词。据不完全统计，塔塔尔语的构词后缀可以分为5类69小类，包括构成名词的后缀33个，构成形容词的后缀17个，构成数词的后缀5个，兼具构成副词和其他词类的后缀3个，构成动词的后缀11个；另有2个构词前缀。有些构词后缀的能产性较强；有些能产性不强甚至基本失去了能产性，需要通过词源分析析出构词后缀。共时性构词词缀见表1（表1—1和表1—2）。

表1—1　共时性构词词缀

一、构成名词的后缀	（18）体词词干+izm
（一）能产性较强的后缀	（19）称谓词词干+j
（1）名词词干+tɛʃ/tɑʃ/dɛʃ/dɑʃ	**（二）能产性不强的后缀**
（2）名词或动名词词干+ʧi/ʧə	（20）名词词干+pɛz/bɑz

续表

(3) 体词词干+lək/lik/ləq/dəq	(21) 名词词干+ʧɑr
(4) 体词或动名词词干+ʧilik/ʧələk/ʧələq	(22) 动词词干+ki/kə/gə/qə/ʁə
(5) 名词词干+χɑnɑ	(23) 名词词干+rək
(6) 体词词干+gɛr/kɛr/kɑr	(24) 名词词干+mɑq
(7) 体词或动词词干+ʧɛk/ʧək/ʧəq/ʃɑq/ʧɑq/ʧuq	(25) 名词词干+səz
(8) 体词词干+mɛʃ/mɑʃ	(26) 体词词干+χɛt
(9) 体词或动词词干+kiʃ/kɛʃ/kəʃ/gəʃ/qəʃ/ʁɑʃ/ʁəʃ/ʁuʃ	(27) 体词词干+tɛr
(10) 动词词干+mɛ/mɑ	(28) 动词词干+kɑrɛ
(11) 动词或体词词干+m/im/əm/ym	(29) 动词词干+ɑ/ɛ
(12) 动词词干+k/ɛk/ik/ək/q/əq/ɑq	(30) 名词词干+wɛn/wɑn
(13) 动词词干+qən	(31) 体词词干+dyz
(14) 体词或动词词干+mɛn/mɑn	(32) 体词词干+gɛj
(15) 体词或动词词干+n/in/ən/un	(33) 体词词干+nək/nɛk
(16) 名词词干+stɑn	
(17) 名词词干+əjɑ/ijɛ	

表 1—2 共时性构词词缀

二、构成形容词的后缀	(5) 基数词词干+ʃɑr/ʃɛr
(一) 能产性较强的后缀	**四、兼具构成副词和其他词类的后缀**
(1) 体词词干+li/lə	**(一) 能产性较强的后缀**
(2) 体词或动名词词干+ʁiz/ʁəz	(1) 体词或形动词词干+dɑj/dɛj/dij/lɛj
(3) 体词或动名词词干+lik/ləq	(2) 体词词干或动词否定式+ʧɑ/ʧɛ
(4) 体词或动名词词干+ʧɑŋ/ʧɛŋ//ʧɑn/ʧɛn	**(二) 能产性不强的后缀**
(5) 体词词干+ʧil/ʧəl	(3) 动词词干+ɑ
(6) 体词或动词词干+ki/gə/ʁə	**五、构成动词的后缀**
(7) 动词或动名词词干+ik/əq/ɑq/uq/q	**(一) 能产性较强的后缀**
(二) 能产性不强的后缀	(1) 体词或动词词干+lɛ/lɑ/tɑ

续表

（8）体词或动词词干+il/əl/l	（2）体词词干+ɛ/ɑ
（9）动词词干+gɛr/gər/kɛr/kər/kyr	（3）体词或动词词干+ɛr/ɑr
（10）体词词干+mɛr	（4）体词词干+ɛj/ɑj
（11）动词词干+nɛr	**（二）能产性不强的后缀**
（12）体词词干+qɑn	（5）体词词干+ʃuq
（13）动词词干+ʁɑq	（6）体词词干+tər
（14）动词或体词词干+də/tə	（7）动词词干+sɛt
（15）体词词干+ij	（8）体词词干+sɑ
（16）体词词干+ɑj	（9）体词词干+ik/əq
（17）体词词干+ɑl	（10）体词词干+kɛ
三、构成数词的后缀	（11）体词词干+qɑr/ʁɑr
（1）基数词词干+nʧi/nʧə/inʧi/inʧə/ənʧə/ynʧə/inʤə/ənʤə	**六、构词前缀**
（2）基数词词干+w/əw/ɛw	（1）bi+体词词干
（3）基数词词干+ʧɑ/ʧɛ	（2）ni+体词词干
（4）基数词词干+ɑr/ɛr	

1. 构成名词的后缀

1）能产性较强的构词后缀

（1）名词词干+tɛʃ/tɑʃ/dɛʃ/dɑʃ

名词词干+tɛʃ/tɑʃ/dɛʃ/dɑʃ，表与词干义相关的“共同”义。名词词干缀接构词后缀时，基本遵循语音和谐律：清辅音结尾的前元音音节缀接-tɛʃ，清辅音结尾的后元音音节缀接-tɑʃ；浊辅音结尾的前元音音节缀接-dɛʃ，浊辅音结尾的后元音音节缀接-dɑʃ；如果词干最后一个音节是央元音，则不受元音发音部位前后的制约。

清辅音结尾的前元音音节+tɛʃ：iʃ（事情、工作）+tɛʃ>iʃtɛʃ 同事，millɛt（民族）+tɛʃ>millɛttɛʃ 族人、同族。

清辅音结尾的后元音音节+tɑʃ：sɑbɑq（课业、功课）+tɑʃ>sɑbɑqtɑʃ 同学。

浊辅音结尾的央元音音节+dɑʃ/dɛʃ：sər（秘密）+dɑʃ>sərdɑʃ 密友，kelən（儿媳妇）+dɛʃ>keləndɛʃ 妯娌。受词干元音 ɑ>ɛ 弱化以及构词后缀音节首辅音的影响，一些清辅音结尾的后元音音节缀接-dɛʃ：jɑʃ（年龄）+dɛʃ>jɑʃdɛʃ 同龄人，jip（线）+dɛʃ>jibdɛʃ 同学、同事、爱人。

（2）名词或动名词词干+ʧi/ʧə

名词或动名词词干缀接构词后缀-ʧi/-ʧə，表“从事某种职业的人”或“具有某种性质的事物”的意义。多数名词词干缀接构词词缀时遵循元音部位和谐律，即词干末音节为前元音音节，缀接-ʧi；词干末音节为后元音或央元音音节，缀接-ʧə；动名词词缀-əw 中的元音是央元音，也缀接-ʧə。

名词词干末前元音音节+ʧi：igin（庄稼）+ʧi>iginʧi 农民，bizniz（商务）+ʧi>biznizʧi 商人，syjin（喜爱）+ʧi>syjinʧi 喜钱。

名词词干末后元音或央元音音节+ʧə：ʧɑrwɑ（牲畜）+ʧə>ʧɑrwɑʧə 牧民，mɑl（牲畜）+ʧə>mɑlʧə 牧民，kytəw（畜群）+ʧə>kytəwʧə 牧民，ɑŋ（野兽）+ʧə>ɑŋʧə 猎人，ɑʁɑʃ/ɑʁɑʧ（树木）+ʧə>ɑʁɑʃʧə 木匠，ormɑn（森林）+ʧə>ormɑnʧə 护林员，ʤəlqə（群马）+ʧə>ʤəlqəʧə 牧马人，sijər（牛、母牛）+ʧə>sijərʧə 放牛人，bɑləq（鱼）+ʧə>bɑləqʧə 渔民。

少数词词干末前元音音节+ʧə：təlɛm（祈求、愿望）+ʧə>təlɛmʧə 乞丐，nɑmɑjiʃ（游行）+ʧə>nɑmɑjiʃʧə 游行者，jɛtɛk（指导、引领）+ʧə>jɛtɛkʧə 指导者、引领者。

两读词：qəzmɛt/χəzmɛt（工作）+ʧə/ʧi>qəzmɛtʧə/χəzmɛtʧi 职工、工作者。

-əw 形式动名词词干+ʧə：oqətəw/oquʁətəw（教）+ʧə>oqətəwʧə/oquʁətəwʧə[①] 教师，təgəw（缝纫）+ʧə>təgəwʧə 裁缝，jɑzəw（写）+ʧə>jɑzəwʧə 作家，ʧɑʃ ɑləw（理发）+ʧə>ʧɑʃ ɑləwʧə 理发师，ɑt（马）kyndərəw（驯服）+ʧə>ɑt kyndərəwʧə 驯马师，ɑʃ（饭）pəʃərəw（烹饪、使熟）+ʧə>ɑʃ pəʃərəwʧə 厨师。

（3）体词词干+lək/lik/ləq/dəq

体词词干+lək/lik/ləq/dəq，表示与词干义相关的较为抽象或概括程度更高的名词，词干缀接构词后缀基本遵循元音部位和谐律。

词干末前元音或央元音音节+lək/lik：gyzɛl（漂亮）+lək>gyzɛllək 优美，bil（腰）+lək>billək 裤腰，øsəm（生长）+lək>øsəmlək 植物、绿植，ʤir（地、土地）+lək>ʤirlək 地方，ʧøl（沙）+lək>ʧøllək 戈壁，ylɛn（草）+lək>ylɛnlək 青草，jɛʃil（青色、绿色）+lək>jɛʃillək 青草，ʧirɛm（青草）+lək>ʧirɛmlək 草皮、草坪，keŋ（宽）+lək>keŋlək 宽度，tirɛn（深）+lək>tirɛnlək 深度，ʧøp

① 后一种发音形式应是受到了维吾尔语的影响。

(垃圾)+lik>ʧøplik 垃圾。

词干末后元音或央元音音节+ləq：jəl（年）+ləq>jəlləq 年份，baʃ（头）+ləq>baʃləq 首长、领导，aʃ（饭）+ləq>aʃləq 粮食，tegəz（平地）+ləq>tegəzləq 平原，jaʃ（年轻、青年、年龄）+ləq>jaʃləq 青春、年轻，taza（干净、清洁）+ləq>tazaləq 洁净、健康，jaqʃə（好）+ləq>jaqʃələq 好处、优秀，dawam（继续、持续）+ləq>dawamləq 持续、持久性，qatar（排、行量词）+ləq>qatarləq 系列，uzun（长）+ləq>uzunləq 长度，joʁar（高）+ləq>joʁarləq 高度，ʤələ（热）+ləq>ʤələləq 温度。

少数体词词干后缀接-dəq，比如：orən（位置）+dəq>orəndəq 椅子。

（4）体词或动名词词干+ʧilik/ʧələk/ʧələq

体词或动名词词干+ʧilik/ʧələk/ʧələq，可以构成与词干义相关的更为抽象或概括程度更高的名词。该组词缀可以分为两类：一类是复合词缀，即由-ʧi/-ʧə 和-lik/-lək/-ləq 复合而成；一类是-ʧilik/-ʧələk/-ʧələq 作为整体词缀加在词干后构成新词。词干缀接构词后缀基本遵循元音部位和谐律，其中-ʧilik缀接在词干末前元音或央元音音节之后，-ʧələk/-ʧələq 缀接在词干末后元音或央元音音节之后。

词干末前元音或央元音音节+ʧilik：køp（多）+ʧilik>køpʧilik 大家、大多数，kem/kim（缺、缺少）+ʧilik>kemʧilik 缺点，tɛwɛkkyl（冒险）+ʧilik>tɛwɛkkylʧilik 闯荡、走江湖，igən（庄稼）+ʧilik>igənʧilik 耕种。

词干末后元音和央元音音节+ʧələk/ʧələq：ʤəlqə（群马）+ʧələq>ʤəlqəʧələq 牧马业，bəlaŋ（抢劫）+ʧələq>bəlaŋʧələq 抢劫，ʧaʁəm（告密）+ʧələq>ʧaʁəmʧələq 谗言，jɛtɛk（到达）+ʧələq >jɛtɛkʧələq 指导、引导，tələk（支撑、依靠）+ʧələk>tələkʧələk 依托，arzan（便宜）+ʧələq>arzanʧələq 便宜、价廉，ʃəʁər（诗歌）+ʧələq>ʃəʁərʧələq 诗歌业，ʤərəw（民歌动名词）+ʧələq>ʤərəwʧələq 民歌业，aʧar（饿动名词）+ʧələq>aʧarʧələq 饥饿。

（5）名词词干+χana

χana 是突厥语族部分语言中的波斯语借词，原意为“房间、室、处所”，借入后通常用作表处所义的构词后缀。作构词后缀的-χana 缀接在名词词干后构成新词，不遵循词干缀接附加成分的元音和谐律，即无论末音节是前后或圆展元音，均缀接-χana。

aʃ（饭）+χana>aʃχana 厨房、饭馆，gɛzət（报纸）+χana>gɛzətχana 报社，qonaq（客人）+χana>qonaqχana 旅馆，bolka（面包）+χana>bolkaχana 面包房、面包坊，tɛʤiribɛ（经验、实验）+χana>tɛʤiribɛχana 实验室。

（6）体词词干+gɛr/kɛr/kar

-gɛr/-kɛr/-kar 是突厥语族部分语言借自波斯语的后缀，缀接在体词词干后表示“擅长某种职业或行当的人”，有时用作贬义。词干缀接构词后缀基本遵循语音和谐律。

词干末浊辅音和元音音节+gɛr：χɛjlɛ（阴谋）+gɛr>χɛjlɛgɛr 滑头，sawda（买卖、生意）+gɛr>sɛwdɛgɛr 商人，zɛr（金子）+gɛr>zɛrgɛr 首饰匠、金匠。

词干末清辅音音节+kɛr/kar：gunaχ（罪、罪行）+kɛr>gunaχkɛr 罪犯，qəzmɛt/χəzmɛt（工作）+kɛr>qəzmɛtkɛr/χəzmɛtkɛr 仆人、仆从、差役，χɛwɛs（兴趣）+kar>χɛwɛskar 爱好者。

（7）体词或动词词干+ʧɛk/ʧək/ʧəq/ʃaq/ʧaq/ʧuq

体词或动词词干+ʧɛk/ʧək/ʧəq/ʧaq/ʧuq，可以构成与词干义相关的名词，其中体词词干缀接此组构词后缀具有指小的含义。

体词词干+ʧɛk/ʧəq/ʧaq：køl（湖）+ʧɛk>kølʧɛk 小湖、池塘，qum（沙子）+ʧaq>qumʧaq 沙地，-kilən（媳妇）+ʧɛk>kilənʧɛk 小媳妇，qap（袋子、套子、盒子）+ʧəq>qapʧəq 小袋子、包儿，taj（一岁马驹）+ʧəq>tajʧəq 小马驹，qulən（小马驹）+ʧəq>qulənʧəq 小马驹，qəz（姑娘）+ʧaq>qəzʧaq 小姑娘、小女孩儿。

动词词干+ʧɛk/ʧək/ʧəq/ʃaq/ʧaq/ʧuq：im-（吸、吃奶）+ʧɛk>imʧɛk 乳房，kilɛ-（来状态副动词）+ʧɛk>kilɛʧɛk 将来、未来、前途，japən-（盖被动态）+ʧəq>jabənʧəq 遮盖、遮挡物，bula-（成为、是状态副动词）+ʃaq>bulaʃaq 将来、未来，tartən-（拘束）+ʧaq>tartənʧaq 拘束，ur-（打）+ʧuq>urʧuq 纺锤。

（8）体词词干+mɛʃ/maʃ

体词词干+mɛʃ/maʃ，可以构成与词干义相关的名词。词干缀接构词后缀基本遵循元音和谐律，即前元音词干多缀接-mɛʃ，后元音和央元音词干多缀接-maʃ。

前元音词干+mɛʃ：tygɛr（圆）+mɛʃ>tɛgɛrmɛʃ 轮子、车轮。

后元音和央元音词干+maʃ：təl（语言、舌头）+maʃ>təlmaʃ 记者。

（9）体词或动词词干+kiʃ/kɛʃ/kəʃ/gəʃ/qəʃ/ʁaʃ/ʁəʃ/ʁuʃ

该组构词词缀借自波斯语，因其能产性强，有较多的变体形式。词干缀接词缀时，基本遵循语音和谐律。

体词或动词词干+kiʃ/kɛʃ/kəʃ/gəʃ/qəʃ/ʁaʃ/ʁəʃ/ʁuʃ，可以构成与词干义相关的名词，词干缀接构词后缀基本遵循元音和谐律。

体词词干+kiʃ/kɛʃ/kəʃ/gəʃ/qəʃ/ʁaʃ/ʁəʃ/ʁuʃ：ørmɛ（编织）+kiʃ>ørmɛkiʃ 蜘蛛，miχnɛt（劳动）+kɛʃ>miχnɛtkɛʃ 劳动者，araq（酒）+kɛʃ>araqkɛʃ 酒鬼，

ʤilpə（簸箕）+gəʃ>ʤilpəgəʃ 扇子，jalaŋ（裸体的）+ʁaʃ>jalaŋʁaʃ 裸体，ur（种子）+ʁaʃ>urʁaʃ 母性。

动词词干+kiʃ/kɛʃ/kəʃ/gəʃ/qəʃ/ʁaʃ/ʁəʃ/ʁuʃ：ɛʃ-（开）+kiʃ>ɛʃkiʃ 钥匙，jet-（到达）+kɛʃ>jetkɛʃ 到达，kiʧik-（迟到）+kɛʃ>kiʧikkɛʃ 耽误，øt-（通过）+kɛʃ>øtkɛʃ 通过，ɑl-（拿）+gəʃ>ɑlgəʃ 钩子，syz-（漏、过滤）+gəʃ>syzgəʃ 过滤器，øʧyr-（擦）+gəʃ>øʧyrgəʃ 橡皮，tymɛlɛ-（扣）+gəʃ>tymɛlɛgəʃ 衣襟，ʧɑp-（切、劈）+qəʃ>ʧɑpqəʃ 菜刀、切刀，qəs-（夹）+qəʃ>qəsqəʃ 镊子、夹子、钳子，jɑp-（盖）+qəʃ>jɑpqəʃ 遮盖物，bɑs-（压、踏、踩）+qəʃ>bɑsqəʃ 梯子、台阶，bɑʃlɑn-（开始被动态）+ʁəʃ/ʁuʃ>bɑʃlɑŋʁəʃ 初级、初等，səlɑ-（抹）+ʁəʃ>səlɑʁəʃ 泥抹子，ʤijəl-（聚集被动态）+ʁɑʃ>ʤijəlʁɑʃ 聚会。

（10）动词词干+mɛ/mɑ

动词词干+mɛ/mɑ，可以构成与词干义相关的名词。词干缀接构词后缀基本遵循元音和谐律，即词干末前元音和央元音音节缀接-mɛ，词干末后元音音节缀接-mɑ。

词干末前元音或央元音音节+mɛ：kis-（切）+mɛ>kismɛ 切面、面条，bøl-（分、分开）+mɛ>bølmɛ 划分、房间，ør-（编）+mɛ>ørmɛ（编织），kør-（看见）+mɛ>kørmɛ 展览、展示，kørsɛt-（呈现、展现）+mɛ>kørsɛtmɛ 指示，syz-（过滤）+mɛ>syzmɛ 浓酸奶、过滤过的酸奶，køptər-（吹牛）+mɛ>køptərmɛ 吹牛。

词干末后元音音节+mɑ：jɑsɑl-（制造被动态）+mɑ>jɑsɑlmɑ 人造，tɑrt-（拉、拽）+mɑ>tɑrtmɑ 抽屉、耙子，qɑjnɑt-（开、沸腾使动态）+mɑ>qɑjnɑtmɑ 沸腾，jɑz-（写）+mɑ>jɑzmɑ 文字，tos-（阻挡、挡）+mɑ>tosmɑ 坝，qɑtlɑ-（摞、叠加）+mɑ>qɑtlɑmɑ 千层饼。

少数两读词不遵循元音和谐律，即两读词的词干均缀接-mɑ。比如：sɑjlɑn-/sɛjlɛn-（选择、挑选被动态）+mɑ>sɛjlɛnmɑ 选择。

（11）动词或体词词干+m/im/əm/ym

动词或体词词干+m/im/əm/ym，可以构成与词干义相关的名词。词干缀接构词后缀基本遵循语音和谐律，即词干末以元音结尾缀接-m，词干末以辅音结尾缀接-im/-əm/-ym。

动词词干以元音结尾+m：tølɛ-（付款、支付）+m>tølɛm 赔偿，bɛjlɛ-（绑）+m>bɛjlɛm 束、捆量词，təlɛ-（乞讨）+m>təlɛm 祈求、愿望，toqə-（编织）+m>toqəm 鞍垫。

动词词干以辅音结尾+im/əm/ym：kij-（穿）+im>kijim 衣服，bəl-（知道）+əm>bələm 知识，syj-/søj-（爱）+əm/ym>syjəm/søjym 亲爱、可爱、喜爱，

kər-（进、进入）+əm>kərəm 收入，øl-（死）+əm>øləm 死、死亡，sez-（感觉、意识）+əm>sezəm 感觉、意识，øs-（长、生长）+əm>øsəm 生长、成长，təz-（串）+əm>təzəm 串名量词，jɑr-（劈开、分开、裂开）+əm>jɑrəm 半、一半，qɑzɑn-（获得、获取、赢得）+əm>qɑzɑnəm 获得、赢得。

少数体词词干缀接此组构词后缀，可以构成新的名词。比如：tyz（直的、正直的）+ym>tyzym 制度。

（12）动词词干+k/ɛk/ik/ək/q/əq/ɑq

动词词干+k/ɛk/ik/ək/q/əq/ɑq，可以构成与词干义相关的名词，词干缀接构词后缀基本遵循元音和谐律。

词干以元音结尾+k/q：kyrɛ-（铲）+k>kyrɛk 铁锨，tərɛ-（顶、撑）+k>tərɛk 支柱、顶门杠，tɑrɑ-（梳理）+q>tɑrɑq 梳子，ɑqsɑ-（瘸）+q>ɑqsɑq 瘸子，jɑmɑ-（缝补）+q>jɑmɑq 补丁，qəzə-（热烈、热闹）+q>qəzəq 兴趣，jumʃɑ-（软化、变软）+q>jumʃɑq 软、柔软。

词干以辅音结尾+ɛk/ik/ək/əq/ɑq：bøl-（分、分开）+ɛk>bølɛk 部分，jɛt-（到达）+ɛk>jɛtɛk（到达），køp-（膨胀）+ək>købək 泡、水泡、泡沫，jɑn-（点燃、燃烧）+ək>jɑnək 亮、明亮，syj-（爱）+ək>syjək 疼爱，ɛʧ-/ɑʃ-（开、打开）+ək/ik>ɛʧək/ɛʃik 晴朗、开放，bujər-（命令）+əq>bujrəq 命令，osər-（放屁）+əq>osərəq 屁，tən-（澄清）+əq>tənəq 清澈，qon-（住）+ɑq>qonɑq 客人，jɑt-（躺）+ɑq>jɑtɑq 宿舍，or-（收割）+ɑq>orɑq 镰刀。

（13）动词词干+qən

动词词干+qən，可以构成与词干义相关的名词，词干缀接构词后缀不遵循元音和谐律。

tut-（抓）+qən>tutqən 俘虏，sɑt-（卖、出卖）+qən>sɑtqən 叛徒，tɑʃ-（溢）+qən>tɑʃqən 溢出，jɑn-（燃烧）+qən>jɑlqən 火焰，uʃ-（飞）+qən>uʃqən 火星。

（14）体词或动词词干+mɛn/mɑn

体词或动词词干+mɛn/mɑn，可以构成与词干义相关的名词。词干缀接构词词缀基本遵循元音和谐律，即词干末为前元音音节缀接-mɛn，词干末为后元音音节缀接-mɑn。

体词词干+mɛn/mɑn：qɑχɛr（强大的）+mɑn>qɑχɛrmɑn 好汉、英雄，oj（洼）+mɑn>ojmɑn 盆地、洼地。

动词词干+mɛn/mɑn：or-（收割）+mɑn>ormɑn 森林，quwər-（炒）+mɑn>quwərmɑn 炒菜，kit-/kɛt-（去、离去）+mɛn>kitmɛn/kɛtmɛn 坎土曼、锄头。

（15）体词或动词词干+n/in/ən/un

体词或动词词干+n/in/ən/un，可以构成与词干义相关的名词。词干缀接构词词缀基本遵循语音和谐律，即词干以元音结尾缀接-n，词干以辅音结尾缀接-in/-ən/-un。

体词词干+n/in/ən/un：boj（身体）+ən>bojən/mojən 脖子、颈，ot（火）+ən>otən 柴火。

动词词干+n/in/ən/un：igə-（播种）+n>igən 庄稼，kil-（来）+ən>kilən 媳妇，jaʃər-（隐藏）+ən>jaʃərən 藏匿、隐藏，ʤij-（聚集）+in>ʤijin 会议，jaw-（下、降）+ən>jawən 降水，bur-（旋转、扭）+un>burun 以前、过去，uza-（远离）+n>uzun 长（词干元音 a 在词干元音 u 和构词后缀元音 u 的双重影响下，同化为 u）。

（16）名词词干+stan

-stan 是突厥语族部分语言借自波斯语的构词后缀，缀接在地名之后，可以构成与词干意义相关的地名。比如：tatar（鞑靼）+stan>tatarstan 鞑靼斯坦，øzbɛk（乌兹别克）+stan>øzbɛkstan 乌兹别克斯坦，qazaq（哈萨克）+stan>qazaqstan 哈萨克斯坦，qərgəz（吉尔吉斯）+stan>qərgəzstan 吉尔吉斯斯坦。

（17）体词词干+əja/ijɛ

əja/ijɛ 多缀接在民族或国家名的名词词干之后，构成表国家名的名词。比如：burkar/burʁar（保加利亚人）+əja>burkarəja/burʁarəja 保加利亚，tyryk（土耳其）+ijɛ>tyrykijɛ 土耳其，japən（日本）+ijɛ>japənijɛ 日本。

（18）体词词干+izm

idijal（思想的）+izm>idijalizm 唯心主义，kapital（资本的）+izm>kapitalizm 资本主义，marks（马克思）+izm>marksizm 马克思主义。

（19）称谓名词词干+j

称谓名词词干+j，可以构成与词干义相关的昵称形式。比如：baba（祖父、外祖父）+j>babaj 祖父、外祖父，apa（叔母、舅母、姐姐）+j>apaj 叔母、舅母、姐姐，ana（母亲、妈妈）+j>ɛnij 母亲、妈妈，ata（父亲、爸爸）+j>ɛtij 父亲、爸爸。

2）能产性不强的构词后缀

塔塔尔语中有一些构成名词的后缀能产性很低，有些甚至失去了类推功能，只能通过词源分析才能看出。

（20）名词词干+pɛz/baz

-pɛz/-baz 是突厥语族部分语言借自波斯语的构词后缀，缀接在体词词干后，可以构成与词干义相关的职业名词，具有某种手艺、嗜好、特长的人或动物。比如：ɑʃ（饭）+pɛz>ɑʃpɛz 厨师、炊事员，qumɑr（赌博）+bɑz>qumɑrbɑz 赌徒。

（21）名词词干+ʧɑr

名词词干+ʧɑr，可以构成与词干义相关的名词。比如：ʧøp（垃圾）+ʧɑr>ʧøpʧɑr 垃圾。

（22）动词词干+ki/kə/ɡə/qə/ʁə

动词词干+ki/kə/ɡə/qə/ʁə，可以构成与词干义相关的名词。比如：səpərət-（打扫使动态）+kə>səpərətkə 扫帚，kyl-（笑）+kə>kylkə 可笑、嘲笑，ʧap-（切、劈）+qə>ʧapqə 切刀。

（23）名词词干+rək

名词词干+rək，可以构成与词干义相关的名词。比如：typ（根、根基）+rək>tybrək 柱子。

（24）名词词干+mɑq

名词词干+mɑq，可以构成与词干义相关的名词。比如：oj（洼）+mɑq 顶针。

（25）名词词干+səz

名词词干+səz，可以构成与词干义相关的名词。比如：bɑrmɑq（指头）+səz>bɑrmɑqsəz 无名指。

（26）体词词干+χɛt

体词词干+χɛt，可以构成与词干义相关的名词。比如：jɑrɑ/ʤɑrɑ（受伤）+χɛt>jɑrɑχɛt/ʤɑrɑχɛt 伤口，mɛslɛ（问题）+χɛt>mɛsliχɛt 商量、商讨、协商。

（27）体词词干+tɛr

体词词干+tɛr，可以构成与词干义相关的名词。比如：kem/kim（缺、缺少）+tɛr>kimtɛr 谦虚。

（28）动词词干+kɑrɛ

动词词干+kɑrɛ，可以构成与词干义相关的名词。比如：ɛtʃ-/ɑʃ-（开、打开）+kɑrɛ>ɑʃkɑrɛ 公开。

（29）动词词干+ɑ/ɛ

动词词干+ɑ/ɛ，可以构成与词干义相关的名词。比如：jɑr-（劈开、裂开、分开）+ɑ>jɑrɑ 受伤。

（30）名词词干+wɛn/wɑn

该组构词词缀借自波斯语，可以构成与词干义相关的名词，构词能力不强。比如：χønɛr（手艺）+wɛn>χønɛrwɛn 手艺人。

（31）体词词干+dyz

体词词干+dyz，可以构成与词干义相关的名词。比如：kyn（太阳、天）+dyz>kyndyz 白天。

（32）体词词干+gɛj

体词词干+gɛj，可以构成与词干义相关的名词。比如：kyn（太阳、天）+gɛj>kyngɛj 阳面。

（33）体词词干+nək/nɛk

体词词干+nək/nɛk，可以构成与词干义相关的名词。比如：tʃɛj（茶）+nək>tʃɛjnək 茶壶，tɛbɛn（下面、低处）+nɛk>tɛbɛnnɛk 下面、低处。

2. 构成形容词的后缀

1）能产性较强的构词后缀

（1）体词词干+li/lə

体词词干+li/lə，可以构成与词干义相关的形容词，表“有……的”意义。词干缀接构词后缀基本遵循元音和谐律，即词干末前元音音节缀接-li/-lə，词干末后元音或央元音音节缀接-lə。

词干末前元音音节+li/lə：tɛpsi（详细、细致）+li>tɛpsili 详细的，ømyr（生命）+li>ømyrli 有生的、有生命的，mɛsliχɛt（商量、商讨、协商）+lə>mɛsliχɛtlə 有见解的，tyr（种类、类型）+lə>tyrlə 种类的、类型的，ʁɛjlɛ（家庭）+lə>ʁɛjlɛlə 有家庭的、成家的，qəmmɛt（珍贵）+lə>qəmmɛtlə 珍贵的、尊贵的。

词干末后元音或央元音音节+lə：zɑkon（规定、法律）+lə>zɑkonlə 合法的，qut（幸运、幸福）+lə>qutlə 幸福的、幸运的，ʧədɑm（忍受）+lə>ʧədɑmlə 有忍耐力的，dəm（潮湿）+lə>dəmlə 有湿度的，bɛχət（幸福、幸运）+lə>bɛχətlə 幸福的、幸运的，bɑjɑ（贵）+lə>bɑjɑlə/bɛjɛlə 昂贵的，syjək（喜爱、疼爱）+lə>syjəklə 喜爱的、疼爱的，syjkəm（爱、喜爱）+lə>syjkəmlə 可爱的、疼爱的。

少数借词不遵循元音和谐律。比如：ninormɑl（不正常的）+li>ninormɑlli 不正常的。

个别“体词/动名词词干+li/lə”构成的形容词可以用作名词。比如：zijɑli 知识分子<zijɑ（光、光明、光芒阿借）+li（形容词词缀）；oqəməʃlə/oquʁəməʃlə 读书人、知识分子<oqə-/oquʁə-（读）+məʃ（动名词词缀）+lə（形容词词缀）。

（2）体词或动名词词干+siz/səz

体词或动名词词干+siz/səz，可以构成与词干义相反或相对的形容词。词干缀接构词词缀基本遵循元音和谐律，即词干末前元音音节缀接-siz/-səz，词干末后元音或央元音音节缀接-səz。

体词词干末前元音音节+siz/səz：isim（名字）+siz>isimsiz 无名的，ʧik（边界、边际）+səz>ʧiksəz 无边际的、无止境的，søz（词、词语）+səz>søzsəz 肯定的、必定的、一定的、说话算数的，mɛʁnɛ（意义）+səz>mɛʁnəsəz 无意义的，ʃɛχsijɛt（自私的）+səz>ʃɛχsijɛtsəz 无私的，øŋ（面容、面色、容貌）+səz>øŋsəz 苍白的、憔悴的、暗淡的。

体词词干末后元音或央元音音节+səz：ruχ（精神）+səz>ruχsəz 萎靡的、无精打采的，ɑqəl（聪明）+səz>ɑqəlsəz 笨的、愚笨的，sɑlmɑq（稳重的）+səz>sɑlmɑqsəz 不稳重的，tuz（咸盐）+səz>tuzsəz 淡的，iχtidɑr（能力）+səz>iχtidɑrsəz 无能的。

动名词词干+siz/səz：toqtɑw（停止、停顿）+səz>toqtɑwsəz 一直、不停顿的、不间断的、无止境的。

（3）体词或动名词词干+lik/ləq

体词或动名词词干+lik/ləq，可以构成与词干义相关的形容词，词干缀接构词后缀遵循元音和谐律。

体词词十前元音音节+lik：mɛmlɛkɛt（国家）+lik>mɛmlɛkɛtlik 国家的，kørnɛr（明显的、突出的、卓越的）+lik>kørnɛrlik 可观的、著名的，bɛχət（幸福、幸运）+lik>bɛχətlik 幸福的、幸运的，syjəm/søjym（亲爱、喜爱、疼爱）+lik>syjəmlik/søjymlik 亲爱的、疼爱的、喜爱的。

动名词词干+ləq：tɑtəw（甜）+ləq>tɑtəwləq 甜蜜的、和谐的。

（4）体词或动名词词干+ʧɑŋ/ʧɛŋ//ʧɑn/ʧɛn

体词或动名词词干+ʧɑŋ/ʧɛŋ//ʧɑn/ʧɛn，可以构成与词干义相关的形容词。词干缀接构词词缀不受元音和谐律影响，即词干末前后元音均可缀接-ʧɑŋ/-ʧɛŋ，部分词干末缀接-ʧɑn/-ʧɛn。

体词词干+ʧɑŋ/ʧɛŋ//ʧɑn/ʧɛn：χɛrɛqɛt（行动）+ʧɛŋ>χɛrɛqɛtʧɛŋ 灵活的，tɛlɛp（要求）+ʧɑŋ>tɛlɛpʧɑŋ 严格的，kyjym（同情心、爱心）+ʧɑŋ>kyjymʧɑŋ 仁慈的、有同情心的、有爱心的，iʃ（事情）+ʧɑn>iʃʧɑn 勤快的、勤劳的，ɛmgɛk（劳动）+ʧɛn>ɛmgɛkʧɛn 勤劳的，tərəʃ（勤奋）+ʧɑn>tərəʃʧɑn 勤快的，ʧit（敏锐的、锐利的）+ʧɛn>ʧitʧɛn 精明的。

动名词词干+ʧɑŋ/ʧɛŋ//ʧɑn/ʧɛn：qozʁɑləw（不牢固）+ʧɑŋ>qozʁɑləwʧɑŋ 不固定的。

（5）体词词干+ʧil/ʧəl

体词词干+ʧil/ʧəl，可以构成与词干义相关的形容词。词干缀接构词词缀基本遵循元音和谐律，即词干末前元音音节缀接-ʧil；词干末后元音或央元音音节缀接-ʧəl。

词干末前元音音节+ʧil：kem/kim（缺、缺少）+ʧil>kemʧil 不完善的、欠缺的、不足的。

词干末后元音或央元音音节+ʧəl：rɑs（真的）+ʧəl>rɑsʧəl 真诚的，øz-əm（自己-单数领属人称 1）+ʧəl>øzəmʧəl 自私的。

（6）体词或动词词干+ki/ɡə/ʁə

体词或动词词干+ki/ɡə/ʁə，可以构成与词干义相关的形容词，其中体词词干缀接的附加成分-ki/-ɡə/-ʁə 与体词的物主成分同形。词干缀接构词词缀基本遵循元音和谐律，即词干末为前元音或央元音音节缀接-ki/-ɡə；词干末为后元音音节缀接-ʁə。

体词词干末前元音或央元音音节+ki/ɡə：byɡyn（今天）+ki>byɡynki 今天的，kiʃ（晚上）+ki>kiʃki 晚上的，ələk（以前）+ki>ələkki 以前的、古代的，iʃ（内、里）+ki>iʃki 内部的、里面的，irtɛ（早晨）+ɡə>irtɛɡə 早晨的，yjlɛ（中午）+ɡə>yjleɡə 中午的，kiʧɛ（昨天）+ɡə>kiʧɛɡə 昨天的，χɛzər（现在）+ɡə/ɡi>χɛzərɡə/χɛzərɡi 现在的、现代的，ʤɑqən/jɑqən（近）+ɡə>ʤɑqənɡə 近代的。

体词词干末后元音音节+ʁə：burun（以前）+ʁə>burunʁə 以前的，bɑjɑ（刚才）+ʁə>bɑjɑʁə 刚才的。

动词词干+ki/ɡə/ʁə：bil-（知道）+ɡə>bilɡə 标记的，sez-（感觉）+ɡə>sezɡə 有感觉的。

（7）动词或动名词词干+ik/əq/ɑq/uq/q

动词或动名词词干+ik/əq/ɑq/uq/q，可以构成与词干义相关的形容词，词干缀接构词后缀基本遵循元音和谐律。

动词词干+ik/əq/ɑq/uq/q：qɑjnɑ-（沸腾）+q>qɑjnɑq 沸腾的、烧开的，tol-（充满）+əq>toləq 满的，jɑltər-（闪、闪光）+ɑq>jɑltərɑq 光滑的，buz-（坏）+uq>buzuq 腐烂的，piʃ-（熟）+ik>piʃik 成熟的，uzɑ-（远离）+q>uzɑq 远的。

动名词词干+ik/əq/ɑq/uq/q：ʧəʁər（出来）+əq>ʧəʁərəq 出来的［ʧəʁər<ʧəq-（出）+ɑr（动名词词缀）］。

2）能产性不强的构词后缀

（8）体词或动词词干+il/əl/l

体词或动词词干+il/əl/l，可以构成与词干义相关的形容词。词干缀接构词后缀基本遵循语音和谐律，即词干末前元音音节缀接-il，词干末后元音或央元音音节缀接-əl，词干以元音结尾缀接-l。

体词词干末前元音音节+il：jɛʃ/jɑʃ（年轻的、稚嫩的、新鲜的）+il>jɛʃil 绿色、绿色的。

体词词干以元音结尾+l：idijɑ/idijɛ（思想）+l>idijɛl 思想的。

动词词干末后元音或央元音音节+əl：qəz-（变热、发热、发烧）+əl>qəzəl 红色，红色的。

（9）动词词干+gɛr/gər/kɛr/kər/kyr

动词词干+gɛr/gər/kɛr/kər/kyr，可以构成与词干义相关的形容词，词干缀接构词后缀基本遵循元音和谐律。比如：øt-（通过、越过）+kyr>øtkyr 尖、锐利的、锋利的，sɛz-（感觉）+gər>sɛzgər 机警的、狡猾的。

（10）体词词干+mɛr

体词词干+mɛr，可以构成表“擅长某种职业或行当”义的形容词，多用作褒义。比如：iʃ（事情、工作）+mɛr>iʃmɛr 能干的。

（11）动词词干+nɛr

动词词干+nɛr，可以构成与词干义相关的形容词。比如：kør-（看见）+nɛr>kørnɛr 明显的、突出的、卓越的。

（12）体词词干+qɑn

体词词干+qɑn，可以构成与词干义相关的形容词。比如：qəzəq（有趣的、热闹的）+qɑn>qəzəqqɑn 有趣的、易怒的，suwəq（冷）+qɑn>suwəqqɑn 冷静的、冷漠的。

（13）动词词干+ʁɑq

动词词干+ʁɑq，可以构成与词干义相关的形容词。比如：qur-（干涸、枯竭）+ʁɑq>qurʁɑq 干燥的、枯竭的。

（14）动词或体词词干+də/tə

动词或体词词干+də/tə，可以构成与词干义相关的形容词。

动词词干+də/tə：ɑsrɑn-（抚养、收养被动态）+də>ɑsrɑndə 收养的，jɑr-（分开、劈开、裂开）+tə>jɑrtə 一半、半个。

体词词干+tə：beʃtə ɑjʁər 五岁公马，beʃtə bijɛ 五岁母马，beʃtə buqɑ 五岁公牛，beʃtə səjər 五岁母牛。上述四个词由 beʃtə 五岁的（<beʃ 五、五个+tə）分别与 ɑjʁər（公马）、bijɛ（母马）、buqɑ（公牛）、səjər（母牛）复合而成。这组词应是受哈萨克语影响整体借用的。

（15）体词词干+ij

构成形容词的词缀-ij 是与阿拉伯语词一同借入的，因此，多缀接在阿拉伯语借词之后。比如：ilim（科学）+ij>ilmij 科学的、学术的，ɑqəl（智慧）+ij>ɑqəlij 聪慧的、聪明的。

（16）体词词干+ɑj

体词词干+ɑj，可以构成与词干义相关的形容词。比如：oŋ（右、右侧）+ɑj>oŋɑj 容易、方便。

（17）体词词干+ɑl

体词词干+ɑl，可以构成与词干义相关的形容词。比如：χoʃ（高兴）+ɑl>χoʃɑl 高兴的。

3. 构成数词的后缀

1）基数词词干+nʧi/nʧə/inʧi/inʧə/ənʧə/ynʧə/inʤə/ənʤə

基数词词干+nʧi/nʧə/inʧi/inʧə/ənʧə/ynʧə/inʤə/ənʤə，可以构成与词干义相关的序数词，词干缀接构词后缀基本遵循语音和谐律。比如：bər（一）+ənʧi/ənʧə>bərənʧi/bərənʧə 第一，yʃ/yʧ（三）+ynʧi/ənʧə>yʧənʧə/yʃynʧi 第三，dørt/tørt（四）+ ənʧə/ənʧi > dørtənʧə/dørtənʧi/tørtənʧi 第四，ʤidi/jidi（七）+nʧi/nʤə/nʤi>ʤidinʧi/ʤidinʤə/jidinʤi 第七。

2）基数词词干+w/əw/ɛw

基数词词干+w/əw/ɛw，可以构成与词干义相关的集合数词，词干缀接构词后缀遵循语音和谐律。比如：bər（一）+əw>bərəw 一个，ikə（二）+w>ikəw 两个，yʃ/yʧ（三）+ɛw>yʧɛw 三个。bərəw 除可以构成集合数词外，还可以构成不定代词，表示“某人”的意义。

3）基数词词干+ʧɑ/ʧɛ

基数词词干+ʧɑ/ʧɛ，可以构成与词干义相关的约数词，词干缀接构词后缀遵循元音和谐律。比如：on（十）+ʧɑ/ʧɛ>onʧɑ/onʧɛ 近十个、约十个，jyz（一百）+ʧɛ>jyzʧɛ 近百个、约一百。部分基数词词干后缀接复数词尾词汇化后，仍可缀接此组词缀构成约数词。比如：məŋ（一千）+lɑr（复数）+ʧɛ>məŋlɑrʧɛ 成千上万、数千。

4）基数词词干+ɑr/ɛr

基数词词干+ɑr/ɛr，可以构成与词干义相关的分配数词，词干缀接构词后缀遵循元音和谐律。比如：on（十）+ɑr>onɑr 各十个，bər（一）+ɛr>bərɛr 各一个，jyz（一百）+ɛr>jyzɛr 各一百个。bərɛr 除可以表示分配数词外，还可以构成约数词和不定代词，分别表示“少许、个把、一些”“某人、某个”的意义。

5）基数词词干+ʃɑr/ʃɛr

基数词词干+ʃɑr/ʃɛr，可以构成与词干义相关的分配数词，词干缀接构词后缀遵循元音和谐律。比如：altə（六）+ʃar>altəʃar 各六个，jitə（七）+ʃɛr>jitəʃɛr 各七个，yʃ/yʧ（三）+ɛr>yʧɛr 各三个。

4. 兼具构成副词和其他词类的后缀

1）能产性较强的构词后缀

（1）体词或形动词词干+dij/dɛj/lɛj/daj

体词或形动词词干+dij/dɛj/lɛj/daj，可以构成与词干义相关的副词或形容词。词干缀接构词词缀基本遵循元音和谐律，即词干末前元音或央元音音节缀接-dij/-dɛj/-lɛj，词干末后元音或央元音音节缀接-daj。

词干末前元音或央元音音节+dij/dɛj/lɛj：ni（什么）+n（增音）+dij>nindij 怎样、如何，tøbɛn（下面的）+dɛj>tøbɛndɛj 以下、如下，bytən（全部、所有）+lɛj>bytənlɛj 整个、任何、完全。

词干末后元音音节+daj：bolʁan（<bol-是、成为+ʁan 经历形动词）+daj>bolʁandaj 好像、大约、大概，altən（金子）+daj>altəndaj 金子般的。

塔塔尔语指示代词分近指和远指代词，受维吾尔语和哈萨克语的影响，词干缀接此组构词后缀时，多数遵循元音和谐律，少数不受元音和谐律的制约。

on/an（那个）+daj>ondaj/andaj 那么、如此，ʃu-n（那个-增音）+daj>ʃundaj 那样的，oʃə-n（这个-增音）+daj>oʃəndaj 这样的、如此的，aʃə-n（这个-增音）+daj>aʃəndaj 这样的、如此的，oʃu-n（这个-增音）+dɛj>oʃundɛj 这样的、如此的，ʃoʃə-n（这个-增音）+daj>ʃoʃəndaj 那样的、如此的，mu-n（这个-增音）+dij/daj>məndij/məndaj/mundaj 这样的、如此的，oʃə（这个）+laj>oʃəlaj 这样的、如此的，ʃoʃə（这个）+laj>ʃoʃəlaj 这样的、如此的。

（2）体词词干或动词否定式+ʧa/ʧɛ

-ʧa/-ʧɛ 是能产性较强的构词后缀，缀接在体词或动词之后可以构成与词干义相关的名词、副词或后置词，词干缀接构词后缀基本遵循元音和谐律。

体词词干+ʧa/ʧɛ 构成名词：qəzəl（红色的）+ʧa>qəzəlʧa 甜菜，jɛʃil（绿色的）+ʧɛ>jɛʃilʧɛ 蔬菜。

体词词干+ʧa/ʧɛ 构成副词：køp-ə-n（多-领属人称 3-增音）+ʧɛ>købənʧɛ 通常，mu-n（这个-增音）+ʧa>munʧa 这么，ʃu-n（这个-增音）+ʧa>ʃuntʃa 这么，oʃə-n（这个-增音）+ʧa>oʃəntʃa 这么，ʃoʃə-n（这个-增音）>+ʧa>ʃoʃəntʃa 这么，qaj（何、何处）+ʧa>qantʃa 多少，ni（什么）+ʧɛ>niʧɛ 多少，jaʃərən（隐秘、隐匿、隐藏）+ʧɛ>jaʃərənʧɛ 隐匿式地。

体词词干+ʧa 构成后置词：bojən（脖子、颈）+ʧa>bojənʧa 按照。

一些体词词干缀接-ʧa/-ʧɛ，可以构成与词干义相关的副词，同时表示词义的弱化：wɑqət（时间）+ə（领属人称3）+n（增音）+ʧɑ>wɑqtənʧɑ 暂时，jyz（一百）+ʧɛ>jyzʧɛ 约一百，qəsqɑ（短的）+ʧɑ>qəsqɑʧɑ 简短，təlɛk（愿望、希望）+ə（领属人称3）+n（增音）+ʧɛ>təlɛgɛnʧɛ 随便。

-ʧɑ/-ʧɛ 缀接在动词否定式后，表行为动作短暂的状态：uzɑqlɑ-（远离）+mij（否定式）+ʧɛ>uzɑqlɑmijʧɛ 没离开多远、没过多久。

个别体词词干缀接此组构词后缀既可用作副词，也可用作名词：tɑtɑr（塔塔尔）+ʧɛ>tɑtɑrʧɛ 塔塔尔语名词，塔塔尔式地、用塔塔尔语副词。

2）能产性不强的构词后缀

（3）动词词干+ɑ

动词词干+ɑ，可以构成与词干义相关的副词。比如：qɑjt-（返回）+ɑ>qɑjtɑ 重新。

5. 构成动词的构词后缀

1）能产性较强的构词后缀

（1）体词或动词词干+lɛ/lɑ/tɑ

体词或动词词干+lɛ/lɑ/tɑ，可以构成与词干义相关的动词。词干缀接构词后缀基本遵循元音和谐律，即词干末前元音或央元音音节缀接-lɛ；词干末后元音或央元音音节缀接-lɑ；少数词干以清辅音结尾时，受哈萨克语的影响，缀接-tɑ。

体词词干末前元音或央元音音节+lɛ：iz/əz（脚印、印迹）+lɛ>izlɛ-寻找，tyjmɛ（扣子）+lɛ>tyjmɛlɛ-扣，tyʃ（梦）+lɛ>tyʃlɛ-做梦，syt（奶）+lɛ>sytlɛ-调奶，ɛpkɛʃ（肩膀）+lɛ>ɛpkɛʃlɛ-挑，χɛbɛr（消息）+lɛ>χɛbɛrlɛ-报导、通报，tigəz（平、直）+lɛ>tigəzlɛ-弄直、整平，təʃ（牙齿）+lɛ>təʃlɛ-咬。

有的形容词词干末前元音音节缀接-lɛ 变为动词后，还可以缀接反身态词尾-n 构成不及物动词。比如：biʃni（紫色）+lɛ+n>biʃnilɛn-发紫、变紫，jɛʃil（绿色的）+lɛ+n>jɛʃillɛn-发绿、变绿。

体词词干末后元音或央元音音节+lɑ：bɑʃ（头）+lɑ>bɑʃlɑ-开始，jɑqən（近）+lɑ>jɑqənlɑ-临近、接近，ɑq（白色）+lɑ>ɑqlɑ-弄白，tɑʃ（石头）+lɑ>tɑʃlɑ-扔、甩，ɑrqɑ（后背）+lɑ>ɑrqɑlɑ-扛、背，tɑʁɑ（马掌）+lɑ>tɑʁɑlɑ-钉马掌，tɑmʧə（水滴）+lɑ>tɑmʧəlɑ-滴（水），ɑʁu（毒）+lɑ>ɑʁulɑ-投毒，kuruʃ/quruʃ（钢）+lɑ>kuruʃlɑ-/quruʃlɑ-冶炼，sər（油漆）+lɑ>sərlɑ-上油漆，qɑmʧə（鞭子、马鞭）+lɑ>qɑmʧəlɑ-抽打，ʤudərəq（拳头）+lɑ>ʤudərəqlɑ-揍、捶用拳头。

个别体词词干末前元音音节+lɑ：ɑdɛm（步子、步伐）+lɑ>ɑdɛmlɑ-迈步，这是因为词干元音 ɑ>ɛ 弱化所致。

动词词干+lɛ/lɑ/tɑ：ɑt-（射、打）+lɑ>ɑtlɑ-迈步，bɑs-（压、踩、踏）+tɑ>bɑstɑ-压、踩、踏，byk-（弯）+lɛ>byklɛ-折叠，kyj-（烫、烧）+lɛ>kyjlɛ-燃烧。

（2）体词词干+ɛ/ɑ

体词词干+ɛ/ɑ，可以构成与词干义相关的动词。词干缀接构词后缀基本遵循元音和谐律，即词干末前元音音节缀接-ɛ，词干末后元音音节缀接-ɑ。

词干末前元音或央元音音节+ɛ：tyn（夜晚）+ɛ>tynɛ-过夜，tyz（正直、直的）+ɛ>tyzɛ-改正、整理、整顿，yst（上面）+ɛ>ystɛ-添加、累积，təl（语言、话语）+ɛ>təlɛ-乞讨。

词干末后元音或央元音音节+ɑ：ɑʃ（饭）+ɑ>ɑʃɑ-吃，sɑn（数目）+ɑ>sɑnɑ-数，jɑʃ（年轻、青年、年龄）+ɑ>jɑʃɑ-生存，ɑt（名字）+ɑ>ɑtɑ-叫作、称作，qɑn（血、血液）+ɑ>qɑnɑ-流血，jol（路）+ɑ>jolɑ-走近、临近、接近，ojən（游戏）+ɑ>ojnɑ-玩耍。

（3）体词或动词词干+ɛr/ɑr

体词或动词词干+ɛr/ɑr，可以构成与词干义相关的动词。词干缀接构词后缀基本遵循元音和谐律，即词干末前元音音节缀接-ɛr，词干末后元音音节缀接-ɑr。

体词词干末前元音音节+ɛr：køk（蓝）+ɛr>køgɛr-返青，øzgɛ（其他的）+ɛr>øzgɛr-改变。

体词词干末后元音音节+ɑr：ɑq（白）+ɑr>ɑʁɑr-变白，qəsqɑ（短）+ɑr>qəsqɑr-缩短，qəzəq（有趣的）+ɑr>qəzəʁɑr-逗趣、有趣。

个别体词词干缀接此组构词后缀，因语流音变产生增音现象。比如：suw（水）+ɑr>suwʁɑr-浇水、饮水。

动词词干+ɛr/ɑr：qəz-（变热、发热、发烧）+ɑr>qəzɑr-变红。

（4）体词词干+ɛj/ɑj

体词词干+ɛj/ɑj，可以构成与词干义相关的动词。词干缀接构词后缀基本遵循元音和谐律，即词干末前元音音节缀接-ɛj，词干末后元音音节缀接-ɑj。

词干末前元音音节+ɛj：køp（多）+ɛj>købɛj-增加、增多，køp（多）+əj+t（使动态）>købəjt-使增加、使增多，keŋ（宽、广）+ɛj>keŋɛj-变宽、变广、扩展。

词干末后元音音节+ɑj：ɑz（少）+ɑj>ɑzɑj-减少、变少，zor（大）+ɑj>zorɑj-增大、加大。

词干结尾元音为-ɑ、缀接构词后缀-ɑj时，即词干结尾元音为ɑ，构词后缀-ɑj的起首元音也是ɑ，两个相同元音ɑ相连，导致减音及音节合并。比如：

qɑrɑ（黑）+（ɑ）j>qɑrɑj-变黑。

词干结尾元音为央元音 ə、缀接构词后缀-ɑj 时，即两个不同的元音相连，中间增加辅音。比如：sɑrə（黄）+（ʁ）ɑj>sɑrəʁɑj-变黄。

2）能产性不强的构词后缀

（5）体词词干+ʃuq

体词词干+ʃuq，可以构成与词干义相关的动词。比如：muz（冰）+ʃuq>muzʃuq-滑冰，qɑr（雪）+ʃuq>qɑrʃuq-滑雪。

（6）体词词干+tər

体词词干+tər，可以构成与词干义相关的动词。由于后缀音节元音为央元音，因此，构词后缀既可以缀接在词干末前元音音节之后，也可以缀接在词干末后元音音节之后。比如：køp（多）+tər>køptər-说大话、吹牛，tol（满）+tər>toltər-倒满、装满。

（7）动词词干+sɛt

动词词干+sɛt，可以构成与词干义相关的动词。比如：kør-（看见）+sɛt>kørsɛt-展现、呈现。

（8）体词词干+sɑ

体词词干+sɑ，可以构成与词干义相关的动词。比如：suw（水）+sɑ>suwsɑ-渴、口渴、渴求。

（9）体词词干+ik/əq

体词词干+ik/əq，可以构成与词干义相关的动词。词干缀接构词后缀基本遵循元音和谐律，即词干末前元音音节缀接-ik，词干末后元音音节缀接-əq。比如：kiʧ（晚）+ik>kiʧik-迟到，qor（受屈辱的）+əq>qorəq-害怕，jol（路、道路）+əq>joləq-会见、见面、遇见。

（10）体词词干+kɛ

体词词干+kɛ，可以构成与词干义相关的动词。比如：ijis（味道）+kɛ>ijiskɛ-闻、嗅。

（11）体词词干+qɑr/ʁɑr

体词词干+qɑr/ʁɑr，可以构成与词干义相关的动词。比如：bɑʃ（头）+qɑr>bɑʃqɑr-管理，suw（水）+ʁɑr>suwɑr-浇水。

6. 构词前缀

塔塔尔语有个别表示否定意义的构词前缀，它们多与波斯语或俄语借词一同被借入，类推能力不强。

（1）前缀 bi+体词词干

前缀 bi-是伴随波斯语词一同被借入的，表示与词干义相反的意义。比如：

bi+malal（间断的、有障碍的）>bimalal 流利地、不间断地、无障碍地，bi+ʧara（办法）>biʧara 可怜的、没办法的，bi+wastɛ（措施、办法、手段）>biwastɛ 直接的、直接地，bi+taraf（方面）>bitaraf 中立的。

（2）前缀 ni+体词词干

前缀 ni-是伴随俄语词一同被借入的，表示与词干义相反的意义。比如：ni+normalli（正常的）>ninormalli 不正常的。

（二）共时性词干+语法词尾的词缀化

一些构成双功能词（动名词）的附加成分兼具构词和构形功能；一些语法词尾与实词词干结合后，具有词缀化倾向，即由语法变化的词尾发展为构词词缀。详见表 2。

表 2　词尾的词缀化

一、动名词词尾的后缀化	（3）体词词干+领属人称 3+方位格
（1）动词词干+w/əw	（4）体词词干+从格
（2）动词词干+ʃ/əʃ/iʃ/aʃ	（5）体词词干+领属人称 3+从格
（3）动词词干+mɛk/maq	**（二）形动词词干+格词尾**
（4）动词词干+r/ər/ɛr/ar	（6）形动词词干+方位格
（5）动词词干+miʃ/məʃ	（7）形动词词干+从格
（6）动词词干+sə/əsə/ɛsə	**（三）形容词或副词比较级+方位格**
二、格词尾词缀化	**（四）领属结构短语+方位格**
（一）体词词干+格词尾	**三、形动词否定词尾的词缀化**
（1）体词词干+方向格	**四、动词否定条件式词尾的词缀化**
（2）体词词干+方位格	

1. 动名词词尾的后缀化

塔塔尔语动词词干+w/əw、+ʃ/əʃ/iʃ/aʃ、+mɛk/maq、+r/ər/ɛr/ar、+miʃ/məʃ、+sə/əsə/ɛsə 六组附加成分可以将动词转化为动名词，起体词的语法作用。由于动名词的双功能特点（既有动词也有名词的特点），因此，可以将这六组附加成分看作转化词性的构词词缀。动词词干+w/əw 是主要的或基本的动名词形式，其他形式的动词词干缀接动名词后缀，可以构成与动词词干义相关、词义相同或不完全相同的新词。

1）动词词干+w/əw

动词词干+w/əw，可以构成与动词词干义相关的动名词。词干缀接附加成分时基本遵循语音和谐律，即词干末为元音时缀接-w；词干末为辅音（包括半元音）时缀接-əw。

词干以元音结尾+w：orɑ-（割、收割）+w>orɑw 割、收割，turɑ-（切、切割）+w>turɑw 切、切割，səlqɑ-（抖、颤抖）+w>səlqɑw 抖、颤抖，qɑjtɑ-（返回）+w>qɑjtɑw 返回，ijiskɛ-（闻、嗅）+w >ijiskɛw 闻、嗅，ʧɛjnɛ-（嚼）+w>ʧɛjnɛw 嚼，təʃlɛ-（咬）+w>təʃlɛw 咬，ʧimtɑ-（揪）+w>ʧimtəw 揪（末音节元音 ɑ>ə）。

词干以辅音结尾+əw：ʧøk-（沉、跪）+əw>ʧøɡəw 沉、跪，tip-（踢）+əw>tibəw 踢，iʃit-（听）+əw>iʃitəw 听，ɛrʧ-（剥）+əw>ɛrʧəw 剥，nɛfɛslɛn-（吸、呼吸）+əw>nɛfɛslɛnəw 吸、呼吸，ber-（给）+əw>berəw 给，ʧəq-（出、上）+əw>ʧəʁəw 出、上，suwər-（含）+əw>suwərəw 含，ʧimət-（揪、掐）+əw>ʧimətəw 揪、掐，ɑq-（流）+əw>ɑʁəw 流，jɑp-（关）+əw>jɑbəw 关，tɑp-（找到）+əw>tɑbəw 找到，uʧ-（飞）+əw>uʧəw 飞，tɑrt-（拉）+əw>tɑrtəw 拉，quj-（倒、灌）+əw>qujəw 倒、灌。

2）动词词干+ʃ/əʃ/iʃ/ɑʃ

动词词干+ʃ/əʃ/iʃ/ɑʃ，可以构成与动词词干义相关的动名词。词干缀接附加成分时基本遵循语音和谐律，即-ʃ 缀接在元音结尾的动词词干后，-əʃ/-iʃ/-ɑʃ 缀接在辅音结尾的动词词干后。

词干以元音结尾+ʃ：jɑsɑ-（活、生活）+ʃ>jɑsɑʃ 生活，oχʃɑ-（像）+ʃ>oχʃɑʃ 同样，qɑrɑ-（看、看望）+ʃ>qɑrɑʃ 看望、看法、观点，uwə-（捧）+ʃ>uwəʃ 捧、把量词，sɑqlɑ-（保留）+ʃ>sɑqlɑʃ 保留，tɛrbijɛlɛ-（培养、培育）+ʃ>tɛrbijɛlɛʃ 培养、培育。

词干以辅音结尾+iʃ/əʃ/ɑʃ：ʤiŋ-（赢）+iʃ>ʤiŋiʃ 胜利，it-（做）+iʃ>itiʃ 做，ɑlmɑʃtir-（交流使动态）+iʃ>ɑlmɑʃtiriʃ 交流，ʧøk-（沉）+əʃ>ʧøkəʃ 镑子，ʤinɑl-（集中）+əʃ>ʤinɑləʃ 聚会，jyr-（走）+əʃ>jyrəʃ 序列、套量词，kør-（看见）+əʃ>kørəʃ 看见、观点，qoj-（加入、放入）+əʃ>qojəʃ 加入、放入，jɑr-（分开）+əʃ>jɑrəʃ 比赛，otər-（坐）+əʃ>otərəʃ 聚会，mɑqtɑn-（自夸反身态）+əʃ>mɑqtɑnəʃ 骄傲，bɑjlɑn-（联系）+əʃ>bɑjlɑnəʃ 联系，tut-（抓、持）+ɑʃ>tutɑʃ 女孩儿。

3）动词词干+mɛk/mɑq

动词词干+mɛk/mɑq，可以构成与动词词干义相关的动名词。词干缀接附加成分时基本遵循元音和谐律，即词干末前元音或央元音音节缀接-mɛk，词干末后元音或央元音音节缀接-mɑq。

词干末前元音或央元音音节+mɛk：møkyʃ-（藏相互态）+mɛk>møkyʃmɛk 捉迷藏，təz-（串）+mɛk>təzmɛk 串子，kyt-（等待）+mɛk>kytmɛk 等待，kil-（来）+mɛk>kilmɛk 来，di-（说）+mɛk>dimɛk 说。

词干末后元音或央元音音节+mɑq：sɑl-（放、装）+mɑq>sɑlmɑq 稳定，tɑbəʃ-（寻找相互态）+mɑq>tɑbəʃmɑq 谜语，otər-（坐）+mɑq>otərmɑq 坐，bɑr-（去）+mɑq>bɑrmɑq 去，qɑjt-（返回）+mɑq>qɑjtmɑq 返回。

4）动词词干+r/ər/ɛr/ɑr

动词词干+r/ər/ɛr/ɑr，可以构成与动词词干义相关的动名词。词干缀接附加成分时基本遵循语音和谐律，即-r 缀接在元音结尾的动词词干后，-ər/-ɛr/-ɑr 缀接在辅音结尾的动词词干后。

词干以元音结尾+r：ɑʃɑ-（吃）+r>ɑʃɑr 吃，bɑʃlɑ-（开始）+r>bɑʃlɑr 开始，oqə-/oqu-（读、念、诵）+r>oqər/oquʁər 读、念、诵，jɛʃɛ-（活、生活）+r>jɛʃɛr 生活，izlɛ-（寻找）+r>izlɛr 寻找，surɑ-（问）+r>surɑr 问，sɑnɑ-（数）+ r>sɑnɑr 数。

词干以辅音结尾+ər/ɛr/ɑr：jɑz-（写）+ɑr>jɑzɑr 写，tut-（抓）+ɑr>tutɑr 抓，ɑq-（流淌）+ɑr>ɑʁɑr 流淌，mɑqtɑn-（自夸反身态）+ɑr>mɑqtɑnɑr 夸奖、称赞，kis-（切）+ɛr>kisɛr 切，jit-（到达）+ɛr>jitɛr 到达，søjlɛʃ-（说相互态）+ɛr>søjlɛʃɛr 相互说、诉说，bølɛʃ-（分相互态）+ər>bølɛʃər 分、相互分。

5）动词词干+miʃ/məʃ

动词词干+miʃ/məʃ，可以构成与动词词干义相关的动名词。词干缀接附加成分时基本遵循元音和谐律，即词干末前元音音节缀接-miʃ，词干末后元音或央元音音节缀接-məʃ。

词干末前元音音节+miʃ：øt-（通过、越过）+miʃ>øtmiʃ 过往，kiʧ-（离去、离开）+miʃ>kiʧmiʃ 过往，ʤi-（吃）+miʃ>ʤimiʃ 水果。

词干末后元音或央元音音节+məʃ：oqə-/oquʁə-（读、念、诵）+məʃ>oqəməʃ/oquʁəməʃ 学习、读书，tur-（站立）+məʃ>turməʃ 生活。

6）动词词干+sə/əsə/ɛsə

动词词干+sə/əsə/ɛsə，可以构成与动词词干义相关的动名词。词干缀接附加成分时基本遵循语音和谐律，即以元音结尾的词干缀接-sə，以辅音结尾的词干缀接-əsə/-ɛsə。

词干以元音结尾+sə：byrə-（转、调转）+sə kyn（太阳、天）>byrəsə kyn 后天。

词干以辅音结尾+əsə/ɛsə：kil-（来）+ɛsə jil（年）>kilɛsə jil 明年、来年。

2. 格词尾词缀化

一些体词词干缀接格词尾，因二者联系紧密，逐渐凝固为词汇单位，表达新的词汇意义。这种历史上的形态变化转化为共时的构词成分，是突厥语族语言发展过程中新词产生的途径之一。

1）体词词干+格词尾

一些体词词干与间接格（方向格、方位格、从格）词尾结合，可以构成与词干义相关的体词（主要包括副词、形容词、时间和方位名词）以及少数虚词。体词词干与间接格词尾结合，基本遵循元音和谐律。

（1）体词词干+方向格

词干末前元音或央元音音节+gɛ：ni（什么）+gɛ>nigɛ 为什么，bər（一、一个）+gɛ>bərgɛ 一起，ɛtɛj（故意）+gɛ>ɛtɛjgɛ 故意地、有意地，irtɛ（早晨）+gɛ>irtɛgɛ 明天。

词干末后元音音节+qɑ/ʁɑ：bɑʃ（头）+qɑ>bɑʃqɑ 其他的，boʃ（空的）+qɑ>boʃqɑ 徒劳地、白白地，ɑr（后）+qɑ>ɑrqɑ 向后，ɑl（前面）+ʁɑ>ɑlʁɑ 向前、优异的、优秀的。

少数体词词干缀接方向格变体-nɛ。比如：mu（这、这个）+nɛ>mənɛ 这不、瞧语气词（元音发生相互同化）。

少数体词词干缀接方向格变体-ɑ。比如：qɑj（何处）+ɑ>qɑjɑ 哪里、去哪里。

（2）体词词干+方位格

体词词干末浊辅音结尾的前元音音节+dɛ：tøbɛn（下、底下）+dɛ>tøbɛndɛ 下面、在下面，kyn（天）+dɛ>kyndɛ 每天。

体词词干末浊辅音结尾的后元音和央元音音节+dɑ：ʃol（这、这个）+dɑ>ʃoŋdɑ 为此（词干末辅音产生语流音变），joʁɑr（上面、高处）+dɑ>joʁɑrdɑ 在上面、在高处，qɑj（何处）+ dɑ>qɑjdɑ 在哪里、去哪里。

体词词干末清辅音结尾的前元音音节+tɛ：ʤɛχɛt（方面）+tɛ>ʤɛχɛttɛ 方面。

体词词干末清辅音结尾音的后元音音节+tɑ：tɑrɑf（方面）+tɑ>tɑrɑftɑ 方面。

（3）体词词干+领属人称 3+方位格

体词词干末后元音或央元音音节+dɑ：ɑχər-ə-n（末尾-领属人称 3-增音）+dɑ>ɑχərəndɑ 末尾，soŋ-ə-n（之后、后面-领属人称 3-增音）+dɑ>soŋəndɑ 末尾，ɑrqɑ-sə-n（后背、背后-领属人称 3-增音）+dɑ>ɑrqɑsəndɑ 背面、背后、依靠、借助，sərt-ə-n（外面-领属人称 3-增音）+dɑ>sərtəndɑ 外面、在外面，ɑst-ə-n（下面-领属人称 3-增音）+dɑ>ɑstəndɑ 下面、在下面，qɑrʃə-sə-n（对面-领属人称 3-增音）+dɑ>qɑrʃəsəndɑ 对面、在对面，ɛsəl-ə-n（原本-领属人称 3-增音）+dɑ>ɛsləndɑ 原来，ɑld-ə-n（前面-领属人称 3-增音）+dɑ>ɑldəndɑ 前夕，qɑʃ-ə-n（眉毛-领属人称 3-增音）+dɑ>qɑʃəndɑ 旁边、在旁边，ʧəŋ/ʧən-ə-n（真、真的-领属人称 3-增音）+dɑ>ʧəŋəndɑ/ʧənəndɑ 确实、的确。

体词词干末前元音音节+dɛ：yst-ə-n（上面-领属人称 3-增音）+dɛ>ystəndɛ 上面、在上面，iʃ-i-n（里、内-领属人称 3-增音）+dɛ>iʃindɛ 里面、在里面。

（4）体词词干+从格

体词词干缀接从格词尾凝固化后，可以构成副词。体词词干缀接从格词尾，基本遵循元音和谐律。

体词词干浊辅音结尾的前元音或央元音音节+dɛn：tiz（快）+dɛn>tizdɛn 迅速地，bər（一、一个）+dɛn>bərdɛn 一下子。

体词词干清辅音结尾的前元音音节+tɛn：ʤɛχɛt（方面）+tɛn>ʤɛχɛttɛn 方面、从方面。

体词词干清辅音结尾的后元音音节+tɑn：bɑʃ（头）+tɑn>bɑʃtɑn 从头、开始。

体词词干鼻音音节+nɛn：ʧəŋ/ʧən（真的）+nɛn>ʧəŋnɛn/ʧənnɛn 真诚地。

（5）体词词干+领属人称 3+从格

“体词词干+领属人称 3+从格”凝固化后，可以构成副词。比如：nigəz-ə-n（基本、基础-领属人称 3-增音）+dɛn>nigəzəndɛn 根本、本质上。

2）形动词词干+格词尾

一些形动词词干与间接格词尾结合，可以构成连词。形动词词干与间接格词尾结合，基本遵循元音和谐律。

（6）形动词词干+方位格

不及物动词 bol-的经历形动词形式缀接方位格，可以构成连词。比如：bol-（成为、是）+ʁɑn（经历形动词）+dɑ>bolʁɑndɑ 与其……。

（7）形动词词干+从格

不及物动词 bol-的经历形动词形式缀接从格，可以构成连词。比如：bol-（成为、是）+ʁɑn（经历形动词）+dɑn>bolʁɑndɑn 与其……、由于……。

3）形容词或副词比较级+方位格

形容词或副词比较级缀接方位格凝固化后，可以构成副词。比如：køp（多）+rɛk（比较级）+tɛ>købrɛktɛ 通常，soŋ（后来、之后）+ərɑq（比较级）+

tɑ>soŋərɑqtɑ 稍后。

4）领属结构短语+方位格

一些领属结构短语缀接方位格词汇化后，可以构成连词。比如：bu-nəŋ（这个-领格）sərt-ə-n（外面-领属人称 3-增音）+dɑ>bunəŋ sərtəndɑ 此外。

3. 形动词否定词尾的词缀化

形动词否定词尾由动词词干+mɛs/mɑs 构成，凝固化后可以构成与词干义相关的形容词。-mɛs/-mɑs 原是形动词否定形式，与特定动词结合后，可以构成否定意义的形动词，并兼具形容词的功能。词干与词尾结合，基本遵循元音和谐律。

动词词干末前元音音节+mɛs：yjlɛn-（成家）+mɛs>yjlɛnmɛs 未婚的。

动词词干末后元音或央元音音节+mɑs：bol-（成为、是）+mɑs>bolmɑs 不行的、行不通的，qəj-（不惜、舍得）+mɑs>qəjmɑs 舍不得的。

4. 动词否定条件式词尾的词缀化

动词词干缀接-mɛsɛ/-mɑsɑ（-mɛ/-mɑ 为动词否定式，-sɛ/-sɑ 为条件式词尾）凝固化后，主要用作连词。词干与词尾结合，基本遵循元音和谐律。

动词词干末前元音音节+mɛsɛ：ɛjt-（说）+mɛ-sɛ（否定式-条件式）>ɛjtmɛsɛ 或者。

动词词干末后元音或央元音音节+mɑsɑ：bol-（成为、是）+mɑ-sɑ（否定式-条件式）>bolmɑsɑ 不然、否则。

二、复合词

综合词根语素间的结构和语义关系，可以将塔塔尔语的复合词分为并列、修饰、限定、支配、陈述（依存）、助动关系六类。完全重叠式和变音重叠式既可以表示新的词汇语义，也可以表达或兼具语法意义，因此，可以看作广义的复合词，其中完全重叠式是同形同义词根语素的复合，变音重叠式是同根语素的变音复合。

塔塔尔语的复合词与短语具有同构性，但分属不同的语法单位。复合词是语素与语素结合构成的独立表意单位（实词）或功能单位（虚词）；短语是词与词结合构成的表意单位，分固定短语和非固定短语（根据表达需要，临时组合的短语）。复合词和短语的同构性导致二者尤其是复合词与固定短语区分的困难，甚至有些单位既可以视为复合词，也可以看作短语特别是固定短语，鉴别二者的主要方法是依据它们的语义凝固化程度及其在句中的语法作用。此外，有的复合结构有多个义项，其中有的复合结构可以看作复合词，有的则可以看作短语。比如：ɑq sɑqɑl ①白胡子，②长老、长者、尊者；sɑrə burtʃɑq ①黄色的豆子，②黄豆。两例中表前一个义项的复合结构是偏正关系短语，表后一个义项的复合结构是修饰关系复合词。

（一）并列关系复合词

塔塔尔语的两个同义和近义、反义和对义语素可以构成并列关系的复合词。

1. 同义并列复合词

同义并列复合词主要指两个同义名词语素构成的复合词。

dos（朋友）jibdɛʃ（朋友、同志）>dos-jibdɛʃ 朋友，ɑʃ（饭）tɑmɑq（饭）>ɑʃ-tɑmɑq 饭食，ɑqsɑq（瘸子）ʧolɑq（拐子）>ɑqsɑq-ʧolɑq 瘸子、拐子，sɑw（健康）sɛlɛmɛt（健康）>sɑw-sɛlɛmɛt 健健康康，ʃɑrt（条件）ʃɑrɑʁit（条件）>ʃɑrt-ʃɑrɑʁit 各种条件，jɑrtə（半个）jɑrəm（一半）>jɑrtə-jɑrəm 半拉、一半，ɑrzu（愿望）ɑrmɑn（愿望）>ɑrzu-ɑrmɑn 愿望，kørʃi（邻居）kørɛm（邻居不单用）>kørʃi-kørɛm 邻居，pɑrʧɑ（零碎）pərɑt（零碎不单用）>pɑrʧɑ-pərɑt 零零碎碎。

2. 近义并列复合词

1）近义名词语素构成的并列复合词

mɑkɛl（成语）tɛmsəl（格言）>mɑkɛl-tɛmsəl 谚语，orən/orun（位置）kørpɛ（褥子）>orən/orun-kørpɛ 被褥，χɑtən（妇女）qəz（姑娘）>χɑtən-qəz 女性，tɑbɑq（盘子）sɑwət（盒子）>tɑbɑq-sɑwət 餐具，oj（洼地、凹处）ʧuqur（深坑、深处）>oj-ʧuqur 凹凸、坑坑洼洼。

2）近义形容词语素构成的并列复合词

ɑnəqsəz（模糊的、不明确的）mumkinsəz/mymkinsəz（不可能的）>ɑnəqsəz-mumkinsəz/mymkinsəz 不确定的。

3）近义双功能词构成的并列复合词

塔塔尔语的双功能词包括动名词、形动词和副动词，它们可以作为构词语素构成并列复合词。

（1）近义动名词语素构成的并列复合词

ʤərəw（唱歌）bijuw（跳舞）>ʤərəw-bijuw 歌舞，øtɛr（通过、越过）kitɛr（离去、离开）>øtɛr-kitɛr 来往，bɑrəʃ（去）kiliʃ（来）>bɑrəʃ-kiliʃ 来往、交往，øtmiʃ（通过、越过）kiʧmiʃ（离去、离开）>øtmiʃ-kiʧmiʃ 过往。

（2）近义动名词+形动词语素构成的并列复合词

bolər（成为、是）bolmɑs（成为、是形动词否定式）>bolər-bolmɑs 可有可无的。

（3）近义形动词语素构成的并列复合词

məŋlaʁɑn（成千的）on məŋlaʁɑn（成万的）>məŋlaʁɑn-on məŋlaʁɑn 成千上万的。

（4）近义副动词语素构成的并列复合词

ɑʃɑp（吃连贯副动词）iʃip（喝连贯副动词）>ɑʃɑp-iʃip 吃喝、吃吃喝喝。

3. 反义并列复合词

反义词分别作为构词语素，可以构成反义关系的并列复合词。

1）反义形容词语素构成的并列复合词

zor（大）kiʃkɛnɛ（小）>zor-kiʃkɛnɛ 大小，qɑlən（厚）juqɑ（薄）>qɑlən-juqɑ 厚薄，keŋ（宽）tɑr（窄）>keŋ-tɑr 宽窄，uzun（长）qəsqɑ（短）>uzun-qəsqɑ 长短，bijik（高）ɑlɑsɑ（矮）>bijik-ɑlɑsɑ 高矮，ɑq（白）qɑrɑ（黑）>ɑq-qɑrɑ 黑白，jɑqʃə（好）jɑmɑn（坏）>jɑqʃə-jɑmɑn 好坏，bɑj（富）fɑkər（穷）>bɑj-fɑkər 贫富，ʤələ（热）sɑlqən（凉）>ʤələ-sɑlqən 冷热，jɑŋɑ（新）iskə（旧）>jɑŋɑ-iskə 新旧，qɑttə（硬）jumʃɑq（软）>qɑttə-jumʃɑq 软硬，qojə（浓）syjyk（稀）>qojə-syjyk 稀稠，ʧəŋ（真）øtərək（假）>ʧəŋ-øtərək 真假，rɑs（真）jɑlʁɑn（假）>rɑs-jɑlʁɑn 真假，oŋɑj（容易）kijən（难）>oŋɑj-kijən 难易，nəq（紧）boʃ（松）>nəq-boʃ 松紧，tyz（直）qəŋər（弯曲）>tyz-qəŋər 曲直，tirɛn（深）sɑjɑz（浅）>tirɛn-sɑjɑz 深浅，tənəq（清澈）duʁlə（浑浊）>tənəq-duʁlə 清浊，jirɑq/ʤərɑq（远）jɑqən（近）>jirɑq/ʤərɑq-jɑqən 远近，juwɑn（粗）niʧkɛ（细）>juwɑn-niʧkɛ 粗细，durus（对、正确）χɑttɑ（错）>durus-χɑttɑ 对错，jumɑlɑq（圆）jɑlpɑq（扁）>jumɑlɑq-jɑlpɑq 扁圆，jɑqtə（明亮）qɑrɑŋʁə（昏暗）>jɑqtə-qɑrɑŋʁə 明暗，mɑtur（漂亮）jɛmsəz（丑陋）>mɑtur-jɛmsəz 美丑，tuzlə（咸的）tuzsəz（淡的）>tuzlə-tuzsəz 咸淡，ijislə（有味的）ijissəz（无味的）>ijislə-ijissəz 浓淡气味，ijislə（有味的）sɑsəq（臭的）>ijislə-sɑsəq 香臭，tɛmlə（甜的）ɛʧʧi（辣、苦）>tɛmlə-ɛʧʧi 酸甜苦辣，qurʁɑq（干燥的）dəmlə（湿润的）>qurʁɑq-dəmlə 干湿，qojəw（浓）gərim（淡）>qojəw-gərim 浓淡液态味道，normɑlli（正常的）gərim（淡的）>normɑlli-gərim 浓淡液态味道。

2）反义方位词语素构成的并列复合词

ɑldə（前）ɑrtə（后）>ɑldə-ɑrtə 前后，oŋ（右、正面）terəs（反面）>oŋ-terəs 正反，oŋ（右、正面）sol（左）>oŋ-sol 左右，bijik（高）tɛbɛnɛk（下面、低处）>bijik-tɛbɛnɛk 高低，ɑrə（这边）berə（那边）>ɑrə-berə 四

处，joʁarə（上面、高处）tøbɛn（下面、低处）>joʁarə-tøbɛn 上下、高低，kyn ʧəqəʃ（太阳+出动名词）kyn batəʃ（太阳+落动名词）>kyn ʧəʁəʃ-kyn batəʃ 东西方位，kyn jaq（太阳+方面）tyn jaq（夜晚+方面）>kyn jaq-tyn jaq 南北，iʃi（里面）sərtə（外面）>iʃi-sərtə 里外。

3）反义副词语素构成的并列复合词

irtɛ（早）kiʧ（晚）>irtɛ-kiʧ 早晚，az（少）køp（多）>az-køp 多少，tiz（快）ɛkrən（慢）>tiz-ɛkrən 快慢、缓急。

4）反义名词语素构成的并列复合词

χajat（生存）mamat（死亡）>χajat-mamat 生死，mɛwχum（虚假）ʧəŋləq（真诚）>mɛwχum-ʧəŋləq 虚实，ʃɛχɛr/ʃɛχər（城市）awul/awəl（乡村）>ʃɛχɛr-awul/ʃɛχər-awəl 城乡，taq（单）qoʃ（双）>taq-qoʃ 单双。

4. 对义并列复合词

塔塔尔语的对义并列复合词主要由名词语素构成。

jaz（夏天）kyz（秋天）>jaz-kyz 夏秋，kyz（秋天）qəʃ（冬天）>kyz-qəʃ 秋冬，kɛrə（老人）jaʃ（年轻人）>kɛrə-jaʃ 老少，ir（男人）qatən（女人）>ir-qatən 男女，ɛtij（父亲）ɛnij（母亲）>ɛtij-ɛnij 父母，qəz（姑娘）jigət（小伙儿）>qəz-jigət 青年男女，malaj（男孩儿）tutaʃ（女孩儿）>malaj-tutaʃ 青年男女。

5. 并列复合词的语素序

通常情况下，塔塔尔语并列复合词的语素序遵循“语义凸显”原则。具体而言，表重要、强调意义的语素置前，或按照时间、数量先后排列；表肯定形式的语素居前、否定形式的语素居后。个别并列复合词的语素顺序相反，即表示比较重要意义的语素居后，比如：arəq（瘦）siməz（胖、肥）>arəq-siməz 胖瘦，ɛtij（父亲）baba（祖父）>ɛtij-baba 长辈，ata（父亲）baba（祖父）>ata-baba 长辈。个别并列复合词的语素顺序可以颠倒，意义不变，但强调的重点不同，比如：awər（重）ʤəŋəl（轻）>awər-ʤəŋəl 轻重，ʤəŋəl（轻）awər（重）>ʤəŋəl-awər 轻重。少数并列复合词语素顺序颠倒，意义和结构均发生了变化，即成为不同的词语，比如：jaqʃə-jaman（好坏）与 jaman jaqʃə（特别好、非常好），前者是反义并列结构的复合词，后者是修饰结构的短语。

（二）修饰关系复合词

1. 名词语素+名词语素

名词语素+名词语素，可以构成修饰关系的复合名词，也可以构成副词。

1）构成名词

kyn（太阳、天）jɑq（方向）>kyn jɑq 南方，tyn（夜晚、黑夜）jɑq（方向）>tyn jɑq 北方，qol（手）qɑp（袋子、套子、盒子）>qolqɑp 棉手套，qɑp（袋子、套子、盒子）qɑq（干的物体）>qɑpqɑq 盖子，bɑʃ（头）bɑrmɑq（指头）>bɑʃ bɑrmɑq 食指，ortɑ（中间）bɑrmɑq（指头）>ortɑ bɑrmɑq 中指，bɑl（蜂蜜）qurtə（虫子）>bɑl qurtə 蜜蜂，suw（水）mɑj（油）>suw mɑj 清油，qɑbɑq（南瓜）ʧøməʃ（勺子）>qɑbɑq ʧøməʃ 瓢，kymyʃ（银、银色）yryk（杏子）>银杏，ɑʁɑʃ（树）qulɑq（耳朵）>ɑʁɑʃ qulɑq 木耳，sɑŋʁərɑw（聋子）qulɑq（耳朵）>sɑŋʁərɑw qulɑq 野生蘑菇，ɡyl（花）bɑqtʃɑ（园子）>ɡyl bɑqtʃɑ 花园，boj（身体）tɑq（单、单个）>boj tɑq 单身汉，ɑʃ（饭）qɑzɑn（锅）>ɑʃ qɑzɑn 胃，buz（冰）burʧɑq（豆子）>buz burʧɑq 冰雹，tɑʃ（石头）bɑqɑ（青蛙）>tɑʃ bɑqɑ 乌龟、甲鱼，qəsqəʧ（钳子、夹子、镊子）bɑqɑ（青蛙）>qəsqəʧ bɑqɑ 螃蟹，qumʧɑq（沙地）bɑqɑ（青蛙）>qumʧɑq bɑqɑ 蝌蚪，kyrkyldɛwək（蛤蟆叫声拟声词）bɑqɑ（青蛙）>kyrkyldɛwək bɑqɑ 蛤蟆，jɑr（悬崖）qɑnɑt（翅膀）>jɑr qɑnɑt 蝙蝠，ʧilɑn（红枣）tys（颜色）>ʧilɑn tys 枣红色，kyl（草木灰）tys（颜色）>kyl tys 灰色，syr（阴干的草、发灰的草）tys（颜色）>syrtys 灰色。

2）构成副词

øz（自己）ɑrɑ（中间）>øzɑrɑ 相互。

一些时间名词语素构成复合词后产生音变，并逐渐凝固成新词，通过词源分析才能看出其构词关系，这类词可以看作融合性复合词。比如：bu（这个）+jil（年）>bijil 今年，bu（这个）+ kyn（太阳、天）>byɡən 今天。

2. 颜色词语素+名词语素

颜色词语素+名词语素，可以构成修饰关系的复合名词。

qɑrɑ（黑色）ɑʁɑʃ（树）>qɑrɑ ɑʁɑʃ 榆树，qɑrɑ（黑色）borɑn（风暴）>qɑrɑ borɑn 狂风，qɑrɑ（黑色）suw（水）>qɑrɑ suw 沼泽地流出的水，qɑrɑ（黑色）tʃɛj（茶）>qɑrɑ tʃɛj 清茶，qɑrɑ（黑色）køz（眼睛）>qɑrɑ køz 黑眼睛，qɑrɑ（黑色）bulət（云）>qɑrɑ bulət 黑云，qɑrɑ（黑色）buruʃ（辣椒、胡椒）>qɑrɑ buruʃ 黑胡椒，ɑq（白色）køŋəl（心意）>ɑq køŋəl 善良，ɑq（白色）buruʃ（辣椒、胡椒）>ɑq buruʃ 白胡椒，ɑq（白色）sərkɛ（醋）>ɑq sərkɛ 白醋，qəzəl（红色）qonɑq（玉米）>qəzəl qonɑq 高粱，jɛʃil（绿色）burʧɑq（豆子）>jɛʃil burʧɑq 豌豆，sɑrə（黄色）burʧɑq（豆子）>sɑrə burʧɑq 黄豆，torə（棕色）tys（颜色）>torə tys 棕红色、枣骝马色。

3. 性质形容词语素+名词语素

性质形容词语素+名词语素，可以构成修饰关系的复合名词，也可以构成副词。

1）构成名词

ɑwər（重的）ɑjɑq（脚）>ɑwər ɑjɑq 怀孕、孕妇，tygɛrɛk（圆形）tɛliŋkɛ（盘子）>tygɛrɛk tɛliŋkɛ 圆盘，tygɛrɛk（圆形）tɑbɑq（盘子）>tygɛrɛk tɑbɑq 圆盘，uzun（长）ʧɛʃ（头发）>uzun ʧɛʃ 辫子，piʃik（成熟的）ɛdɛm（人）>piʃik ɛdɛm 资深人士、成熟的人。

2）构成副词

χɛr（每个）ʧɑq（时刻）>χɛr ʧɑq 总是、经常、一贯。

4. 关系形容词语素+名词语素

关系形容词语素+名词语素，可以构成修饰关系的复合名词。

iʃki（内部的）ɛʁzɑ（器官）>iʃki ɛʁzɑ 内脏，qɑttə（硬的、坚硬的、强烈的）jɑwən（雨）>qɑttə jɑwən 暴雨、强降水，rɛsəmlə（带画的、有图的）kitɑp（书）>rɛsəmlə kitɑp 连环画、画书，tɛmlə（甜的）bɛrɛngə（马铃薯、土豆）>tɛmlə bɛrɛngə 红薯，ijislə（有味的）jɛʃilʧɛ（青菜）>ijislə jɛʃilʧɛ 香菜、芫荽，bər（一）tyrlə（类别的）siwit（色）>bər tyrlə siwit 单色，ijislə（有味的）gəlip（蘑菇）>ijislə gəlip 香菇，ijislə（有味的）sɑŋʁərɑw（聋子）qulɑq（耳朵）>ijislə sɑŋʁərɑw qulɑq 香菇，ɑldəŋgə（前面的）jil（年）>ɑldəŋgə jil 前年，ɑldəŋgə（前面的）kyn（太阳、天）>ɑldəŋgə kyn 前天，ʧəʁərəq（出的）jol（道路、路）>ʧəʁərəq jol 胡同、巷子。

5. 关系形容词语素+动名词语素

关系形容词语素+动名词语素，可以构成修饰关系的复合名词。

juʁəmlə（传染的）ɑwərəw（病、病痛）>juʁəmlə ɑwərəw 传染病，bər（一）tyrlə（类别的）bojɑw（色）>bər tyrlə bojɑw 单色。

6. 经历形动词语素+名词语素

经历形动词语素+名词语素，可以构成修饰关系的复合名词。

tuwʁɑn（出生的）kyn（太阳、天）>tuwʁɑn kyn 生日，uzʁɑn（延长）jil（年）>uzʁɑn jil 往年，otərʁɑn（坐着的）qəz（姑娘）>otərʁɑn qəz 老姑娘、未婚女性引申义，quwərəlʁɑn（炒的）kismɛ（切面、面条）>quwərəlʁɑn kismɛ 爆炒面，qurturʁɑn（干的）yryk（杏子）>qurturʁɑn yryk 杏干，syzgɛn（捞的）+pilmɛn（馄饨）>syzgɛn pilmɛn 饺子，ijislɛngɛn（有味的）bɑləq（鱼）>ijislɛngɛn bɑləq 腥鱼，kiptərəlgɛn（被晾干的）yryk（杏子）>kiptərəlgɛn yryk 杏干，kiptərəlgɛn（被晾干的）jɛʃilʧɛ（青菜）>kiptərəlgɛn jɛʃilʧɛ 干菜。

7. 体词语素+经历形动词语素

体词语素+经历形动词语素，可以构成修饰关系的复合形容词。

ɑt（名字）qɑzɑnʁɑn（获得的）>ɑt qɑzɑnʁɑn 著名的，ɑrtəq（多余的）qɑlʁɑn（留下的）>ɑrtəq qɑlʁɑn 多余的，bɑləq（鱼）ijislɛngɛn（有味的）>bɑləq ijislɛngɛn 鱼腥味的。

8. 动名词语素+名词语素

动名词语素+名词语素，可以构成修饰关系的复合名词。

kilɛsə（来）jil（年）>kilɛsə jil 明年，byrəsə（调转）kyn（太阳、天）>byrəsə kyn 后天。

9. 数词语素+名词语素

数词语素+名词语素，可以构成修饰关系的复合名词，也可以构成副词。

1）构成名词

ikə（二）qɑbɑt（层）>ikə qɑbɑt 孕妇，iki（二）jɑq（方面）>iki jɑq 双方，dørt（四）puʃmɑq/puʧmɑq（角、拐角）>dørt puʃmɑq/puʧmɑq 方形、正方形，ikə（二）kiʃilək（人）tɑnsɑ（舞蹈）>ikə kiʃilək tɑnsɑ 交际舞，sigəz（八）puʃmɑq/puʧmɑq（角、拐角）buruʃ（辣椒、胡椒）>sigəz puʃmɑq/puʧmɑq buruʃ 八角调料，siksɛn（八十）ɑjɑq（脚）>siksɛn ɑjɑq 蜈蚣。

2）构成副词

bər（一、一个）øz-ə（自己-领属人称 3）>bər øzə 亲自。

（三）限定关系复合词

限定关系复合词指副词语素限定动词语素、状态副动词语素限定动词语素构成的复合词。

1. 副词语素+动词语素

tiz（快）ʤygər-（跑）>tiz ʤygər-奔驰、快速跑，ʤəltər-ʤəltər（快速）jyr-（走）>ʤəltər-ʤəltər jyr-快速走，jirɑq（远）tur-（站立）>jirɑq tur-远离，qɑrʃə（对面）tur-（站立）>qɑrʃə tur-反对，zor（大）kør-（看见）>zor kør-看重、重视，joʁɑrə（高）χisɑplɑ-（计算）>joʁɑrə χisɑplɑ-高看、重视。

2. 状态副动词语素+动词语素

ʤɑwɑ-p（回答）qɑjtɑr-（返回）>ʤɑwɑp qɑjtɑr-回应，køʧɛr-əp（转移）jɑz-（写）>køʧɛrəp jɑz-抄写，bɑqər-əp（吵闹）qəʃqər-（喊叫）>bɑqərəp qəʃqər-吵闹，bər（一、一个）bərlɛ-p（一起）qɑrɑ-（看）>bər bərlɛp qɑrɑ-挨个看。

（四）支配关系复合词

1. 直接支配关系

支配对象带宾格是直接支配关系，直接支配关系复合词中的动词语素一般为及物动词，支配对象和支配动词结合紧密、语义凝固化，多数情况下宾格省略或不带宾格，这是支配关系复合词与支配关系短语特别是临时短语的重要区别。

1）支配对象带宾格

øz-ən（自己-宾格）øltər-（杀死使动态）>øzən øltər-自杀，tuwʁɑn kyn-ən（生日-宾格）qutlɑ-（庆祝）>tuwʁɑn kynən qutlɑ-做寿、庆生。

2）支配对象不带宾格

（1）体词语素+及物动词语素 qəl-（做）

miχnɛt（劳动）qəl->miχnɛt qəl-劳动，sɛjɛχɑt（旅游）qəl->sɛjɛχɑt qəl-旅行，nɑmɑjiʃ（游行）qəl->nɑmɑjiʃ qəl-游行，qonɑq（客人）qəl->qonɑq qəl-招待、待客，syrɡyn（流亡者、流放者）qəl->syrɡyn qəl-流放，rɛt（拒绝）qəl->rɛt qəl-拒绝，tɛtqiqɑt（研究）qəl->tɛtqiqɑt qəl-研究，qɑrɑr（决定）qəl->qɑrɑr qəl-决定，bujrəq（命令）qəl->bujrəq qəl-命令，χɛjrɑn（惊奇）qəl->χɛjrɑn qəl-惊奇，diqqɛt（注意）qəl->diqqɛt qəl-注意，iχtijɑt（小心）qəl->iχtijɑt qəl-小心。

（2）体词语素+及物动词语素 it-（做）

及物动词 it-（做）为 i-动词的使动态形式。

turməʃ（生活）it->turməʃ it-生活，rɛt（拒绝）it->rɛt it-拒绝（在语流中，由于语流音变的影响，常读作 rɛdɛt-），tɛrʤimɛ（翻译）it->tɛrʤimɛ it-翻译，sɑbər（忍耐）it->sɑbər it-忍耐，qurmɛt/χurmɛt（尊敬）it->qurmɛt it-/χurmɛt it-招待。

（3）体词语素+及物动词语素 ɑl-（拿）

dem（呼吸）ɑl->demɑl-休息，qɑrʃə（对面）ɑl->qɑrʃə ɑl-欢迎，qol（手）ɑl->qol ɑl-逮捕，ʤoq（没有）ɑl->ʤoʁɑl-消失、消灭。

（4）体词语素+其他及物动词语素

ʧɛj（茶）dɛmlɛ-（沏、泡）>ʧɛj dɛmlɛ-沏茶、泡茶，ɑʃ（饭）piʃir-（熟使动态）>ɑʃ piʃir-做饭，dɑrəw（药）iʃ-（喝）>dɑrəw iʃ-吃药，yj（房子、家）sɑl-（盖、放置）>yj sɑl-盖房子，kyn（太阳、天）tutəlɑ-（抓）>kyn tutəlɑ-日食，ɑj（月亮、月）tutəlɑ-（抓）>ɑj tutəlɑ-月食，mɑʃinɑ（车）ɛjdɑ-（驾驶）>mɑʃinɑ ɛjdɑ-开车，bojən（脖子）sun-（伸）>bojən sun-遵

守，ʃɑχmɑt（棋）ojnɑ-（玩）>ʃɑχmɑt ojnɑ-下棋，køz（眼睛）bojɑ-（染色）>køz bojɑ-变魔术，kərpək/kərfək（眼睫毛）qɑq-（眨）>kərpək/kərfək qɑq-眨眼，tɑm（土墙）qopɑr-（堆砌）>tɑm qopɑr-垒土墙，istinɑ（墙）qopɑr-（堆砌）>istinɑ qopɑr-垒墙，qɑmər（发面团）ɛʧit-（开使动态）>qɑmər ɛʧit-发酵，pəs（唤猫声拟声词）pəslɑ-（唤猫）>pəs pəslɑ-唤猫，ʤoq（没有）ɑt-（扔、甩）>ʤoq ɑt-（消失、消灭），køŋəl（心、心情）bøl-（分、分开）>køŋəl bøl-关心，qol（手）ɑʧ-（开）>qol ɑʧ-张开，χəzmɛt（工作）iʃlɛ-（做、从事）>χəzmɛt iʃlɛ-工作，joʁɑrə（上面、高处）køtɛr-（升、抬、举使动态）>joʁɑrə køtɛr-升高，tyʃ（梦）kør-（看见）>tyʃ kør-做梦，køz（眼睛）jym-（闭）>køz jym-闭眼。

有些复合词因共时语流音变导致音节合并以及音节结构的变化。比如：ʤoq（没有）ɑl-（拿）>ʤoʁɑl-消失、消灭，因辅音 q 弱化为 ʁ，原来两个独立的单音节复合词变为 ʤo-ʁɑl-两个音节。

（5）动名词语素+及物动词

ɑwərəw（病、病痛）dɑwɑlɑ-（治疗）>ɑwərəw dɑwɑlɑ-治疗、治病，tɑbəʃmɑq（谜语）tɑp-（找、寻找）>tɑbəʃmɑq tɑp-猜谜语。

2. 间接支配关系

塔塔尔语的不及物动词与间接格（方向格、方位格、从格）结合，构成间接的支配关系。间接支配关系体现在句子中，就是不及物动词支配的间接格体词常作句子的间接宾语，体现在构词上则构成语素之间的间接支配关系。

1）支配方向格

（1）支配对象带方向格

ɑl-ʁɑ（前面）kit-（去）>ɑlʁɑ kit-超越，ɑl-ʁɑ（前面）bɑs-（踏、踩、压）>ɑlʁɑ bɑs-前进，jol-ʁɑ（道路、路）ʧəq-（出、离开）>jolʁɑ ʧəq-出发，tɛn-gɛ（身体）jɑrɑʃ-（合适）>tɛngɛ jɑrɑʃ-合身，tør-gɛ（上座）ʧəq-（出、上）>tørgɛ ʧəq-上座，tør-gɛ（上座）øt-（过、通过）>tørgɛ øt-上座，rɛt-kɛ（排、列）təz-（排列）>rɛtkɛ təz-排列，nijɛt-kɛ（心意）kil-（来）>nijɛtkɛ kil-敢于，ɑst-kɑ（下面）tyʃ-（落）>ɑstkɑ tyʃ-下去，oŋ-ʁɑ（右）sol-ʁɑ（左）burul-（被转、摆动、扭）>oŋʁɑ solʁɑ burul-左右摇摆。

（2）支配对象不带方向格或省略方向格

支配对象不带方向格或省略方向格，构词成分中的动词语素常为不及物动词。这种情况下，支配和被支配的两个语素凝合程度更高。

joʁɑrə（上面、高处）ʧəq-（出、上）>joʁɑrə ʧəq-上来、上去，ʁɛχmijɛt/ɛχmijɛt（重视）ber-/bir-（给）>ʁɛχmijɛt ber-/ɛχmijɛt bir-重视，

bujrəq（命令）ber-（给）>bujrəq ber-命令，ruχsɛt（许可）ber-（给）>ruχsɛt ber-允许。

2）支配方位格

ɑrt-tɑ（后面）qɑl-（留下）>ɑrttɑ qɑl-落后。

3）支配从格

mɛktɛp-tɛn（学校）qɑjt-（返回）>mɛktɛptɛn qɑjt-放学。

（五）陈述关系复合词

1. 体词语素+不及物动词语素

1）体词语素+不及物动词语素 bol-（成为、是）

bizɑr（讨厌）bol->bizɑr bol-厌恶、讨厌，ijɛ（拥有）bol->ijɛ bol-获得，χɛtərʤɑn（放心）bol->χɛtərʤɑn bol-放心，kɑdər（干部）bol->kɑdər bol-当干部，burəqtərəm（烦闷）bol->burəqtərəm bol-烦闷，mɑqul（同意）bol->mɑqul bol-赞同、同意，rizɑ（满意）bol->rizɑ bol-满意，ymitlə（有希望的）bol->ymitlə bol-希望，sɑbərlə（忍耐的）bol->sɑbərlə bol-忍耐。

2）体词语素+其他不及物动词语素

χɛjrɑn（惊吓、吃惊）qɑl-（留下）>χɛjrɑn qɑl-吃惊，kɑnsɛrt（音乐会）qoj-（放）>kɑnsɛrt qoj-演戏、开音乐会，qərəq（四十）+ə（领属人称3）tol-（满）>qərəʁə tol-满月，jol（路、道路）bɑʃlɑ-（开始）>jol bɑʃlɑ-带路，nɛfɛs（呼吸）toqtɑ-（停止）>nɛfɛs toqtɑ-咽气，tyʃ（梦）søjlɛ-（说）>tyʃ søjlɛ-说梦话，rɑχmɛt（谢谢）ɛjt-（说）>rɑχmɛt ɛjt-感谢，syt（奶）+ə（领属人称3）toqtɑ-（停止）>sytə toqtɑ-断奶，ʤɑwɑp（回答）ber-（给）>ʤɑwɑp ber-回答，dɛris（课程）øtil-（通过）>dɛris øtil-授课。

2. 动名词语素+不及物动词语素

jyz（脸、面）kørəʃ（看、观点）tur-（站立）>jyz kørəʃ tur-呈现，ɑtʃəw（生气）kil-（来）>ɑtʃəw kil-生气，ɑwərəw（病痛）jɑqʃəlɑn-（减轻、好转）>ɑwərəw jɑqʃəlɑn-病轻、治愈。

3. 体词语素+动名词语素

orən（位置）bɑs-（踩、踏、压）+ɑr（动名词词缀）>orən bɑsɑr 副手，kyn（太阳、天）ʧəq-（出）+əʃ（动名词词缀）>kyn ʧəʁəʃ 东、东方，kyn（太阳、天）bɑt-（降落）+əʃ（动名词词缀）>kyn bɑtəʃ 西、西方。

（六）助动关系复合词

助动关系复合词指由连贯副动词、状态助动词与助动词语素构成的复合词。

1. 连贯副动词语素+助动词语素

ɛjt-əp（说）ber-（给）>ɛjtəp ber-陈述，ɑjrəl-əp（离开）kit-（去）>ɑjrələp kit-离去，kər-əp（进）kit-（去）>kərəp kit-进去，ʧəq-əp（出）kit-（去）>ʧəʁəp kit-出去。

2. 状态副动词语素+助动词语素

søjlɛʃ-ɛ（说）ɑl-（拿）>søjlɛʃɛ ɑl-能说，qəl-ɑ（做）ɑl-（拿）>qəlɑ ɑl-能做。

（七）重叠关系复合词

重叠关系复合词即通常所指的重叠词，从语义功能看，不同类型的重叠形式有两种功能：既可以作为构词手段构成新词；也可以作为语法形式，分别表示泛指、强调、状态等语法意义。从形式特点看，重叠关系复合词包括两个语素的完全重叠式、变音重叠式和插入重叠式三类。

1. 完全重叠式

1）状态副动词语素重叠

kørɛ-kørɛ 看着看着，iʧɛ-iʧɛ 喝着喝着，yjrɛnɛ-yjrɛnɛ 学着学着，jyrɛ-jyrɛ 走着走着，kilɛ-kilɛ 来着来着、逐渐地、不停地，ʧəʁɑ-ʧəʁɑ 经常外出，qɑjtɑ-qɑjtɑ 反复地，iʃlij-iʃlij 做着做着，ʤəlij-ʤəlij 哭着哭着。上述重叠形式中，有些表示动作的持续状态，可以看作语法意义；有些兼具构词和构形作用，如 kilɛ-kilɛ 来着来着、逐渐地、不停地。

2）连贯副动词语素重叠

ɑzlɑp-ɑzlɑp 一点点地、少许地。

3）副词语素重叠

bik-bik 非常，niʧɛ-niʧɛ 好几个，bərdɛm-bərdɛm 时常、经常，bərdɛn-bərdɛn 逐一、挨个地，ɛkrən-ɛkrən/ɛkrin-ɛkrin 逐渐地、慢慢地，qɑj-qɑj 任何，kyndɛ-kyndɛ 日复一日地，ɑstɑ-ɑstɑ 逐渐地。

4）名词或量词语素重叠

miʃqɑp-miʃqɑp 成袋成袋的，jol-jol 一条条、一道道，rɛt-rɛt 一排排，qɑwrəj-qɑwrəj/qɑwrij-qɑwrij 一根根，uwɑq-uwɑq 一小块儿、一块块，qɑt-qɑt 一层层，qorɑ-qorɑ 家家户户。

为了表达进一步强调的意义，有些重叠形式可以在重叠语素后缀接复数词尾。比如：ɑwul-ɑwullɑr 每个牧村、每个农庄。

5）形容词语素重叠

sɑp-sɑp 纯纯的，ylkɛn-ylkɛn 大大的，kiʃkɛnɛ-kiʃkɛnɛ 小小的，jɑltərɑq-jɑltərɑq 亮光光的，tyrlə-tyrlə 各种各样的，mɑtur-mɑtur 漂漂亮亮的，jɑrij-jɑrij 合适的、恰到好处地。

6）拟声摹状词语素重叠

gulgur-gulgur 轰隆轰隆，ʃippər-ʃippər 踢踢踏踏（踢踏舞），bərəm-bərəm 扑棱扑棱，ʃətər-ʃətər 噼噼啪啪、咔嚓咔嚓，piʧər-piʧər 细语声，χɑwχɑw-χɑwχɑw 汪汪狗叫声。

2. 变音重叠式

变音重叠式包括前变式、后变式和内变式三种形式。

1）前变式重叠

前变式重叠指词根语素居后、谐音成分居前的变音重叠形式。这种重叠形式多由性质形容词语素构成，极个别派生形容词语素、名词语素也可以构成这种重叠形式。前变式变音重叠的构成特点是在变音部分改变原语素首音节的语音，它是一种不完全的重叠形式。根据原语素起首音的特点（以元音还是辅音起首），可以将前变式变音重叠分为以下两类。

（1）以元音起首的变音重叠

原构词语素以元音起首，在变音重叠部分首音节的元音之后增加辅音 p，即以“元音+p”形式作为谐音部分。比如：ɑp-ɑq 白白的，up-uzun 经常的，op-oŋɑj 极容易的，ɛp-ɛʧʧi/ɛp-ɛʧi 极苦的、极辣的。

（2）以辅音起首的变音重叠

原构词语素以辅音起首，首音节或首音节元音后增加辅音 p 或 m，即以“辅音+元音+p/m”形式作为谐音部分，有时谐音部分的 p 为 f 音。比如：tup-turɑ 直直的，typ-tyz 直直的，tip-tigəz 平平的，tɑp-tɑzɑ 干干净净的，jup-juqɑ 薄薄的，jop-joʁɑrə 高高的，tøp-tøbɛn 低低的，qəp-qəzəl 红红的，qɑp-qɑrɑ 黑黑的，sɑp-sɑrə 黄黄的，køp-køk 蓝蓝的，zɛp-zɛngɛr 蓝蓝的，bip-biʃni 紫紫的，jɛm-jɛʃil 绿绿的、青青的，sɑf-sɑtɑ 谬论的、错误的。

2）后变式重叠

依据重叠成分原构词语素第一音节的特点，后变式重叠的变音部分可分为元音起首和辅音起首两类变音形式。

（1）以元音起首的变音重叠

变音重叠的原语素以元音起首，后变式重叠变音部分的起首一般要增加辅音。比如：ystɛl-mystɛl 桌子类家具，orəndəq-morəndəq 椅子类家具，əlɑq-məlɑq 山羊羔类家畜，ɑrɑq-pɑrɑq 白酒类饮品，iskə-tyskə 破破烂烂的、破旧不堪的。

（2）以辅音起首的变音重叠

以辅音起首的变音重叠，主要是将变音重叠部分的首辅音按谐音需要变为另一个辅音，少数变音形式是将变音重叠部分的末辅音按谐音需要变为另一个辅音，有些变音形式是在后一个语素之后增加音节。

首辅音变化：ʧɛj-pɛj 茶类饮品，nɑn-pɑn 馕类食品，mijwɛ-ʧijwɛ 瓜果类水果，kitɛp-mitɛp 书籍类读物，sijər-mijər 牛类家畜，ʤəlqə-məlqə 马类家畜。

末辅音变化：ʤim-ʤit 安安静静。

后一个语素之后增加音节：tøbɛn-tøbɛnɛk 矮矮的、低矮的。

为了表达进一步强调的意义，有些后变式重叠形式可以在重叠语素之后缀接复数词尾。比如：ystɛl-mystɛllɛr 桌子类家具，orəndəq-morəndəqlɑr 椅子类家具。

3）内变式重叠

内变式重叠指两个重叠语素中的一个语素内部发生了语音变化。

（1）拟声摹状词变音重叠

ʃɑw-ʃuw 喧哗，tɑrɑs-turus 噼啪、噼里啪啦，jɑlt-jult 一闪一闪地、闪动状。

（2）连贯副动词变音重叠

tərəʃəp（努力）+tərmɑʃəp（变音形式）>tərəʃəp-tərmɑʃəp 全力。

3. 插入重叠式

重叠语素之间插入强调语气词语素，可以构成与重叠语素义相关的新词，表示强调。比如：χɛjrɑn dɑ χɛjrɑn 惊奇地，yj mɛ yj 家家户户，bər dɛ bər 仅一个。

三、短语结构词汇化

在长期使用过程中，塔塔尔语的一些短语结构逐渐凝固化，具有词汇化趋势。一些结构处在固定短语和词的中间状态，即在一定语境中可以是词，也可以看作短语结构。塔塔尔语短语结构词汇化主要有 8 大类 33 小类，见表 3。

表 3 短语结构词汇化

一、带格词尾短语的词汇化	**五、带副动词词尾短语的词汇化**
(1) 体词词干+从格//体词词干+方向格	(17) 体词//体词词干+动词词缀+连贯副动词词尾
(2) 体词词干+从格//体词词干+从格	(18) 动词词干+连贯副动词词尾//动词词干+状态副动词词尾
(3) 体词词干+从格//体词	(19) 体词//动词词干+否定式+状态副动词词尾
(4) 体词//体词词干+从格	(20) 状态副动词重叠式//动词词干+状态副动词词尾
(5) 体词词干+从格//体词词干+领属人称 3	**六、领属结构短语的词汇化**
(6) 体词//体词词干+领属人称 3+方向格	(21) 领属结构+ʧɛ
二、带领属词尾短语的词汇化	**七、后置结构的词汇化**
(7) 体词词干+领属人称 3	(22) 体词+后置词
(8) 体词词干+领属人称 3//体词	(23) 形动词+后置词
(9) 体词//体词词干+领属人称 3	(24) 体词词干+方向格//后置词
(10) 体词+体词//体词词干+领属人称 3	(25) 体词词干+从格//后置词
(11) 体词//体词词干+领属人称 3//体词	(26) 体词词干+领格//后置词
(12) 体词//体词词干+复数+领属人称 3	(27) 体词+体词//后置词
(13) 体词+动名词//体词+体词词干+领属人称 3	**八、体词短语的词汇化**
三、带复数词尾短语的词汇化	(28) 形容词+名词
(14) 体词//体词词干+复数	(29) 形容词/副词+否定副词
(15) 体词词干+复数//体词词干+复数	(30) 形容词/副词+限定副词
四、带动词过去时词尾短语的词汇化	(31) 形容词/副词词干+比较级//体词
(16) 动词词干+单纯过去时	(32) 体词语素重叠+体词
	(33) 体词语素重叠//体词词干+间接格词尾

（一）带格词尾短语的词汇化

带格词尾的体词短语凝固化后，可以构成与词干义相关的新词。

1. 体词词干+从格//体词词干+方向格

nɛsəl（后代）+dɑn（从格）nɛsəl（后代）+gɛ（方向格）>nɛsəldɑn nɛsəlgɛ 世代、世世代代，jəl（年）+dɑn（从格）jəl（年）+ʁɑ（方向格）>jəldɑn jəlʁɑ 年复一年，kyn（太阳、天）+dɛn（从格）kyn（太阳、天）+gɛ（方向格）>kyndɛn kyngɛ 一天天、日复一日。

2. 体词词干+从格//体词词干+从格

bər（一、一个）+dɛn（从格）bər（一、一个）+dɛn（从格）>bərdɛn bərdɛn 逐一、挨个地。

3. 体词词干+从格//体词

bər（一、一个）+dɛn/dɑn（从格）bər（一、一个）>bərdɛn/bərdɑn bər 唯一的，køp（多）+tɛn（从格）køp（多）>køptɛn køp 多多地、更多地。

4. 体词//体词词干+从格

bər（一、一个）bər（一、一个）+dɛn（从格）>bər bərdɛn 逐一、挨个地，ikə（二）ikə（二）+dɛn（从格）>ikə ikədɛn 两个两个地、成双地、成对地。

5. 体词词干+从格//体词词干+领属人称 3

bər（一、一个）+dɛn（从格）bər（一、一个）+ə（领属人称 3）>bərdɛn bərə 一个比一个。

6. 体词//体词词干+领属人称 3+方向格

bər（一、一个）bər（一、一个）+ə（领属人称 3）+nɛ>bər bərənɛ 相互。

（二）带领属词尾短语的词汇化

带领属词尾的体词短语凝固化后，可以构成与词干义相关的新词。

7. 体词词干+领属人称 3

quwərmɑn（炒、爆炒）qɑzɑn（锅）+ə（领属人称 3）>quwərmɑn qɑzɑnə 炒锅，qɑzɑn（锅）qɑpqɑq（盖子）+ə（领属人称 3）>qɑzɑn qɑpqɑʁə 锅盖，tɑqəjɑ（小花帽）gyl（花）+ə（领属人称 3）>tɑqəjɑ gylə 帽花、花帽上绣的花，itək（鞋子、靴子）tɑbɑn（底）+ə（领属人称 3）>itək tɑbɑnə 鞋底，kɛnki（冰刀）bɑtinkɑ（皮鞋）+sə（领属人称 3）>kɛnki bɛtiŋkɛsə 滑冰鞋。

8. 体词词干+领属人称 3//体词

soŋ（末尾）+ə（领属人称 3）jil（年）>soŋə jil 后年。

9. 体词//体词词干+领属人称 3

（1）体词//辅音结尾的体词词干+ə

ʃikɛr（糖）qɑməʃ（芦苇）+ə（领属人称 3）>ʃikɛr qɑməʃə 甘蔗，sɑmɑn（麦草）jol（道路、路）+ə（领属人称 3）>sɑmɑn jolə 银河，ʃɛfɛk（霞）nur（光）+ə（领属人称 3）>ʃɛfɛk nurə 霞光，kyn（太阳、天）nur（光）+ə（领属人称 3）>kyn nurə 阳光，ɑj（月亮、月）nur（光）+ə（领属人称 3）>ɑj nurə 月光，quʃ（鸟）ɑjɑq（脚）+ə（领属人称 3）>quʃ ɑjɑʁə 爪子，dygə（大米）ylɛn（草）+ə（领属人称 3）>dygə ylɛnə 稻子，dygə（大米）sɑmɑn（麦草）+ə（领属人称 3）>dygə sɑmɑnə 稻草，jil（年）bɑʃ（头）+ə（领属人称 3）>jil bɑʃə 年初，jil（年）ɑqər（末尾）+ə（领属人称 3）>jil ɑqərə 年底，jil（年）soŋ（末尾）+ə（领属人称 3）>jil soŋə 年底，jil（年）kɑlindɑr（日历）+ə（领属人称 3）>jil kɑlindɑrə 历书、年历，qətɑj（中国、汉族）jəl（年）+ə（领属人称 3）>qətɑj jələ 阴历，ɑʁɑʧ（树）bɑʃ（头）+ə（领属人称 3）>ɑʁɑʧ bɑʃə 树梢，øz（自己）øz（自己）+ə（领属人称 3）>øz øzə 自我，ɑʃ（饭）suw（水）+ə（领属人称 3）>ɑʃ suwə 饭食，jɑz（夏天）bɑʃ（头、首）+ə（领属人称 3）>jɑz bɑʃə 春末夏初，bɑr（有）joq（没有）+ə（领属人称 3）>bɑr joʁə 总共、全部。

（2）体词//元音结尾的体词词干+sə

qətɑj（中国）sərkɛ（醋）+sə（领属人称 3）>qətɑj sərkɛsə 陈醋，qətɑj（中国）kɛbustɛ（白菜）+sə（领属人称 3）>qətuj kɛbustɛsə 大白菜，nirufer（荷花）bɛrɛngə（马铃薯、土豆）+sə（领属人称 3）>nirufer bɛrɛngəsə 藕。

（3）动名词//体词词干+领属人称 3

oqəw/oquʁəw（读书，学习动名词）tɑriχ（历史）+ə（领属人称 3）>oqəw/oquʁəw tɑriχə 学历。

10. 体词+体词//体词词干+领属人称 3

qəzəl（红色）buruʃ（辣椒）tɑlqɑn（粉末）+ə（领属人称 3）>qəzəl buruʃ tɑlqɑnə（辣椒粉），ɑq（白色）qɑn（血液）ɑwərəw（病）+ə（领属人称 3）>ɑq qɑn ɑwərəwə 白血病，terə（汗）ɑq（白色）ɑwərəw（病）+ə（领属人称 3）>terə ɑq ɑwərəwə 白癜风，qəʃ（冬天）jɑz（夏天）bɑʃ（头、首）+ə（领属人称 3）>qəʃ jɑz bɑʃə 冬末春初。

11. 体词//体词词干+领属人称 3//体词

jɑz（夏天）bɑʃ（头、首）+ə（领属人称 3）jɑz（夏天）>jɑz bɑʃə jɑz 春夏春末夏初。

12. 体词//体词词干+复数+领属人称 3

ʧɛj（茶）ɑʃ（饭）+lɑr（复数）+ə（领属人称 3）>ʧɛj ɑʃlɑrə 茶饭。

13. 体词+动名词//体词+体词词干+领属人称 3

kyn（太阳、天）bɑtəʃ（落）kyn（太阳、天）jɑq（方面）+ə（领属人称 3）>kyn bɑtəʃ-kyn jɑʁə 西南，kyn（太阳、天）ʧəqəʃ（出）kyn（太阳、天）jɑq（方面）+ə（领属人称 3）>kyn ʧəʁəʃ-kyn jɑʁə 东南，kyn（太阳、天）bɑtəʃ（落）tyn（夜晚）jɑq（方面）+ə（领属人称 3）>kyn bɑtəʃ-tyn jɑʁə 西北，kyn（太阳、天）ʧəqəʃ（出）tyn（夜晚）jɑq（方面）+ə（领属人称 3）>kyn ʧəʁəʃ-tyn jɑʁə 东北。

（三）带复数词尾短语的词汇化

带复数词尾的短语凝固化后，可以构成与词干义相关的新词。

14. 体词//体词词干+复数

dos（朋友）iʃ（工作、事情）+lɛr（复数）>dos-iʃlɛr 朋友，tɑʁən（另有、还有）bɑʃqɑ（其他）+lɑr（复数）>tɑʁən bɑʃqɑlɑr（等等、之类），ərə（大的）tɛmlɛtkiʃ（调料）+lɛr（复数）>ərə tɛmlɛtkiʃlɛr 大料。

15. 体词词干+复数//体词词干+复数

kyn（太阳、天）+lɛr（复数）ɑj（月）+lɛr（复数）>kynlɛr-ɑjlɛr 日月时间词。

（四）带动词过去时词尾短语的词汇化

带单纯过去时的动词短语凝固化后，可以构成与词干义相关的新词。

16. 动词词干+单纯过去时

ɑz（少）qɑl-（留下、剩下）+də（单纯过去时）>ɑz qɑldə 差一点儿，bɑr-（去）+də（单纯过去时）kil-（来）+də（单纯过去时）>bɑrdə-kildə 来往、往来，ɑl-（拿）+də（单纯过去时）ber-（给）+də（单纯过去时）>ɑldə-berdə 交往、交易、买卖。

（五）带副动词词尾短语的词汇化

带副动词词尾的短语凝固化后，可以构成与词干义相关的新词。

17. 体词//体词词干+动词词缀+连贯副动词词尾

bər（一、一个）bər（一、一个）+lɛ（动词词缀）+p（连贯副动词）>bər bərlɛp 挨个、一次次、一遍遍。

18. 动词词干+连贯副动词词尾//动词词干+状态副动词词尾

bol-（成为、是）+əp（连贯副动词）qal-（留下、剩下）+a（状态副动词）>boləp qala 差不多。

19. 体词//动词词干+否定式+状态副动词词尾

antʃɛ（稍微）oχʃa-（好像）+ma（否定形式）+j（状态副动词）>antʃɛ oχʃamij 不太一样。

20. 状态副动词重叠式//动词词干+状态副动词词尾

øltʃij-øltʃij kis-（切）+ɛ（状态副动词）>øltʃij-øltʃij kisɛ 一片片切。

（六）领属结构短语的词汇化

21. 领属结构+tʃɛ

“领属结构+tʃɛ”形式的短语凝固化后，可以构成与领属结构义相关的副词。比如：imkan-nəŋ（可能-领格）bar-ə-n（全部-领属人称3-增音）+tʃɛ>imkamnəŋ barəntʃɛ 尽量地，iʃit-iw-əm（听-动名词词缀-单数领属人称1）+tʃɛ>iʃitiwəmtʃɛ 听说、据说，øz（自己）-ə-n（自己-领属单数人称3-增音）+tʃɛ>øzəntʃɛ 依他看，min-əm（我-领格）+tʃɛ>minəmtʃɛ 依我看。

（七）后置结构的词汇化

因结合紧密，一些后置结构逐渐发展成固定词语，这是塔塔尔语新词构成的一个途径。

22. 体词+后置词

kyn（太阳、天）bojə（沿着）>kyn bojə 整天，kyn（太阳、天）sajən（沿着）>kyn sajən 每天，jəl（年）sajən（沿着）>jəl sajən 每年，jol（道路、路）sajən（沿着）>jol sajən 沿途，jol（道路、路）bojəntʃa（沿着、按着）>jol bojəntʃa 沿途，irtɛ（早晨）bilɛn（一起）>irtɛ bilɛn 早晨，aldə（前面）bilɛn（一起）>aldə bilɛn 首先，ʃol（这个）ytʃyn（由于、因为）>ʃol ytʃyn 因此，所以。

23. 形动词+后置词

barʁan（去过的）sajən（沿着）>barʁan sajən 逐渐、越来越。

24. 体词词干+方向格//后置词

bigyn（今天）+gɛ（方向格）χɛtlə（截至、到……为止）>bigyngɛ χɛtlə 至今。

25. 体词词干+从格//后置词

ʃo（这个）+nan（从格）soŋ（之后）>ʃonan soŋ 此后、后来，mu（这

个）+nɑn（从格）soŋ（之后）>məŋnɑn soŋ 此后、后来，yjlɛ（中午）+dɛn（从格）ələk（之前）>yjlɛdɛn ələk 上午，yjlɛ（中午）+dɛn（从格）soŋ（之后）>yjlɛdɛn soŋ 下午，bu（这个）+dɑn（从格）soŋ（之后）>budɑn soŋ 以后，bu（这个）+dɑn（从格）kɛjin/kejin（之后）>budɑn kɛjin/kejin 以后，bu（这个）+dɑn（从格）ələk（之前）>budɑn ələk 以前，ikə kyn（两天）+dɛn（从格）soŋ（之后）>ikə kyndɛn soŋ 大后天，bɑʃ（头）+tɑn（从格）ɑχər（末尾）>bɑʃtɑn ɑχər 始终。

远指代词ɑn（那个、它、他）有 ɛn 和 ɑ 变体，缀接不同的从格变体，与后置词结合，可以构成同义异构的连词。表达同一语义的远指代词、不同的从格变体和不同的后置词，体现了维吾尔语、哈萨克语对塔塔尔语的影响。比如：ɑn（那个、它、他）+nɑn（从格）kejin/kɛjin（之后）>ɑnnɑn kejin/kɛjin 此外、此后，ɑ（那个、它、他）+nen（从格）kejin/kɛjin（之后）>ɑnen kejin/kɛjin 此外、此后，ɛn（那个、它、他）+din（从格）kejin/kɛjin（之后）>ɛndin kejin/kɛjin 此外、另外，ɑn（那个、它、他）+nɑn（从格）soŋ（之后）>ɑnnɑn soŋ 此外、另外，ɑn（那个、它、他）+dɑn（从格）bɑʃqɑ（其他）>ɑndɑn bɑʃqɑ 此外、另外，ɑn（那个、它、他）+ə（领属人称 3）+n（增音）+dən（从格）kejin/kɛjin（之后）>ɑnəndən kejin/kɛjin 此外、另外。

26. 体词词干+领格//后置词

ʃo（这个）+nəŋ（领格）bəlɛn（一起）>ʃonəŋ bəlɛn 与此同时、同时。

27. 体词+体词//后置词

ikə（二、两）kyn（天）ələk（之前）>ikə kyn ələk 大前天。

（八）体词短语的词汇化

体词与体词结合凝固化后，可以构成与词干义相关的新词。

28. 形容词+名词

nindij（怎么、怎样）χɛl（情况、状况）>nindij χɛl 怎么回事，nindij（怎么、怎样）ɛjbər（东西、事物）>nindij ɛjbər 怎么回事。

29. 形容词/副词+否定副词

mumkin（可能）imɛs（不是、没有）>mumkin imɛs 不可能，mumkin（可能）tygəl（不是、没有）>mumkin tygəl 不可能，køp（多）imɛs（不是、没有）>køp imɛs 不多，ɑz（少）imɛs（不是，没有）>ɑz imɛs 不少。

30. 形容词/副词+限定副词

ɑz/ɛz（少）gənɛ（仅仅）>ɛz gənɛ 稍微，ɑz（少）ɑz（少）ʁənɛ（仅仅）>ɑz ɑz ʁənɛ 很少，tiz（快）gənɛ（仅仅）>tiz gənɛ 瞬间。

31. 形容词/副词词干+比较级//体词

bik（非常、特别）+ərɛk（比较级）ɛjbɛt（好）>bigərɛk ɛjbɛt 相当好。

32. 体词语素重叠+体词

qɑj-qɑj（何处）ʤer（地方）>qɑj-qɑj ʤer 任何地方、各地。

33. 体词语素重叠//体词词干+间接格词尾

qɑj-qɑj（何处）ʤer（地方）+gɛ（方向格）>qɑj-qɑj ʤergɛ 向何处，qɑj-qɑj（何处）ʤer（地方）+dɛ（方位格）>qɑj-qɑj ʤerdɛ 在何处，qɑj-qɑj（何处）ʤer（地方）+dɛn（从格）>qɑj-qɑj ʤerdɛn 从各地。有时为了强调，也可以在体词词干后缀接复数词尾。比如：qɑj-qɑj（何处）ʤer（地方）+lɛr（复数）+dɛn（从格）>qɑj-qɑj ʤerlɛrdɛn 从各地。

四、构词和造词特点

（一）新词构成的共时结构特点

从语言共时结构关系看，相同或不同词干与相同或不同词缀结合，可以构成新词。这种派生构词法主要有两个特点：一是相同词干可以缀接不同词缀构成同义、近义词或不同意义的新词，即同干异缀词；二是不同词干可以缀接相同词缀构成同义、近义词或不同意义的新词，即异干同缀词。

1. 同干异缀新词

miχnɛt（劳动）+ʧi（名词词缀）>miχnɛtʧi 劳动者、工作者，miχnɛt（劳动）+kɛʃ（名词词缀）>miχnɛtkɛʃ 劳动者、工作者；

kim/kem（缺、缺少）+lɛ-（动词词缀）>kimlɛ-缺少、缺乏，kim/kem（缺、缺少）+ʧəl（形容词词缀）>kimʧəl/kemʧil 不完善的、欠缺的、不足的，kim/kem（缺、缺少）+ʧilik（名词词缀）>kemʧilik 缺点，kim/kem（缺、缺少）+tɛr（名词词缀）>kimtɛr 谦虚；

øt-（通过、越过）+kɛʃ（名词词缀）>øtkɛʃ 通过、越过，øt-（通过、越过）+miʃ（动名词词缀）>øtmiʃ 通过、越过，øt-（通过、越过）+kyr（形容词词缀）>øtkyr 尖、锐利的；

jɛt-（达到）+ɛk（名词词缀）>jɛtɛk 到达，jɛt-（达到）+ɛk（名词词缀）+ʧə（名词词缀）>jɛtɛkʧə 指导者、引领者，jɛt-（达到）+ɛk（名词词缀）+ʧələq（名词词缀）>jɛtɛkʧələq 指导、引导；

kyl-（笑）+kə（名词词缀）>kylkə 可笑、嘲笑，kylkə（可笑、嘲笑）+ lə

（形容词词缀）>kylkələ 可笑的；

syj-/søj-（爱）+ək（名词词缀）>syjək 疼爱，syjək（疼爱）+əm（名词词缀）>syjkəm 疼爱、喜爱，syjək（疼爱）+əm（名词词缀）+lə（形容词词缀）>syjkəmlə 可爱的、疼爱的，syj-（爱）+əm（名词词缀）>syjəm/søjym 疼爱，syjəm（疼爱）+lik（形容词词缀）>syjəmlik/søjymlik 亲爱的、疼爱的，syj-（爱）+in（名词词缀）>syjin 喜爱，syjin（喜爱）+ʧi（名词词缀）>syjinʧi 喜钱。

qɑp（袋子、套子、盒子）+ʧəq（名词词缀）>qɑpʧəq 小袋子、包儿，qɑp（袋子、套子、盒子）+lɑ-（动词词缀）>qɑplɑ-盖上、罩上、套上；

jol（路、道路）+ɑ-（动词词缀）>jolɑ-走近、临近、接近，jolɑ-（走近、临近、接近）+w（动名词词缀）+ʧə（名词词缀）>jolɑwʧə 旅客；

øŋ（脸色）+səz（形容词词缀）>øŋsəz 无颜的、丢人的，øŋ（脸色）+səz（形容词词缀）+lɛ-（动词词缀）+n-（被动态）>øŋsəzlɛn-脸色发青；

boj（身体）+ən（名词词缀）>bojən/mojən 脖子、颈，bojən（脖子、颈）+ʧɑ（名词词缀）>bojənʧɑ 按照后置词；

ɑjər-（分离）+mɑ（名词词缀）>ɑjərmɑ 差别、差异，ɑjərmɑ（差别、差异）+lə（形容词词缀）>ɑjərmɑlə 有差别的，ɑjərmɑ（差别、差异）+səz（形容词词缀）>ɑjərmɑsəz 无差别的。

2. 异干同缀新词

χəzmɛt（劳动、工作）+ʧə（名词词缀）>χəzmɛtʧə 劳动者、工作者，miχnɛt（劳动）+ʧi（名词词缀）>miχnɛtʧi 劳动者、工作者；

kiʧ-（离去、离开）+miʃ（动名词词缀）>kiʧmiʃ 过往，øt-（通过、越过）+miʃ（动名词词缀）kiʧ-（离去、离开）+miʃ（动名词词缀）>øtmiʃ-kiʧmiʃ 过往。

（二）"构形词尾+构形词尾"结构的词汇化

按照突厥语族语言共时结构关系，体词词干缀接附加成分的总体特点是体词词干之后可以分别缀接构词词缀和构形词尾，构形词尾总是居后。构形词尾要么缀接在体词词干之后，要么缀接在"体词词干+构词词缀"之后。具体而言，体词词干缀接附加成分的语序有三种情况：一是"体词词干+构词词缀"构成新词作句子成分；二是"体词词干+构形词尾"表示该体词与其他句子成分的语法关系；三是"体词词干+构词词缀+构形词尾"表示该体词与其他句子成分的语法关系。从共时和历时结合的角度看，在历史发展过程中，有些缀接在词干之后的构形词尾逐渐词缀化，导致"体词词干+构形词尾"的构成模式变为“体词词干+构词词缀”的模式，即原来的语法变化变成了构词变化，因此，这种结构之后仍然可以缀接新的构词和构形词尾。

1. “领属词尾+领属词尾”结构的词汇化

突厥语族语言领属结构的语序是“体词词干+领格词尾（领有者）//体词词干+领属词尾（领属者）”，但在语用中会出现“体词词干+领属词尾+领属词尾”的结构，这种结构是语法变化形式词缀化的结果。比如：

biz-nəŋ tatar təl-ə-məz bik saf bulmadə.（我们的塔塔尔语已经不很纯了。）句中 biznəŋ tatar tələməz 我们的塔塔尔语<biz（我们）+nəŋ（领格）tatar（塔塔尔）təl（语言）+ə（领属人称 3）+məz（复数领属人称 1），此结构包括两个层次的领属关系。第一层：biznəŋ təl-əməz（我们的语言复数领属人称 1）；第二层：tatar təl-ə（塔塔尔语领属人称 3）。第二层领属关系词汇化后，可以在领属者词干之后再次缀接领属人称。从共时结构看，第一层领属关系中 biz-nəŋ（我们的领有者）təl-ə-məz（我们的语言领属者）的领属者连续缀接两个领属词尾，似乎与突厥语族语言词干之后缀接构词或构形附加成分的语序不合；但从历时发展看，它是第二层领属结构词汇化后，再缀接构形词尾即复数领属人称 1 的结构。

tatar təl-ə-bəz bik tɛ saf buləp bytən dynijaʁa taralap dip ojlim.（我想我们的塔塔尔语会以非常纯的形式传播到世界各地。）句中 tatar tələbəz 我们的塔塔尔语<tatar（塔塔尔）təl（语言）+ə（领属人称 3）+bəz（复数领属人称 1），此结构包括两个层次的领属关系。第一层：tatar təl-ə（塔塔尔语领属人称 3）；第二层：表领属关系的领有者 biz-nəŋ（我们领格）未出现，领属词尾为-bəz（复数领属人称 1）。此例的结构形式及其共时和历时关系同上例。

2. “领属人称词尾+谓语性人称词尾”结构的词汇化

突厥语族语言谓语性人称结构的语序是“体词词干+谓语性人称词尾”，但在语用中会出现“体词词干+领属人称词尾+谓语性人称词尾”的结构，这种结构是语法变化形式词缀化的结果。比如：

χɛzər min bər orta mɛktɛp oqəwʧəsə-mən.（我现在是一名高中生。）句中体词性谓语 orta mɛktɛp oqəwʧəsəmən 我是高中生<orta（中间、中等）mɛktɛp（学校）oqəwʧə（学生）+sə（领属人称 3）+mən（单数谓语性人称 1）。从共时结构的词干缀接构词和构形成分的顺序看，体词谓语中的“体词词干+谓语性人称词尾”之前一般不可再缀接其他构形成分；从历时关系看，orta mɛktɛp oqəwʧə-sə（中学生领属人称 3）是第一层结构关系，即领属结构，该结构词汇化后，其后缀接单数谓语性人称 1，符合共时结构附加成分的形态语素顺序。

iski təllɛrnə købrɛk saqlaʃ bilɛn təl-ə-bəz.（我们的语言保存了较多的古

代语言。）句中体词性谓语 təl–ə–bəz 我们的语言<təl（语言）+ə（领属人称 3）+bəz（复数领属人称 1），其结构形式以及共时和历时关系同上例。

（三）新词构成的语义关系

从语义关系看，依据理据义、假借义、比拟或比喻手段创造新词，是塔塔尔语造词的重要途径。在这类新造的词语中，有些是广义的借词即仿译词。

1. 根据理据义造词

这种创造新词的方式，主要依据理性意义、通过仿译其他语言的途径造词。比如：yjlɛn–（结婚、成家）+mɛs（形动词否定式）χɑtən（妇女）>yjlɛnmɛs χɑtən 尼姑，yjlɛn–（结婚、成家）+mɛs（形动词否定式）irkɛk（男人）>yjlɛnmɛs irkɛk 道士，siksɛn（八十）ɑjɑq（腿、脚）>siksɛn ɑjɑq 蜈蚣，sigəz（八、八个）puʃmɑq（角、角落）buruʃ（辣椒、胡椒）>sigəz puʃmɑq buruʃ 八角作料，oʧɑq（灶台、火炉）pɑriʃtɛ–sə（仙女、天使–领属人称 3）>oʧɑq pɑriʃtɛsə 灶神，qətɑj（中国、汉族）sərkɛ–sə（醋–领属人称 3）>qətɑj sərkɛsə 陈醋。

2. 采用假借手段造词

这种造词方式主要依据词语的假借义创造新词。比如：kymyʃ（银、银色）yryk（杏子）>kymyʃ yryk 银杏，qəzəl（红色）buruʃ（辣椒、胡椒）tɑlqɑn–ə（粉末–领属人称 3）>qəzəl buruʃ tɑlqɑnə 辣椒粉、胡椒粉，ɑq（白色）buruʃ（辣椒、胡椒）>ɑq buruʃ 白胡椒，qɑrɑ（黑色）buruʃ（辣椒、胡椒）>qɑrɑ buruʃ 黑胡椒，ɑq（白色）sərkɛ（醋）>ɑq sərkɛ 白醋。

3. 采用比拟或比喻手段造词

这种造词方式指通过比拟或比喻的手段，在原有词的基础上引申出新的词义。比如：

ir（男性、雄性）ɑt（马）>irɑt 男人。用骏马比作男人是突厥语族语言的共性特征，比如塔塔尔语谚语：qɑz qɑnɑtə qɑt bolɑ，ir qɑnɑtə ɑt bolɑ.（羽毛是天鹅的翅膀，骏马是男人的翅膀）。

ɑrʃin 为多义词，原意指“肘部到指尖的部分”，词义扩大后用于类比丈量工具的米尺、尺子。otərʁɑn（坐着的）qəz（姑娘）>otərʁɑn qəz 原意为“坐着的姑娘”，引申义为“老姑娘、未婚女性”，它是 otər–əp（坐–连贯副动词）qɑl–ʁɑn（留下–经历形动词）qəz（姑娘）的简称形式。

一些派生词和复合词根据词干义或语素义创造新词时也采用了比拟或比喻造词手段。比如：ør–（编织）+mɛ（名词词缀）+kiʃ（名词词缀）>ørmɛkiʃ 蜘蛛，tɑʃ（石头）bɑqɑ（青蛙）>tɑʃ bɑqɑ 甲鱼、乌龟，qəs–（夹、钳）+qəʧ（名词词缀）

baqa（青蛙）>qəsqətʃ baqa 螃蟹，qum（沙子）ʃikɛr（糖）>qum ʃikɛr 砂糖，buz（冰）burtʃaq（豆子）>buz burtʃaq 冰雹。

塔塔尔语的一些单纯颜色词可以引申出相关的词义。比如：aq 除表“白色”义之外，还有“奶、奶制品”义；køk 除表“蓝色”义之外，还有“天空、蓝天”义；qara 除表“黑色”义之外，还有“大、深远、广袤”等义，比如：qara maʃina 卡车，qara boran 狂风，qara suw 沼泽地流出的水。

五、结　语

本文遵循描写全面性以及共时和历时相结合的原则，本文从结构和语义关系角度归纳了塔塔尔语三大类型的新词构成方法：一是派生法，包括共时性的词干缀接构词词缀、历时性的构形词尾转化为共时性的构词词缀、同形附加成分兼具构词和构形功能三种方法；二是复合法，包括两个不同词根语素按特定结构构成新词、两个相同词根语素以完全重叠和变音重叠以及插入式重叠的方式构成新词等复合法；三是通过短语词汇化的途径造词。

从共时结构关系看，相同或不同词干与相同或不同词缀结合可以构成新词。这种构词法主要有两个特点：一是相同词干缀接不同的构词后缀构成新词；二是不同词干缀接相同的构词词缀构成新词。从语义关系看，复合词和短语结构具有同构性，属不同的语法单位，二者的区别主要考虑结构内部的语义凝合程度和句法作用；依据理据义、假借义以及比拟或比喻等手段，是塔塔尔语创造新词的重要途径。

共时性派生构词法不仅是认识塔塔尔语构词特点的重要方面，也是认识后附型黏着语的基本途径；复合词和短语的同构性特点，有助于认识塔塔尔语句法结构特别语序（包括语素序和词序）的特点；不同类型重叠形式、历时性构形成分转化为共时性构词成分、短语结构词汇化，是认识语言单位语法化和词汇化过程、构形成分和构词成分功能转化的重要途径。

参考文献

[1] 陈宗振，伊里千．塔塔尔语简志[M]．北京：民族出版社，1986.
[2] 陈宗振，等．中国突厥语族语言词汇集[M]．北京：民族出版社，1990.
[3] 耿世民，李增祥．哈萨克语简志[M]．北京：民族出版社，1985.
[4] 胡振华．柯尔克孜语简志[M]．北京：民族出版社，1986.
[5] 王远新．突厥历史语言学研究[M]．北京：中央民族大学出版社，1995.

[6] 王远新．突厥语族语言研究[M].北京：中央民族大学出版社，2015.

[7] 王远新．混合语的特征及濒危语言的维系：新疆少数民族交融过程中塔塔尔语的例证[J].民族语文，2020（4）.

[8] 张定京．现代哈萨克语实用语法[M].北京：中央民族大学出版社，2018.

[9] 赵相如，朱志宁．维吾尔语简志[M].北京：民族出版社，1985.

西陵话的儿化韵与儿化词

曾雪雨*

【摘要】描写西陵话的儿化韵与儿化词，比较西陵话儿化韵与普通话、易县话儿化韵的共性与差异，探究西陵话儿化韵的历时变化；分析西陵话儿化词的结构、功能和意义，考察儿化的语义功能。研究表明，西陵话儿化韵分为儿韵取代基本韵母、儿韵部分取代基本韵母、儿韵与基本韵母直接合音、“-儿”发音特征与基本韵母融合四类；普通话、西陵话和易县话的儿化韵数量依次减少，西陵话形成儿尾的韵母与易县话趋同，但数量少于易县话；历时层面，西陵话兼有儿化韵与儿尾的韵母数增多。西陵话儿化词可分为儿缀词和儿素词，“-儿”除构词功能和词汇意义外，还具备示律功能和韵律意义，即作为一种语言习惯被大多数使用者接受和继承。西陵话音变儿化与非音变儿化的语义色彩存在差异：音变类儿化中，语音讹变类词项具有中性语义色彩，不表达情感倾向，卷舌声母逆同化产生的儿化承载了一定的情感色彩；非音变儿化能不同程度地表达“客观小量”和“主观小量”；语言环境与交际对象一定程度上影响着儿化的使用。

【关键词】西陵话，儿化韵，儿化词，儿尾

一、西陵话的儿化韵与儿尾

西陵镇地处河北省易县，因清廷建陵守陵形成了北京官话方言岛，其周边方言属冀鲁官话保唐片定霸小片。西陵话中存在大量的儿化词，它们具有儿化—儿尾语音形式的差异。如果将儿化词记为“X-儿”结构，那么“儿”或

---

*曾雪雨（1998—），女，中央民族大学中国少数民族语言文学学院语言学及应用语言学专业社会语言学方向2023级博士研究生，主要研究社会语言学和汉语方言学相关问题。本项研究获得中央民族大学博士研究生自主科研项目“清东陵满族北京官话方言岛的深度调查——兼与清西陵北京官话方言岛的对比”的资助，项目批准号：BZKY2024147。

独立成音节，或与前一音节融合。根据两者的结合方式，可将儿化词的语音形式分为独立音尾、拼合和化合三类：独立音尾指“儿”独立成音节；拼合指“儿”与前一音节合成一体但保留音值，与前一音节有一定界限；化合指“儿”融入前一音节形成儿化韵。本文提到的“儿尾”指独立音尾和拼合，“儿化”指化合，即西陵话儿化词的语音形式分为儿尾和儿化两类。

（一）西陵话“X–儿”结构的语音形式

西陵话39个韵母中，除单元音韵母e和儿韵ər外，其余37个韵母可形成22个儿化韵，其中只形成儿化韵的韵母23个，兼有儿尾的14个，详见表1。

表1 西陵话“X–儿”结构的语音形式①

序号	韵母	儿化韵	儿尾	例词
1	a, ai, an	ar		蛤蟆儿 敞开儿 老伴儿
2	ia, ian	iar		豆芽儿 一点儿 对面儿
3	ua, uai, uan, uo	uar		笑话儿 一块儿 茶馆儿 火锅儿
4	yan	yar		包圆儿 转圈儿
5	au	aur		灯泡儿 过道儿
6	iau	iaur		面条儿
7	ɿ②, ʅ, u, ə, ei, ən, o	ər		刺儿 果汁儿 媳妇儿 挨个儿 眼泪儿 脑门儿 老婆儿
8	i, ie, in	iər		甜不叽儿 一撇儿 信儿
9	u, uo, uei, uən	uər		摆谱儿 被窝儿 耳垂儿 没准儿
10	y, ye, yn	yər		唱曲儿 皮靴儿 合群儿
11	əu	əur		时候儿 老头儿
12	iəu	iəur		圆不溜丢儿 顶牛儿
13	o	or		泡沫儿 粉末儿

① 本文使用的共时语料均由笔者调研所得，西陵话主要发音人王＊平（男，58岁，满族，五道河人，初中文化），辅助发音人李＊男（女，58岁，满族，凤凰台人，小学文化），易县话发音人周＊艳（女，汉族，30岁，易县梁格庄镇西大地村人，高中文化）；历时比较语料及普通话语料均参考王远新，张阳，李媛冬《北京官话方言岛研究：清东陵和清西陵的满族汉语》（中央民族大学出版社，2012）。

② 西陵话韵母系统中，舌尖元音ɿ，ʅ与舌面元音i是音位/i/的条件变体；因舌尖元音与舌面元音儿化的表现存在差异，文中将它们单独列出，特此说明。

续表

序号	韵母	儿化韵	儿尾	例词
14	u	ur		有数儿
15	aŋ	ãr		浑汤儿 赶趟儿
16	iaŋ	iãr		鲜亮儿
17	uaŋ	uãr		打晃儿
18	əŋ	ə̃r		脖颈儿 八成儿
19	iŋ	iə̃r		放晴儿 劲儿劲儿（的）花瓶儿
20	uəŋ	uə̃r		小瓮儿
21	uŋ	ũr		胡同儿 抽空儿
22	yŋ	yə̃r		小熊儿
23	a		a ər	打杂儿
24	au		au ər	大枣儿 赶早儿
25	iau		iau ər	菜苗儿
26	əu		əu ər	门口儿 年头儿
27	iəu		iəu ər	抓阄儿
28	u		u ər	泪珠儿 碎步儿
29	y		y ɔr	大鱼儿
30	aŋ		aŋ ər	帮忙儿 瓜瓤儿
31	iaŋ		iaŋ ər	鼻梁儿
32	uaŋ		uaŋ ər	小筐儿
33	iŋ		iŋ ər	蛋清儿 打鸣儿
34	əŋ		əŋ ər	钢镚儿 门缝儿
35	uŋ		uŋ ər	酒盅儿
36	yŋ		yŋ ər	哭穷儿

“-儿”在化入过程中，其发音特征会影响前一语素基本韵母的韵尾和韵腹。就儿韵 ər 与原韵母的关系而言，西陵话儿化韵可分为以下四类：

第一类，儿韵 ər 替代原韵母成为新韵母，包括韵母 ɿ、ʅ、u、ei 和 o；

第二类，儿韵 ər 与其直接合音，包括韵母 i、y 和 u；

第三类，受发音动作限制，基本韵母部分被“-儿”的发音特征取代，其中韵母 ai、an、ian、uai、uan、yan、ən 的韵尾被“-儿”发音特征取代、主要元音儿化；韵母 uo、ie、in 的韵腹或韵尾直接被儿韵 ər 取代；

第四类，“-儿”的发音特征与基本韵母直接融合形成儿化韵，包括单元音韵母 a、ə、o、u，复元音韵母 ia、ua、au、iau、əu、iəu 以及 ŋ 尾韵 aŋ、iaŋ、uaŋ、əŋ、uəŋ、iŋ、uŋ、yŋ。上述单元音韵母和复元音韵母儿化时，“-儿”的发音特征与基本元音直接融合，类似贯穿韵母音节的卷舌动作；ŋ 尾韵儿化时，ŋ 的发音特征会往前移动使主要元音带上鼻化色彩。

一些基本韵母儿化后会形成不同的儿化韵，比如 o 儿化后形成 or（泡沫儿、粉末儿）和 ər（老婆儿），u 儿化后形成 ər（媳妇儿）、uər（摆谱儿）和 ur（有数儿），uo 儿化后形成 uar（火锅儿）和 uər（被窝儿）。形成儿尾的韵母为单元音韵母 a、u、y、u 尾韵和 ŋ 尾韵，n 尾韵不形成儿尾形式。单元音韵母和 u 尾韵的儿尾 ər 接在整个音节后，音节独立，读为轻声；ŋ 尾韵后的儿尾多数也为独立音节，但少数调查对象会将其与韵尾拼合，如 uaŋ 的儿尾读[uaŋ ər]或[uaŋ ŋər]。

从西陵话儿化韵系统的结构看，西陵话与北京话的儿化韵处于同一阶段。王洪君认为，北京话的儿化韵处在长度正常的特殊单音节阶段，这一阶段里，“-儿”的特征已扩散到基本韵母的韵腹位置，“后、中元音因未使用舌前部位而与-r 的舌前特征共容，可以附加上去发出……而前元音和舌尖元音则因为使用了舌前部位与卷舌不相容的特征而要删除原来的特征”（王洪君 1999：205—206），在儿化韵系统中表现为舌尖元音、高元音与央中元音的儿化合流、前/央韵腹的儿化合流、开尾/有尾韵的儿化合流。西陵话的儿化韵系统也存在这类现象，如 ɿ、i 与 ə 合流、uei 与 uən 合流、yɛ 与 yn 合流。

（二）西陵话儿化韵、儿尾与易县话和普通话的异同

1. 儿化韵的异同

比较西陵话与易县话、普通话的儿化韵，可以得到表 2。

表 2　普通话、西陵话和易县话的儿化韵

儿化韵	普通话韵母	西陵话韵母	易县话韵母
ar	a，ai，an	a，ai，an	a，ai，an
iar	ia	ia，ian	ia，ie，ian
uar	ua，uai，uan	ua，uai，uan，uo	u，ua，uai，uan，uo

续表

儿化韵	普通话韵母	西陵话韵母	易县话韵母
yar	yan	yan	yan
or	o	o	o
ər	ʅ, ʅ, ə, ei, ən	ʅ, ʅ, u, ə, ei, ən, o	ʅ, ʅ, ə, ei, ən, o
iər	i, in	i, ie, in	in
ur	u	u	/
uər	uei, uən	u, uo, uei, uən	uei, uən
yər	y, yn	y, ye, yn	yn
yer	ye	/	ye
aur	au	au	/
iaur	iau	iau	/
our/əur	ou	əu	ou
iour/iəur	iou	iəu	iou
ier	ie, ian	/	/
uor	uo	/	/
ãr	aŋ	aŋ	aŋ
iãr	iaŋ	iaŋ	iaŋ
uãr	uaŋ	uaŋ	/
ə̃r	əŋ	əŋ	əŋ
iə̃r	iŋ	iŋ	iŋ
uə̃r	uəŋ	uəŋ	/
ũr	uŋ	uŋ	uŋ
yə̃r	yŋ	yŋ	/

由上表可知，普通话、西陵话和易县话的儿化韵数量分别为25个、22个和17个。普通话中，一个儿化韵对应单个或多个韵母；西陵话和易县话中，一些韵母儿化后形成两个儿化韵。一些相同或相近的韵母，易县话形成的儿化韵舌位较低，普通话形成的儿化韵舌位较高，西陵话形成的儿化韵则舌位适中，如ie易县话的儿化韵iar，在西陵话中为iər，在普通话中为ier。

2. 儿尾的异同

比较西陵话与易县话的儿尾，可以得到表3。

表3　西陵话和易县话的儿尾

儿尾	西陵话韵母	易县话韵母	儿尾	西陵话韵母	易县话韵母
a ər	a	a	uŋ ər	uŋ	uŋ
au ər	au	au	yŋ ər	yŋ	yŋ
iau ər	iau	iau	o ər	/	o
əu（ou）ər	əu	ou	i ər	/	i
iəu（iou）ər	iəu	iou	ɿ ər	/	ɿ
u ər	u	u	ʅ ər	/	ʅ
y ər	y	y	ia ər	/	ia
aŋ ər	aŋ	aŋ	ie ər	/	ie
iaŋ ər	iaŋ	iaŋ	uo ər	/	uo
uaŋ ər	uaŋ	uaŋ	yan ər	/	yan
iŋ ər	iŋ	iŋ	uəŋ ər	/	uəŋ
əŋ ər	əŋ	əŋ			

在西陵话中，14个韵母形成14种儿尾形式，其中单元音韵母3个，复元音韵母4个，其余7个均为后鼻音韵尾韵母。在易县话中，23个韵母形成23种儿尾形式，其中单元音韵母7个，复元音韵母7个，前鼻音韵尾韵母1个，后鼻音韵尾韵母8个。

与易县话相比，西陵话能够形成儿尾的基本韵母数量和类型均更少，具体见表4。李巧兰（2007）认为，“儿”与前一音节结合的过程中，变化最快的是开尾韵中的a、o、e和n尾韵，然后是变化稍快的i尾韵，高元音开尾韵i、u、y、ɿ、ʅ，最后是变化较慢的ŋ尾韵和u尾韵。“变化”指“儿”化入前一音节成为儿化韵的过程，变化越快的韵母，“儿”化合和拼合的越多，保持独立音尾的越少；变化越慢的韵母，“儿”化合和拼合的越少，保持独立音尾的越多。在易县话语料中，少数韵母属于“变化最快”的韵母，部分属于“变化稍快”的韵母，多数属于“变化较慢”的韵母。西陵话形成儿尾的韵母与易县话相关韵母趋同，多数属于“变化较慢”的韵母，即ŋ尾韵和u尾韵。由此可见，西陵话中与“儿”结合的大多数韵母能够直接形成儿化韵，少数能形成儿尾或兼儿化与儿尾两种形式，这部分韵母多为“变化稍快”和“变化较慢”的韵母。

表 4 西陵话和易县话形成儿尾的韵母

基本韵母类型	西陵话	易县话
单元音韵母	a、u、y	a、o、u、y
n 尾韵	/	yan
高元音开尾韵	/	i、ɿ、ʅ
ŋ 尾韵	aŋ、iaŋ、uaŋ、əŋ、iŋ、uŋ、yŋ	aŋ、iaŋ、uaŋ、əŋ、uəŋ、iŋ、uŋ、yŋ
u 尾韵	au、iau、əu、iəu	au、iau、əu、iəu、
其他类	/	ia、uo、ie

（三）西陵话儿化韵和儿尾的历时变化

本研究与《北京官话方言岛研究：清东陵和清西陵的满族汉语》的调查时间相差约 15 年①。15 年间，西陵话与易县话的儿化韵和儿尾均发生了一些变化，详见表 5 和表 6。

表 5 西陵话“X–儿”结构语音形式的变化

	《北京官话方言岛研究》		本研究	
	西陵话	易县话	西陵话	易县话
只形成儿化韵的韵母	ɿ、ʅ、a、o、ai、an、ia、ie、ian、in、ye、yan、ə、ei、ən、əŋ、ua、uai、uan、uo、uei、uəŋ、yn、uən	a、o、ai、an、ia、ie、ian、in、ye、yan、ə、ei、ən、ua、uai、uan、uo、uei、yn、uən	i、ɿ、ʅ、o、ai、an、ia、ie、ian、in、ye、yan、ə、ei、ən、ua、uai、uan、uo、uei、uəŋ、yn、uən	ə、ai、an、ian、in、ye、ei、ən、ua、uai、uan、uei、yn、uən
兼有儿化和儿尾的韵母	u、au、iau、iaŋ、uŋ	u、uŋ	a、au、iau、y、əu、iəu、u、aŋ、iaŋ、uaŋ、əŋ、iŋ、uŋ、yŋ	a、o、i、ɿ、ʅ、u、au、ou、iou、ia、ie、uo、yan、aŋ、iaŋ、əŋ、iŋ、uŋ

① 本研究调查时间为 2022 年，《北京官话方言岛研究》为 2007 年和 2008 年。

续表

	《北京官话方言岛研究》		本研究	
	西陵话	易县话	西陵话	易县话
只形成带儿尾的韵母	i、y、əu、iəu、aŋ、uaŋ、iŋ、yŋ	au、aŋ、iau、iaŋ、i、ɿ、ʅ、ou、iou、iŋ、y、əŋ、uaŋ、yŋ、uəŋ		y、iau、yŋ、uaŋ、uəŋ

表 6　西陵话、易县话形成儿化和儿尾的韵母数量

	《北京官话方言岛研究》		本研究	
	西陵话	易县话	西陵话	易县话
只形成儿化韵的韵母	24	20	23	14
兼有儿化和儿尾的韵母	5	2	14	18
只形成带儿尾的韵母	8	15	0	5

与15年前的语料相比，西陵话和易县话中“只形成儿化韵”的韵母和“只形成带儿尾”的韵母数量均减少，“兼有儿化和儿尾”的韵母数量均增多。西陵话中8个“只形成带儿尾的韵母”逐渐演变为7个“兼有儿化和儿尾的韵母”和1个“只形成儿化韵的韵母”；相应的，易县话中“兼有儿化和儿尾的韵母”数量增加，“只形成儿化韵的韵母”和“只形成带儿尾的韵母”数量减少。西陵话中，原只形成儿化韵的韵母 a 今兼有儿化和儿尾，原只形成带儿尾的韵母 i、y、əu、iəu、aŋ、uaŋ、iŋ、yŋ 中，i 今只形成儿化韵，y、əu、iəu、aŋ、uaŋ、iŋ、yŋ 今兼有儿化和儿尾；易县话中，原只形成儿化韵的韵母 a、o、ia、ie、yan、uo 和只形成带儿尾的韵母 i、ɿ、ʅ、au、ou、iou、aŋ、iaŋ、əŋ、iŋ 今兼有儿化和儿尾。

二、西陵话儿化词的结构

劲松（2009：97）认为，根据“儿”词素在儿化词中的构词功能，可以将儿化词分为儿缀词和儿素词两类。

（一）儿缀词与儿素词

儿缀词实质上是派生词，是儿词缀附着在词根后构成的，儿词缀是整个词的构词功能单位。根据词根的结构，儿缀词又可分为单纯儿缀词和合成儿缀词。单纯儿缀词的词根是单纯词，可以是单音节或多音节，比如“棍儿、面儿、成儿、胡同儿、波棱盖儿”；合成儿缀词可分为派生结构加儿缀式和复合结构加儿缀式，前者如“老头儿、盼头儿、劲头儿”，后者如“冰锥儿、敞开儿、跳高儿、赶趟儿”。儿缀词重点关注儿词缀与词根的关系。

儿素词实质上是复合词，是儿化词素与其他词素共同构成的，“儿”缀是词素的词缀，不是整个词的词缀。根据儿化词素的位置，可以将儿素词分为前置儿素词和后置儿素词，前者如“点儿背、嗦嗦儿蜜（棒棒糖）、腿儿着、哥儿们”，后者如“果汁儿、木棍儿、蛋黄儿、抽空儿”。儿素词关注的是儿化词素与其他词素的关系。

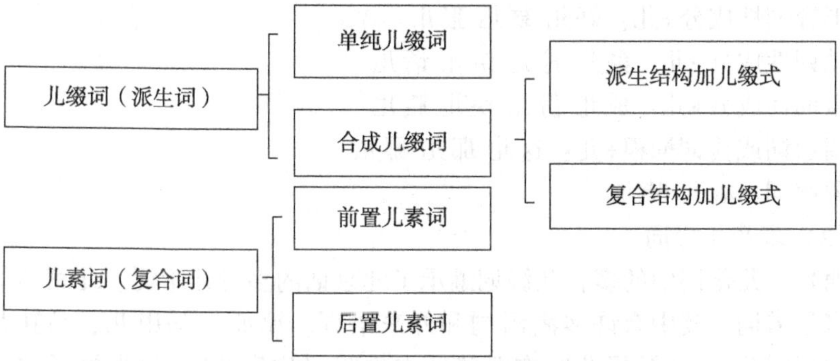

图　儿缀词与儿素词的分类（劲松 2009：98）

后置儿素词和儿缀词是同形异构，二者形式相同但结构不同。按以下方法可区分出后置儿素词：用“A-儿”来表示儿化成分，若“A-儿”是自由的成词语素，既可以独立成词也可以与其他词素构词，那么含有“A-儿”的儿化词是后置儿素词；若“A-儿”不能独立成词，但自由度较高，可以与多个其他词素构词，那么这个儿化词也是后置儿素词。语义层面，自由度较高的不成词词素一般有着“独立语感”，具有能产性。后置儿素词中“A-儿”的自由度高于儿缀词中的“A-儿”，它们甚至还可构成前置儿素词。比如“苹果核儿”中“核儿”是成词语素，可以单独使用，也可以构成“苹果核儿、山楂核儿、荔枝核儿”，那么这些含有“核儿”的儿化词都是后置儿素词。“跑调儿、声调儿、曲调儿”都是后置儿素词，“步调儿”则是儿缀词，这是因为前后两组词中“调儿”的语义不同，前者的“调儿”可以独立成词且自由度较高，后者则无法与其他词素一同构词。

（二）儿缀词的结构

儿缀词的结构与派生词相同，词根与“儿”共同构成儿缀词。儿缀词可依词根结构分为单纯儿缀词和合成儿缀词。

1. 单纯儿缀词

“儿”前成分是不可再分析的单纯成分，既可以是单音节，也可以是多音节。单纯儿缀词的数量不多，但它们大都能作为词素参与构词。单纯儿缀词的词根多是名词性语素，少数是形容词性、动词性等其他词性语素。

（1）单音儿缀词。

名词性成分+儿：花儿 板儿 伴儿 法儿 角儿 歌儿 须儿

形容词性成分+儿：好儿 蔫儿 狠儿

动词性成分+儿：颠儿 拧儿 讲儿 请儿

量词性成分+儿：成儿 份儿 块儿 瓶儿

指示词或代词词根+儿：这儿 那儿 哪儿

象声词：呲儿 哧儿

（2）多音儿缀词。

西陵话儿化词中的多音儿缀词继承了北京话的多音儿缀词。北京话的这类词大多是借词，其中有许多满语词和外来语词。比如“马甲儿、马扎儿、骨朵儿、胡同儿”。“马甲儿”在西陵话中也叫“坎肩儿”，指去掉了袖子的服饰；“马扎儿”在部分老年发音人中也叫“小床儿”（“床儿”有“凳子”的含义）；“骨朵儿”指花苞。

2. 合成儿缀词

合成儿缀词可分为派生结构加儿缀式和复合结构加儿缀式。

（1）派生结构加儿缀式。派生结构加儿缀式的儿化词数量较少，较常见的如“老婆儿、老伴儿、老家儿、老本儿”“裙子儿、兔子儿、瓜子儿、石子儿”和“盼头儿、看头儿、劲头儿”。

还有一类例词中，词根语素先与“们”构成类似派生结构的单位，再附加儿缀，比如“哥们儿、姐们儿、娘们儿、爷们儿”。这类词中“儿”的位置灵活，向前移动就构成前置儿素词“哥儿们、姐儿们”，不过前后两种称呼的语义并不相同，“哥们儿”多用来称呼男性好友，“哥儿们”则有亲兄弟之义。

（2）复合结构加儿缀式。按层次可以将其分为单层结构和多层结构，前者数量更多，后者相对少见。

A. 单层儿缀词

修饰结构：冰锥儿 豆角儿 火星儿 金桔儿 双棒儿

支配结构：开春儿 揭短儿 帮忙儿 抓阄儿

动补结构：绕远儿 敞开儿 跳高儿 赶早儿 透亮儿 哭穷儿

并列结构：念想儿 躲闪儿 好歹儿 精细儿 新旧儿

重叠结构：年年儿 回回儿 件件儿 远远儿

垫音结构：热乎乎儿 晕乎乎儿 打哈哈儿

B. 多层儿缀词

糖葫芦儿 晚半晌儿 眼力见儿 差不离儿

多层儿缀词的数量较少，一般是修饰结构和动补结构。

（三）儿素词的结构

根据儿化词素的位置，儿素词可分为前置儿素词和后置儿素词。

1. 前置儿素词

单层前置儿素词：爷儿俩 姐儿俩 哥儿们 点儿背 齁儿甜 腿儿着

多层前置儿素词：白眼儿狼 小人儿书 高跟儿鞋 三轮儿车

2. 后置儿素词

后置的儿化词素原来都是独立的、自由的儿缀词。后置儿素词是儿化词的主要组成部分，主要是修饰和支配结构。

（1）单层儿素词。

A. 修饰结构

名词性成分+名词性成分+儿：笔杆儿 果汁儿 木棍儿 锯齿儿 茶馆儿 药方儿 方面儿 后跟儿

形容词性成分+名词性成分+儿：红包儿 老本儿 麻花儿

动词性成分+名词性成分+儿：唱片儿 照片儿 过道儿 问号儿

代词+名词性成分+儿：这样儿 那样儿 这会儿 那会儿 这边儿

数词+量词性成分+儿：一段儿 一遍儿 一阵儿 一瓶儿 一块儿

名词性成分+形容词性成分+儿：蛋黄儿 蛋清儿 刀尖儿

名词性成分+动词性成分+儿：邮戳儿 口罩儿

B. 支配结构

动词性成分+名词性成分+儿：摆谱儿 靠谱儿 撮火儿 耗油儿 开窍儿

动词性成分+形容词性成分+儿：打杂儿 放晴儿 拐弯儿 叫好儿

C. 固定垫音结构

红不应儿 蔫不叽儿 甜不叽儿 浑的噜儿 晕的乎儿

固定垫音结构中所垫的音有一定的格式，常见的垫音成分有“~不滋儿、~不叽儿、~不应儿”和“~的乎儿、~的溜儿、~的噜儿”等。

（2）多层儿素词。

A. 修饰结构

豆腐皮儿 火药味儿 瘪咕嘴儿 鸡蛋壳儿 苹果核儿 烟灰缸儿 老好人儿

修饰成分可以是名词性、形容词性或动词性成分。

B. 修饰—支配结构

不得劲儿 不着道儿 不靠谱儿 不起眼儿

三、西陵话儿化的功能和意义

儿化具有构词功能和示律功能，以及相应的词汇意义和韵律意义。西陵话的儿化分为音变儿化和非音变儿化，不同语境中，两种儿化均体现了一定的语义功能。

（一）音变儿化与非音变儿化

讨论西陵话儿化的功能和意义，首先应区分音变儿化和非音变儿化（也称小称儿化）。“音变儿化是单纯由语音条件促发的，不涉及语义和句法变化……小称儿化则不是单纯由语音条件促发的，语音的变化是语义和句法变化的外化手段。”（方梅 2007）在北京话中，音变儿化主要有两类：一是“这里—这儿”“今日—今儿”类的语音讹变，这类词写作“儿”仅仅是因为语音相同（王福堂 1999：105）；二是卷舌声母字在一定条件下通过逆同化使前一音节发生儿化，如“不知道—不儿道”“多少钱—多儿钱”。非音变儿化主要指“兒—儿”儿化，即由实词虚化来的儿化，可作为名词标记，或具备其他语法功能。非音变儿化的语音形式既可以是“-儿”与基本韵母形成的儿化韵，也可以是没有化入基本韵母的儿尾，二者具有一致的辨义和构形功能。

非音变儿化现象大致分为五类（方梅 2007）：第一类“客观小量”，儿化形式与非儿化形式在指称意义上有差别，儿化形式指称形体小的事物；第二类“主观小量”，儿化形式与非儿化形式指称意义上没有差别，儿化形式与所指的物理属性无关，仅表示可爱，“轻松的语气”也是“主观小量”；第三类儿化和非儿化形式共存，“-儿”的有无与表“小”的意义无关，有的学者称其为“自由儿化”；第四类去掉“-儿”的非儿化形式或不能单说，或只作为书面语词汇；第五类转指标记，动词或形容词带“-儿”后缀而变为名词，指称与行为或属性相关的事物。本文主要讨论的是西陵话儿化体现的“客观小量”与“主观小量”。

（二）儿化的功能与意义

儿化作为一种共时语音协变现象，其功能实际上是“儿”词缀的功能，或者说是“-儿”尾的功能。儿尾词出现时间较早，但语音层面“-儿”尾至儿化韵的转变时间较晚。儿化韵的形成和发展伴随着“-儿”语义的虚化，“-儿”也逐渐衍生出构词和示律功能以及与之对应的词汇意义和韵律意义。

以“-儿”在构词中起到的不同作用，可以将儿化的构词功能分为变义功能和变性功能（劲松 2009：123）。变义功能又称别义功能，指“-儿”本身没有意义，参与构词后能够区别词义，不改变词性；变性功能是“-儿”的主要语法功能，指“-儿”参与构词后能够改变词性并构成新词，又可分为转指和自指两类。转指功能的“-儿”参与构词后改变词性，多指称与词根有关的事物，比如“盖—盖儿”；自指功能的“-儿”一般只改变词性，不改变词义，比如“画—画儿”。“-儿”的词汇意义，主要指由实词“儿”虚化后保留下来的“表小指爱”义。这类意义基本由“儿”的本义扩充而来，在历史发展中演变出与词根相关的意义。随着儿化和儿化韵的发展，“-儿”的语法功能逐渐减弱，词汇意义逐渐泛化，其示律功能与韵律意义更加凸显。

示律功能即表示语音个性特点的功能，“反映语言使用者的偏爱、习惯和语言态度”（劲松 2009：123）。具有韵律意义的“-儿”往往不表达任何词汇意义，比如“帮忙—帮忙儿”，动词性成分与“-儿”结合后依旧是动词，语义也没有发生变化。示律功能的出现既意味着“-儿”语法功能的衰弱，也意味着儿化作为一种语言习惯被大多数使用者接受和继承。韵律意义指具有示律功能“-儿”作为一种韵律需要所表达的意义，反映的是语言使用者儿化的习惯，是“满族学习汉语过程中基础语向目的语迁移的重要因素”（劲松 2009：118）。笔者在调研时注意到，西陵话儿化的示律功能较强，且一些词项儿化与否所表达的语义与使用场景和交际对象有关。为体现西陵话儿化的这一特点，下文主要分析其语义功能。

（三）西陵话音变儿化的语义功能

本文主要关注西陵话两类音变儿化：一类是语音讹变形成的儿化如“今儿（今天）、明儿（明天）、昨儿（昨天）、前儿（前天）”“这儿（这里）、那儿（那里）、哪儿（哪里）”；第二类是卷舌声母字逆同化影响前字产生的儿化，主要涉及“不儿道（不知道）、不儿我（不是我）、多儿钱（多少钱）”等词项。前者受语境和交际对象的影响较小，是口语中较常见的说法，语气中性，没有情感倾向；后者则受到语境和交际对象的限制，只出现在部分场合，且带有一定的情感倾向和语言色彩。

1. 语音讹变形成的儿化

笔者整理出以下三段含有语音讹变类儿化的语料。

例 1：调查对象举例“今儿（今天）”的用法。

（我）今儿赶集去了，买了一袋儿馒头，五块钱儿。

例 2：调查对象举例说明“前儿/前天”等词的用法。

我们有时候儿吧么儿说①，管前天叫前儿，也有叫前儿个儿的。明天就是明天，有时候儿也说明儿，但是这两个都说得少。昨儿有时候儿也说。今儿和今天很少说，比如我们见面，我就问你，“干嘛去了？”“做么儿去了？”也不会说“今天干嘛去了”。后儿也么儿说吧，但是说得不多。

例 3：调查员偶遇相识的调查对象，被邀请到家中。

我妈刚买的苹果也不知道搁哪儿了，你们先随便儿坐一下，我去洗点儿水果儿。你们咋又来这儿了，来了多少回了。上回碰见你们的时候，我跟我发小儿在大街上溜达。我记得之前来的不是你们俩，是另外两个，你们是一起的吧？

结合上述三例可知，这类儿化的使用受语境和交际对象的影响较小，基本不受交际场景的制约。尽管语料有限，但也可以看出，“这儿/那儿/哪儿”非常自然地以儿化形式出现，“前儿/昨儿/今儿/明儿/后儿”则可以被对应的非儿化形式替代，即这类儿化内部也存在使用场景和使用频次的差异。

2. 卷舌声母逆同化导致前字儿化

关于卷舌声母逆同化导致前字儿化的现象，笔者整理出以下四个词项及例句。

例 4：调查对象解释“不儿道”的适用场景。

我这么跟你说，如果是平时这样儿的语气，你问我什么，我说“我不知道”，这个时候（发音）是很清楚的。如果我跟你说了很多回，你还反复问我、让我解释，我就不耐烦了，就说“您别跟我说了，我不儿道”。

例 5：调查对象解释“告儿他”的适用场景。

我们一般说“告诉他”，也有人说“说给他”“跟他说一声”，不怎么说“告儿他”，除非我今天有脾气要发、我心里窝火儿，可能就会说“告儿他我跟他没完”。

例 6：调查对象解释“走着瞧”和“走儿瞧”的区别。

有些时候（我）会和同学开玩笑，比如说“谁谁谁我们走儿瞧”，就是有

① “么儿说”是西陵镇村民普遍使用的说法，应该是“这么说吧”的合音；下文语料中的“么儿”是“什么”的意思，如“（做）么儿去了”表示“做什么去了、干嘛去了”。

点儿挑衅，（我）想看他生气才这么说的。如果被惹急了就会说“我们走着瞧，你给我等着”，这个时候就不能说“走儿瞧”，因为我生气了。

例7：调查对象解释“不儿道”和“不儿我”的适用场景。

我们平时也会说“不儿道、不儿我”，但是到了老师面前就要规规矩矩说话，跟老师说话会严肃一些。如果下课的时候同学问我什么事儿知不知道，我就说“不儿道”。也有人说“知不道”，但是我一般说“不儿道”。

在西陵话中，卷舌声母逆同化导致前字儿化的条件，与儿尾过渡到儿化的语音条件相似，即前一音节基本韵母的发音部位与“儿”的发音部位存在“可共存发音的同时性”。在例4至例7的有关词项中，“儿”前一音节基本韵母分别为u（不儿道、不儿我）、au（告儿他）和əu（走儿瞧），它们的发音部位与“儿”的发音部位并不矛盾，因此在语流中“儿”能够与基本韵母结合并形成儿化。西陵话中的这类儿化尚未形成北京话中比较固定的表达，如“图书馆—图儿馆、羊肉胡同—羊儿胡同”。

以往研究多关注非音变儿化，即小称儿化的功能与意义。音变儿化虽不具备儿尾词到儿化词的历史形成条件，但从其使用场景和场合也可窥探该类儿化中“儿”的语用意义。“儿化词具有‘可爱’的意味或轻松的语气”（方梅2007），主要指小称儿化体现的“主观小量”，这一语用意义在例6和例7中也有体现。儿化形式带有轻松、随意的语用色彩，不儿化的相对严肃、认真。值得注意的是，例4与例5中，儿化形式反而带有了不耐烦、生气、厌恶等感情色彩，甚至含有威胁的语气。彭宗平在描写北京话儿化词的总体特征时指出，（部分）儿化词“带有轻蔑、鄙视、令人厌恶等感情色彩”（2005：30），比如“小偷儿、浑球儿、光棍儿”等。也有学者认为，“儿”所表达的喜爱或憎恶的感情色彩与“儿”无关，而是由词根的意义决定的。比如“小偷儿”中，“小偷”原本就令人厌恶，因此不能说是“儿”带有了憎恶的色彩。笔者认为，儿化形式与非儿化形式语义色彩的差异，一定程度上反映了“-儿”带有的语义色彩。西陵话中，音变类儿化带有的语义色彩或许意味着儿化的语用意义能够从小称儿化向音变类儿化扩散。

（四）西陵话非音变儿化的语义功能

西陵话非音变类儿化能够表达不同程度的“客观小量”和“主观小量”语义。

1. 与“客观小量”有关的语义色彩

（1）“细小格”即“小+儿化”表示“客观小量”。

例8：鱼—大鱼—小鱼儿

调查员：咱们平时管水里游的动物叫什么？

调查对象：鱼呗，就是我要去买条鱼吃、我去菜场买鱼，就叫鱼。

调查员：无论大小都叫鱼吗？

调查对象：大的叫大鱼，小的就是小鱼儿，那种观赏的鱼也叫小鱼儿。

例9：毛驴—小毛驴儿

调查员：咱们管拉磨的动物叫什么？

调查对象：驴子，毛驴。

调查员：无论大小都叫毛驴吗？

调查对象：一般就是毛驴，小一点儿的是小毛驴儿。

例10：小车儿

调查员：（指着院子里的推车问）咱们管这个叫什么？

调查对象：推车，小车儿。

调查员：（指着院门外的轿车问）那个叫什么？

调查对象：小轿车、小汽车，这个不能叫小车儿，这个是比较大的车了。

"细小格"多用来指称物理属性较小的事物，在西陵话中，"细小格"语义的确定往往通过与对应的非儿化或"大+非儿化"形式比较来确定。例8中，单说"鱼"时指称鱼类，"大鱼"指体积大、重量重的鱼，一般不儿化，"小鱼儿"除指体积小、重量轻的鱼外，还可指称观赏鱼，"养了条小鱼儿"指养观赏鱼。例9中，毛驴是体积较大的牲畜，没有"毛驴儿"的说法，如果要表示幼年期的毛驴，说"小毛驴儿"。例10中，"小车儿"指小推车，与小轿车、小汽车相比体积更小。一些调查对象也认为"小车儿"可以指称轿车，理由是与货车相比，轿车体积较小，可以儿化。

（2）"大/小+儿化"表示物理属性大小。一些词项无论所指实物的物理属性如何，均可加"-儿"，物理属性大小的差异通过"大/小"表示。

例11：大猫儿—小猫儿

村民A：我想养只猫儿。

村民B：小猫儿还是大猫儿呀？

村民A：小猫儿吧，大猫儿养不熟。

例11是调查者偶遇的一对母女的对话，其中"猫儿"指称猫，无论大小均可儿化，与之相似的还有"大兔子儿—小兔子儿"等。猫、兔子都是体型较小的动物，其他体型较大的动物如马、牛则没有这一用法，因此儿化此时也有表小的语义。

（3）"-儿/-子"表示物理属性大小。一些词项与对应的子缀词构成"大/小"客观量。

例12：“-儿”与“-子”

树叶儿（小）—树叶子（大）

树枝儿（小）—树枝子（大）

小罐儿（小）—罐子（大）

小燕儿（小）—燕子（大）

(4) 儿化形式表示类指。一些词项的儿化形式是类指，其儿化形式作为语素参与构词后构成其下义词。

例13：枣儿—大枣儿—小枣儿

大枣儿是红枣儿，我们管吃的枣儿都叫枣儿，但是大枣儿和小枣儿是两个品种，小枣儿是那种新鲜的枣。

例14：豆儿—大豆儿—红小豆儿/绿小豆儿

大豆儿是黄豆。豆儿说的是品种吧，就像青菜啊、豆制品这样儿的，有豆儿这个说法，但我们一般还是说具体的大豆儿、小豆儿。小豆儿其实就是红小豆儿、绿小豆儿，是这样说的。

例15：桃儿—冬桃儿/毛桃儿

所有的桃子都叫桃儿，这个是种类，比如说买苹果呀买桃儿呀，是么儿说的。这个时候儿买到的是冬桃儿，也没有其他桃儿了，这个冬桃儿好吃。其他时候儿的毛桃儿啊、水蜜桃儿啊，都是桃儿的品种挂“儿”。

例16：蜂儿—蜜蜂儿—马蜂

蜜蜂儿（儿化）我们说，有时候儿也叫蜂儿（儿尾）。像有什么东西飞来飞去的，不知道该叫什么，就说“那儿有个蜂儿（儿尾）”。马蜂不能挂“儿”，马蜂比较大，就叫马蜂。

例17：眼儿

调查员：咱们平时用什么词来形容一个人熬夜了没休息好，眼球突出、眼窝凹进去的样子？

调查对象：就是没休息好呗。以前有个说法儿是眍瞜眼儿，就说这个人的眼窝子忒深，凹进去了。不过现在不么儿说。像“眼儿”这样的，以前还说耳朵眼儿、鼻子眼儿呢，现在都叫孔了。肚脐眼儿也说，这个比较常用。带小孔儿的东西好像都可以说“眼儿”吧，针眼儿也说，也叫针鼻儿。还有什么心眼子，也叫心眼儿，“缺心眼儿”就是这个“眼儿”。

例13中，“大枣儿”与“小枣儿”指称不同品种的枣；例14中，儿化形式“豆儿”需要与其他修饰成分组合后指称红豆和绿豆；例15中，“桃儿”参与构词，与修饰成分组合后指称桃的品种；例16中，“儿”既可以组成“蜂儿”指称蜂类，也可以指称“蜜蜂儿”，与“马蜂”对比后体现“客观小量”。在例 13 至例 16 中，“-儿”的类指功能是第一性的，其语法功能较语义功能更显著。例 17 意味着“-儿”的语义进一步虚化。

2. 与“主观小量”有关的语义色彩

西陵话中，与“主观小量”有关的儿化词多带有亲切、喜爱、怜惜等正面色彩，少数词带有嘲讽、嘲笑等负面色彩。

(1)“-儿”表示人际关系亲近。

例 18：哥儿们/哥们儿，姐儿们/姐们儿，爷儿俩/父儿俩

调查员：咱们管一个母亲生的兄弟俩叫什么？

调查对象：如果是一个妈生的亲兄弟，叫哥儿们，一个妈生的亲姐妹就叫姐儿们、姐儿俩。哥们儿、姐们儿说的是好朋友，不是亲戚。

调查员：那咱们说“爷儿俩”吗？

调查对象：说，爷儿俩是父子俩的意思，也有说是爷孙俩的。我觉得是父子俩，我们这边满族管爸爸辈儿的叫爷，要长一辈儿，什么大爷、二大爷，所以这个爷儿俩应该是父子俩。有些说父子俩是“父儿俩”，不如“爷儿俩”好听。

西陵话中，“-儿”与亲属称谓的结合较“亲属称谓+们儿”表达更亲切的人际关系。一些调查对象也说“哥儿们儿/姐儿们儿”，其语义与“哥儿们/姐儿们”相同。

(2)“-儿”表示怜惜义。

例 19：眼泪/眼泪儿

调查员：咱们眼睛里流出来的水叫什么？

调查对象：眼泪水儿，说泪珠儿的也有，土一点儿的说法就是眼泪儿、眼泪水儿。

调查员：那“小孩儿哭了”，咱们就说“流眼泪儿了”？

调查对象：当面是这么说，比如他（调查对象的丈夫）把孩子训哭了，我就说“你别说他了，(他) 都流眼泪儿了”。如果孩子不在跟前儿，就说眼泪，流眼泪了。

例 19 中，儿化形式较非儿化形式更委婉。这一语气与说话者所处语言环境有关，当说话者与说话对象面对面时，往往使用儿化形式来表达委婉语气。一些称呼语则与之相反，背称多为儿化形式，且显得不够尊重。比如不能当面称呼年纪大的女性为“老婆儿”，不能当面称呼年纪大的男性为“老头儿”，因为这类词带有轻蔑的语义色彩。

(3)“-儿”表示语气轻松、活泼，非儿化表示语气严肃、认真。

例 20：小偷儿/小偷

a. 昨儿抓了个小偷儿，没偷着东西。

b. 警察抓小偷呢！

例 21：颠儿/走了

a. 你们接着玩儿吧，我先颠儿了。

b. 家里有事儿，我先走了。

例 22：情况儿/情况

a. 情况儿就是这么个情况儿。

b. 具体的情况我都跟他汇报过了。

例 23：方面儿/方面

a. 这事儿得从不同方面儿分析。

b. 我就说几方面的原因吧。

例 20 至例 23 中，a 句的语言环境是轻松、随意的，主要是邻居之间闲聊、与熟人告别、跟同事闲谈；b 句的语言环境更严肃，包括紧急情况、与不熟悉的人告别、跟同事交流工作或跟领导汇报工作等。四组例词中，“小偷儿”是“细小格”的儿化词，其“-儿”的语法意义比其余三组更强；在“颠儿、情况儿、方面儿”中，“-儿”更多反映的是说话人处于不同语言环境下儿化与否的习惯，即“-儿”的示律功能。

（4）“-儿”表示嫌弃、小气等负面语义色彩。

例 24：小鞋/鞋子/小鞋子—小鞋儿

调查员：咱们管小孩儿脚上穿的这个（指自己的鞋子）叫什么？

调查对象：鞋子，小鞋子呗。

调查员：这个时候不能挂“儿”吗？

调查对象：不能挂“儿”，“小鞋儿”就不是这个意思了。给别人穿小鞋儿就是为难别人。

例 25：做东—做东儿

调查员：咱们说“今天我请客”会怎么说？

调查对象：就是请客呗。

调查员：还有别的说法吗？

调查对象：做东。这个不能带“儿”，带“儿”会显得小气，做东就是做东。

例 26：抓一把—抓一把儿

调查对象：家里有炒好的栗子，抓一把吧，还有瓜子儿什么的，想吃就抓一把揣兜儿里。

例 24 中，“小鞋/小鞋子”与“小鞋儿”的词义不同，“-儿”此时展现的是别义功能，即本身不具备语法意义，只区别儿化与非儿化词项，“小鞋儿”含有的负面色彩义主要来自“小鞋”原义的引申。此处“-儿”作为一个标记儿化形式的符号，应当也承载着一定的语义色彩，否则说话者无法通过其他手段来判断和区分儿化形式与非儿化形式语义的差异。例 25 中，“-儿”的示律功能起主要作用的同时，也带有了“小气、吝啬”的负面色彩义。例 26 中，调查对象在完成词表时，词项“一把儿”是儿化形式，但送调查员出门时却使用了非儿化形式。调查员询问原因时，调查对象解释，“‘抓一把’是大气的说法，说明主人家热情好客、不小气，‘抓一把儿’显得有点小气”。

四、结　语

西陵话的 39 个韵母中，23 个儿化后只形成儿化韵，14 个儿化后兼有儿化韵与儿尾。西陵话的儿化韵与北京话的处于同一阶段，且与普通话的接近，与易县话的差异略大；形成儿尾的韵母与易县话趋同，但数量少于易县话，涉及单元音韵母 a、u、y，u 尾韵 au、iau、əu、iəu 和 ŋ 尾韵 aŋ、iaŋ、uaŋ、əŋ、uŋ、iŋ、yŋ。与十五年前语料相比，西陵话原来“只形成带儿尾的韵母”如今要么只形成儿化韵，要么兼有儿化韵与儿尾。

依据“-儿”参与构词时的功能，西陵话儿化词分为儿缀词和儿素词，前者分为单纯儿缀词和合成儿缀词，后者分为前置儿素词和后置儿素词。“-儿”除构词功能和词汇意义外，还具备示律功能和韵律意义，即儿化作为一种语言习惯被大多数使用者接受和继承。示律功能的增强伴随着“-儿”语义功能的减弱，西陵话的音变类儿化与非音变类儿化的语义色彩存在差异。音变类儿化中，语音讹变类词项具有中性的语义色彩，不表达情感倾向；卷舌声母逆同化导致的儿化在一定程度上承载了语境的情感，或许意味着“-儿”的语义功能从非音变类儿化向音变类儿化的扩散。非音变类儿化存在不同程度的表达“客观小量”和“主观小量”的语义功能，其中“-儿”的词汇意义即“表小指爱”也会向只具备韵律意义的词项扩散，语言环境与交际对象一定程度上影响着儿化形式的出现。

参考文献

[1] 方梅. 北京话儿化的形态句法功能[J]. 世界汉语教学，2007（2）.
[2] 劲松. 社会语言学研究[M]. 北京：民族出版社，2009.
[3] 李巧兰. 河北方言中的“X-儿”形式研究[D]. 山东大学博士学位论文，2007.
[4] 彭宗平. 北京话儿化词研究[M]. 北京：中国传媒大学出版社，2005.

[5] 王福堂．汉语方言语音的演变和层次[M]．北京：语文出版社，1999.

[6] 王洪君．汉语非线性音系学[M]．北京：北京大学出版社，1999.

[7] 王远新，张阳，李媛冬．北京官话方言岛研究：清东陵和清西陵的满族汉语[M]．北京：中央民族大学出版社，2012.

西陵话儿化词的社会使用状况

曾雪雨*

【摘要】 选取西陵镇下辖满族聚居村凤凰台、杂居村五道河和散居村太平峪为调查点，考察不同性别、年龄、文化程度村民的西陵话儿化词使用状况。研究表明，西陵话儿化词的使用率和儿化率存在社会差异：使用率性别差异不显著，男性儿化率高于女性；老年组使用率与儿化率高于中青年组；小学文化群体的使用率较高，初中文化与大专及以上群体的儿化率较高；满族聚居村的使用率和儿化率高于散居村和杂居村。

【关键词】 西陵话，儿化词，使用状况，社会差异

西陵镇地处河北省易县清西陵腹地，是因清朝建陵、守陵形成的北京官话方言岛。镇内满族村民使用西陵话，汉族村民使用易县话（属冀鲁官话）。笔者选取西陵镇下辖的满族聚居村凤凰台、杂居村五道河和散居村太平峪调查了西陵话儿化词使用状况。凤凰台村共136户518人，满族人口占96%以上，有“京南满族风情第一村”的称号。五道河村共350户1187人，满族人口约占40%，为西陵镇人民政府驻地。太平峪村共738户2057人，满族人口约占15%，是西陵镇面积最大的行政村①。本文从儿化词总体使用状况、使用率与儿化率的分布关系及社会差异等三方面进行归纳分析。

一、调查概况

（一）调查对象基本情况

本研究共获取101份有效词表，调查对象的基本情况见表1和表2。

---

*本项研究获得中央民族大学博士研究生自主科研项目“清东陵满族北京官话方言岛的深度调查——兼与清西陵北京官话方言岛的对比”的资助，项目批准号：BZKY2024147。

① 人口数据统计于2020年，由易县西陵镇人民政府提供。

表 1 性别、年龄和族际通婚状况① ($n=101$，人/%)

性别		年龄段（岁）			族际通婚	
男	女	15—34	35—54	55—69	家庭通婚	家族通婚
60/59.4	41/40.6	35/34.7	28/27.7	38/37.6	83/82.2	90/89.1

表 2 受教育程度和居住地② ($n=101$，人/%)

受教育程度				居住地		
小学及以下	初中	高中	大专及以上	凤凰台	五道河	太平峪
24/23.8	41/40.6	19/18.8	17/16.8	28/27.7	53/52.5	20/19.8

所有调查对象均为满族，因当地部分满族女性外嫁，女性调查对象数量少于男性。将15—34岁、35—54岁和55岁以上三个年龄段分别划分为青年、中年和老年，青年与老年调查对象数量高于中年，是因为当地中年人多外出务工，加之疫情影响，返乡者较少。绝大多数调查对象的家庭和家族中均存在与汉族通婚的成员。老年调查对象文化程度多为“小学及以下”；中年多为“初中文化”和“高中文化”；青年中存在一定比例的初中、高中、大学专科和本科在读生。五道河村的调查对象数量最多，这是因为该村人口基数大，满族村民较多；凤凰台村人口基数小但满族占比较高；太平峪村人口基数大但满族人口较少，其中大多数相对集中地居住在“圈儿里（村儿里）”，少数散居在汉族人口较多的“庄儿上”。

（二）词表的制作

本研究分为预调查和正式调查两个阶段。预调查时间为2021年10月，使用《西陵话儿化词专项调查表》；正式调查时间为2022年2月和8月，使用《西陵话儿化词使用和变异项调查表》。《西陵话儿化词专项调查表》参考《北京话儿化词典》（贾采珠 1990）、《北京话儿化词研究》（彭宗平 2004）、《北京官话方言岛研究：清东陵和清西陵的满族汉语》（王远新、张阳、李媛冬 2012）和普通话水平测试儿化词表制作，共443个词项。《西陵话儿化词使用和变异项调查表》由预调查中知晓率较高、存在使用差异和儿化—儿尾语音

①“族际通婚”分为家庭通婚和家族通婚，家庭通婚指家庭成员（直系亲属与旁系亲属中有血缘关系的兄弟姐妹）存在与汉族通婚情况，家族通婚指家族成员（旁系亲属）存在与汉族通婚情况。

②受教育程度中的“小学及以下”包括初小、高小和小学文化，“初中、高中”包括毕业、结业、肄业和在读，“大专及以上”包括大专和本科及以上的毕业、结业、肄业和在读。

变异的儿化词项构成，共 88 个词项。为避免调查对象机械性朗读词表、保证调查词项语言环境的同一性，两份词表的每一词项后均附有口语性较强的例句。调查时主要根据例句进行引导性提问，记录调查对象的回答。

二、西陵话儿化词总体使用状况

儿化词的使用率可分为 30.0%—89.9%、90.0%—99.9%和 100%三组，具体情况见表 3。

表 3　词项的使用率①

使用率区间	词项
30.0%—89.9%	后儿、末了儿、酒盅儿=脖颈儿、明儿、鞋样儿、冰锥儿、须儿、打晃儿、摆谱儿、开窍儿、发小儿、家雀儿、小褂儿
90.0%—99.9%	哭穷儿、菜秧儿、火星儿、小熊儿、天窗儿、念想儿、药方儿、小葱儿、这样儿、小笛儿、小燕儿、蛋清儿、胸脯儿、瓜瓤儿、煤球儿、小筐儿、钩儿、可惜了儿、小罐儿、小碟儿、鞋底儿、马扎儿、小曲儿、冰棍儿、味儿
100%	桃儿、棍儿、小裙儿、脑瓜儿、老头儿、豆角儿、手印儿、钢镚儿、小球儿、小兔儿、一阵儿、抓阄儿、灯泡儿、门缝儿、苹果核儿、饭桌儿、小偷儿、过道儿、胡同儿、裤兜儿、树枝儿、小样儿、大枣儿、树叶儿、蛋黄儿、眼镜儿、牙刷儿、口哨儿、面条儿、年头儿、小虫儿、袖口儿、红包儿、门口儿、打鸣儿、口罩儿、香肠儿、小猫儿、采川儿、[illegible]瓶儿、整儿、花瓶儿、鼻梁儿、烟灰缸儿、帮忙儿、图钉儿、松鼠儿、果冻儿、蜜蜂儿

因词项多为预调查筛选出的常见、常用的儿化词，绝大多数词项的使用率在 90.0%及以上，无使用率低于 30.0%的词项。使用率处于不同区间的词项，其儿化率的分布区间也存在一定差异。

① 使用率指能根据引导说出词项并自报使用该词项的调查对象占样本总量的百分比，儿化率指使用儿化形式（儿化韵或儿尾或两可，不儿化的不计算在内）的调查对象占自报使用该词项的调查对象数量的比例。

（一）使用率 30.0%—89.9%

使用率 30.0%—89.9%的词项共 14 个，使用率与儿化率见表 4。

表 4 30.0%—89.9%组的使用率与儿化率（%）

词项	使用率	儿化率	词项	使用率	儿化率
末了儿	45.5	89.2	冰锥儿	83.2	59.5
后儿	62.4	100	摆谱儿	84.2	84.7
明儿	69.3	92.9	脖颈儿	87.1	47.8
打晃儿	76.2	84.5	鞋样儿	87.1	78.4
发小儿	79.2	81.3	家雀儿	89.1	97.8
酒盅儿	79.2	81.3	开窍儿	89.1	76.7
须儿	80.2	81.4	小褂儿	89.1	56.7

儿化率排序：后儿>家雀儿>明儿>末了儿>摆谱儿>打晃儿>须儿>酒盅儿=发小儿>鞋样儿>开窍儿>冰锥儿>小褂儿>脖颈儿。儿化率高于 90.0%的 3 个词项中，“后儿、明儿”使用率低于 70.0%，“家雀儿”使用率接近 90.0%；儿化率在 80.0%—90.0%的 6 个词项中，“末了儿”的儿化率远高于使用率，其余词项的儿化率与使用率相当；儿化率低于 80.0%的 5 个词项使用率均高于 80.0%。

“明儿、后儿”的使用率较低但儿化率较高，说明使用时多以儿化形式出现。“后天”有取代“后儿”的趋势，多数青年调查对象没有听过“后儿”的说法，但比较熟悉“今儿、明儿”。“家雀儿”指麻雀，使用率和儿化率都较高。“末了儿”指事情结束、到了最后，使用率最低但儿化率较高，不使用该词的调查对象一般说“结束、完事儿”。“冰锥儿、脖颈儿、小褂儿、须儿、鞋样儿”五个词项有对应的子缀词，子缀率①排序为：脖颈子（36.6%）>小褂子（34.7%）>冰锥子（14.9%）>须子（4.0%）>鞋样子（3.0%），子缀率较高的词儿化率都较低。

（二）使用率 90.0%—99.9%

使用率 90.0%—99.9%的词项共 25 个，使用率与儿化率见表 5。

---

① 使用子缀形式的调查对象占样本总量的比例。

表5　90.0%—99.9%组的使用率与儿化率（%）

词项	使用率	儿化率	词项	使用率	儿化率
哭穷儿	90.1	57.2	小罐儿	97.0	70.4
菜秧儿	92.1	49.4	小熊儿	97.0	46.0
火星儿	93.1	64.9	蛋清儿	98.0	69.7
小碟儿	93.1	74.4	瓜瓢儿	98.0	81.8
念想儿	94.1	54.7	味儿	98.0	100
小笛儿	95.0	55.3	小葱儿	98.0	73.8
可惜了儿	96.0	91.8	小筐儿	98.0	75.8
马扎儿	96.0	88.6	小燕儿	98.0	47.4
天窗儿	96.0	66.0	药方儿	98.0	72.8
小曲儿	96.0	98.0	冰棍儿	99.0	99.0
鞋底儿	96.0	90.7	钩儿	99.0	81.0
胸脯儿	96.0	61.9	这样儿	99.0	62.0
煤球儿	97.0	82.7			

这些词项的儿化率分布在46.0%—99.9%，集中在50.0%—80.0%。儿化率在40.0%—49.9%之间的有3个：菜秧儿、小熊儿、小燕儿；50.0%—59.9%的3个：哭穷儿、念想儿、小笛儿；60.0%—69.9%的5个：胸脯儿、蛋清儿、火星儿、天窗儿、这样儿；70.0%—79.9%的5个：小罐儿、小葱儿、小筐儿、小碟儿、药方儿；80.0%以上的9个：瓜瓢儿、钩儿、马扎儿、鞋底儿、煤球儿、可惜了儿、小曲儿、冰棍儿、味儿。

11个词项有对应的子缀词，子缀率排序：小燕子（50.5%）>菜秧子（39.6%）>小笛子（38.6%）>小罐子（28.7%）>小碟子（15.8%）>胸脯子（13.9%）>马扎子（7.9%）>小筐子（5.9%）>鞋底子（4.0%）>火星子=药方子（3.0%）。

（三）使用率100%

使用率100%的词项共49个，其儿化率见表6。

表6 使用率100%组的儿化率（%）

词项	儿化率	词项	儿化率	词项	儿化率
桃儿	97.0	小偷儿	88.1	红包儿	82.2
棍儿	88.1	过道儿	87.1	门口儿	81.2
小裙儿	44.6	胡同儿	87.1	打鸣儿	80.2
脑瓜儿	67.3	裤兜儿	87.1	口罩儿	80.2
老头儿	94.1	树枝儿	87.1	香肠儿	80.2
豆角儿	93.1	小样儿	87.1	小猫儿	80.2
手印儿	92.1	大枣儿	86.1	果汁儿	78.2
钢镚儿	92.1	树叶儿	85.1	一瓶儿	78.2
小球儿	91.1	蛋黄儿	85.1	整儿	77.2
小兔儿	51.5	眼镜儿	85.1	花瓶儿	76.2
一阵儿	91.1	牙刷儿	77.2	鼻梁儿	73.3
抓阄儿	91.1	口哨儿	83.2	烟灰缸儿	66.3
灯泡儿	90.1	面条儿	83.2	帮忙儿	66.3
门缝儿	90.1	年头儿	82.2	图钉儿	63.4
苹果核儿	89.1	小虫儿	75.2	松鼠儿	50.5
饭桌儿	73.3	袖口儿	83.2	果冻儿	45.5
蜜蜂儿	39.6				

这些词项的儿化率分布在39.6%—97.0%，集中在80.0%以上。儿化率在30.0%—39.9%的1个：蜜蜂儿；在40.0%—49.9%的2个：小裙儿、果冻儿；在50.0%—59.9%的2个：小兔儿、松鼠儿；在60.0%—69.9%的4个：脑瓜儿、烟灰缸儿、帮忙儿、图钉儿；在70.0%—79.9%的8个：饭桌儿、牙刷儿、小虫儿、果汁儿、一瓶儿、整儿、花瓶儿、鼻梁儿；在80.0%—89.9%的22个：棍儿、苹果核儿、小偷儿、过道儿、胡同儿、裤兜儿、树枝儿、小样儿、大枣儿、树叶儿、蛋黄儿、眼镜儿、口哨儿、面条儿、年头儿、袖口儿、红包儿、门口儿、打鸣儿、口罩儿、香肠儿、小猫儿；在90.0%—99.9%的10个：桃儿、老头儿、豆角儿、手印儿、钢镚儿、小球儿、一阵儿、抓阄儿、灯泡儿、门缝儿。

11个词项有子缀形式，子缀率排序：小裙子（55.4%）>小兔子

（41.6%）>脑瓜子（27.7%）>饭桌子（19.8%）>棍子=小虫子（12.9%）>桃子=牙刷子（6.9%）>树叶子=鼻梁子（3.0%）>老头子（2.0%）。

三、使用率与儿化率的分布关系

将所有词项按使用率与儿化率的数值区间分类，可以看出，使用率在30.0%—89.9%的词项，儿化率主要分布在低于60.0%和高于80.0%两个区间；使用率在90.0%—99.9%的词项，儿化率相对均衡地分布在40.0%—99.9%；使用率为100%的词项，儿化率集中在70.0%—99.9%，具体情况见表7。

表7 使用率与儿化率的分布关系

使用率 / 儿化率	30.0%—89.9%	90.0%—99.9%	100%
30.0%—39.9%	/	/	蜜蜂儿
40.0%—49.9%	脖颈儿	菜秧儿、小熊儿、小燕儿	小裙儿、果冻儿
50.0%—59.9%	冰锥儿、小褂儿	哭穷儿、念想儿、小笛儿	小兔儿、松鼠儿
60.0%—69.9%	/	火星儿、天窗儿、胸脯儿、蛋清儿、这样儿	脑瓜儿、烟灰缸儿、帮忙儿、图钉儿
70.0%—79.9%	鞋样儿	小碟儿、小罐儿、小葱儿、小笸儿、药方儿	饭桌儿、牙刷儿、小虫儿、果汁儿、一瓶儿、整儿、花瓶儿、鼻梁儿
80.0%—89.9%	末了儿、打晃儿、发小儿、酒盅儿、须儿、摆谱儿	马扎儿、煤球儿、瓜瓤儿、钩儿	棍儿、苹果核儿、小偷儿、过道儿、胡同儿、裤兜儿、树枝儿、小样儿、大枣儿、树叶儿、蛋黄儿、眼镜儿、口哨儿、面条儿、年头儿、袖口儿、红包儿、门口儿、打鸣儿、口罩儿、香肠儿、小猫儿

续表

使用率 儿化率	30.0%—89.9%	90.0%—99.9%	100%
90.0%—99.9%	明儿、家雀儿	可惜了儿、小曲儿、鞋底儿、冰棍儿	桃儿、老头儿、豆角儿、手印儿、钢镚儿、小球儿、一阵儿、抓阄儿、灯泡儿、门缝儿
100%	后儿	味儿	/

儿化率越低，意味着使用该词项但不儿化的调查对象越多。儿化的简化和难易程度是影响儿化率的主要因素。

所谓“简化”，即不儿化，且儿化与否并不改变词义。儿化与否与词项是否具备“不可分割的语感”有关，即语言使用者能否将其还原为不儿化的形式。“不可分割的语感”较强的词项，即便使用率较低，也有较高的儿化率，比如“后儿、明儿”作为语音讹变的儿化词，“-儿”具有强烈的“不可分割的语感”。调查过程中，笔者多次询问“今天的下一天怎么说”“有没有别的说法”，调查对象尤其是不使用“明儿、后儿”的认为“明天就是明天，后天就是后天”，并没有将“明天、后天”与“明儿、后儿”相联系。劲松（2009：122）认为，词项之间“不可分割的语感”的差异体现了“-儿”的示律功能，即儿化与否是说话人的语言风格和个人习惯，因此存在简化的可能性。

儿化的难易程度，指“-儿”前一语素基本韵母形成儿化韵或儿尾的可能性。按照非线性音系学的观点，与“-儿”发音部位不矛盾、存在共时发音可能性的韵尾或基本韵母，其儿化过程更简易。西陵话中，儿化率较高的词项，其基本韵母多为单元音韵母 u、u 尾韵和 ŋ 尾韵，即使是“末了儿”这样使用率较低的词项，其儿化率依旧与使用率较高的“可惜了儿”相当，这是因为基本韵母 iau 的韵尾 u 与“-儿”的发音部位和方法并不冲突，既能通过拼合形成儿尾，也能通过化合形成儿化韵。

子缀词的使用也影响儿化词的使用率。88 个儿化词项中，27 个与子缀词对应，其中“小字格”词的数量较多，且子缀使用率较高。“小裙儿、小兔儿”对应的子缀词为“小裙子、小兔子”，部分老年调查对象“-儿”与“-子”同现，即“小裙子儿、小兔子儿”。儿缀与子缀是老北京土话中比较重要的语缀，二者的功能与意义既有联系又有差别，卢小群（2013）指出，“子”和“儿”尾词可以两用并且意义不变，以及“子”与“儿”并列的构词现象，意味着“子”尾与“儿”尾的一种竞争。西陵话中，“-儿”与“-子”是否在竞争、竞争处在何种阶段，都需要进一步研究。

四、儿化词使用率与儿化率的社会差异

（一）性别差异

关联调查对象的性别，统计男性和女性的儿化词使用率与儿化率，可以得到表8[①]。

表8　不同性别的使用率与儿化率（$n=88$；个）

<table>
<tr><td colspan="2"></td><td>男性</td><td>女性</td><td colspan="2"></td><td>男性</td><td>女性</td></tr>
<tr><td rowspan="8">使用率</td><td rowspan="2">90.0%以下</td><td rowspan="2">13</td><td rowspan="2">12</td><td rowspan="8">儿化率</td><td>50.0%以下</td><td>5</td><td>9</td></tr>
<tr><td>50.0%—59.9%</td><td>5</td><td>13</td></tr>
<tr><td rowspan="2">90.0%—99.9%</td><td rowspan="2">24</td><td rowspan="2">19</td><td>60.0%—69.9%</td><td>6</td><td>12</td></tr>
<tr><td>70.0%—79.9%</td><td>13</td><td>19</td></tr>
<tr><td rowspan="2">100%</td><td rowspan="2">51</td><td rowspan="2">57</td><td>80.0%—89.9%</td><td>33</td><td>22</td></tr>
<tr><td>90.0%—99.9%</td><td>22</td><td>10</td></tr>
<tr><td rowspan="2">平均值（%）</td><td rowspan="2">95.9</td><td rowspan="2">95.1</td><td>100%</td><td>4</td><td>3</td></tr>
<tr><td>平均值（%）</td><td>80.7</td><td>72.4</td></tr>
</table>

使用率方面，男性与女性均值相当，男性使用率在90.0%—99.9%的词项略多于女性，女性使用率为100%的词项略多于男性。儿化率方面，男性儿化率相对集中地分布在70.0%—99.9%，女性相对均衡地分布在50.0%—99.9%，男性儿化率均值高于女性。女性儿化率分布更均衡，意味着儿化的简化或子缀词的使用更普遍。

统计不同词项使用率与儿化率在男性和女性中的数值大小关系，得到表9。使用率方面，超过一半词项的男性和女性使用率相等（100%，即所有调查对象均使用该词项），男性使用率高于女性略高于女性使用率高于男性的词项数量。儿化率方面，男性高于女性的词项占词项总数的四分之三，少数词项的

---

① 基础数据参见附录。

女性儿化率高于男性，只有“味儿”的男性与女性儿化率相等（100%）。由此可见，西陵镇男性与女性满族村民的儿化词使用率相当，但男性更倾向于使用儿化形式。

表9　使用率和儿化率的性别差异（n=88；个）

指标	使用率	儿化率
男性>女性	23	66
女性>男性	19	21
女性=男性	46	1

《北京官话方言岛研究》（王远新、张阳、李媛冬 2012：201）提到，“（西陵镇）男性对调查词项的知晓率、使用率和常用率均高于女性，但男性和女性的儿化比例基本相当”。本研究所得结论与之不同的原因主要有二：第一，调查词表的差异，本研究所用词表包含的词项均是根据预调查结果筛选出的知晓率和使用率较高的词项，相较于《北京官话方言岛研究》调查的词项更常用，因此男性和女性的使用率差异较小；第二，随着时间的变化，男性和女性的儿化词使用习惯发生了变化，由“儿化比例基本相当”发展为男性的儿化比例高于女性，这可能是西陵话儿化词十几年间发展与演变的表现之一。

（二）年龄差异

不同年龄段儿化词使用率和儿化率的分布情况见表10。

表10　不同年龄段的使用率与儿化率分布（n=88；个）

<table>
<tr><td colspan="2"></td><td>老年组</td><td>中年组</td><td>青年组</td><td colspan="2"></td><td>老年组</td><td>中年组</td><td>青年组</td></tr>
<tr><td rowspan="8">使用率</td><td rowspan="2">90.0%以下</td><td rowspan="2">9</td><td rowspan="2">9</td><td rowspan="2">17</td><td rowspan="7">儿化率</td><td>50.0%以下</td><td>4</td><td>1</td><td>18</td></tr>
<tr><td>50.0%—59.9%</td><td>5</td><td>6</td><td>7</td></tr>
<tr><td rowspan="2">90.0%—99.9%</td><td rowspan="2">18</td><td rowspan="2">9</td><td rowspan="2">14</td><td>60.0%—69.9%</td><td>11</td><td>7</td><td>15</td></tr>
<tr><td>70.0%—79.9%</td><td>15</td><td>12</td><td>15</td></tr>
<tr><td rowspan="2">100%</td><td rowspan="2">61</td><td rowspan="2">70</td><td rowspan="2">57</td><td>80.0%—89.9%</td><td>26</td><td>37</td><td>20</td></tr>
<tr><td>90.0%—99.9%</td><td>16</td><td>18</td><td>10</td></tr>
<tr><td rowspan="2">平均值（%）</td><td rowspan="2">96.4</td><td rowspan="2">97.1</td><td rowspan="2">93.5</td><td>100%</td><td>11</td><td>7</td><td>3</td></tr>
<tr><td colspan="2">平均值（%）</td><td>81.0</td><td>82.5</td><td>68.5</td></tr>
</table>

使用率方面，中年组均值最高，其次是老年组和青年组。中年组使用率为100%的词项最多；老年组大部分词项的使用率为100%，部分为90.0%—99.9%，少数低于90.0%；青年组使用率低于90.0%的词项比中老年组多。儿化率方面，中老年组均值相当，青年组最低。随着儿化率的降低，词项依次减少，但青年组儿化率低于50.0%的词项数量远高于中老年组。中年组儿化率多分布在70.0%—99.9%，老年组多分布在60.0%—99.9%，青年组较均衡地分布在60.0%—99.9%的四个区间内，各年龄段儿化率分布以80.0%—89.9%最为集中。

统计各词项老中青三代使用率与儿化率的数值关系，得到表11。使用率方面，近一半词项的老中青三代使用率相等（均为100%），中年组使用率最高的25个，老年组最高的24个，青年组最高的13个，即多数词项的中年组或老年组使用率高于青年组。儿化率方面，中年组儿化率最高的43个，老年组儿化率最高的42个，青年组儿化率最高的仅8个，三个年龄段均儿化的只有“味儿”一个词项。由此可见，中年组和老年组的使用率与儿化率接近，青年组的使用率与儿化率相对较低。

表11　使用率和儿化率的年龄差异（n=88；个）

指标	使用率	儿化率
老年>中年>青年	8	32
老年>青年>中年	3	5
中年>老年>青年	6	28
中年>青年>老年	2	11
青年>中年>老年	3	2
青年>老年>中年	0	2
老年=中年>青年	10	2
老年=青年>中年	3	2
老年>中年=青年	0	1
中年=青年>老年	7	2
老年=中年=青年	47	1

《北京官话方言岛研究》（王远新、张阳、李媛冬2012：190）提到，“中年组和老年组的知晓率、使用率和常用率基本相当，青年组最低”。与这一结论相比，十几年间，西陵话儿化词使用率与儿化率在年龄方面并未发生明显变

化，中老年的使用率与儿化率十分接近，青年组相对较低。若不考虑词项的不同，单就不同年龄段的使用率与儿化率看，二者与年龄似乎不是共变的，即中老年群体的使用率与儿化率较高，青年群体则较低。

（三）文化程度差异

统计各词项在不同文化程度调查对象中的使用率与儿化率区间可知，使用率方面，小学文化程度的均值较高，其他文化程度的相当。从词项在不同区间的分布看，小学与初中的分布格局近似，半数以上词项为100%；高中与大专的分布格局相似，即多数为100%，少数在90%以下。儿化率均值排序为：大专>初中>小学>高中。比较同一词项在不同文化程度群体的使用率与儿化率的数值关系可知：使用率方面，47个词项的在四个文化程度中使用率均为100%，余下词项中，小学使用率最高的27个，初中最高的9个，高中最高的22个，大专最高的24个；儿化率方面，只有“味儿”在四个文化程度的群体中儿化率均为100%，小学儿化率最高的词项有15个，初中最高的27个，高中最高的10个，大专最高的41个。具体数据见表12。

表12 不同文化程度的使用率与儿化率分布（n=88；个）

<table>
<tr><td colspan="2"></td><td>小学</td><td>初中</td><td>高中</td><td>大专</td><td colspan="2"></td><td>小学</td><td>初中</td><td>高中</td><td>大专</td></tr>
<tr><td rowspan="8">使用率</td><td rowspan="2">90.0%以下</td><td rowspan="2">7</td><td rowspan="2">14</td><td rowspan="2">20</td><td rowspan="2">16</td><td rowspan="8">儿化率</td><td>50.0%以下</td><td>10</td><td>8</td><td>7</td><td>7</td></tr>
<tr><td>50.0%—59.9%</td><td>9</td><td>5</td><td>16</td><td>5</td></tr>
<tr><td rowspan="2">90.0%—99.9%</td><td rowspan="2">12</td><td rowspan="2">20</td><td rowspan="2">1</td><td rowspan="2">2</td><td>60.0%—69.9%</td><td>8</td><td>6</td><td>13</td><td>6</td></tr>
<tr><td>70.0%—79.9%</td><td>32</td><td>18</td><td>26</td><td>16</td></tr>
<tr><td rowspan="2">100%</td><td rowspan="2">69</td><td rowspan="2">54</td><td rowspan="2">63</td><td rowspan="2">70</td><td>80.0%—89.9%</td><td>11</td><td>18</td><td>15</td><td>18</td></tr>
<tr><td>90.0%—99.9%</td><td>10</td><td>27</td><td>6</td><td>14</td></tr>
<tr><td rowspan="2">平均值（%）</td><td rowspan="2">96.3</td><td rowspan="2">95.3</td><td rowspan="2">95.6</td><td rowspan="2">95.3</td><td>100%</td><td>8</td><td>6</td><td>5</td><td>22</td></tr>
<tr><td>平均值（%）</td><td>73.9</td><td>80.0</td><td>72.0</td><td>81.8</td></tr>
</table>

从以上数据来看，小学及以下和高中文化程度群体的使用率较高但儿化率较低，初中和大专及以上群体的使用率较低但儿化率较高。文化程度与其他因素共同影响着儿化词的使用率与儿化率。从年龄和性别差异的相关分析可知，中年群体使用率与儿化率高于老年和青年群体，男性与女性使用率相当但男性儿化率高于女性。具体数据见表13。

表 13 调查对象的文化程度、年龄段和性别（n=101；人）

		年龄段			性别	
		青年	中年	老年	男性	女性
文化程度	小学及以下	/	8	16	14	10
	初中	11	11	19	24	17
	高中	12	4	3	15	4
	大专及以上	12	5	/	7	10

结合表 13 的数据可知，使用率方面，小学及以下、高中和大专及以上文化程度的中年群体是使用儿化词的主力军，其次是小学及以下和高中文化程度的老年群体，高中和大专及以上文化程度的青年群体使用率最低；小学及以下、高中和大专及以上文化程度的男性和女性使用率均较高。儿化率方面，初中和大专及以上文化程度的中年群体是使用儿化形式的主力军，其次是初中文化程度的老年群体、初中和大专及以上的青年群体；初中和大专及以上文化程度男性较女性更倾向于使用儿化形式。

（四）居住地差异

关联调查对象的居住地与使用率和儿化率，统计分布在不同数值区间的儿化词数量，得到表 14。

表 14 不同居住地的使用率与儿化率分布（n=88；个）

		凤凰台	太平峪	五道河
使用率	90.0%以下	8	13	13
	90.0%—99.9%	15	10	22
	100%	65	65	54
	平均值（%）	97.5	94.6	94.9

		凤凰台	太平峪	五道河
儿化率	50.0%以下	1	11	10
	50.0%—59.9%	0	5	9
	60.0%—69.9%	12	10	7
	70.0%—79.9%	12	19	20
	80.0%—89.9%	40	18	24
	90.0%—99.9%	17	18	15
	100%	6	7	3
	平均值（%）	83.9	74.4	74.7

使用率方面，凤凰台的均值最高，太平峪与五道河相当。凤凰台与太平峪使用率为 100% 的词项数量相等且多于五道河，五道河使用率在 90.0%—99.9%的词项多于凤凰台和太平峪。儿化率方面，凤凰台的均值高于太平峪和五道河，后两者相当。凤凰台的儿化率集中在 80.0%—89.9%，太平峪和五道河的主要分布在 70.0%—99.9%，且五道河的分布更集中。五道河与太平峪使用率与儿化率接近，凤凰台的较高。

比较同一词项在三个村的使用率与儿化率，得到表 15。

表 15　使用率和儿化率的居住地差异（*n*=88；个）

指标	使用率	儿化率
凤>五>太	11	31
凤>太>五	6	24
五>太>凤	1	3
五>凤>太	2	9
太>五>凤	4	3
太>凤>五	2	12
凤=五=太	47	1
凤=太>五	9	3
凤=五>太	3	1
太=五>凤	3	1

使用率方面，近一半词项在三个村的使用率为 100%，余下词项中，凤凰台使用率最高的 29 个，太平峪最高的 18 个，五道河最高的 9 个。儿化率方面，仅“味儿”在三个村的儿化率均为 100%，凤凰台儿化率最高的 59 个，太平峪最高的 16 个，五道河最高的 14 个。凤凰台的使用率和儿化率最高，其次是太平峪，最后是五道河。

居住地与使用率关系方面，《北京官话方言岛研究》（王远新、张阳、李媛冬 2012：185）提到，“凤凰台的知晓率、使用率和常用率均明显高于太平峪和五道河”，但五道河的儿化率高于太平峪和凤凰台。与这一结论相比，本研究中，凤凰台的使用率和儿化率均最高，其次是太平峪与五道河。差异产生的原因或许与三个村的满汉分布格局有关。凤凰台是满族聚居村，近年来一直有“京南满族第一村”的称号，满族村、守陵村是凤凰台的旅游名片。高比例的满族人口和浓厚的满族文化氛围可以为保留满族的语言特色，即北京口音的汉语方言提供条件。太平峪虽然是满族散居村，但满族居民主要居住在“村儿里”，汉族居民住在“庄儿上”。“村儿里”的满族居民大都保留了儿化词，因此其使用率和儿化率排第二。五道河是满汉杂居村，流动人口较多，且靠近游客众多的泰陵，这在一定程度上也影响了儿化状况及儿化词的使用。

五、结 语

（一）研究结论

西陵话儿化词的使用率和儿化率存在社会差异。性别层面，男性儿化率高于女性，使用率无显著差异；年龄层面，老年组的使用率与儿化率最高；文化程度层面，小学文化的使用率较高，初中组与大专组的儿化率较高；居住地层面，满族聚居村凤凰台的使用率与儿化率最高。

与《北京官话方言岛研究》的调查结论相比，儿化词使用率和儿化率的社会差异发生了一些变化。性别层面，过去男性的使用率高于女性，但两者儿化率相当，如今男性与女性的使用率相当，男性更倾向于使用儿化形式。居住地层面，过去聚居村凤凰台的使用率最高，杂居村五道河的儿化率最高，如今前者的使用率和儿化率均为最高。年龄层面，中老年组的使用率与儿化率仍旧较高，青年组较低。

（二）研究不足与反思

因笔者能力有限，本研究有以下两点待改进：

第一，调查词表应更全面。本研究使用的词表包括《西陵话儿化词专项调查表》和《西陵话儿化词使用和变异项调查表》，前者涵盖的儿化词类型不够全面，后者是根据预调查情况筛选得到的，侧重语音变异项，涉及儿化词掌握情况的词项不够全面。

第二，调研准备应更充分。因准备不足，笔者在没有充分了解西陵镇村民生活规律的情况下，就开始了正式调研。加之疫情影响，西陵镇人口流动减少，外出务工、求学的村民返乡时间不定，给寻找调查对象带来了困难。如果开展后续研究，应充分考虑当地情况，做好充足准备后再前往。

附录：基础数据

附表1 不同性别调查对象的儿化词使用率（*n*=101，*n*1=60，*n*2=41；人/%）

词项	性别		词项	性别		词项	性别	
	男性	女性		男性	女性		男性	女性
摆谱儿	51/85.0	34/82.9	开窍儿	53/88.3	38/92.7	小笛儿	58/96.7	38/92.7
帮忙儿	60/100	41/100	可惜了儿	56/93.3	41/100	小碟儿	55/91.7	39/95.1
鼻梁儿	60/100	41/100	口哨儿	60/100	41/100	小褂儿	51/85.0	39/95.1
冰棍儿	59/98.3	41/100	口罩儿	60/100	41/100	小罐儿	59/98.3	39/95.1
冰锥儿	51/85.0	33/80.5	哭穷儿	54/90.0	37/90.2	小筐儿	59/98.3	40/97.6
脖颈儿	53/88.3	35/85.4	裤兜儿	60/100	41/100	小猫儿	60/100	41/100
菜秧儿	58/96.7	35/85.4	老头儿	60/100	41/100	小球儿	59/98.3	41/100
打晃儿	46/76.7	31/75.6	马扎儿	58/96.7	39/95.1	小曲儿	56/93.3	41/100
打鸣儿	60/100	41/100	煤球儿	57/95.0	41/100	小裙儿	60/100	41/100
大枣儿	60/100	41/100	门缝儿	60/100	41/100	小偷儿	60/100	41/100
蛋黄儿	60/100	41/100	门口儿	60/100	41/100	小兔儿	60/100	41/100
蛋清儿	60/100	39/95.1	蜜蜂儿	60/100	41/100	小熊儿	59/98.3	39/95.1
灯泡儿	60/100	41/100	面条儿	60/100	41/100	小燕儿	58/96.7	41/100
豆角儿	60/100	41/100	明儿	45/75.0	26/63.4	小样儿	60/100	41/100
发小儿	51/85.0	29/70.7	末了儿	32/53.3	14/34.1	鞋底儿	57/95.0	40/97.6
饭桌儿	60/100	41/100	脑瓜儿	60/100	41/100	鞋样儿	51/85.0	37/90.2
钢镚儿	60/100	41/100	年头儿	60/100	40/97.6	胸脯儿	60/100	37/90.2
钩儿	59/98.3	41/100	念想儿	56/93.3	39/95.1	袖口儿	60/100	41/100
瓜瓤儿	60/100	39/95.1	苹果核儿	60/100	41/100	须儿	48/80.0	33/80.5
棍儿	60/100	41/100	手印儿	59/98.3	41/100	牙刷儿	60/100	41/100
果冻儿	60/100	41/100	树叶儿	60/100	41/100	烟灰缸儿	60/100	41/100
果汁儿	60/100	41/100	树枝儿	60/100	41/100	眼镜儿	60/100	41/100
过道儿	60/100	41/100	松鼠儿	60/100	41/100	药方儿	58/96.7	41/100
红包儿	60/100	41/100	桃儿	60/100	41/100	一瓶儿	60/100	41/100

续表

词项	性别		词项	性别		词项	性别	
	男性	女性		男性	女性		男性	女性
后儿	39/65.0	25/61.0	天窗儿	58/96.7	39/95.1	一阵儿	60/100	41/100
胡同儿	60/100	41/100	图钉儿	60/100	41/100	这样儿	59/98.3	41/100
花瓶儿	60/100	41/100	味儿	58/96.7	41/100	整儿	60/100	41/100
火星儿	58/96.7	39/95.1	香肠儿	60/100	41/100	抓阄儿	60/100	41/100
家雀儿	58/96.7	32/78.0	小虫儿	60/100	41/100			
酒盅儿	48/80.0	32/78.0	小葱儿	60/100	39/95.1			

附表 2　不同性别调查对象的儿化词儿化率（$n=101$，$n1=60$，$n2=41$；人/%）

词项	性别		词项	性别		词项	性别	
	男性	女性		男性	女性		男性	女性
摆谱儿	43/84.3	29/85.3	开窍儿	40/75.5	29/76.3	小笛儿	33/56.9	20/52.6
帮忙儿	45/75.0	22/53.7	可惜了儿	55/98.2	34/82.9	小碟儿	39/70.9	31/79.5
鼻梁儿	48/80.0	26/63.4	口哨儿	51/85.0	33/80.5	小褂儿	28/54.9	23/59.0
冰棍儿	59/100	40/97.6	口罩儿	52/86.7	29/70.7	小罐儿	48/81.4	21/53.8
冰锥儿	25/49.0	25/75.8	哭穷儿	34/63.0	18/48.6	小筐儿	49/83.1	26/65.0
脖颈儿	23/43.4	19/54.3	裤兜儿	55/91.7	33/80.5	小猫儿	49/81.7	32/78.0
菜秧儿	29/50.0	17/48.6	老头儿	59/98.3	36/87.8	小球儿	55/93.2	36/87.8
打晃儿	41/89.1	24/77.4	马扎儿	50/86.2	36/92.3	小曲儿	56/100	39/95.1
打鸣儿	54/90.0	27/65.9	煤球儿	51/89.5	29/70.7	小裙儿	23/38.3	22/53.7
大枣儿	54/90.0	33/80.5	门缝儿	57/95.0	34/82.9	小偷儿	53/88.3	36/87.8
蛋黄儿	53/88.3	33/80.5	门口儿	51/85.0	31/75.6	小兔儿	36/60.0	16/39.0
蛋清儿	45/75.0	24/61.5	蜜蜂儿	28/46.7	12/29.3	小熊儿	33/55.9	12/30.8
灯泡儿	57/95.0	34/82.9	面条儿	54/90.0	30/73.2	小燕儿	28/48.3	19/46.3
豆角儿	58/96.7	36/87.8	明儿	37/82.2	26/100	小样儿	57/95.0	31/75.6
发小儿	44/86.3	21/72.4	末了儿	28/87.5	13/92.9	鞋底儿	54/94.7	34/85.0
饭桌儿	50/83.3	24/58.5	脑瓜儿	42/70.0	26/63.4	鞋样儿	38/74.5	31/83.8

续表

词项	性别		词项	性别		词项	性别	
	男性	女性		男性	女性		男性	女性
钢镚儿	55/91.7	38/92.7	年头儿	49/81.7	34/85.0	胸脯儿	40/66.7	20/54.1
钩儿	53/89.8	28/68.3	念想儿	35/62.5	17/43.6	袖口儿	53/88.3	31/75.6
瓜瓤儿	51/85.0	30/76.9	苹果核儿	55/91.7	35/85.4	须儿	35/72.9	31/93.9
棍儿	54/90.0	35/85.4	手印儿	57/96.6	36/87.8	牙刷儿	49/81.7	29/70.7
果冻儿	32/53.3	14/34.1	树叶儿	51/85.0	35/85.4	烟灰缸儿	45/75.0	22/53.7
果汁儿	49/81.7	30/73.2	树枝儿	52/86.7	36/87.8	眼镜儿	54/90.0	32/78.0
过道儿	54/90.0	34/82.9	松鼠儿	36/60.0	15/36.6	药方儿	44/75.9	28/68.3
红包儿	50/83.3	33/80.5	桃儿	58/96.7	40/97.6	一瓶儿	52/86.7	27/65.9
后儿	35/89.7	25/100	天窗儿	42/72.4	22/56.4	一阵儿	52/86.7	40/97.6
胡同儿	56/93.3	32/78.0	图钉儿	43/71.7	21/51.2	这样儿	40/84.7	22/53.7
花瓶儿	51/85.0	26/63.4	味儿	58/100	41/100	整儿	52/86.7	26/63.4
火星儿	39/67.2	22/56.4	香肠儿	54/90.0	27/65.9	抓阄儿	54/90.0	38/92.7
家雀儿	58/100	30/93.8	小虫儿	51/85.0	25/61.0			
酒盅儿	38/79.2	24/75.0	小葱儿	44/73.3	29/74.4			

附表3 不同年龄段调查对象的儿化词使用率（$n=101$，$n1=38$，$n2=28$，$n3=35$；人/%）

词项	年龄			词项	年龄		
	老年	中年	青年		老年	中年	青年
摆谱儿	36/94.7	26/92.9	23/65.7	末了儿	18/47.4	12/42.9	16/45.7
帮忙儿	38/100	28/100	35/100	脑瓜儿	38/100	28/100	35/100
鼻梁儿	38/100	28/100	35/100	年头儿	38/100	27/96.4	35/100
冰棍儿	37/97.4	28/100	35/100	念想儿	32/84.2	28/100	35/100
冰锥儿	34/89.5	23/82.1	27/77.1	苹果核儿	38/100	28/100	35/100
脖颈儿	38/100	28/100	22/62.9	手印儿	37/97.4	28/100	35/100
菜秧儿	36/94.7	28/100	29/82.9	树叶儿	38/100	28/100	35/100
打晃儿	33/86.8	24/85.7	20/57.1	树枝儿	38/100	28/100	35/100

续表

词项	年龄			词项	年龄		
	老年	中年	青年		老年	中年	青年
打鸣儿	38/100	28/100	35/100	松鼠儿	38/100	28/100	35/100
大枣儿	38/100	28/100	35/100	桃儿	38/100	28/100	35/100
蛋黄儿	38/100	28/100	35/100	天窗儿	38/100	26/92.9	33/94.3
蛋清儿	38/100	28/100	33/94.3	图钉儿	38/100	28/100	35/100
灯泡儿	38/100	28/100	35/100	味儿	38/100	26/92.9	35/100
豆角儿	38/100	28/100	35/100	香肠儿	38/100	28/100	35/100
发小儿	26/68.4	23/82.1	31/88.6	小虫儿	38/100	28/100	35/100
饭桌儿	38/100	28/100	35/100	小葱儿	38/100	28/100	33/94.3
钢镚儿	38/100	28/100	35/100	小笛儿	36/94.7	28/100	32/91.4
钩儿	37/97.4	28/100	35/100	小碟儿	38/100	28/100	28/80.0
瓜瓤儿	38/100	28/100	33/94.3	小褂儿	36/94.7	25/89.3	29/82.9
棍儿	38/100	28/100	35/100	小罐儿	36/94.7	28/100	34/97.1
果冻儿	38/100	28/100	35/100	小筐儿	36/94.7	28/100	35/100
果汁儿	38/100	28/100	35/100	小猫儿	38/100	28/100	35/100
过道儿	38/100	28/100	35/100	小球儿	38/100	28/100	35/100
红包儿	38/100	28/100	35/100	小曲儿	34/89.5	28/100	35/100
后儿	26/68.4	19/67.9	19/54.3	小裙儿	38/100	28/100	35/100
胡同儿	38/100	28/100	35/100	小偷儿	38/100	28/100	35/100
花瓶儿	38/100	28/100	35/100	小兔儿	38/100	28/100	35/100
火星儿	38/100	28/100	31/88.6	小熊儿	37/97.4	28/100	33/94.3
家雀儿	35/92.1	27/96.4	28/80.0	小燕儿	38/100	28/100	33/94.3
酒盅儿	35/92.1	24/85.7	21/60.0	小样儿	38/100	28/100	35/100
开窍儿	29/76.3	27/96.4	35/100	鞋底儿	36/94.7	27/96.4	34/97.1
可惜了儿	37/97.4	27/96.4	33/94.3	鞋样儿	38/100	28/100	22/62.9
口哨儿	38/100	28/100	35/100	胸脯儿	38/100	26/92.9	33/94.3
口罩儿	38/100	28/100	35/100	袖口儿	38/100	28/100	35/100

续表

词项	年龄			词项	年龄		
	老年	中年	青年		老年	中年	青年
哭穷儿	38/100	28/100	25/71.4	须儿	35/92.1	22/78.6	24/68.6
裤兜儿	38/100	28/100	35/100	牙刷儿	38/100	28/100	35/100
老头儿	38/100	28/100	35/100	烟灰缸儿	38/100	28/100	35/100
马扎儿	36/94.7	28/100	33/94.3	眼镜儿	38/100	28/100	35/100
煤球儿	37/97.4	28/100	33/94.3	药方儿	38/100	28/100	33/94.3
门缝儿	38/100	28/100	35/100	一瓶儿	38/100	28/100	35/100
门口儿	38/100	28/100	35/100	一阵儿	38/100	28/100	35/100
蜜蜂儿	38/100	28/100	35/100	这样儿	37/97.4	28/100	35/100
面条儿	38/100	28/100	35/100	整儿	38/100	28/100	35/100
明儿	23/60.5	22/78.6	26/74.3	抓阄儿	38/100	28/100	35/100

附表4 不同年龄段调查对象的儿化词儿化率（*n*=101，*n*1=38，*n*2=28，*n*3=35；人/%）

词项	年龄			词项	年龄		
	老年	中年	青年		老年	中年	青年
摆谱儿	32/88.9	23/88.5	17/73.9	末了儿	18/100	11/91.7	12/75.0
帮忙儿	23/60.5	20/71.4	24/68.6	脑瓜儿	21/55.3	21/75.0	26/74.3
鼻梁儿	29/76.3	20/71.4	25/71.4	年头儿	33/86.8	24/88.9	26/74.3
冰棍儿	37/100	27/96.4	35/100	念想儿	21/65.6	18/64.3	13/37.1
冰锥儿	21/61.8	14/60.9	15/55.6	苹果核儿	34/89.5	26/92.9	30/85.7
脖颈儿	16/42.1	15/53.6	11/50.0	手印儿	37/100	26/92.9	30/85.7
菜秧儿	19/52.8	14/50.0	13/44.8	树叶儿	36/94.7	28/100	22/62.9
打晃儿	28/84.8	21/87.5	16/80.0	树枝儿	34/89.5	28/100	26/74.1
打鸣儿	34/89.5	24/85.7	23/65.7	松鼠儿	30/78.9	15/53.6	6/17.1
大枣儿	34/89.5	25/89.3	28/80.0	桃儿	37/97.4	28/100	31/88.6
蛋黄儿	32/84.2	23/82.1	31/88.6	天窗儿	32/84.2	21/80.0	11/33.3
蛋清儿	28/73.7	25/89.3	16/48.5	图钉儿	30/78.9	19/67.9	15/42.9

续表

词项	年龄			词项	年龄		
	老年	中年	青年		老年	中年	青年
灯泡儿	35/92.1	25/89.3	31/88.6	味儿	38/100	26/100	35/100
豆角儿	37/97.4	25/89.3	32/91.4	香肠儿	28/73.7	26/92.9	27/77.1
发小儿	22/84.6	18/78.3	25/80.6	小虫儿	33/86.8	26/92.9	17/48.6
饭桌儿	25/65.8	21/75.0	28/80.0	小葱儿	32/84.2	23/82.1	18/54.5
钢镚儿	38/100	26/92.9	29/82.9	小笛儿	22/61.1	20/71.4	11/34.4
钩儿	27/73.0	22/78.6	32/91.4	小碟儿	29/76.3	23/82.1	18/64.3
瓜瓤儿	36/94.7	23/82.1	22/66.7	小褂儿	23/63.9	18/72.0	10/34.5
棍儿	26/68.4	28/100	35/100	小罐儿	24/66.7	23/82.1	22/64.7
果冻儿	13/34.2	17/60.7	16/45.7	小筐儿	29/80.6	23/82.1	23/65.7
果汁儿	26/68.4	25/89.3	28/80.0	小猫儿	31/81.6	24/85.7	26/74.3
过道儿	34/89.5	22/78.6	32/91.4	小球儿	38/100	26/92.9	28/80.0
红包儿	31/81.6	25/89.3	27/77.1	小曲儿	34/100	28/100	33/94.3
后儿	24/92.3	18/94.7	18/94.7	小裙儿	14/36.8	17/60.7	14/40.0
胡同儿	34/89.5	25/89.3	29/82.9	小偷儿	36/94.7	26/92.9	27/77.1
花瓶儿	31/81.6	23/82.1	23/65.7	小兔儿	22/57.9	21/75.0	9/25.7
火星儿	28/73.7	17/60.7	16/51.6	小熊儿	21/56.8	14/50.0	10/30.3
家雀儿	35/100	27/100	26/92.9	小燕儿	18/47.4	19/67.9	10/30.3
酒盅儿	31/88.6	22/91.7	9/42.9	小样儿	36/94.7	24/85.7	28/80.0
开窍儿	23/79.3	22/81.5	24/68.6	鞋底儿	33/91.7	24/88.9	31/91.2
可惜了儿	35/94.6	24/88.9	30/90.0	鞋样儿	35/92.1	23/82.1	11/50.0
口哨儿	28/73.7	25/89.3	31/88.6	胸脯儿	29/76.3	22/84.6	9/27.3
口罩儿	29/76.3	25/89.3	27/77.1	袖口儿	33/86.8	25/89.3	26/74.3
哭穷儿	26/68.4	15/53.6	11/44.0	须儿	34/97.1	18/81.8	14/58.3
裤兜儿	33/86.8	26/92.9	29/82.9	牙刷儿	32/84.2	22/78.6	24/68.6
老头儿	38/100	26/92.9	31/88.6	烟灰缸儿	23/60.5	23/82.1	21/60.0
马扎儿	30/83.3	26/92.9	30/90.9	眼镜儿	37/97.4	24/85.7	25/71.4

续表

词项	年龄			词项	年龄		
	老年	中年	青年		老年	中年	青年
煤球儿	31/83.8	27/96.4	22/66.7	药方儿	30/78.9	25/89.3	17/51.5
门缝儿	35/92.1	26/92.9	30/85.7	一瓶儿	37/97.4	21/75.0	21/60.0
门口儿	31/81.6	24/85.7	27/77.1	一阵儿	38/100	25/89.3	29/82.9
蜜蜂儿	21/55.3	11/39.3	8/22.9	这样儿	26/70.3	15/53.6	21/60.0
面条儿	29/76.3	26/92.9	29/82.9	整儿	33/86.8	24/85.7	21/60.0
明儿	21/91.3	18/81.8	24/92.3	抓阄儿	38/100	27/96.4	27/77.1

附表5 不同文化程度调查对象的儿化词使用率

（*n*=101，*n*1=24，*n*2=41，*n*3=19，*n*4=17；人/%）

词项	文化程度				词项	文化程度			
	小学及以下	初中	高中	大专及以上		小学及以下	初中	高中	大专及以上
摆谱儿	22/91.7	32/78.8	16/84.2	15/88.2	末了儿	7/29.2	19/46.3	12/63.2	8/47.1
帮忙儿	24/100	41/100	19/100	17/100	脑瓜儿	24/100	41/100	19/100	17/100
鼻梁儿	24/100	41/100	19/100	17/100	年头儿	24/100	41/100	19/100	16/94.1
冰棍儿	24/100	40/97.6	19/100	17/100	念想儿	24/100	35/85.4	19/100	17/100
冰锥儿	20/83.3	36/87.8	16/84.2	12/70.6	苹果核儿	24/100	41/100	19/100	17/100
脖颈儿	24/100	33/80.5	14/73.7	17/100	手印儿	23/95.8	41/100	19/100	17/100
菜秧儿	24/100	37/90.2	17/89.5	15/88.2	树叶儿	24/100	41/100	19/100	17/100
打晃儿	21/87.5	31/75.6	15/78.9	10/58.8	树枝儿	24/100	41/100	19/100	17/100
打鸣儿	24/100	41/100	19/100	17/100	松鼠儿	24/100	41/100	19/100	17/100
大枣儿	24/100	41/100	19/100	17/100	桃儿	24/100	41/100	19/100	17/100
蛋黄儿	24/100	41/100	19/100	17/100	天窗儿	22/91.7	41/100	17/89.5	17/100
蛋清儿	24/100	39/95.1	19/100	17/100	图钉儿	24/100	41/100	19/100	17/100
灯泡儿	24/100	41/100	19/100	17/100	味儿	22/91.7	41/100	19/100	17/100
豆角儿	24/100	41/100	19/100	17/100	香肠儿	24/100	41/100	19/100	17/100
发小儿	15/62.5	34/82.9	16/84.2	15/88.2	小虫儿	24/100	41/100	19/100	17/100

续表

词项	文化程度				词项	文化程度			
	小学及以下	初中	高中	大专及以上		小学及以下	初中	高中	大专及以上
饭桌儿	24/100	41/100	19/100	17/100	小葱儿	24/100	39/95.1	19/100	17/100
钢镚儿	24/100	41/100	19/100	17/100	小笛儿	22/91.7	38/92.7	19/100	17/100
钩儿	24/100	40/97.6	19/100	17/100	小碟儿	24/100	39/95.1	17/89.5	14/82.4
瓜瓢儿	24/100	39/95.1	19/100	17/100	小褂儿	23/95.8	37/90.2	17/89.5	13/76.5
棍儿	24/100	41/100	19/100	17/100	小罐儿	22/91.7	41/100	19/100	16/94.1
果冻儿	24/100	41/100	19/100	17/100	小筐儿	23/95.8	40/97.6	19/100	17/100
果汁儿	24/100	41/100	19/100	17/100	小猫儿	24/100	41/100	19/100	17/100
过道儿	24/100	41/100	19/100	17/100	小球儿	24/100	41/100	19/100	17/100
红包儿	24/100	41/100	19/100	17/100	小曲儿	24/100	37/90.2	19/100	17/100
后儿	12/50.0	28/68.3	13/68.4	10/58.8	小裙儿	24/100	41/100	19/100	17/100
胡同儿	24/100	41/100	19/100	17/100	小偷儿	24/100	41/100	19/100	17/100
花瓶儿	24/100	41/100	19/100	17/100	小兔儿	24/100	41/100	19/100	17/100
火星儿	24/100	39/95.1	19/100	15/88.2	小熊儿	24/100	38/92.7	19/100	17/100
家雀儿	24/100	33/80.5	16/84.2	17/100	小燕儿	24/100	41/100	19/100	15/88.2
酒盅儿	21/87.5	34/82.9	13/68.4	12/70.6	小样儿	24/100	41/100	19/100	17/100
开窍儿	22/91.7	35/85.4	17/89.5	17/100	鞋底儿	22/91.7	40/97.6	18/94.7	17/100
可惜了儿	23/95.8	41/100	16/84.2	17/100	鞋样儿	24/100	37/90.2	17/89.5	10/58.8
口哨儿	24/100	41/100	19/100	17/100	胸脯儿	24/100	39/95.1	19/100	15/88.2
口罩儿	24/100	41/100	19/100	17/100	袖口儿	24/100	41/100	19/100	17/100
哭穷儿	24/100	35/85.4	15/78.9	17/100	须儿	23/95.8	33/80.5	13/68.4	12/70.6
裤兜儿	24/100	41/100	19/100	17/100	牙刷儿	24/100	41/100	19/100	17/100
老头儿	24/100	41/100	19/100	17/100	烟灰缸儿	24/100	41/100	19/100	17/100
马扎儿	24/100	37/90.2	19/100	17/100	眼镜儿	24/100	41/100	19/100	17/100
煤球儿	24/100	40/97.6	17/89.5	17/100	药方儿	24/100	39/95.1	19/100	17/100
门缝儿	24/100	41/100	19/100	17/100	一瓶儿	24/100	41/100	19/100	17/100

续表

词项	文化程度				词项	文化程度			
	小学及以下	初中	高中	大专及以上		小学及以下	初中	高中	大专及以上
门口儿	24/100	41/100	19/100	17/100	一阵儿	24/100	41/100	19/100	17/100
蜜蜂儿	24/100	41/100	19/100	17/100	这样儿	24/100	40/97.6	19/100	17/100
面条儿	24/100	41/100	19/100	17/100	整儿	24/100	41/100	19/100	17/100
明儿	12/50.0	32/78.0	13/68.4	13/76.5	抓阄儿	24/100	41/100	19/100	17/100

附表 6　不同文化程度调查对象的儿化词儿化率

（*n*=101，*n*1=24，*n*2=41，*n*3=19，*n*4=17；人/%）

词项	文化程度				词项	文化程度			
	小学及以下	初中	高中	大专及以上		小学及以下	初中	高中	大专及以上
摆谱儿	17/77.3	31/96.9	11/68.6	13/86.7	末了儿	7/100	18/94.7	8/66.7	8/100
帮忙儿	12/50.0	31/75.6	15/78.9	9/52.9	脑瓜儿	11/45.8	30/73.2	14/73.7	13/76.5
鼻梁儿	17/70.8	32/78.0	14/73.7	11/64.7	年头儿	18/75.0	36/87.8	13/68.4	16/100
冰棍儿	23/95.8	40/100	19/100	17/100	念想儿	14/58.3	17/48.6	10/52.6	11/64.7
冰锥儿	9/45.0	25/69.4	8/50.0	8/66.7	苹果核儿	19/79.2	40/97.6	16/84.2	15/88.2
脖颈儿	9/37.5	15/45.5	8/57.1	10/58.8	手印儿	22/95.7	37/90.2	17/89.5	17/100
菜秧儿	8/33.3	18/48.6	9/52.9	11/73.3	树叶儿	23/95.8	38/92.7	13/68.4	12/70.6
打晃儿	14/66.7	28/90.3	14/93.3	9/90.0	树枝儿	23/95.8	37/90.2	13/68.4	15/88.2
打鸣儿	17/70.8	35/85.4	16/84.2	13/76.5	松鼠儿	14/58.3	24/58.5	7/36.8	6/35.3
大枣儿	18/75.0	38/92.7	15/78.9	16/94.1	桃儿	26/100	41/100	16/84.2	15/88.2
蛋黄儿	17/70.8	37/90.2	16/84.2	16/94.1	天窗儿	17/77.3	28/68.3	10/58.8	9/52.9
蛋清儿	17/70.8	28/71.8	12/63.2	12/70.6	图钉儿	18/75.0	20/48.8	11/57.9	15/88.2
灯泡儿	21/87.5	36/87.8	17/89.5	17/100	味儿	22/100	41/100	19/100	17/100
豆角儿	20/83.3	41/100	18/94.7	15/88.2	香肠儿	17/70.8	35/85.4	15/78.9	14/82.4
发小儿	11/73.3	27/79.4	12/75.0	15/100	小虫儿	19/79.2	31/75.6	15/78.9	11/64.7
饭桌儿	16/66.7	29/70.0	13/68.4	16/94.1	小葱儿	14/58.3	32/82.1	11/57.9	16/94.1

续表

词项	文化程度				词项	文化程度			
	小学及以下	初中	高中	大专及以上		小学及以下	初中	高中	大专及以上
钢镚儿	23/95.8	38/92.7	16/84.2	16/94.1	小笛儿	12/54.5	20/52.6	8/42.1	13/76.5
钩儿	19/79.2	27/67.5	18/94.7	17/100	小碟儿	16/66.7	31/79.5	12/70.6	11/78.6
瓜瓤儿	21/87.5	32/82.1	15/78.9	13/76.5	小褂儿	12/52.2	23/62.2	11/64.7	5/38.5
棍儿	20/83.3	36/87.8	16/84.2	17/100	小罐儿	17/77.3	30/73.2	14/73.7	8/50.0
果冻儿	8/33.3	18/43.9	10/52.6	10/58.8	小筐儿	15/65.2	33/82.5	14/73.7	13/76.5
果汁儿	17/70.8	33/80.5	12/63.2	17/100	小猫儿	17/70.8	36/87.8	11/57.9	17/100
过道儿	19/79.2	37/90.2	17/89.5	15/88.2	小球儿	22/91.7	38/92.7	15/78.9	17/100
红包儿	20/83.3	36/87.8	15/78.9	12/70.6	小曲儿	24/100	35/94.6	19/100	17/100
后儿	12/100	29/100	12/92.3	10/100	小裙儿	8/33.3	22/53.7	8/42.1	7/41.2
胡同儿	21/87.5	38/92.7	15/78.9	14/82.4	小偷儿	21/87.5	37/90.2	14/73.7	17/100
花瓶儿	19/79.2	31/75.6	13/68.4	14/82.4	小兔儿	14/58.3	22/53.7	9/47.4	7/41.2
火星儿	16/66.7	22/56.4	12/63.2	11/73.3	小熊儿	13/54.2	15/39.5	4/21.1	13/76.5
家雀儿	24/100	32/97.0	16/100	16/94.1	小燕儿	11/45.8	20/48.8	7/36.8	9/60.0
酒盅儿	21/100	24/70.6	7/53.8	10/83.3	小样儿	21/87.5	35/85.4	18/94.7	14/82.4
开窍儿	19/86.4	24/68.6	13/76.5	13/76.5	鞋底儿	18/81.8	38/95.0	15/83.3	17/100
可惜了儿	19/82.6	39/95.1	14/87.5	17/100	鞋样儿	17/70.8	31/83.8	12/70.6	9/90.0
口哨儿	17/70.8	35/85.4	17/89.5	15/88.2	胸脯儿	16/66.7	30/76.9	7/36.8	7/46.7
口罩儿	15/62.5	37/90.2	14/73.7	15/88.2	袖口儿	17/70.8	37/90.2	14/73.7	16/94.1
哭穷儿	11/45.8	26/74.3	8/53.3	7/41.2	须儿	18/78.3	31/93.9	8/61.5	9/75.0
裤兜儿	19/79.2	40/97.6	15/78.9	14/82.4	牙刷儿	16/66.7	32/78.0	15/78.9	15/88.2
老头儿	22/91.7	39/95.1	18/94.7	16/94.1	烟灰缸儿	14/58.3	28/68.3	12/63.2	13/76.5
马扎儿	19/79.2	33/89.2	17/89.5	17/100	眼镜儿	19/79.2	36/87.8	15/78.9	16/94.1
煤球儿	19/79.2	36/90.0	12/70.6	14/82.4	药方儿	18/75.0	28/71.8	10/52.6	16/94.1
门缝儿	22/91.7	37/90.2	15/78.9	17/100	一瓶儿	19/79.2	34/82.9	10/52.6	16/94.1
门口儿	18/75.0	32/78.0	16/84.2	16/94.1	一阵儿	22/91.7	41/100	17/89.5	12/70.6

续表

词项	文化程度				词项	文化程度			
	小学及以下	初中	高中	大专及以上		小学及以下	初中	高中	大专及以上
蜜蜂儿	6/25.0	16/39.0	11/57.9	7/41.2	这样儿	10/41.7	31/77.5	10/52.6	11/64.7
面条儿	17/70.8	37/90.2	15/78.9	15/88.2	整儿	18/75.0	32/78.0	11/57.9	17/100
明儿	12/100	27/84.4	13/100	13/100	抓阄儿	23/95.8	38/92.7	14/73.7	17/100

附表7 不同居住地调查对象的儿化词使用率

（$n=101$，$n1=28$，$n2=20$，$n3=53$；人/%）

词项	居住地			词项	居住地		
	凤凰台	太平峪	五道河		凤凰台	太平峪	五道河
摆谱儿	27/96.4	14/70.0	44/83.0	末了儿	19/67.9	11/55.0	16/30.2
帮忙儿	28/100	20/100	53/100	脑瓜儿	28/100	20/100	53/100
鼻梁儿	28/100	20/100	53/100	年头儿	27/96.4	20/100	53/100
冰棍儿	28/100	20/100	52/98.1	念想儿	26/92.9	20/100	49/92.5
冰锥儿	27/96.4	15/75.0	42/79.2	苹果核儿	28/100	20/100	53/100
脖颈儿	26/92.9	16/80.0	46/86.8	手印儿	28/100	20/100	52/98.1
菜秧儿	28/100	18/90.0	47/88.7	树叶儿	28/100	20/100	53/100
打晃儿	26/92.9	12/60.0	39/73.6	树枝儿	28/100	20/100	53/100
打鸣儿	28/100	20/100	53/100	松鼠儿	28/100	20/100	53/100
大枣儿	28/100	20/100	53/100	桃儿	28/100	20/100	53/100
蛋黄儿	28/100	20/100	53/100	天窗儿	28/100	18/90.0	51/96.2
蛋清儿	28/100	18/90.0	53/100	图钉儿	28/100	20/100	53/100
灯泡儿	28/100	20/100	53/100	味儿	28/100	20/100	51/96.2
豆角儿	28/100	20/100	53/100	香肠儿	28/100	20/100	53/100
发小儿	26/92.9	15/75.0	39/73.6	小虫儿	28/100	20/100	53/100
饭桌儿	28/100	20/100	53/100	小葱儿	28/100	18/90.0	53/100
钢镚儿	28/100	20/100	53/100	小笛儿	25/89.3	20/100	51/96.2
钩儿	27/96.4	20/100	53/100	小碟儿	27/96.4	18/90.0	49/92.5

续表

词项	居住地			词项	居住地		
	凤凰台	太平峪	五道河		凤凰台	太平峪	五道河
瓜瓤儿	28/100	18/90.0	53/100	小褂儿	28/100	20/100	42/79.2
棍儿	28/100	20/100	53/100	小罐儿	25/89.3	20/100	53/100
果冻儿	28/100	20/100	53/100	小筐儿	28/100	20/100	51/96.2
果汁儿	28/100	20/100	53/100	小猫儿	28/100	20/100	53/100
过道儿	28/100	20/100	53/100	小球儿	28/100	20/100	53/100
红包儿	28/100	20/100	53/100	小曲儿	26/92.9	20/100	51/96.2
后儿	23/82.1	10/50.0	30/56.6	小裙儿	28/100	20/100	53/100
胡同儿	28/100	20/100	53/100	小偷儿	28/100	20/100	53/100
花瓶儿	28/100	20/100	53/100	小兔儿	28/100	20/100	53/100
火星儿	28/100	18/90.0	51/96.2	小熊儿	28/100	18/90.0	52/98.1
家雀儿	23/82.1	18/90.0	49/92.5	小燕儿	28/100	20/100	51/96.2
酒盅儿	23/82.1	16/80.0	41/77.4	小样儿	28/100	20/100	53/100
开窍儿	24/85.7	17/85.0	50/94.3	鞋底儿	26//92.9	20/100	51/96.2
可惜了儿	27/96.4	20/100	50/94.3	鞋样儿	27/96.4	14/70.0	47/88.7
口哨儿	28/100	20/100	53/100	胸脯儿	28/100	18/90.0	51/96.2
口罩儿	28/100	20/100	53/100	袖口儿	28/100	20/100	53/100
哭穷儿	28/100	14/70.0	49/92.5	须儿	27/96.4	15/75.0	39/73.6
裤兜儿	28/100	20/100	53/100	牙刷儿	28/100	20/100	53/100
老头儿	28/100	20/100	53/100	烟灰缸儿	28/100	20/100	53/100
马扎儿	26/92.9	20/100	51/96.2	眼镜儿	28/100	20/100	53/100
煤球儿	28/100	20/100	50/94.3	药方儿	28/100	20/100	51/96.2
门缝儿	28/100	20/100	53/100	一瓶儿	28/100	20/100	53/100
门口儿	28/100	20/100	53/100	一阵儿	28/100	20/100	53/100
蜜蜂儿	28/100	20/100	53/100	这样儿	28/100	20/100	52/98.1
面条儿	28/100	20/100	53/100	整儿	28/100	20/100	53/100
明儿	22/78.6	16/80.0	32/60.4	抓阄儿	28/100	20/100	53/100

附表 8 不同居住地调查对象的儿化词儿化率

($n=101$，$n1=28$，$n2=20$，$n3=53$；人/%)

词项	居住地			词项	居住地		
	凤凰台	太平峪	五道河		凤凰台	太平峪	五道河
摆谱儿	22/81.5	13/92.9	37/84.1	末了儿	18/94.7	10/90.0	13/81.3
帮忙儿	21/75.0	15/75.0	31/58.5	脑瓜儿	19/67.9	19/95.0	30/56.6
鼻梁儿	23/82.1	12/60.0	39/73.6	年头儿	23/85.2	15/75.0	45/84.9
冰棍儿	28/100	19/95.0	52/100	念想儿	17/65.4	8/40.0	27/55.1
冰锥儿	19/70.4	10/66.7	21/50.0	苹果核儿	26/92.9	16/80.0	48/90.6
脖颈儿	17/65.4	10/62.5	15/32.6	手印儿	24/85.7	19/95.0	50/96.2
菜秧儿	19/67.9	8/44.4	19/40.0	树叶儿	23/82.1	16/80.0	47/88.7
打晃儿	23/88.5	9/75.0	33/84.6	树枝儿	25/89.3	16/80.0	47/88.7
打鸣儿	25/89.3	13/65.0	43/81.1	松鼠儿	17/60.7	8/40.0	26/49.1
大枣儿	26/92.9	17/85.0	44/83.0	桃儿	27/96.4	20/100	49/92.5
蛋黄儿	25/89.3	17/85.0	44/83.0	天窗儿	23/82.1	9/50.0	32/62.7
蛋清儿	25/89.3	11/61.1	33/62.3	图钉儿	19/67.9	10/50.0	35/66.0
灯泡儿	26/92.9	17/85.0	48/90.6	味儿	28/100	20/100	51/100
豆角儿	28/100	17/85.0	49/92.5	香肠儿	25/89.3	18/90.0	38/71.7
发小儿	23/88.5	9/60.0	33/84.6	小虫儿	21/75.0	16/80.0	39/73.6
饭桌儿	20/71.4	14/70.0	40/75.5	小葱儿	23/82.1	13/72.2	37/69.8
钢镚儿	26/92.9	19/95.0	48/90.6	小笛儿	17/68.0	14/70.0	22/43.1
钩儿	23/85.2	18/90.0	40/75.5	小碟儿	22/81.5	13/72.2	35/71.4
瓜瓤儿	24/85.7	13/72.2	44/83.0	小褂儿	22/78.6	13/65.0	16/38.1
棍儿	27/96.4	17/85.0	45/84.9	小罐儿	22/88.0	8/40.0	39/73.6
果冻儿	13/46.4	6/30.0	27/50.9	小筐儿	23/82.1	17/85.0	35/68.6
果汁儿	24/85.7	14/70.0	41/77.4	小猫儿	25/89.3	15/75.0	41/77.4
过道儿	23/82.1	18/90.0	47/88.7	小球儿	25/89.3	18/90.0	49/92.5
红包儿	27/96.4	17/85.0	39/73.6	小曲儿	24/92.3	20/100	51/100
后儿	24/100	10/100	29/96.7	小裙儿	21/75.0	8/40.0	16/30.2

续表

词项	居住地			词项	居住地		
	凤凰台	太平峪	五道河		凤凰台	太平峪	五道河
胡同儿	26/92.9	18/90.0	44/83.0	小偷儿	25/89.3	16/80.0	48/90.6
花瓶儿	27/96.4	14/70.0	36/67.9	小兔儿	17/60.7	9/45.0	26/49.1
火星儿	21/75.0	11/61.1	29/56.9	小熊儿	18/64.3	7/38.9	20/38.5
家雀儿	22/95.7	18/100	48/98.0	小燕儿	18/64.3	9/45.0	20/39.2
酒盅儿	19/82.6	9/56.3	34/82.9	小样儿	25/89.3	17/85.0	46/86.8
开窍儿	21/87.5	9/52.9	39/78.0	鞋底儿	23/88.5	16/80.0	49/96.1
可惜了儿	25/92.6	18/90.0	46/92.0	鞋样儿	23/85.2	12/85.7	34/72.3
口哨儿	23/82.1	15/75.0	46/86.8	胸脯儿	18/64.3	13/72.2	29/56.9
口罩儿	24/85.7	15/75.0	42/79.2	袖口儿	25/89.3	17/85.0	42/79.2
哭穷儿	22/78.6	4/28.6	26/53.1	须儿	24/88.9	11/73.3	31/79.5
裤兜儿	27/96.4	18/90.0	43/81.1	牙刷儿	24/85.7	15/75.0	39/73.6
老头儿	26/92.9	18/90.0	51/96.2	烟灰缸儿	20/71.4	12/60.0	35/66.0
马扎儿	23/88.5	18/90.0	45/88.2	眼镜儿	25/89.3	16/80.0	45/84.9
煤球儿	22/78.6	20/100	39/78.0	药方儿	21/75.0	14/70.0	37/72.5
门缝儿	27/96.4	16/80.0	48/90.6	一瓶儿	23/82.1	12/60.0	44/83.0
门口儿	25/89.3	15/75.0	42/79.2	一阵儿	28/100	18/90.0	46/86.8
蜜蜂儿	17/60.7	9/45.0	14/26.4	这样儿	22/78.6	14/70.0	26/50.0
面条儿	26/92.9	18/90.0	40/75.5	整儿	24/85.7	10/50.0	44/83.0
明儿	22/100	16/100	27/84.4	抓阄儿	25/89.3	18/90.0	49/92.5

参考文献

［1］贾采珠．北京话儿化词典［M］．北京：语文出版社，1990.

［2］劲松．社会语言学研究［M］．北京：民族出版社，2009.

［3］卢小群．老北京土话的“子”缀［J］．贺州学院学报，2013（2）.

［4］彭宗平．北京话儿化词研究［D］．北京语言大学博士学位论文，2004.

［5］王远新，张阳，李媛冬．北京官话方言岛研究：清东陵和清西陵的满族汉语［M］．北京：中央民族大学出版社，2012.

白市酸汤话语音变异调查

吴　玲*

【摘要】酸汤话是分布在湘黔边界、被湘方言和西南官话包围的特殊汉语方言变体，在语言接触研究中具有特殊价值。本文运用社会语言学问卷调查法，选取酸汤话新老派差异明显的声韵调作为调查变项，结合年龄、性别、受教育程度和外出经历，分析酸汤话的语音变异情况及其社会影响因素。调查表明：不同语音变项的变异程度不平衡，总体变异程度不高，相较于声母和韵母，声调更容易产生变异。家庭和社区内部仍主要使用酸汤话，这导致短期内酸汤话不会被替代，其基本特点将在一段时间内保留。酸汤话的语音变异受到语言接触、学校教育、人口流动、媒体等客观因素与社会地位评价、实用功能评价、发展前景期望和行为倾向等主观因素的影响，有逐渐向天柱话和普通话靠拢的趋势。

【关键词】酸汤话，语音变异，影响因素

湘黔交界处的苗族因喜欢吃酸而被称为“酸汤苗”，他们所操语言与当地汉语方言不同，被称为“酸汤话”。酸汤话分布在湘黔边界，是被湘方言和西南官话包围的、以汉语为主夹杂苗语和侗语成分的特殊汉语方言变体，其主要音韵特征是中古全浊声母今读塞音、塞擦音时，绝大多数平声字读不送气清音，无塞音韵尾（吴玲 2023）。白市镇隶属于贵州省天柱县，位于县城东部清水江畔，辖 1 个居委会和 10 个行政村，总面积 158.53 平方公里，户籍人口 53871 人（2020 年）。白市村位于白市镇集镇所在地，总面积 10.6 平方公里，距天柱县城 28 公里，下辖盘塘、院背、辞兵洲、街上、燕子湾 5 个自然寨 12 个村民小组，总人口 3381 人。①

本文以白市村为调查点，依据 2022 年实地调查资料，描写酸汤话的语音变异情况，分析其影响因素。确定调查变项时，本研究主要依据以下原

---

*吴玲（1996—），女，贵州电子信息职业技术学院教师，中央民族大学中国少数民族语言文学学院语言学及应用语言学专业社会语言学方向 2020 级硕士，主要研究社会语言学相关问题。

① 相关数据由天柱县统计局、白市镇人民政府提供。

则：第一，根据试调查结果，选取变异较明显的变项；第二，考虑语音的系统性，选取的语音变项要能够代表某一类音的变化趋势；第三，根据其与普通话及周边方言的差异，选取最能体现酸汤话语音特点的变项；第四，每组语音变项内的调查项，选取使用程度较高且符合当地表达习惯的例字。综合考虑上述因素，最终确定13组语音变项，共15个变项，每个变项选取3个常用字。

一、语音变项调查

语言是一个异质有序的符号系统，它以变异形式存在，只有密切联系使用它的社会，才能对它的各种变异形式和历时变化进行有效的分析和研究（王远新2006：265）。本节从性别、年龄、受教育程度和外出经历四个角度，分析社会因素与各组调查项语音变异的关系。

（一）调查抽样及样本构成

本研究主要采用一对一访谈式问卷调查法，辅以实地观察和访谈法。调查员按调查问卷逐题提问，调查对象回答，再由调查员记录，被试自报与实际表达不相符时，以实际情况为准。同时在征得调查对象同意后，借助电子设备对词表部分进行录音，便于后期记录和核查。正式调查时依据白市村人口构成特点抽取100个户访对象，每户抽取1人作为问卷调查对象，要求为本地出生长大，年龄在15—69岁之间，获取有效样本98份，具体样本构成见表1和表2。

表1　性别和年龄段（$n=98$；人/%）

性别		年龄段①		
男	女	青年组	中年组	老年组
51/52.0	47/48.0	27/27.5	39/39.8	32/32.7

① 设定15—32岁为青年组，33—50岁为中年组，51—69岁为老年组，下文年龄差异分析均按此年龄段划分。

表 2　受教育程度和职业（$n=98$；人/%）

受教育程度				职业		
小学及以下	初中	高中（含中专、技校）	大专及以上	党政机关及专业技术人员	工农个体及失业人员	学生
35/35.7	35/35.7	11/11.2	17/17.4	9/9.2	77/78.6	12/12.2

（二）声母变项

本项调查涉及七组声母共八个变项，每个变项选取三个例字。七组声母变项分别为：中古全浊声母今逢塞音和塞擦音的送气情况、知章组遇摄字、晓匣母合口字和非组字、匣母字、止摄以外日母字、疑影母开口一二等字和见系二等字。

1. 中古全浊声母今逢塞音和塞擦音的送气情况

（1）总体发音情况

本组六个调查项的老派和新派发音为：婆 $po^{31}/p^{h}o^{31}$、糖 $ta\eta^{31}/t^{h}a\eta^{31}$、瓶 $pin^{31}/p^{h}in^{31}$、白 $p^{h}e^{35}/pe^{35}$、贼 $ts^{h}e^{35}/tsei^{35}$、昨 $ts^{h}o^{35}/tso^{35}$。各调查项的发音情况见表 3。

表 3　全浊声母总体发音情况（$n=98$；人/%）

	舒声字			入声字		
	婆	糖	瓶	白	贼	昨
变异情况①	9/9.2	9/9.2	17/17.3	5/5.1	42/42.8	35/35.7
平均变异率	11.9			27.8		

由上表可知，该调查项变异程度较低，老派发音占优势，其中入声字的变异程度略高。

（2）社会差异

不同性别、年龄、受教育程度和外出经历群体的语音变异情况见表 4。

① 指使用新派发音的情况，下同。

表 4　全浊声母舒声字的社会差异与语音变异（$n=98$；人/%）

指标	例字	婆	糖	瓶	平均变异率
性别	男（51 人）	7/13.7	4/7.8	4/7.8	9.7
	女（47 人）	2/4.3	4/7.8	4/7.8	6.6
年龄	青年组（27 人）	5/18.5	3/9.4	12/44.4	24.1
	中年组（39 人）	5/18.5	1/2.6	4/10.3	10.5
	老年组（32 人）	3/9.4	1/2.6	1/3.13	5.0
受教育程度	小学及以下（35 人）	3/8.6	1/2.9	1/2.9	4.8
	初中（35 人）	3/8.6	3/8.6	5/14.3	10.5
	高中及以上（11 人）	3/8.6	3/27.3	5/45.5	27.1
	大专及以上（17 人）	0	2/11.8	6/35.3	15.7
外出经历	有（65 人）	8/12.3	7/10.8	2/6.1	9.7
	无（33 人）	1/3.0	2/6.1	3/9.1	6.1
	省内（13 人）	2/15.4	3/23.1	3/23.1	20.5
	省外（52 人）	6/11.5	3/23.1	3/23.1	19.2

由上表可知，男性发音的变异程度略高于女性；变异出现明显代际差异，变异率排序：青年组>中年组>老年组；受教育程度一定程度上影响变异情况，受教育程度较低群体变异率较低；外出经历与变异情况呈正相关，有外出经历群体变异率高于无外出经历群体，外出地为省内的变异率略高。

表 5　全浊声母入声字社会差异与语音变异（$n=98$；人/%）

指标	例字	白	贼	昨	平均变异率
性别	男（51 人）	4/7.8	25/49.0	21/41.2	32.7
	女（47 人）	3/6.4	25/49.0	14/29.8	28.4
年龄	青年组（27 人）	3/11.1	24/88.9	17/62.9	54.3
	中年组（39 人）	1/2.6	11/28.2	12/30.8	20.5
	老年组（32 人）	1/2.6	11/28.2	6/18.8	16.5

续表

指标 \ 例字		白	贼	昨	平均变异率
受教育程度	小学及以下（35人）	1/2.9	1/5.9	7/20.0	9.6
	初中（35人）	1/2.9	11/31.4	13/37.1	23.8
	高中及以上（11人）	2/18.2	8/72.7	8/72.7	54.5
	大专及以上（17人）	1/5.9	14/82.3	7/41.2	43.1
外出经历	有（65人）	4/6.2	32/49.2	29/44.6	33.3
	无（33人）	1/3.0	10/30.3	6/18.2	17.2
	省内（13人）	2/15.4	11/84.6	6/46.2	48.7
	省外（52人）	2/3.9	21/40.4	23/44.2	29.5

由上表可知，男性发音的变异程度高于女性；变异出现明显代际差异，变异率排序：青年组>中年组>老年组，且青年组变异程度较高；受教育程度一定程度上影响变异情况，其中高中及以上的变异率最高；外出经历与变异情况呈正相关，即有外出经历群体变异率高于无外出经历群体，外出地为省内的变异率略高。

2. 知章组遇摄字

(1) 总体发音情况

本组三个调查项的老派和新派发音为：柱 $tɕy^{35}/tsu^{35}$、除 $tɕ^{h}y^{31}/ts^{h}u^{31}$、书 $ɕy^{213}/su^{213}$。各调查项的发音情况见表6。

表6 知章组遇摄字总体发音情况（$n=98$；人/%）

	柱	除	书
变异情况	34/34.7	20/20.4	1/1.0
平均变异率	18.7		

由上表可知，该调查项老派发音占优势，变异程度较低。

(2) 社会差异

不同性别、年龄、受教育程度和外出经历群体的语音变异情况见表7。

表7 知章组遇摄字的社会差异与语音变异（$n=98$；人/%）

指标	例字	柱	除	书	平均变异率
性别	男（51人）	16/31.4	10/19.6	0	17.0
	女（47人）	16/31.4	10/21.3	1/2.1	18.3
年龄	青年组（27人）	23/85.2	15/55.6	0	46.9
	中年组（39人）	10/25.6	4/10.3	1/2.6	12.8
	老年组（32人）	1/3.1	1/3.1	0	2.1
受教育程度	小学及以下（35人）	3/8.6	2/5.7	1/2.9	5.7
	初中（35人）	11/31.4	5/14.3	0	15.2
	高中及以上（11人）	6/54.6	5/45.5	0	33.4
	大专及以上（17人）	14/82.4	8/47.1	0	43.2
外出经历	有（65人）	29/44.6	16/24.6	1/1.5	23.6
	无（33人）	5/15.2	4/12.1	0	9.1
	省内（13人）	12/92.3	7/53.9	0	48.7
	省外（52人）	17/32.7	9/17.3	1/1.9	17.3

由上表可知，女性发音的变异程度高于男性；变异出现明显代际差异，变异率排序：青年组>中年组>老年组；受教育程度越高变异率也越高；外出经历与变异情况呈正相关，即有外出经历群体变异率高于无外出经历群体，外出地为省内的变异率显著高于省外。

3. 晓匣母合口字和非组字

（1）总体发音情况

本组三个调查项的老派和新派发音为：婚 $fən^{213}$/$xuən^{213}$、换 $fuan^{35}$/$xuan^{35}$、风 $xoŋ^{213}$/$foŋ^{213}$。各调查项的发音情况见表8。

表8 晓匣母合口字和非组字总体发音（$n=98$；人/%）

	婚	换	风
变异情况	10/10.2	10/10.2	59/60.2
平均变异率	26.9		

由上表可知，该调查项老派发音总体占优势，变异程度不高。

(2) 社会差异

不同性别、年龄、受教育程度和外出经历群体的语音变异情况见表9。

表9 晓匣母合口字和非组字的社会差异与语音变异（$n=98$；人/%）

指标	例字	婚	换	风	平均变异率
性别	男（51人）	7/13.7	30/58.8	32/62.8	45.1
	女（47人）	3/6.4	19/40.4	27/57.5	34.8
年龄	青年组（27人）	10/37.0	27/100	27/100	79.0
	中年组（39人）	0	17/43.6	27/69.2	37.6
	老年组（32人）	0	5/15.6	5/15.6	10.4
受教育程度	小学及以下（35人）	0	8/22.9	13/37.1	20.0
	初中（35人）	2/5.7	17/48.6	20/57.1	37.1
	高中及以上（11人）	3/27.3	7/63.6	9/81.8	57.6
	大专及以上（17人）	5/29.4	17/100	17/100	76.5
外出经历	有（65人）	7/10.8	36/55.4	43/66.2	44.1
	无（33人）	3/9.1	13/39.4	16/48.5	32.3
	省内（13人）	4/30.8	12/92.3	12/92.3	71.8
	省外（52人）	3/5.8	24/46.2	31/59.6	37.2

由上表可知，男性发音的变异程度高于女性；变异出现明显代际差异，变异率排序：青年组>中年组>老年组；受教育程度越高变异率也越高；外出经历与变异情况呈正相关，即有外出经历群体变异率高于无外出经历群体，外出地为省内的变异率高于省外。

4. 匣母字

(1) 总体发音情况

本组三个调查项的老派和新派发音为：话 ua^{213}/xua^{213}、黄 $uaŋ^{31}$/$xuaŋ^{31}$、滑 ua^{35}/xua^{35}。各调查项的发音情况见表10。

表 10 匣母字总体发音（$n=98$；人/%）

	话	黄	滑
变异情况	9/9.2	38/38.8	54/55.1
平均变异率	34.3		

由上表可知，该调查项老派发音占优势，变异程度相对较高。

（2）社会差异

不同性别、年龄、受教育程度和外出经历群体的语音变异情况见表 11。

表 11 匣母字的社会差异与语音变异（$n=98$；人/%）

例字 指标		话	黄	滑	平均变异率
性别	男（51 人）	3/5.9	21/41.2	28/54.9	34.0
	女（47 人）	6/12.8	17/36.2	26/55.3	34.8
年龄	青年组（27 人）	4/14.8	19/70.4	23/85.2	56.8
	中年组（39 人）	3/7.7	15/38.5	23/58.9	35.0
	老年组（32 人）	2/6.3	4/12.5	8/25.0	14.6
受教育程度	小学及以下（35 人）	2/5.7	8/22.9	12/34.3	21.0
	初中（35 人）	2/5.7	13/37.1	20/57.1	33.3
	高中及以上（11 人）	1/9.1	6/54.6	8/72.7	45.5
	大专及以上（17 人）	4/23.5	11/64.7	14/82.4	56.9
外出经历	有（65 人）	7/10.8	30/46.2	43/66.2	41.1
	无（33 人）	2/6.1	8/24.2	11/33.3	21.2
	省内（13 人）	3/23.1	9/69.2	11/84.6	59.0
	省外（52 人）	4/7.7	21/40.4	32/61.5	36.5

由上表可知，男性和女性的语音变异情况基本持平；变异出现明显代际差异，变异率排序：青年组>中年组>老年组；受教育程度越高变异率越高；外出经历与变异情况呈正相关，即有外出经历群体变异率高于无外出经历群体，外出地为省内的变异率高于省外。

5. 止摄以外日母字

（1）总体发音情况

本组三个调查项的老派和新派发音为：如 lәu³⁵/zu³⁵、让 laŋ³³/zaŋ³³、肉 lәu³⁵/zu³⁵。各调查项的发音情况见表 12。

表 12 日母字总体发音（$n=98$；人/%）

	如	让	肉
变异情况	42/42.9	12/12.2	27/27.6
平均变异率	27.6		

由上表可知，该调查项老派发音占优势，变异程度不高。

（2）社会差异

不同性别、年龄、受教育程度和外出经历群体的语音变异情况见表 13。

表 13 日母字的社会差异与语音变异（$n=98$；人/%）

指标	例字	如	让	肉	平均变异率
性别	男（51 人）	22/43.1	7/13.7	15/29.4	28.7
	女（47 人）	20/42.6	5/10.6	12/25.5	26.2
年龄	青年组（27 人）	20/74.1	10/37.0	13/48.2	53.1
	中年组（39 人）	17/43.6	2/5.1	11/28.2	25.6
	老年组（32 人）	5/15.6	0	3/9.4	8.3
受教育程度	小学及以下（35 人）	11/31.4	1/2.9	7/20.0	18.1
	初中（35 人）	13/37.1	2/5.7	9/25.7	22.8
	高中及以上（11 人）	6/54.6	3/27.3	3/27.3	36.4
	大专及以上（17 人）	12/70.6	6/35.3	8/47.1	51.0
外出经历	有（65 人）	33/50.8	9/13.9	21/32.3	32.3
	无（33 人）	9/27.3	3/9.1	6/18.2	18.2
	省内（13 人）	8/61.5	4/30.8	6/46.2	46.2
	省外（52 人）	25/48.1	5/9.6	15/28.9	28.9

由上表可知，男性发音的变异程度高于女性；变异出现明显代际差异，变异率排序：青年组>中年组>老年组；受教育程度越高变异率越高；外出经历

与变异情况呈正相关，即有外出经历群体变异率高于无外出经历群体，外出地为省内的变异率高于省外。

6. 疑母与影母开口一二等字

（1）总体发音情况

本组三个调查项的老派和新派发音为：爱 ŋai[35]/ai[35]、岸 ŋan[35]/an[35]、硬 ŋən[33]/in[33]。各调查项的发音情况见表14。

表14　疑影母总体发音（n=98；人/%）

	爱	岸	硬
变异情况	18/18.4	17/17.4	28/28.6
平均变异率	21.5		

由上表可知，该调查项老派发音占优势，变异程度不高。

（2）社会差异

不同性别、年龄、受教育程度和外出经历群体的语音变异情况见表15。

表15　疑影母的社会差异与语音变异（n=98；人/%）

指标	例字	爱	岸	硬	平均变异率
性别	男（51人）	10/19.6	10/19.6	17/33.3	24.2
	女（47人）	8/17.0	7/14.9	11/23.4	18.4
年龄	青年组（27人）	15/55.6	15/55.6	23/85.2	65.5
	中年组（39人）	3/7.7	2/5.1	5/12.8	8.5
	老年组（32人）	0	0	0	0
受教育程度	小学及以下（35人）	0	0	1/2.9	1.0
	初中（35人）	6/17.2	5/14.3	9/25.7	19.1
	高中及以上（11人）	4/36.4	4/36.4	5/45.5	39.4
	大专及以上（17人）	8/47.1	8/47.1	13/76.5	56.9
外出经历	有（65人）	14/21.5	13/20.0	21/32.3	24.6
	无（33人）	4/12.1	4/12.1	7/21.2	15.1
	省内（13人）	6/46.2	6/46.2	9/69.2	53.9
	省外（52人）	8/15.4	7/13.5	12/23.1	17.3

由上表可知，男性发音的变异程度高于女性；变异出现明显代际差异，变异率排序：青年组>中年组>老年组，且变异情况多出现在青年组，老年组未发生变异；受教育程度越高变异率越高，小学及以下文化程度群体较少出现变异的情况；外出经历与变异情况呈正相关，即有外出经历群体变异率高于无外出经历群体，外出地为省内的变异率显著高于省外。

7. 见系二等字

（1）总体发音情况

本组三个调查项的老派和新派发音为：街 kai^{213}/tɕie^{213}、敲 kʰau^{213}/tɕʰiau^{213}、夹 ka^{31}/tɕia^{55}。各调查项的发音情况见表 16。

表 16　见系二等字总体发音（*n*=98；人/%）

	街	敲	夹
变异情况	2/2.0	11/11.2	34/34.7
平均变异率	16.0		

由上表可知，该调查项老派发音占优势，变异程度较低。

（2）社会差异

不同性别、年龄、受教育程度和外出经历群体的语音变异情况见表 17。

表 17　见系二等字的社会差异与语音变异（*n*=98；人/%）

指标	例字	街	敲	夹	平均变异率
性别	男（51 人）	2/3.9	6/11.8	20/39.2	18.3
	女（47 人）	0	5/10.6	14/29.8	13.5
年龄	青年组（27 人）	2/7.4	11/40.7	18/66.7	38.3
	中年组（39 人）	0	0	15/38.5	12.8
	老年组（32 人）	0	0	15/38.5	12.8
受教育程度	小学及以下（35 人）	0	0	7/20.0	6.7
	初中（35 人）	15/38.5	2/5.7	10/28.6	24.3
	高中及以上（11 人）	1/9.1	3/27.3	6/54.6	30.3
	大专及以上（17 人）	0	6/35.3	11/64.7	33.3

续表

指标 \ 例字		街	敲	夹	平均变异率
外出经历	有（65 人）	2/3.1	8/12.3	25/38.5	18.0
	无（33 人）	0	3/9.1	9/27.3	12.1
	省内（13 人）	1/7.7	6/46.2	8/61.5	38.5
	省外（52 人）	1/1.9	2/3.9	17/32.7	12.8

由上表可知，男性发音的变异程度高于女性；各年龄段变异率排序：青年组>中年组=老年组；受教育程度越高变异率越高，其中小学及以下文化程度群体较少出现变异的情况；外出经历与变异情况呈正相关，即有外出经历群体变异率高于无外出经历群体，外出地为省内的变异率显著高于省外。

（三）韵母变项

本项调查涉及四组韵母变项，每个变项选取三个例字。四组韵母变项分别为：果摄一等字、遇摄和通摄合口字、蟹臻摄合口一等和止摄合口三等字与宕江摄部分舒声字。

1. 果摄一等字

（1）总体发音情况

本组三个调查项的老派和新派发音为：歌 $ko^{213}/kə^{213}$、河 $xo^{31}/xə^{31}$、课 $k^{h}o^{35}/k^{h}ə^{35}$。各调查项的发音情况见表 18。

表 18 果摄一等字总体发音（n=98；人/%）

	歌	河	课
变异情况	4/4.0	6/6.1	7/7.1
平均变异率	5.7		

由上表可知，该调查项老派发音占优势，变异程度较低。

（2）社会差异

不同性别、年龄、受教育程度和外出经历群体的语音变异情况见表 19。

表 19 果摄一等字的社会差异与语音变异（$n=98$；人/%）

指标	例字	歌	河	课	平均变异率
性别	男（51 人）	2/3.9	4/7.8	5/9.8	7.2
	女（47 人）	2/4.3	2/4.3	2/4.3	4.3
年龄	青年组（27 人）	4/14.8	6/22.2	7/25.9	21.0
	中年组（39 人）	0	0	0	0
	老年组（32 人）	0	0	0	0
受教育程度	小学及以下（35 人）	0	0	0	0
	初中（35 人）	1/2.9	2/5.7	2/5.7	4.8
	高中及以上（11 人）	0	1/9.1	1/9.1	6.1
	大专及以上（17 人）	3/17.7	3/17.7	4/23.5	19.6
外出经历	有（65 人）	4/6.2	5/7.7	5/7.7	7.2
	无（33 人）	0	1/3.0	2/6.1	3.0
	省内（13 人）	3/23.1	3/23.1	3/23.1	23.1
	省外（52 人）	1/1.9	2/3.9	2/3.9	3.2

由上表可知，男性发音的变异程度高于女性；该变异仅出现在青年组中；受教育程度越高变异率越高，小学及以下文化程度群体未出现变异；外出经历与变异情况呈正相关，即有外出经历群体变异率高于无外出经历群体，外出地为省内的变异率显著高于省外。

2. 遇摄和通摄合口字

（1）总体发音情况

本组三个调查项的老派和新派发音为：肚 $tәu^{55}/tu^{55}$、锄 $ts^{h}әu^{31}/ts^{h}u^{31}$、初 $ts^{h}әu^{213}/ts^{h}u^{213}$。各调查项的发音情况见表 20。

表 20 遇摄和通摄合口字总体发音（$n=98$；人/%）

	肚	锄	初
变异情况	27/27.6	25/25.5	36/36.7
平均变异率	29.9		

由上表可知，该调查项老派发音占优势，变异程度相对较高。

（2）社会差异

不同性别、年龄、受教育程度和外出经历群体的语音变异情况见表21。

表21 遇摄和通摄合口字的社会差异与语音变异（$n=98$；人/%）

指标 \ 例字		肚	锄	初	平均变异率
性别	男（51人）	15/29.4	13/25.5	19/37.3	30.7
	女（47人）	12/25.5	12/25.5	17/36.2	29.1
年龄	青年组（27人）	23/85.2	23/85.2	26/96.3	88.9
	中年组（39人）	4/10.3	2/5.1	9/23.1	12.8
	老年组（32人）	0	0	1/3.1	1.0
受教育程度	小学及以下（35人）	1/2.9	0	6/17.1	6.7
	初中（35人）	8/22.9	7/20.0	10/28.6	23.8
	高中及以上（11人）	4/36.4	4/36.4	6/54.6	42.5
	大专及以上（17人）	14/82.4	14/82.4	14/82.4	82.4
外出经历	有（65人）	22/33.9	21/32.3	29/44.6	36.9
	无（33人）	5/15.2	4/12.1	7/21.2	16.2
	省内（13人）	7/21.2	11/84.6	11/84.6	63.5
	省外（52人）	11/21.2	10/19.2	18/34.6	25.0

由上表可知，男性发音的变异程度略高于女性；各年龄段变异率排序：青年组>中年组>老年组，变异情况主要出现在青年组；受教育程度越高变异率越高，小学及以下文化程度群体较少出现变异；外出经历与变异情况呈正相关，即有外出经历群体变异率高于无外出经历群体，外出地为省内的变异率显著高于省外。

3. 蟹臻摄合口一等和止摄合口三等字

（1）总体发音情况

本组三个调查项的老派和新派发音为：堆 tei^{213}/$tuei^{213}$、罪 $tsei^{33}$/$tsuei^{33}$、醉 $tsei^{35}$/$tsuei^{35}$。各调查项的发音情况见表22。

表 22 蟹臻摄合口一等和止摄合口三等字总体发音（n=98；人/%）

	推	罪	醉
变异情况	27/27.6	33/33.7	33/33.7
平均变异率	31.7		

由上表可知，该调查项虽然老派发音占优势，但变异程度相对较高。

（2）社会差异

不同性别、年龄、受教育程度和外出经历群体的语音变异情况见表 23。

表 23 蟹臻摄合口一等和止摄合口三等字的社会差异与语音变异（n=98；人/%）

指标	例字	推	罪	醉	平均变异率
性别	男（51 人）	15/29.4	20/39.2	19/37.3	35.3
	女（47 人）	12/25.5	13/27.7	13/27.7	27.0
年龄	青年组（27 人）	23/85.2	26/96.3	26/96.3	92.6
	中年组（39 人）	4/10.3	7/18.0	6/15.4	14.6
	老年组（32 人）	0	0	0	0
受教育程度	小学及以下（35 人）	0	1/2.9	1/2.9	1.9
	初中（35 人）	7/20.0	10/28.6	9/25.7	24.8
	高中及以上（11 人）	4/36.4	6/54.6	6/54.6	48.5
	大专及以上（17 人）	16/94.1	16/94.1	16/94.1	94.1
外出经历	有（65 人）	22/33.9	27/41.5	27/41.6	39.0
	无（33 人）	5/15.2	6/18.2	5/15.2	16.2
	省内（13 人）	12/92.3	12/92.3	12/92.3	92.3
	省外（52 人）	10/19.2	15/28.9	15/28.9	25.7

由上表可知，男性发音的变异程度高于女性；各年龄段变异率排序：青年组>中年组>老年组，且变异情况多出现在青年组；受教育程度越高变异率越高，小学及以下文化程度群体较少出现变异的情况；外出经历与变异情况呈正相关，即有外出经历群体变异率高于无外出经历群体，外出地为省内的变异率高于省外。

4. 宕摄和江摄部分舒声字

（1）总体发音情况

本组三个调查项的老派和新派发音为：皇 faŋ^{31}/xuaŋ^{31}、装 tsaŋ^{213}/tsuaŋ^{213}、窗 ts^{h}aŋ^{213}/ts^{h}uaŋ^{213}。各调查项的发音情况见表24。

表24 宕摄和江摄部分舒声字总体发音（*n*=98；人/%）

	皇	装	窗
变异情况	19/19.4	60/61.2	61/62.2
平均变异率	47.6		

由上表可知，该调查项老派发音的平均比例占优势，比其他调查项的变异程度更高。

（2）社会差异

不同性别、年龄、受教育程度和外出经历群体的语音变异情况见表25。

表25 宕摄和江摄部分舒声字的社会差异与语音变异（*n*=98；人/%）

指标	例字	皇	装	窗	平均变异率
性别	男（51人）	10/19.6	32/62.8	33/64.7	82.4
	女（47人）	9/19.2	28/59.6	28/59.6	46.1
年龄	青年组（27人）	13/48.2	27/100	27/100	82.7
	中年组（39人）	6/15.4	28/71.8	28/71.8	53.0
	老年组（32人）	0	5/15.6	6/18.8	11.5
受教育程度	小学及以下（35人）	6/18.8	14/40.0	15/42.9	33.9
	初中（35人）	5/14.3	21/60.0	21/60.0	44.8
	高中及以上（11人）	3/27.3	8/72.7	8/72.7	57.6
	大专及以上（17人）	8/47.1	17/100	17/100	82.4
外出经历	有（65人）	15/23.1	47/72.3	48/73.9	56.4
	无（33人）	4/12.1	13/39.4	13/39.4	30.3
	省内（13人）	7/53.9	12/92.3	12/92.3	79.5
	省外（52人）	8/15.4	35/67.3	36/69.2	50.6

由上表可知，男性发音的变异程度高于女性；各年龄段变异率排序：青年组>中年组>老年组；受教育程度越高变异率越高；外出经历与变异情况呈正相关，即有外出经历群体变异率高于无外出经历群体，外出地为省内的变异率高于省外。

（四）声调变项

本项调查涉及两组声调共三个变项，每个变项选取三个例字。两组声调变项分别为去声和入声。

1. 去声

（1）总体发音情况

本组三个调查项的老派和新派发音分别为阳去（33）/阴去（35）。各调查项的发音情况见表26。

表26 去声总体发音（$n=98$；人/%）

	病	树	处
变异情况	23/23.5	25/25.5	37/37.8
平均变异率	28.9		

由上表可知，该调查项老派发音占优势，变异程度相对较高。

（2）社会差异

不同性别、年龄、受教育程度和外出经历群体的语音变异情况见表27。

表27 去声的社会差异与语音变异（$n=98$；人/%）

指标	例字	病	树	处	平均变异率
性别	男（51人）	13/25.5	14/27.5	21/41.2	31.4
	女（47人）	10/21.3	11/23.4	16/34.0	26.2
年龄	青年组（27人）	15/55.6	22/81.5	25/92.6	76.6
	中年组（39人）	8/20.5	3/7.7	12/30.8	19.7
	老年组（32人）	0	0	0	0

续表

指标＼例字		病	树	处	平均变异率
受教育程度	小学及以下（35人）	2/5.7	0	5/14.3	6.7
	初中（35人）	7/20.0	8/22.9	12/34.3	25.7
	高中及以上（11人）	4/36.4	4/36.4	6/54.6	42.5
	大专及以上（17人）	10/58.8	13/76.5	14/82.4	72.6
外出经历	有（65人）	19/29.2	20/30.8	31/47.7	35.9
	无（33人）	4/12.1	5/15.2	6/18.2	15.2
	省内（13人）	9/69.2	10/76.9	11/84.6	76.9
	省外（52人）	10/19.2	10/19.3	20/38.6	25.7

由上表可知，男性发音的变异程度高于女性；各年龄段变异率排序：青年组>中年组>老年组，且变异现象多出现在青年组，老年组未出现变异现象；受教育程度越高变异率越高；外出经历与变异情况呈正相关，即有外出经历群体变异率高于无外出经历群体，外出地为省内的变异率显著高于省外。

2. 入声

（1）总体发音情况

本组六个调查项的老派发音为：黑、拍、铁读上声（55），药、服、合读阴去（35）；新派均读阳平（21）。各调查项的总体发音情况见表28。

表28　入声总体发音（$n=98$；人/%）

	黑	拍	铁	药	服	合
变异情况	4/4.1	35/35.7	52/53.1	26/26.5	37/37.8	39/39.8
平均变异率	31.0			34.7		

由上表可知，该调查项老派发音总体占优势，变异程度相对较高。

（2）社会差异

不同性别、年龄、受教育程度和外出经历群体的语音变异情况见表29。

表 29　入声字“黑、拍、铁”的社会差异与语音变异（n=98；人/%）

指标	例字	黑	拍	铁	平均变异率
性别	男（51人）	1/2.0	17/33.3	27/52.9	29.4
	女（47人）	3/6.4	18/38.3	25/53.2	32.6
年龄	青年组（27人）	4/14.8	25/92.6	27/100	69.1
	中年组（39人）	0	9/23.1	22/56.4	26.5
	老年组（32人）	0	1/3.1	3/9.4	4.2
受教育程度	小学及以下（35人）	0	4/23.5	10/28.6	17.4
	初中（35人）	0	11/31.4	18/51.4	27.6
	高中及以上（11人）	0	4/36.4	7/63.6	33.3
	大专及以上（17人）	4/23.5	17/100	17/100	74.5
外出经历	有（65人）	4/6.2	30/46.2	41/63.1	38.5
	无（33人）	0	5/15.2	11/33.3	16.2
	省内（13人）	4/30.8	12/92.3	12/92.3	71.8
	省外（52人）	0/0	18/34.6	29/55.8	30.1

由上表可知，女性发音的变异程度高于男性；各年龄段变异率排序：青年组>中年组>老年组，且老年组较少出现变异现象；受教育程度越高变异率越高；外出经历与变异情况呈正相关，即有外出经历群体变异率高于无外出经历群体，外出地为省内的变异率明显高于省外。

表 30　入声字“药、服、合”的社会差异与语音变异（n=98；人/%）

指标	例字	药	服	合	平均变异率
性别	男（51人）	25/53.2	20/39.2	22/43.1	45.2
	女（47人）	13/27.7	17/36.2	17/36.2	33.4
年龄	青年组（27人）	18/66.7	24/88.9	25/92.6	82.7
	中年组（39人）	8/20.5	13/33.3	14/35.9	29.9
	老年组（32人）	0	0	0	0

续表

指标＼例字		药	服	合	平均变异率
受教育程度	小学及以下（35人）	2/5.7	4/11.4	4/11.4	9.5
	初中（35人）	10/28.6	12/34.3	12/34.3	32.4
	高中及以上（11人）	3/27.3	5/45.5	7/63.6	45.5
	大专及以上（17人）	11/64.7	16/94.1	16/94.1	84.3
外出经历	有（65人）	21/32.3	32/49.2	33/50.8	44.1
	无（33人）	5/15.2	5/15.2	6/18.2	16.2
	省内（13人）	9/69.2	12/92.3	12/92.3	84.6
	省外（52人）	12/23.1	20/38.5	21/40.4	34.0

由上表可知，男性发音的变异程度高于女性；各年龄段变异率排序：青年组>中年组>老年组，且变异现象多出现在青年组，老年组未出现变异现象；受教育程度越高变异率越高；外出经历与变异情况呈正相关，即有外出经历群体变异率高于无外出经历群体，外出地为省内的变异率高于省外。

（五）小结

各组声母变异率（%）分别为：11.9、27.8、18.7、26.9、34.3、27.6、21.5、16.0，平均值为：23.1；各组韵母变异率（%）分别为5.7、29.9、31.7、47.6，平均值为：28.7；各组声调变异率（%）分别为：28.9、31.0、34.7，平均值为：31.5。总体而言，变异率排序为：声调>韵母>声母。语音系统是一个复杂有序的整体，声韵调变异受到系统整体的制约和影响。声母系统相对而言较为稳定，需长期发展演变，才会发生变化。

二、影响因素

宏观的语言变异指一个语言社区因受各种因素影响，语言状况发生变化。微观的语言变异指因语言使用者的不同而引起的语言变体。性别、年龄、民族、职业、生活经历、家庭环境、社会地位、文化素养、心理状态、个性爱好、语言习惯等因素，都会导致语言变体的出现。微观的语言变异情况极其复杂，与各种社会因素交错影响，需要深入细致地分析其复杂表象下的规律性现象。本节主要从客观因素和主观因素两方面进行分析。

（一）客观因素

1. 调查对象的社会特征

（1）性别

本项调查的13组变异项中，男性发音变异程度大于女性的有10组，女性发音变异程度大于男性的有3组，即知章组遇摄字、匣母字和清声母入声字。总体而言，男性变异程度高于女性。进一步考察男性和女性的年龄、受教育程度和外出经历差异，详见表31。

表31　不同性别的年龄、受教育程度和外出经历差异（$n=98$；人/%）

		男（51人）	女（47人）
年龄	青年组（27人）	15/29.4	12/25.5
	中年组（39人）	19/37.3	20/42.6
	老年组（32人）	17/33.3	15/31.9
受教育程度	小学及以下（35人）	12/23.5	23/48.9
	初中（35人）	24/47.1	11/23.4
	高中及以上（11人）	7/13.7	4/8.5
	大专及以上（17人）	8/15.7	9/19.2
外出经历	有（65人）	34/66.7	31/66.0
	无（33人）	17/33.3	16/34.0
	省内（13人）	6/11.7	7/14.8
	省外（52人）	28/82.4	24/77.4
	1年以下（10人）	4/11.8	6/19.4
	1—3年（14人）	5/14.7	9/29.0
	3年以上（41人）	25/73.5	16/51.6

由上表可知，男性和女性在各年龄段的分布相差不大，女性受教育程度在小学及以下的人数较多，男性外出时长在三年以上的人数更多。男性总体变异程度高于女性，与其整体的受教育程度略高、外出时间更长和性格特点等因素有关。

（2）年龄和受教育程度

年龄是决定变异的重要外部因素之一。本项调查的13组变异项均出现明显年龄差异，总体变异程度：青年>中年>老年，且部分变异项主要出现在青年组，老年组变异程度较低或未出现变异；此外，调查数据表明受教育程度越高，变异率越高。进一步考察受教育程度在各年龄段的分布，详见表32。

表32 受教育程度在各年龄段的分布（n=98；人/%）

	青年组（27人）	中年组（39人）	老年组（32人）
小学及以下（35人）	0	19/54.3	16/45.7
初中（35人）	6/17.1	16/45.7	13/37.1
高中及以上（11人）	6/54.6	3/27.3	2/18.2
大专及以上（17人）	15/88.2	1/5.9	1/5.9

由上表可知，青年组总体受教育程度高，年龄和受教育程度共同影响了变异情况；中年组和老年组受教育程度相差不大，但老年组总体变异程度较低，说明年龄是影响变异的重要因素。

（3）外出经历

总体而言，有外出经历的被试变异率更高，外出地为省内的变异率大于省外。进一步考察外出经历在各年龄段的分布，详见表33。

表33 外出经历在各年龄段的分布（n=98；人/%）

		青年组（27人）	中年组（39人）	老年组（32人）
外出经历	有（65人）	22/81.5	29/74.4	14/43.8
	无（33人）	5/18.5	5/18.5	18/56.3
	省内（13人）	11/50.0	1/3.5	1/7.1
	省外（52人）	11/50.0	28/96.6	13/92.9

由上表可知，有外出经历的主要为中青年，中青年外出地主要为省外，外出经历与变异率的关系不够明晰，一定程度上受到年龄因素影响。选取人数分布较均匀的组别，单独考察老年组有无外出经历对变异率的影响，详见表34；考察青年组外出地为省内或省外对变异率的影响，详见表35；考察老年组外出时长对变异率的影响，详见表36。

表 34　老年组有无外出经历对变异率的影响（$n=32$;%）

	声母变异率	韵母变异率	声调变异率	平均变异率
有（14 人）	11.0	5.4	0.8	5.7
无（18 人）	4.2	1.4	1.9	2.5

由上表可知，有外出经历的被试变异率更高，外出经历是影响变异的因素之一。

表 35　青年组外出地为省内或省外对变异率的影响（$n=22$;%）

	声母变异率	韵母变异率	声调变异率	平均变异率
省内（11 人）	52.0	78.8	85.9	72.2
省外（11 人）	49.6	63.6	65.7	59.6

由上表可知，外出地为省内的被试变异率更高。一位被试（29 岁，男，高中文化）表示："在贵阳的时候，很少说酸汤话，遇到黔东南的老乡就讲天柱话，其他人就讲普通话。"一位被试（27 岁，女，初中文化）表示："在深圳打工主要讲普通话，说天柱话没得人听得懂，讲天柱话的机会很少，过年回家主要讲酸汤话。"外出地为省内或省外的被试变异率出现差别，主要与语言使用情况有关，被试在省内使用天柱话的频率增加，同时受到了天柱话和普通话的影响。

表 36　老年组外出时长对变异率的影响（$n=14$;%）

	声母变异率	韵母变异率	声调变异率	平均变异率
3 年以下（7 人）	11.9	5.0	0	5.6
3 年以上（7 人）	10.1	7.2	1.6	6.3

由上表可知，外出时长对变异率有一定影响，外出时间越长，平均变异率相对越高，但影响程度较小。一位被试（58 岁，男，小学文化）表示："我出去快三十年了，在外面打工说酸汤话的机会少，只有过年回家了说得多，但是不可能会忘记的。"

2. 语言接触

白市酸汤话是贵州省境内的湘方言岛，随着岛内外居民频繁接触，酸汤话社区已逐渐演变为双言社区；同时，国家大力推广普通话，各地方言均受到不同程度的影响，酸汤话社区也不例外。实地调查表明，多数被试最先学会酸汤话，熟练掌握酸汤话、普通话和天柱话。

（1）语言掌握

现在能用哪些语言或方言与人交谈（可多选）：酸汤话/天柱话/普通话 87 人，酸汤话 9 人，酸汤话/普通话 2 人，合计 98 人。分解多选项：酸汤话（98 人次）>普通话（89 人次）>天柱话（87 人次）。各语言或方言掌握程度见表 37。

表 37 语言掌握程度（$n=98$；人/%）

指标	语言变体	酸汤话	天柱话	普通话
听	完全能听懂	98/100	73/74.4	70/71.4
	大部分能听懂	0	19/19.4	19/19.4
	基本能听懂	0	4/4.1	6/6.1
	能听懂日常用语	0	2/2.1	3/3.1
	基本听不懂	0	0	0
	完全听不懂	0	0	0
合计		**98/100**	**98/100**	**98/100**
说	能熟练交谈，没有障碍	98/100	59/60.2	54/55.1
	能熟练交谈，个别时候有障碍	0	16/16.3	19/19.4
	基本能交谈	0	16/16.3	15/15.3
	会说日常用语	0	4/4.1	8/8.2
	基本不会说	0	3/3.1	2/2.0
	完全不会说	0	0	0
合计		**98/100**	**98/100**	**98/100**

听的程度排序（合并前三项）：酸汤话（100%）>天柱话（97.9%）>普通话（96.9%）。

说的程度排序（合并前三项）：酸汤话（100%）>天柱话（92.8%）>普通话（89.8%）。

总体而言，几乎所有被试同时掌握酸汤话、普通话和天柱话，且听说能力水平较高。普通话作为国家通用语言、天柱话作为县城主要交际用语，在频繁的语言使用和接触中，均会影响酸汤话，使其逐渐发生变异。

（2）语言使用情况

家庭语言使用

与长辈：小时候跟母亲（可多选）：酸汤话 94 人，酸汤话/天柱话 2 人，普通话 2 人。分解多选项：酸汤话（96 人次）>天柱话=普通话（各 2 人次）。

小时候跟父亲（可多选）：酸汤话 94 人，酸汤话/天柱话 2 人，普通话 2 人。分解多选项：酸汤话（96 人次）>天柱话=普通话（各 2 人次）。

现在跟母亲（可多选）：酸汤话 94 人，酸汤话/天柱话 3 人，普通话 1 人。分解多选项：酸汤话（97 人次）>天柱话（3 人次）>普通话（1 人次）。

现在跟父亲（可多选）：酸汤话 94 人，酸汤话/天柱话 3 人，普通话 1 人。分解多选项：酸汤话（97 人次）>天柱话（3 人次）>普通话（1 人次）。

与同辈：跟配偶（可多选）：酸汤话 93 人，酸汤话/普通话 3 人，酸汤话/天柱话 2 人。分解多选项：酸汤话（98 人次）>普通话（3 人次）>天柱话（2 人次）。

与晚辈：跟子女或孙子孙女（可多选）：酸汤话/普通话 52 人，酸汤话 45 人，酸汤话/天柱话 1 人。分解多选项：酸汤话（98 人次）>普通话（52 人次）>天柱话（1 人次）。

调查数据表明，被试与长辈和同辈交流主要使用酸汤话，且使用的语言同质性较高，与晚辈交流使用普通话的人次大幅增加。一位 15 岁的女性被试（初中文化）表示："小时候都和爸妈说普通话，长大了才慢慢学酸汤话和天柱话，现在和他们都讲酸汤话了。"一位 58 岁的女性被试（小学文化）表示："现在的娃娃在学校都讲普通话，回家也和我们讲普通话，我的普通话都是小孙子教的。"

社区语言使用

在本地集贸市场买东西（可多选）：酸汤话 89 人，酸汤话/普通话 5 人，酸汤话/普通话/天柱话 4 人。分解多选项：酸汤话（98 人次）>普通话（9 人次）>天柱话（4 人次）。

去本地政府部门办事（可多选）：酸汤话 63 人，酸汤话/普通话 17 人，酸汤话/天柱话 8 人，酸汤话/普通话/天柱话 5 人，普通话/天柱话 5 人，分解多选项：酸汤话（93 人次）>普通话（27 人次）>天柱话（18 人次）。

跟当地熟人聊天（可多选）：酸汤话 90 人，酸汤话/普通话 3 人，酸汤话/天柱话 3 人，酸汤话/普通话/天柱话 2 人。分解多选项：酸汤话（98 人次）>普通话=天柱话（各 5 人次）。

在本地跟陌生人交谈（可多选）：酸汤话 68 人，酸汤话/普通话 14 人，普通话/天柱话 6 人，酸汤话/天柱话 5 人，酸汤话/普通话/天柱话 5 人，分解多选项：酸汤话（92 人次）>普通话（25 人次）>天柱话（16 人次）。

跟亲友谈论国家大事或体育比赛（可多选）：酸汤话 85 人，普通话 7 人，酸汤话/普通话 3 人，酸汤话/普通话/天柱话 3 人，分解多选项：酸汤话（91 人次）>普通话（13 人次）>天柱话（3 人次）。

数据表明，社区内部仍以酸汤话为主要交际用语，在不同场合、跟不同交际对象的语言使用不同，酸汤话使用排序为：在本地集贸市场买东西=跟当地熟人聊天（各 98 人次）>在本地政府部门办事（93 人次）>在本地跟陌生人交谈（92 人次）>跟亲友谈论国家大事或体育比赛（91 人次）；普通话使用排序为：在本地政府部门办事（27 人次）>在本地跟陌生人交谈（25 人次）>跟亲友谈论国家大事或体育比赛（13 人次）>在本地集贸市场买东西（9 人次）>跟当地熟人聊天（5 人次）。一位 65 岁的男性被试（初中文化）表示："也没得什么规定的，和什么人讲什么话，别个讲什么我就讲什么，反正都会讲。"

总体而言，酸汤话是家庭内部主要用语，多数被试与晚辈交流时兼用酸汤话和普通话；交际场合、对象及话题对酸汤话的使用影响较小，但对普通话的使用影响较大，进而影响了酸汤话社区总体的语言使用情况。

（3）学校教育

学校教育是影响酸汤话变异的重要因素。数据表明，被试最先学会的语言主要为酸汤话，在学校教育中逐渐学会普通话；此外，学校要求成为学习普通话的重要目的之一，学校教育增加了普通话的使用频率。

最先或同时学会什么语言或方言（可多选）：酸汤话 94 人，酸汤话/天柱话 3 人，普通话 1 人，合计 98 人。分解多选项：酸汤话（97 人次）>天柱话（3 人次）>普通话（1 人次）。

上小学时，老师用什么语言讲课（可多选）：酸汤话 37 人，普通话 28 人，酸汤话/普通话 14 人，酸汤话/天柱话 12 人，无此情况 7 人。分解多选项：酸汤话（63 人次）>普通话（42 人次）>天柱话（12 人次）。

（4）人口流动

改革开放以来我国经济持续增长，城市对劳动力的需求迅速增加，推动了大量乡村人口向城市迁移。天柱县大量农村人口放弃务农，到沿海城市务工，同时，随着教育普及和社会发展，外出求学的年轻人越来越多。在人口频繁流动的大环境下，人们的语言使用也必然受到影响。一方面，城市人口复杂，为了能够正常地进行社会交际，不同方言背景的人需要学习和使用普通话。另一方面，外出学习、打工和经商者在城市工作和生活，接触了更多的新鲜事物，思想变得更加开放。调查表明，酸汤话社区居民学习天柱话和普通话的途径主要为社会交往，目的主要为满足交际需要。

学习途径

酸汤话（可多选）：家人影响 97 人，社会交往 1 人，合计 98 人。

天柱话（可多选）：社会交往 65 人，家人影响/社会交往 18 人，家人影响 6 人，无此情况 9 人。分解多选项：社会交往（83 人次）>家人影响（24 人次）。

普通话（可多选）：学校学习/社会交往 28 人，社会交往 26 人，学校学习/看电视或听广播 20 人，家人影响/学校学习/社会交往 4 人，无此情况 8 人。分解多选项：社会交往（58 人次）>学校学习（52 人次）>看电视或听广播（20 人次）>家人影响（4 人次）。

学习动机

酸汤话（可多选）：自然学会 97 人，便于交流 1 人。

天柱话（可多选）：便于交流 74 人，自然学会 14 人，自然学会/便于交流 1 人，无此情况 9 人。分解多选项：便于交流（75 人次）>自然学会（15 人次）。

普通话（可多选）：便于交流/工作或外出需要 46 人，便于交流/学校或单位要求 24 人，学校或单位要求/自然学会 4 人，自然学会 4 人，无此情况 7 人。分解多选项：便于交流（70 人次）>工作或外出需要（46 人次）>学校或单位要求（28 人次）>自然学会（8 人次）。

一位 65 岁的男性被试（小学文化）表示："出去说酸汤话没人听得懂，我们必须学会他们的话，才能找到活路做，不会说普通话老板不喜欢，不好找活路。"

（5）媒体因素

除学校教育、社会交往外，普通话很大程度上借助于各种媒体影响人们的生活，如电视、广播、网络等。实地调查表明，部分被试通过看电视、听广播的方式习得普通话。一位 63 岁的女性被试（未上过学）表示："我以前去过浙江几个月，不会普通话找不到活路就回来了，后面看电视学了一点，现在基本上都听得懂，偶尔也会和别人讲两句。"

（二）主观因素

语言态度往往反映了人们对某一种语言或方言的认识或评价，调查语言态度问题，可以了解人们的社会心理特点。本节主要从社会地位评价、实用功能评价、发展前景期望和行为倾向四个方面分析影响白市酸汤话语音变异的主观因素。

1. 社会地位评价

表 38 语言有用度（$n=98$；人/%）

指标 \ 语言变体	酸汤话	天柱话	普通话
很有用	9/9.2	8/8.2	68/69.4
对一部分人或在一定范围有用	89/90.8	87/88.8	29/29.6
没有用	0	1/1.0	0
无法回答	0	2/2.0	1/1.0
合计	**98/100**	**98/100**	**98/100**

"很有用"排序：普通话>酸汤话>天柱话，合并前两项：酸汤话>普通话>天柱话。多数被试认为普通话很有用，酸汤话和天柱话对一部分人或在一定范围有用。由此可见，被试对普通话、酸汤话和天柱话的认同度都很高，对普通话的社会地位评价最高。

2. 实用功能评价

对被试比较重要的语言或方言（可多选）：普通话 36 人，酸汤话/普通话/天柱话 33 人，酸汤话 23 人。分解多选项：普通话（69 人次）>酸汤话（56 人次）>天柱话（33 人次）。由此可见，被试认为普通话的实用功能最强。

3. 发展前景期望

表 39 语言发展前景期望度（$n=98$；人/%）

指标 \ 语言变体	酸汤话	天柱话	普通话
有很大发展	0	2/2.0	90/91.8
在一定范围发展	46/46.9	57/58.2	3/3.1
任其自然发展	32/32.7	30/30.6	5/5.1
不久将来不再使用	20/20.4	9/9.2	0
无法回答	0	0	0
合计	**98/100**	**98/100**	**98/100**

"有很大发展"排序：普通话>天柱话>酸汤话，前两项合并排序相同。由此可见，被试对普通话的发展前景期望度最高，不少被试对酸汤话持有消极态

度，认为不久将来不再使用。一位被试（49 岁，男，高中文化）表示："现在小娃娃讲得越来越少了，从小就在学校学普通话，回家也讲普通话，以后这个酸汤话怕是没得几个人讲了。"

4. 行为倾向

调查表明，多数被试希望后代上小学前能学会酸汤话，部分希望能先学普通话；关于上课用语所有被试均选择普通话。相关数据如下：

（1）希望后代上小学前最好学会什么语言或方言（可多选）：酸汤话 30 人，普通话 27 人，酸汤话/普通话 21 人，酸汤话/普通话/天柱话 3 人。分解多选项：酸汤话（54 人次）>普通话（51 人次）>天柱话（3 人次）。

（2）希望后代上课用什么语言（可多选），所有被试均选择普通话。

一位被试（32 岁，女，本科学历）表示："酸汤话是祖辈留下来的，还是要学一下的，读书之前就学一学酸汤话，读书了就主要学好普通话。"

语言态度影响语言变体的选择，当地人对普通话的语言态度更为积极，认为普通话作为全国通用语更具有社会影响力，对自己和后代都十分重要。这种积极的语言态度促使酸汤话向普通话靠拢。此外，天柱话作为县城境内主要交际用语，具有一定社会地位和实用功能，也在潜移默化地影响酸汤话的变异。

三、结　语

在发展演变过程中，酸汤话不同语音变异的变异程度不平衡，总体变异程度不高，从语音系统看，相较于声母和韵母，声调更容易产生变异，这主要是因为受到了普通话的影响。在家庭和社区内部，调查对象仍主要使用酸汤话，这说明短期内酸汤话不会被替代，其基本特点将在一段时间内保留。酸汤话的语音变异受到语言接触、学校教育、人口流动、媒体等客观因素与社会地位评价、实用功能评价、发展前景期望和行为倾向等主观因素的影响。这些因素促使酸汤话进一步向天柱话靠拢，同时酸汤话和天柱话将继续与普通话趋同。

参考文献

[1] 厉国华．山东五莲话语音新老派差异研究[D]．中央民族大学硕士学位论文，2013.
[2] 芦大鹏．陆川客家话语音变异研究[D]．广西大学硕士学位论文，2021.
[3] 王远新．语言理论与语言学方法论[M]．北京：教育科学出版社，2006.
[4] 吴玲．白市酸汤话音系及其新老派差异[G]//王远新．语言田野调查实录（17），北京：中央民族大学出版社，2023.

胶辽官话高密话音系

郑仲桦*

【摘要】高密话属胶辽官话青莱片，音系研究成果较多。本文根据最新调查，整理出高密话的音系，发现许多与前人描写不一致的地方。首先是没有齿间音、舌叶音声母，其次是描写出五个后滑音韵母。在元音单化、鼻音韵尾、声调调值的描写等方面与前人存在差异。上述差异受制于语言自然音变、接触变异，以及不同的语音描写范式。

【关键词】高密话，音系，后滑音，元音单化

一、引　言

高密市位于山东半岛东部，属潍坊市下辖的县级市，东与青岛市平度、胶州接壤，常住人口约为87万人。高密话属胶辽官话青莱片，市内方言存在一定差异。关于高密话音系，前人有不少研究成果。钱曾怡、罗福腾的《潍坊方言志》(1992)，记录了高密地区的音系（应为市区口音）；董绍克的《高密方言的儿化》(1993)，以市区音系为依据；曹义兰的《山东高密方言声韵调系统调查》(2008)，以密水镇口音为依据；王汝芹的《山东高密方言的语音特点》(2012)，以柏城镇口音为依据；赵杰的硕士学位论文《高密方言语音研究》(2012)，以阚家镇山甫村口音为依据。比较这五个音系可以发现，不同调查点的音系差异不大。声母方面，钱文29个、董文29个、曹文27个、王文25个、赵文30个，王汝芹(2012)归纳的音系没有舌叶音声母，钱曾怡、罗福腾(1992)和董绍克(1993)归纳的音系有舌根浊擦音ɣ，声母系统大体一致。韵母方面，董文和赵文34个，钱文、曹文和王文35个，也几乎是一致的。声调方面，钱文为213、42、55、21，董文为13、53、55、31，曹文

*本文为笔者主持的2018年国家社科基金一般项目“阿美语方言研究”（编号：18BYY204）的阶段性成果。

为213、42、44、21，王文为24、53、33、21，赵文为213、53、44、31，五篇文献皆为四个声调，且调型差异不大。

总体来看，不论记录高密市区还是不同乡镇的口音，前人研究没有太大差异。本文根据最新调研的结果，描写高密市区口音的音系。本次调查的发音人为居住在高密市朝阳街道的宋林，女，生于2001年（调查时21岁），本科学历，上大学前未离开老家，调查时间为2022年3月20日。本次调查结果与前人研究有相当大的差异，因此，笔者多次询问发音人父辈及祖辈的发音，并以自然语言的变体形式记录下来。传统方言学音系描写的范式（paradigm）重视与古音的对应关系以及音类的分合，在结构主义语言学影响下，往往将方言音系“典范化”，但无法反映自然音变的结果、非系统性的特点，以及语音层面的影响因素。本文采用的记音范式和音系描写方法与前人不同，即通过与胶辽官话、其他官话方言以及普通话语音的共时对比，突出高密话的语音特点，包括后滑音韵母、鼻化元音韵母等。

二、声　母

高密话的声母有23个（不含零声母），见表1。

表1　高密话的声母

方式＼部位	双唇	唇齿	舌尖	舌尖后	舌面	舌根
塞音	p　p^h		t　t^h			k　k^h
塞擦音			ʦ　ʦ^h	ʈʂ　ʈʂ^h	ʨ　ʨ^h	
擦音		v　f	s	ʂ	ɕ	x
鼻音	m		n			
边音			l			
前喉边音				ʔɭ		
近音				ɻ		

声母例字如下：

p	双唇不送气清塞音	扮 pæ̃^{42}	笔 piɤ̆^{55}	百 pe^{55}
p^{h}	双唇送气清塞音	盆 p^{h}ə̃^{51}	匹 p^{h}iɤ̆^{55}	品 p^{h}ĩ^{55}
t	舌尖不送气清塞音	单 tæ̃^{35}	袋 tɛ^{42}	达 tɑ^{51}
t^{h}	舌尖送气清塞音	吞 t^{h}uə̃^{35}	台 t^{h}ɛ^{51}	甜 t^{h}iæ̃^{51}
k	舌根不送气清塞音	甘 kæ̃^{35}	果 kuʌ^{55}	格 kɤʌ^{51}
k^{h}	舌根送气清塞音	看 k^{h}æ̃^{42}	课 k^{h}ɤʌ^{42}	坑 k^{h}oŋ^{35}
ʦ	舌尖不送气清塞擦音	粽 ʦoŋ^{42}	做 ʦuʌ^{42}	贼 ʦe^{51}
ʦ^{h}	舌尖送气清塞擦音	层 ʦ^{h}oŋ^{51}	错 ʦ^{h}uʌ^{42}	擦 ʦ^{h}ɑ^{55}
tʂ	舌尖后不送气清塞擦音	砖 tʂuæ̃^{35}	主 tʂuɤ̆^{55}	烛 tʂuɤ̆^{51}
tʂ^{h}	舌尖后送气清塞擦音	窗 tʂ^{h}uaŋ^{35}	吃 tʂ^{h}ʅɤ̆^{55}	沉 tʂ^{h}ə̃^{51}
ʨ	舌面不送气清塞擦音	健 ʨiæ̃^{42}	决 ʨyɛ^{51}	甲 ʨiɑ^{55}
ʨ^{h}	舌面送气清塞擦音	牵 ʨ^{h}iæ̃^{35}	区 ʨ^{h}yɤ̆^{35}	签 ʨ^{h}iæ̃^{35}
v	唇齿浊擦音	万 væ̃^{42}	胃 ve^{42}	网 vaŋ^{55}
f	唇齿清擦音	犯 fæ̃^{51}	罚 fɑ^{51}	浮 fuɤ̆^{51}
s	舌尖清擦音	孙 suə̃^{35}	岁 sue^{42}	色 sɤʌ^{51}
ʂ	舌尖后清擦音	山 ʂæ̃^{35}	水 ʂue^{55}	叔 ʂuɤ̆^{55}
ɕ	舌面清擦音	新 ɕĩ^{35}	箫 ɕiɔ^{35}	吸 ɕiɤ̆^{55}
x	舌根清擦音	婚 xuə̃^{35}	话 xuɑ^{42}	红 xoŋ^{51}
m	双唇鼻音	门 mə̃^{51}	马 mɑ^{55}	民 mĩ^{51}
n	舌尖鼻音	年 niæ̃^{51}	女 nyɤ̆^{55}	牛 nio^{51}
l	舌尖边音	轮 luə̃^{51}	料 liɔ^{42}	冷 loŋ^{55}
ʔɭ	前喉塞卷舌边音	二 ʔɭɤ^{42}	儿 ʔɭɤ^{51}	耳 ʔɭɤ^{55}
ɻ	卷舌近音	闰 ɻuə̃^{42}	入 ɻuɤ̆^{42}	绕 ɻɔ^{42}

高密话声母主要有以下三方面的特点。

（一）没有舌叶音和齿间音声母

在前人记录中，除王汝芹（2012）外，都有ʧ、ʧʰ、ʃ三个舌叶音声母，然而，本文的记音并未记出舌叶音，因此“声=生”。此外，本文也没有记录到前人研究中的齿间音声母tθ、tθʰ、θ。这两组音一直被认为是青莱片方言的特色音，尤其是齿间音声母，在临近的平度、青岛地区都很常见。在近期的调查中笔者发现，山东一带胶辽官话的舌叶音声母，至少在新派口音中大多已并入翘舌音。二者在听感上比较接近，合并符合自然的音变规律。另就齿间音声母看，根据钱曾怡、罗福腾《潍坊方言志》（1992）记录的12个方言点，可以明显看出，潍坊地区是齿间音的过渡区，其中潍城、坊子、寒亭、青州、寿光没有齿间音声母，而昌邑、高密、诸城、五莲（现属日照市）、安丘、昌乐、临朐等地有齿间音，整体趋势是“潍坊市区无齿间音”“潍坊西北无齿间音”。大体上是有齿间音的地区自东面和南面包围无齿间音的地区，即中心地带的潍坊市区。高密所处的位置在有无齿间音的交界，经过数十年的演变，齿间音逐渐消失是很自然的现象。此外，语音调查还需要注意“行政中心法则”，即处在地方行政中心的方言，其语音变异的速度较乡镇更快。例如，后滑音是整个山东半岛最常见的语音特征，除山东西南地区的中原官话外，自最西端的聊城向东，“后滑音”特征遍布整个半岛；唯一的例外是济南市区，市区方言（市中区、天桥区）都没有发现后滑音。因此，可以认为地区行政中心的语音特点往往更接近上位的标准语（普通话），而与地方（乡镇）方言的特征有所不同，作为地区方言的代表性较差。同样的现象在成都话、长沙话、南京话、杭州话中都可以发现。本文调查的是高密市区的口音，相比辖区内乡镇的口音，其音变速度可能更快。对比董绍克（1993）记录的市区老派口音，并根据发音人的陈述，高密市区新派大多已丢失齿间音的语音特征，即“读s的人比读θ的人更多”。虽然读s略带有轻微的齿化，但与真正的齿间音仍有差异。这说明，“齿间音舌尖化”是新派语音发展的趋势。综上所述，本文记录的高密话比前人记录的音系少了6个声母，即少了3个齿间音和3个舌叶音声母。

（二）前喉塞卷舌边音ʔɭ

高密话的ʔɭ ɤ与普通话ɚ对应，前人的研究有ɭ、ə、ɯ三种记录，最为接近的应该是卷舌边音ɭ。关于这个音，《潍坊方言志》（钱曾怡、罗福腾

1992：3）认为："这个音节发音比较特殊，开头发 ɭ 的本音，拖了一会儿之后，舌尖突然离开上腭，带出一个轻微的中央元音 ə。"笔者认为，这个音的发音方式是在发卷舌边音 ɭ 之前有个喉塞产生的停顿感，并使韵母产生一种发音延长的感觉，韵母也不是央中元音，而是发音部位更靠后的后元音ɤ。本调查认为，"二"既可以是 ʔɭ ɤ^{42}，也可以是 ɚ^{42}，后者应是受普通话影响产生的新音位。值得注意的是，ʔɭ ɤ对应普通话 ɚ 的语音特征在东部官话当中相当常见，不仅存在于山东的胶辽官话和冀鲁官话中，也存在于山东、河南一带的中原官话中，其分布相当广泛。

（三）后高元音的摩擦化

在汉语方言中，高元音前擦化是常见的语音现象，后高元音 u 通常会前擦化为擦音 v，或摩擦度较弱的相近读音 ʋ。u 的摩擦化分为两种，一种是韵母 u 前擦化，多出了 v 或 ʋ 的声母，变为 vu 或 ʋu 音节；另一种则是韵母 u 自身擦化为 v。本文调查的高密话有第二种后高元音的摩擦化，即零声母条件下韵母元音本身的擦化。比如，高密话的 ve 与普通话的 uei 对应，"危"读作 ve^{35}。

由以上的讨论可知，高密话的 v（万）、ʔɭ（儿）声母对应于普通话的零声母。

三、韵 母

高密话的韵母分为三类，第一类是开音节单元音（8 个）和复元音（10 个）韵母，第二类是后滑音韵母（5 个），第三类是鼻化韵（8 个）和后鼻音（8 个）韵母，合计 39 个韵母，见表 2。

表 2 高密话的韵母

开音节韵母						
	e	ɛ	o	ɔ	ɑ	ɚ
(i)		iɛ	io	iɔ	iɑ	
	ue	uɛ			uɑ	uʌ
		yɛ				
ɤ						ɤʌ

续表

后滑音韵母						
	ɿ̆ɤ	ʅ̆ɤ	iɤ̆	uɤ̆	yɤ̆	
鼻音韵母						
	æ̃	ə̃		aŋ	oŋ	(əŋ)
ĩ	iæ̃		iŋ	iaŋ	ioŋ	
yĩ	yæ̃					
	uæ̃	uə̃		uaŋ	uoŋ	

韵母例字见表 3。

表 3 高密话韵母例字

单元音韵母			复元音韵母			鼻音韵母		
e	飞 fe^{35}	胃 ve^{42}	uʌ	婆 puʌ^{51}	多 tuʌ^{35}	æ̃	难 næ̃^{51}	烂 læ̃^{42}
ɛ	埋 mɛ^{51}	牌 pʰɛ^{51}	ɤʌ	鹅 ɤʌ^{51}	河 xɤʌ^{51}	iæ̃	莲 liæ̃^{51}	前 tɕʰiæ̃^{51}
o	偷 tʰo^{35}	厚 xo^{42}	iɑ	嫁 tɕiɑ^{42}	牙 iɑ^{51}	uæ̃	酸 suæ̃^{35}	宽 kʰuæ̃^{35}
ɔ	罩 tʂɔ^{42}	包 pɔ^{35}	uɑ	瓜 kuɑ^{35}	花 xuɑ^{35}	yæ̃	权 tɕʰyæ̃^{51}	院 yæ̃^{42}
ɑ	爬 pʰɑ^{51}	茶 tʂʰɑ^{51}	yɛ	雪 ɕyɛ^{55}	绝 tɕyɛ^{51}	ĩ	音 ĩ^{35}	民 mĩ^{51}
ɤ˞	儿 ʔʅɤ^{51}	耳 ʔʅɤ^{55}	iɛ	姐 tɕiɛ^{55}	谢 ɕiɛ^{42}	yĩ	寻 ɕyĩ^{51}	俊 tɕyĩ^{42}
ɚ	二 ɚ^{42}		uɛ	怪 kuɛ^{42}	坏 xuɛ^{42}	ə̃	沉 tʂʰə̃^{51}	根 kə̃^{35}
i	戒 tɕi^{42}		ue	灰 xue^{35}	碎 sue^{42}	uə̃	吞 tʰuə̃^{35}	村 tsʰuə̃^{35}
后滑音韵母			io	幼 io^{42}	旧 tɕio^{42}	aŋ	浪 laŋ^{42}	帮 paŋ^{35}
iɤ̆	蚁 iɤ̆^{55}	戏 ɕiɤ̆^{42}	iɔ	条 tʰiɔ^{51}	萧 ɕiɔ^{35}	uaŋ	装 tʂuaŋ^{55}	窗 tʂʰuaŋ^{55}
uɤ̆	铺 pʰuɤ̆^{35}	土 tʰuɤ̆^{55}				iaŋ	江 tɕiaŋ^{35}	向 ɕiaŋ^{42}
yɤ̆	女 nyɤ̆^{55}	雨 yɤ̆^{55}				iŋ	兵 piŋ^{35}	命 miŋ^{42}
ɿ̆ɤ	寺 sɿɤ̆^{42}	资 tsɿɤ̆^{35}				oŋ	层 tsʰoŋ^{51}	东 toŋ^{35}
ʅ̆ɤ	时 ʂʅɤ̆^{51}	治 tʂʅɤ̆^{42}				ioŋ	穷 tɕʰioŋ^{51}	雄 ɕioŋ^{51}
						(əŋ)	城 tʂʰəŋ^{51}	正 tʂəŋ^{42}
						uoŋ	翁 uoŋ^{35}	

高密话韵母主要有以下四方面的特点。

（一）后滑音韵母

后滑音是山东一带方言的一大特色，除山东西南地区的中原官话，绝大多数方言都有后滑音特征。姜燕的《黄岛话韵母后滑音初探》（2018）分析了青岛地区黄岛话的后滑音现象，并提到胶辽官话其他方言也有后滑音。在官话方言中，后滑音主要出现在两个地区，一个是山东半岛，另一个是西北地区的甘肃、青海、新疆；此外，云南、四川的部分西南官话也有后滑音，不同地区的后滑音存在类型差异。姜燕（2018）将后滑音记为央中元音 ə，本文记录为加上短音符号的后半高不圆唇元音ɤ̆，出现在舌面高元音和舌尖元音之后，即iɤ̆、yɤ̆、uɤ̆、ɿɤ̆、ʅɤ̆。

后滑音韵母究竟属于单元音还是双元音，不能一概而论。在一些方言中，后滑音的音长几乎等同于主元音，可视为双元音，也是元音复化音变的结果。从历史音韵角度看，后滑音不会出现在古音为双元音、单元音化（变为单元音）韵母之后，如高密话的四个单元音 ɛ、e、ɔ、o（对应普通话的双元音韵母 ai、ei、au、ou），就不会与后滑音搭配。从共时音系角度看，后滑音几乎都出现在高元音和舌尖元音之后，中、低元音一般也不会出现后滑音。也就是说，复元音单化或单元音复化是两条不同的道路，在有后滑音的方言中，目前还未发现双元音韵母单化后的单元音再出现后滑音的现象。在前人高密话的研究中，完全没有后滑音的记录和描写，估计是母语人认为这个音太过熟悉，又缺乏跨方言比较的视野，因此，将其视为冗余特征或个人发音习惯。倘若与中原官话、北京官话这样几乎完全没有后滑音的方言比较，后滑音这个特征就能凸显出来。另一方面，凡存在后滑音的方言，后滑音对音系中其他韵母也会产生联动性影响。高密话的 uʌ 或ɤʌ 与普通话的 uo 对应，由于后半低不圆唇元音 ʌ 与半高元音ɤ非常接近，可视为后滑音ɤ̆对双元音韵尾元音 o 的"展唇化"。换言之，在大多数后滑音方言中，很少出现 uo 这样的双元音韵母，大多是 uʌ 或ɤʌ。在另一些方言中，还存在 iʌ 与普通话 iɛ 对应的现象，这也可能与后滑音相关，如西北地区部分方言的后滑音是ʌ̆，系统性影响更为明显。除ɤ̆和ʌ̆，常见的后滑音还有ĕ、ɔ̆、ĭ等。高密话的ɤʌ 韵母因其 ʌ 尾音很清晰，且与 uʌ 音长相当，因此应该视为后滑音朝双元音变化的结果。

（二）鼻化元音韵母

高密话的鼻化元音韵母æ̃、iæ̃、yæ̃、uæ̃、ĩ、yĩ、ə̃、uə̃与普通话的前鼻音韵母 an、iɛn、yɛn、uan、in、yin①、ən、uən 对应，本文记录的 æ̃、iæ̃、yæ̃、uæ̃与前人记录的ã、iã、yã、uã或 an、ian、yan、uan 对应。前鼻音韵尾-n 在山东一带的方言当中较少见，应该说鼻化元音与普通话前鼻音韵尾对应，是山东境内冀鲁官话和胶辽官话的语音共性。另一方面，高密话的鼻化元音韵母与后鼻音韵母对立，其分布与普通话前后鼻音的对应一致。

（三）oŋ 韵母

高密话的 oŋ 与普通话的 əŋ 对应，应该是高密话的一个语音特色，如“层”读作 ts^{h}oŋ^{51}。我国第一位诺贝尔文学奖得主、高密出身的莫言先生，在其演讲视频中时常存在用 oŋ 读普通话 əŋ 的情况，如“更”koŋ^{51}、“曾”ts^{h}oŋ^{35}，即为典型的高密口音迁移到普通话的情况。令人不解的是，除钱曾怡、罗福腾（1992）将这个音的音值描写为 əuŋ 与本文所记 oŋ 相近，其他研究几乎都将此韵母记为 əŋ，甚至说与普通话的 əŋ 一致。钱曾怡、罗福腾（1992：6）提到“‘东—登’不分、‘用—硬’不分，是山东东潍方言重要的语音特征之一，在潍坊市境内，东南部高密、安丘以南的地区都具有这一特征……”。书中提到的是 uŋ-əŋ 分不分的问题，就本文的调查看，“分不分”的界定并不恰当，应当说 əŋ 并入 oŋ 或 əŋ、oŋ 中和为 oŋ。由于本文发音人属于新派，一般认为新派口语与普通话较接近，若新派口音中都出现大量 əŋ 并入 oŋ 的现象，说明这不是个后起的语音现象。事实上，新派受普通话影响，这组音也出现了 əŋ、oŋ 两可的情况，如“声” ʂəŋ^{35} ~ ʂoŋ^{35}、“整” tʂəŋ^{55} ~ tʂoŋ^{55}，大体仍是以 oŋ 为主，əŋ 出现的情况较少。

（四）元音单化

高密话的单元音韵母 ɛ、e、ɔ、o，复元音韵母 uɛ、ue、iɔ、io 与普通话复元音韵母 ai、ei、au、ou，三合元音韵母 uai、uei、iau、iou 对应，呈现出元音缩减的现象，这是东部和西部官话方言常见的现象。在前人的研究中，普通话的 ai、au 与方言的单元音 ɛ、ɔ 或过渡性双元音 aɛ、aɔ 对应十分常见，但 ei、ou 几乎都没有被描写为单元音 e、o，这样的记音似乎并不准确，也不符合

① 普通话韵母 yin 在《现代汉语》（黄伯荣、廖序东主编）记为 yn，然而，这个韵母的实际发音并不是单纯由单元音 y 加鼻音韵尾 n 构成，中间有 i 的过渡音，因此，记为 yin。北大版《现代汉语》（北京大学中文系现代汉语教研室 2012：62）指出：“韵母[in]和[yn]在北京话的实际发音中，[i]、[y]和[n]之间还有一个短弱的过渡音[ə]，所以细致的严式记音应该标注为[i^{ə}n]和[y^{ə}n]。”笔者认为，这个过渡音更接近 i 而不是 ə。

音系的系统性。笔者在调查高密话的过程中，多次要求发音人将有关例字的e、o两个韵母读音拉长。这种情况下，发音人的唇形几乎没有变化，证明它们都是单元音，也听不到i或u的尾音，因此，笔者将其记为e和o。就高密话的韵母系统看，四组元音均单化符合系统性规律。

综上所述，高密话韵母和普通话韵母的差异比较见表4。

表4　高密话与普通话韵母的差异

例字	高密话韵母	普通话韵母
马	ɑ	a
假	iɑ	ia
瓜	uɑ	ua
台	ɛ	ai
坏	uɛ	uai
杯	e	ei
会	ue	uei
毛	ɔ	au
表	iɔ	iau
偷	o	ou
酒	io	iou
多	uʌ	uo
二	ɤ̆˞	ɚ
河	ɤʌ	ɤ
步	uɤ̆	u
女	yɤ̆	y
艺	iɤ̆	i
紫	ɿɤ̆	ɿ
纸	ʅɤ̆	ʅ
贪	æ̃	an
尖	iæ̃	iɛn
端	uæ̃	uan

续表

例字	高密话韵母	普通话韵母
原	yæ̃	yɛn
心	ĩ	in
军	yĩ	yin
深	ə̃	ən
吞	uə̃	uən
绳	oŋ	əŋ

四、声　调

高密话有四个声调，调值为 35、51、55、42，与古调类的关系见表 5。

表 5　高密话声调与古调类的关系

古调类	阴平	阳平、阳入	上声、阴入	去声、全浊上
现调值	35	51	55	42

笔者记录的声调与前人所记的调型差异不大，但笔者记录的调值较高。此外，入声并入四个舒声调中，失去入声独立的地位，阴入并入上声 55、阳入并入阳平 51 只是多数入声字归并的趋势，仍有许多入声字读为 35 或 42，可能是由于连读变调，词调影响导致字调变化的结果。

附表 1　高密话字表

1. 多 tuʌ^{35}	41. 瓜 kuɑ^{35}	81. 吕 lyɤ̆^{55}	121. 来 lɛ^{51}
2. 拖 t^{h}uʌ^{35}	42. 瓦 uɑ^{55}	82. 徐 ɕyɤ̆^{51}	122. 菜 ʦ^{h}ɛ^{42}
3. 大 tɑ^{42}	43. 花 xuɑ^{35}	83. 猪 tʂuɤ̆^{35}	123. 财 ʦ^{h}ɛ^{51}
4. 锣 luʌ^{51}	44. 华 xuɑ^{51}	84. 除 tʂ^{h}uɤ̆^{51}	124. 该 kɛ^{35}
5. 左 ʦuʌ^{55}	45. 姐 ʨiɛ^{55}	85. 初 tʂ^{h}uɤ̆^{35}	125. 改 kɛ^{55}
6. 歌 kɤʌ^{35}	46. 借 ʨiɛ^{42}	86. 锄 tʂ^{h}uɤ̆^{51}	126. 开 k^{h}ɛ^{35}
7. 个 kɤʌ^{42}	47. 写 ɕiɛ^{55}	87. 所 suʌ^{55}	127. 海 xɛ^{55}
8. 可 k^{h}ɤʌ^{55}	48. 斜 ɕiɛ^{51}	88. 书 ʂuɤ̆^{35}	128. 爱 ɛ^{42}

续表

9. 鹅ɣʌ^{51}	49. 谢 ɕiɛ^{42}	89. 鼠 ʂuɣ̆^{55}	129. 杯 pe^{35}
10. 饿ɣʌ^{42}/uʌ^{42}	50. 车 tʂ^{h}ɣʌ^{35}	90. 如 ɻuɣ̆^{51}	130. 背 pe^{42}
11. 河 xɣʌ^{51}/xuʌ^{51}	51. 蛇 ʂɣʌ^{51}	91. 举 ʨyɣ̆^{55}	131. 配 p^{h}e^{42}
12. 破 p^{h}uʌ^{42}	52. 射 ʂɣʌ^{42}	92. 锯 ʨyɣ̆^{42}	132. 赔 p^{h}e^{51}
13. 婆 puʌ^{51}	53. 爷 iɛ^{51}	93. 去 ʨ^{h}yɣ̆^{42}	133. 背（背诵）pe^{42}
14. 磨（磨刀）muʌ^{51}	54. 野 iɛ^{55}	94. 渠 ʨ^{h}yɣ̆^{55}	134. 煤 me^{51}
15. 磨（推磨）muʌ^{42}	55. 夜 iɛ^{42}	95. 鱼 yɣ̆^{51}	135. 妹 me^{42}
16. 躲 tuʌ^{55}	56. 谱 p^{h}uɣ̆^{55}	96. 许 ɕyɣ̆^{55}	136. 对 tue^{42}/te^{42}
17. 螺 luʌ^{51}	57. 布 puɣ̆^{42}	97. 余 yɣ̆^{51}	137. 雷 le^{51}
18. 坐 ʦuʌ^{42}	58. 布（布置）puɣ̆^{42}	98. 府 fuɣ̆^{55}	138. 罪 ʦue^{42}
19. 锁 suʌ^{55}	59. 铺 p^{h}uɣ̆^{35}	99. 付 fuɣ̆^{42}	139. 碎 sue^{42}
20. 果 kuʌ^{55}	60. 簿 puɣ̆^{42}	100. 父 fuɣ̆^{42}	140. 灰 xue^{35}
21. 过 kuʌ^{42}/kɣʌ^{42}	61. 步 puɣ̆^{42}	101. 武 uɣ̆^{55}	141. 回 xue^{51}
22. 课 k^{h}ɣʌ^{42}	62. 赌 tuɣ̆^{55}	102. 雾 uɣ̆^{42}	142. 带 tɛ^{42}
23. 火 xuʌ^{55}	63. 土 t^{h}uɣ̆^{55}	103. 取 ʨ^{h}yɣ̆^{55}	143. 盖 kɛ^{42}
24. 货 xuʌ^{42}	64. 图 t^{h}uɣ̆^{51}	104. 柱 tʂuɣ̆^{42}	144. 害 xɛ^{42}
25. 祸 xuʌ^{42}	65. 杜 tuɣ̆^{42}	105. 住 tʂuɣ̆^{42}	145. 外 vɛ^{42}
26. 靴 ɕyɛ^{35}	66. 路 luɣ̆^{42}	106. 数（数钱）ʂuɣ̆^{55}	146. 会（开会）xue^{42}
27. 把 pɑ^{55}	67. 租 ʦuɣ̆^{35}	107. 数（算数）ʂuɣ^{42}	147. 拜 pɛ^{42}
28. 爬 p^{h}ɑ^{51}	68. 做 ʦuʌ^{42}	108. 主 tʂuɣ̆^{55}	148. 排 p^{h}ɛ^{51}
29. 马 mɑ^{55}	69. 错 ʦ^{h}uʌ^{42}	109. 输 ʂuɣ̆^{35}	149. 埋 mɛ^{51}
30. 骂 mɑ^{42}	70. 箍 kuɣ̆^{35}	110. 竖 ʂuɣ̆^{42}	150. 戒 ʨiɛ^{42}/ʨi^{42}
31. 茶 tʂ^{h}ɑ^{51}	71. 古 kuɣ̆^{55}	111. 树 ʂuɣ̆^{42}	151. 怪 kuɛ^{42}
32. 沙 ʂɑ^{35}	72. 苦 k^{h}uɣ̆^{55}	112. 句 ʨyɣ̆^{42}	152. 怀 xuɛ^{51}
33. 假 ʨiɑ^{55}	73. 裤 k^{h}uɣ̆^{42}	113. 区 ʨ^{h}yɣ̆^{35}	153. 坏 xuɛ^{42}
34. 嫁 ʨiɑ^{42}	74. 吴 uɣ̆^{51}	114. 遇 yɣ̆^{42}	154. 摆 pɛ^{55}
35. 牙 iɑ^{51}	75. 五 uɣ̆^{55}	115. 雨 yɣ̆^{55}	155. 派 p^{h}ɛ^{42}
36. 虾 ɕiɑ^{35}	76. 虎 xuɣ̆^{55}	116. 芋 yɣ̆^{42}	156. 牌 p^{h}ɛ^{51}

续表

37. 下 ɕiɑ^{42}	77. 壶 xuɤ̆^{51}	117. 裕 yɤ̆^{42}	157. 买 mε^{55}
38. 夏 ɕiɑ^{42}	78. 户 xuɤ̆^{42}	118. 胎 t^{h}ε^{35}	158. 卖 mε^{42}
39. 桠 —	79. 乌 uɤ̆^{35}	119. 台 t^{h}ε^{51}	159. 柴 tʂ^{h}ε^{51}
40. 哑 iɑ^{55}	80. 女 nyɤ̆^{55}	120. 袋 tε^{42}	160. 晒 ʂε^{42}

附表 2　高密话字表续表一

161. 街 tɕiε^{35}	201. 儿 ʔʅɤ̆^{51}	241. 祠 ts^{h}ɿɤ̆^{51}	281. 造 tsɔ^{42}
162. 解 tɕiε^{55}	202. 寄 tɕiɤ̆^{42}	242. 寺 sɿɤ̆^{42}	282. 嫂 sɔ^{55}
163. 鞋 ɕiε^{51}	203. 骑 tɕ^{h}iɤ̆^{42}	243. 治 tʂʅɤ̆^{42}	283. 高 kɔ^{35}
164. 蟹 ɕiε^{42}	204. 蚁 iɤ̆^{55}	244. 柿 ʂʅɤ̆^{42}	284. 靠 k^{h}ɔ^{42}
165. 矮 ε^{55}	205. 义 iɤ̆^{42}	245. 事 ʂʅɤ̆^{42}	285. 熬 ɔ^{51}
166. 歪 vε^{35}	206. 戏 ɕiɤ̆^{42}	246. 使 ʂʅɤ̆^{55}	286. 好 xɔ^{55}
167. 画 xuɑ^{42}	207. 移 iɤ̆^{51}	247. 试 ʂʅɤ̆^{42}	287. 号 xɔ^{42}
168. 败 pε^{42}	208. 嘴 tɕue^{55}	248. 时 ʂʅɤ̆^{51}	288. 包 pɔ^{35}
169. 快 k^{h}uε^{42}	209. 随 sue^{51}	249. 市 ʂʅɤ̆^{42}	289. 饱 pɔ^{55}
170. 话 xuɑ^{42}	210. 吹 tʂ^{h}ue^{35}	250. 耳 ʔʅɤ̆^{55}	290. 炮 p^{h}ɔ^{42}
171. 币 piɤ̆^{42}	211. 规 kue^{35}	251. 记 tɕiɤ̆^{42}	291. 猫 mɔ$^{35/51}$
172. 制 tʂʅɤ̆^{42}	212. 亏 k^{h}ue^{35}	252. 棋 tɕ^{h}iɤ̆^{51}	292. 闹 nɔ^{42}
173. 世 ʂʅɤ̆^{42}	213. 跪 kue^{42}	253. 喜 ɕiɤ̆^{55}	293. 罩 tʂɔ^{42}
174. 艺 iɤ̆^{42}	214. 危 ve^{35}	254. 意 iɤ̆^{42}	294. 抓 tʂuɑ^{35}
175. 岁 sue^{42}	215. 比 piɤ̆^{55}	255. 几 tɕiɤ̆^{55}	295. 找 tʂɔ^{55}
176. 卫 ve^{42}	216. 屁 p^{h}iɤ̆^{42}	256. 气 tɕ^{h}iɤ̆^{42}	296. 抄 tʂ^{h}ɔ^{35}
177. 肺 fe^{42}	217. 鼻 piɤ̆^{51}	257. 衣 iɤ̆^{42}	297. 交 tɕiɔ^{35}
178. 米 miɤ̆^{55}	218. 眉 me^{51}	258. 飞 fe^{35}	298. 敲 tɕ^{h}iɔ^{35}
179. 低 tiɤ̆^{35}	219. 地 tiɤ̆^{42}	259. 费 fe^{42}	299. 孝 ɕiɔ^{42}
180. 梯 t^{h}iɤ̆^{35}	220. 梨 liɤ̆^{51}	260. 肥 fe^{51}	300. 校 ɕiɔ^{42}
181. 剃 t^{h}iɤ̆^{42}	221. 资 tsɿɤ̆^{35}	261. 尾 ve^{55}/iɤ̆^{55}	301. 表 piɔ^{55}
182. 弟 tiɤ̆^{42}	222. 死 sɿɤ̆^{55}	262. 味 ve^{42}	302. 票 p^{h}iɔ^{42}

续表

183. 递 tiɤ̆^{42}	223. 四 sɿɤ̆^{42}	263. 鬼 kue^{55}	303. 庙 miɔ^{42}
184. 泥 niɤ̆^{51}/miɤ̆^{51}	224. 迟 tʂ^{h}ʅɤ̆^{51}	264. 贵 kue^{42}	304. 焦 tɕiɔ^{35}
185. 犁 liɤ̆^{51}	225. 师 ʂʅɤ̆^{35}	265. 围 ve^{51}	305. 小 ɕiɔ^{55}
186. 西 ɕiɤ̆^{35}	226. 指 tʂʅɤ̆^{55}	266. 胃 ve^{42}	306. 笑 ɕiɔ^{42}
187. 洗 ɕiɤ̆^{55}	227. 二 ʔʅɤ^{42}/ɚ^{42}	267. 宝 pɔ^{55}	307. 朝 tʂ^{h}ɔ^{51}
188. 鸡 tɕiɤ̆^{35}	228. 器 tɕ^{h}iɤ̆^{42}	268. 抱 pɔ^{42}	308. 照 tʂɔ^{42}
189. 溪 ɕiɤ̆^{35}	229. 姨 iɤ̆^{51}	269. 毛 mɔ^{51}	309. 烧 ʂɔ^{35}
190. 契 tɕ^{h}iɤ̆^{42}	230. 追 tʂue^{35}	270. 帽 mɔ^{42}	310. 绕 ɻɔ^{42}/iɔ^{42}
191. 系 ɕiɤ̆^{42}	231. 锤 tʂ^{h}ue^{51}	271. 刀 tɔ^{35}	311. 桥 tɕ^{h}iɔ^{42}
192. 桂 kue^{42}	232. 水 ʂue^{55}	272. 讨 t^{h}ɔ^{55}	312. 轿 tɕiɔ^{42}
193. 碑 pe^{35}	233. 龟 kue^{35}	273. 桃 t^{h}ɔ^{51}	313. 腰 iɔ^{35}
194. 皮 p^{h}iɤ̆^{51}	234. 季 tɕiɤ̆^{42}	274. 道 tɔ^{42}	314. 要 iɔ^{42}
195. 被（被子）pe^{42}	235. 柜 kue^{42}	275. 脑 nɔ^{55}	315. 摇 iɔ^{51}
196. 紫 tsɿɤ̆^{55}	236. 位 ve^{42}	276. 老 lɔ^{55}	316. 鸟 niɔ^{55}
197. 刺 ts^{h}ɿɤ̆^{42}	237. 李 liɤ̆^{55}	277. 早 tsɔ^{55}	317. 钓 tiɔ^{42}
198. 知 tʂʅɤ̆^{35}	238. 子 tsɿɤ̆^{55}	278. 灶 tsɔ^{42}	318. 条 t^{h}iɔ^{51}
199. 池 tʂ^{h}ʅɤ̆^{51}	239. 字 tsɿɤ̆^{42}	279. 草 ts^{h}ɔ^{55}	319. 料 liɔ^{42}
200. 纸 tʂʅɤ̆^{55}	240. 丝 sɿɤ̆^{35}	280. 糙 ts^{h}ɔ^{35}	320. 箫 ɕiɔ^{35}

附表 3　高密话字表续表二

321. 叫 tɕiɔ^{42}	361. 有 io^{55}	401. 占 tʂæ̃^{42}	441. 急 tɕiɤ̆^{51}
322. 母 muɤ̆^{55}	362. 右 io^{42}	402. 折 tʂɤʌ^{51}	442. 琴 tɕ^{h}ĩ^{51}
323. 抖 to^{55}	363. 油 io^{51}	403. 染 ɻæ̃^{55}/iæ̃^{55}	443. 及 tɕiɤ̆^{51}
324. 偷 t^{h}o^{35}	364. 丢 tio^{35}	404. 钳 tɕ^{h}iæ̃^{51}	444. 吸 ɕiɤ̆^{55}
325. 头 t^{h}o^{51}	365. 幼 io^{42}	405. 验 iæ̃^{42}	445. 音 ĩ^{35}
326. 豆 to^{42}	366. 贪 t^{h}æ̃^{35}	406. 险 ɕiæ̃^{55}	446. 单 tæ̃^{35}
327. 楼 lo^{51}	367. 潭 t^{h}æ̃^{51}	407. 厌 iæ̃^{42}	447. 炭 t^{h}æ̃^{42}
328. 走 tso^{55}	368. 南 næ̃^{51}	408. 炎 iæ̃^{51}	448. 弹 t^{h}æ̃^{42}

续表

329. 凑 tsʰo^{42}	369. 蚕 tsʰæ̃^{51}	409. 盐 iæ̃^{51}	449. 达 tɑ^{51}
330. 钩 ko^{35}	370. 感 kæ̃^{55}	410. 叶 iɛ^{42}	450. 难 næ̃^{51}
331. 狗 ko^{55}	371. 含 xæ̃^{51}	411. 剑 tɕiæ̃^{42}	451. 懒 læ̃^{55}
332. 够 ko^{42}	372. 暗 æ̃^{42}	412. 欠 tɕʰiæ̃^{42}	452. 烂 læ̃^{42}
333. 口 kʰo^{55}	373. 胆 tæ̃^{55}	413. 严 iæ̃^{51}	453. 辣 lɑ^{42}
334. 藕 o^{55}	374. 担 tæ̃^{42}	414. 业 iɛ^{42}	454. 擦 tsʰɑ^{55}
335. 后 xo^{42}	375. 毯 tʰæ̃^{55}	415. 法 fɑ^{55}	455. 伞 sæ̃^{55}/suæ̃^{55}
336. 厚 xo^{42}	376. 塔 tʰɑ^{55}	416. 犯 fæ̃^{51}	456. 肝 kæ̃^{35}
337. 富 fuɤ̆^{42}	377. 痰 tʰæ̃^{51}	417. 点 tiæ̃^{55}	457. 看 kʰæ̃^{42}
338. 副 fuɤ̆^{42}	378. 淡 tæ̃^{42}	418. 店 tiæ̃^{42}	458. 岸 æ̃^{42}
339. 浮 fuɤ̆^{51}	379. 蓝 læ̃^{51}	419. 跌 tiɛ^{35}	459. 汉 xæ̃^{42}
340. 妇 fuɤ̆^{42}	380. 蜡 lɑ^{42}	420. 添 tʰiæ̃^{35}	460. 汗 xæ̃^{42}
341. 流 lio^{51}	381. 三 sæ̃^{35}	421. 贴 tʰiɛ^{55}	461. 安 æ̃^{35}
342. 酒 tɕio^{55}	382. 甘 kæ̃^{35}	422. 甜 tʰiæ̃^{51}	462. 半 pæ̃^{42}
343. 修 ɕio^{35}	383. 敢 kæ̃^{55}	423. 碟 tiɛ^{42}	463. 拨 puʌ^{55}
344. 袖 ɕio^{42}	384. 喊 xæ̃^{55}	424. 念 niæ̃^{42}	464. 判 pʰæ̃^{42}
345. 抽 tʂʰo^{35}	385. 赚 tʂuæ̃^{42}	425. 嫌 ɕiæ̃^{51}	465. 泼 pʰuʌ^{55}
346. 绸 tʂʰo^{51}	386. 插 tʂʰɑ$^{35/55}$	426. 协 ɕiɛ^{51}	466. 盘 pʰæ̃^{51}
347. 愁 tʂʰo^{51}	387. 闸 tʂɑ$^{51/55}$	427. 品 pʰĩ^{55}	467. 满 mæ̃^{55}
348. 瘦 ʂo^{42}	388. 杉 ʂæ̃^{35}	428. 林 lĩ^{51}	468. 末 muʌ^{42}
349. 州 tʂo^{35}	389. 减 tɕiæ̃^{55}	429. 浸 tɕĩ^{42}	469. 端 tuæ̃^{35}
350. 臭 tʂʰo^{42}	390. 夹 tɕiɑ^{55}	430. 心 ɕĩ^{35}	470. 短 tuæ̃^{55}
351. 手 ʂo^{55}	391. 咸 ɕiæ̃^{51}	431. 寻 ɕyĩ^{51}	471. 脱 tʰuʌ^{55}
352. 寿 ʂo^{42}	392. 衫 ʂæ̃^{35}	432. 沉 tʂʰə̃^{51}	472. 断 tuæ̃^{42}
353. 九 tɕio^{55}	393. 监 tɕiæ̃^{35}	433. 参（人参） ʂə̃^{35}	473. 夺 tuʌ^{51}
354. 球 tɕʰio^{51}	394. 甲 tɕiɑ^{55}	434. 针 tʂə̃^{35}	474. 暖 nuæ̃^{55}
355. 舅 tɕio^{42}	395. 岩 iæ̃^{51}	435. 汁 tʂʅɤ̆^{51}	475. 乱 luæ̃^{42}
356. 旧 tɕio^{42}	396. 鸭 iɑ^{55}	436. 深 ʂə̃^{35}	476. 酸 suæ̃^{35}

续表

357. 牛 nio^{51}	397. 黏 niæ̃^{51}	437. 十 ʂʅɤ̆^{51}	477. 算 suæ̃^{42}
358. 休 ɕio^{35}	398. 尖 tɕiæ̃^{35}	438. 任 ɻə̃^{42}/ĩ^{55}	478. 官 kuæ̃^{35}
359. 忧 io^{35}	399. 接 tɕiɛ^{55}	439. 入 ɻuɤ̆^{42}	479. 宽 kʰuæ̃^{35}
360. 尤 io^{51}	400. 签 tɕʰiæ̃^{35}	440. 金 tɕĩ^{35}	480. 阔 kʰuʌ^{42}

附表 4　高密话字表续表三

481. 欢 xuæ̃^{35}	521. 杰 tɕiɛ^{51}	561. 捏 niɛ^{35}	601. 邻 lĩ^{51}
482. 完 væ̃^{51}	522. 孽 niɛ^{51}	562. 莲 liæ̃^{51}	602. 栗 liɤ̆^{51}
483. 换 xuæ̃^{42}	523. 绝 tɕyɛ^{51}	563. 节 tɕiɛ^{51}	603. 进 tɕĩ^{42}
484. 碗 væ̃^{55}	524. 雪 ɕyɛ^{55}	564. 切 tɕʰiɛ^{55}	604. 亲 tɕʰĩ^{35}
485. 扮 pæ̃^{42}	525. 转 tʂuæ̃^{55}	565. 前 tɕʰiæ̃^{51}	605. 七 tɕʰiɤ̆^{55}
486. 八 pɑ^{55}	526. 传 tʂʰuæ̃^{51}	566. 先 ɕiæ̃^{35}	606. 新 ɕĩ^{35}
487. 办 pæ̃^{42}	527. 砖 tʂuæ̃^{35}	567. 肩 tɕiæ̃^{35}	607. 侄 tʂʅɤ̆^{42}
488. 扎 tʂɑ^{55}	528. 船 tʂʰuæ̃^{51}	568. 见 tɕiæ̃^{42}	608. 镇 tʂə̃^{42}
489. 铲 tʂʰæ̃^{55}	529. 软 ɻuæ̃^{55}/yæ̃^{55}	569. 牵 tɕʰiæ̃^{35}	609. 陈 tʂʰə̃^{51}
490. 山 ʂæ̃^{35}	530. 卷 tɕyæ̃^{55}	570. 显 ɕiæ̃^{55}	610. 虱 ʂʅɤ̆^{35}
491. 产 tʂʰæ̃^{55}	531. 圈 tɕʰyæ̃^{35}	571. 现 ɕiæ̃^{42}	611. 震 tʂə̃^{42}
492. 杀 ʂɑ^{55}	532. 权 tɕʰyæ̃^{51}	572. 烟 iæ̃^{35}	612. 神 ʂə̃^{51}
493. 间 tɕiæ̃^{35}	533. 圆 yæ̃^{51}	573. 决 tɕyɛ^{51}	613. 实 ʂʅɤ̆^{51}
494. 眼 iæ̃^{55}	534. 院 yæ̃^{42}	574. 缺 tɕʰyɛ^{35}	614. 身 ʂə̃^{35}
495. 限 ɕiæ̃^{42}	535. 铅 tɕʰiæ̃^{35}	575. 血 ɕiɛ^{55}	615. 失 ʂʅɤ̆^{35}
496. 班 pæ̃^{35}	536. 建 tɕiæ̃^{42}	576. 县 ɕiæ̃^{42}	616. 辰 tʂʰə̃^{51}
497. 板 pæ̃^{55}	537. 健 tɕiæ̃^{42}	577. 吞 tʰuə̃^{35}	617. 人 ɻə̃^{51}/ĩ^{51}
498. 慢 mæ̃^{42}	538. 言 iæ̃^{51}	578. 根 kə̃^{35}	618. 认 ɻə̃^{42}/ĩ^{42}
499. 奸 tɕiæ̃^{55}	539. 歇 ɕiɛ^{55}	579. 恨 xə̃^{42}	619. 日 ɻʅɤ̆^{42}
500. 颜 iæ̃^{51}	540. 发（头发）fɑ^{42}	580. 恩 ə̃^{35}	620. 紧 tɕĩ^{55}
501. 瞎 ɕiɑ^{55}	541. 翻 fæ̃^{35}	581. 本 pə̃^{55}	621. 吉 tɕiɤ̆^{51}
502. 变 piæ̃^{42}	542. 饭 fæ̃^{42}	582. 盆 pʰə̃^{51}	622. 银 ĩ^{51}

续表

503. 骗 pʰiæ̃^{42}	543. 罚 fɑ^{51}	583. 门 mə̃^{51}	623. 印 ĩ^{42}
504. 便 piæ̃^{42}	544. 晚 væ̃^{35}	584. 墩 tuə̃^{35}	624. 一 iɤ̆^{55}
505. 棉 miæ̃^{51}	545. 万 væ̃^{42}	585. 嫩 nə̃^{42}	625. 引 ĩ^{42}
506. 面 miæ̃^{42}	546. 袜 vɑ^{42}	586. 卒 ʦuɤ̆^{51}	626. 轮 luə̃^{51}
507. 连 liæ̃^{51}	547. 劝 ʨʰyæ̃^{42}	587. 村 ʦʰuə̃^{35}	627. 俊 ʨyĩ^{42}
508. 剪 ʨiæ̃^{55}	548. 原 yæ̃^{51}	588. 寸 ʦʰuə̃^{42}	628. 笋 suə̃^{55}
509. 浅 ʨʰiæ̃^{55}	549. 月 yɛ^{42}	589. 蹲 tuə̃^{35}	629. 准 tʂuə̃^{55}
510. 钱 ʨʰiæ̃^{51}	550. 冤 yæ̃^{35}	590. 孙 suə̃^{35}	630. 春 tʂʰuə̃^{35}
511. 鲜 ɕiæ̃^{35}	551. 园 yæ̃^{51}	591. 滚 kuə̃^{55}	631. 唇 tʂʰuə̃^{51}
512. 线 ɕiæ̃^{42}	552. 远 yæ̃^{55}	592. 骨 kuɤ̆^{55}	632. 顺 ʂuə̃^{42}
513. 缠 tʂʰæ̃^{51}	553. 越 yɛ^{55}	593. 困 kʰuə̃^{42}	633. 纯 tʂʰuə̃^{51}
514. 战 tʂæ̃^{42}	554. 扁 piæ̃^{55}	594. 婚 xuə̃^{35}	634. 闰 ɻuə̃^{42}
515. 折 —	555. 片 pʰiæ̃^{42}	595. 魂 xuə̃^{51}	635. 均 ʨyĩ^{35}
516. 舌 ʂɤʌ^{51}	556. 面 miæ̃^{42}	596. 温 və̃^{35}	636. 匀 yĩ^{51}
517. 扇 ʂæ̃^{42}	557. 天 tʰiæ̃^{35}	597. 笔 piɤ̆^{55}	637. 筋 ʨĩ^{35}
518. 设 ʂɤʌ^{42}	558. 田 tʰiæ̃^{51}	598. 匹 pʰiɤ̆^{55}	638. 劲 ʨĩ^{42}
519. 热 ɻɤʌ^{51}/iʌ^{51}	559. 垫 tiæ̃^{42}	599. 贫 pʰĩ^{51}	639. 勤 ʨʰĩ^{51}
520. 件 ʨiæ̃^{42}	560. 年 niæ̃^{51}	600. 民 mĩ^{51}	640. 近 ʨĩ^{42}

附表 5　高密话字表续表四

641. 隐 ĩ^{55}	681. 装 tʂuaŋ^{55}	721. 撞 tʂuaŋ^{42}	761. 织 tʂʅɤ̆$^{35/55}$
642. 分 fə̃^{35}	682. 壮 tʂuaŋ^{42}	722. 窗 tʂʰuaŋ^{35}	762. 秤 tʂʰoŋ^{42}
643. 粉 fə̃^{55}	683. 疮 tʂʰuaŋ^{35}	723. 镯 tʂuʌ^{51}	763. 绳 ʂoŋ^{51}/ʂəŋ^{51}
644. 粪 fə̃^{42}	684. 床 tʂʰuaŋ^{51}	724. 双 ʂuaŋ^{35}	764. 剩 ʂoŋ^{42}
645. 坟 fə̃^{51}	685. 霜 ʂuaŋ^{35}	725. 江 ʨiaŋ^{35}	765. 食 ʂʅɤ̆^{51}
646. 蚊 və̃^{51}	686. 章 tʂaŋ^{35}	726. 讲 ʨiaŋ^{55}	766. 升 ʂə̃^{35}
647. 问 və̃^{42}	687. 厂 tʂʰaŋ^{55}	727. 角 ʨyɛ^{55}	767. 极 ʨiɤ̆^{51}
648. 军 ʨyĩ^{35}	688. 唱 tʂʰaŋ^{42}	728. 壳 kʰɤʌ^{51}	768. 兴 ɕiŋ^{35}

续表

649. 裙 tɕʰyĩ^{51}	689. 伤 ʂaŋ^{35}	729. 降（投降）ɕiaŋ^{51}	769. 蝇 iŋ^{51}
650. 熏 ɕyĩ^{35}	690. 尝 tʂʰaŋ^{51}	730. 项 ɕiaŋ^{51}	770. 百 pe^{55}
651. 云 yĩ^{51}	691. 上 ʂaŋ^{42}	731. 学 ɕyɛ^{51}	771. 拍 pʰe^{55}
652. 运 yĩ^{42}	692. 勺 ʂɔ^{51}	732. 握 uʌ^{42}	772. 白 pe^{51}
653. 帮 paŋ^{35}	693. 让 ɻaŋ^{42}/iaŋ^{42}	733. 北 pe^{55}	773. 猛 moŋ^{55}
654. 忙 maŋ^{51}	694. 弱 ɻuʌ^{42}	734. 朋 pʰoŋ^{51}	774. 打 tɑ^{55}
655. 党 taŋ^{55}	695. 姜 tɕiaŋ^{35}	735. 墨 muʌ^{42}	775. 冷 loŋ^{55}
656. 汤 tʰaŋ^{35}	696. 脚 tɕyɛ^{55}	736. 灯 toŋ^{35}	776. 窄 tʂɛ^{55}
657. 糖 tʰaŋ^{51}	697. 响 ɕiaŋ^{55}	737. 等 toŋ^{55}	777. 生 ʂoŋ^{35}
658. 浪 laŋ^{42}	698. 向 ɕiaŋ^{42}	738. 凳 toŋ^{42}	778. 省 ʂoŋ^{55}
659. 仓 tsʰaŋ^{35}	699. 秧 iaŋ^{35}	739. 得 tɤʌ^{51}	779. 更 koŋ^{35}
660. 索 suʌ^{55}	700. 约 yɛ^{35}	740. 藤 tʰoŋ^{51}	780. 格 kɤʌ^{51}
661. 钢 kaŋ^{35}	701. 痒 iaŋ^{55}	741. 特 tʰɤʌ^{51}	781. 坑 kʰoŋ^{35}
662. 各 kɤʌ^{42}	702. 样 iaŋ^{42}	742. 能 noŋ^{51}	782. 客 kʰɤʌ^{42}
663. 糠 kʰaŋ^{35}	703. 药 yɛ^{42}/iɔ^{42}	743. 层 tsʰoŋ^{51}	783. 硬 iŋ^{42}
664. 鹤 xɤʌ^{42}	704. 方 faŋ^{35}	744. 贼 tse^{51}	784. 额 ɤʌ^{51}
665. 恶 ɤʌ^{51}/vuʌ^{51}	705. 放 faŋ^{42}	745. 僧 soŋ^{35}	785. 行 xaŋ^{51}
666. 光 kuaŋ^{35}	706. 纺 faŋ^{55}	746. 塞 sɛ^{35}	786. 横 xoŋ^{51}
667. 慌 xuaŋ^{35}	707. 房 faŋ^{51}	747. 肯 kʰə̃^{55}	787. 棚 pʰoŋ^{51}
668. 黄 xuaŋ^{51}	708. 防 faŋ^{51}	748. 刻 kʰɤʌ^{51}	788. 麦 me^{42}/mɛ^{42}
669. 娘 niaŋ^{51}	709. 缚 fuɤ̆^{42}	749. 黑 xe^{55}	789. 摘 tʂe^{55}
670. 两 liaŋ^{55}	710. 网 vaŋ^{55}	750. 国 kuʌ^{51}	790. 争 tʂoŋ^{35}
671. 亮 liaŋ^{42}	711. 筐 kʰuaŋ^{35}	751. 或 xuʌ^{51}	791. 策 tsʰɤʌ^{42}
672. 浆 tɕiaŋ^{35}	712. 狂 kʰuaŋ^{51}	752. 冰 piŋ^{35}	792. 耕 koŋ^{35}
673. 雀 tɕʰyɛ^{35}	713. 王 uaŋ^{51}	753. 逼 piɤ̆^{35}	793. 隔 kɤʌ^{51}
674. 抢 tɕʰiaŋ^{55}	714. 旺 uaŋ^{42}	754. 力 liɤ̆^{42}	794. 兵 piŋ^{35}
675. 匠 tɕiaŋ^{42}	715. 绑 paŋ^{55}	755. 息 ɕiɤ̆^{55}	795. 柄 piŋ^{55}
676. 想 ɕiaŋ^{55}	716. 剥 puʌ^{55}	756. 直 tʂʅɤ̆^{51}	796. 平 pʰiŋ^{51}

续表

677. 削 ɕyɛ^{55}/ɕiɔ^{35}	717. 胖 pʰaŋ^{42}	757. 侧 tsʰɤʌ^{51}	797. 病 piŋ^{42}
678. 像 ɕiaŋ^{42}	718. 棒 paŋ^{42}	758. 测 tsʰɤʌ^{51}	798. 明 miŋ^{51}
679. 张 tʂaŋ^{35}	719. 桩 tʂuaŋ^{35}	759. 色 sɤʌ^{51}	799. 命 miŋ^{42}
680. 长 tʂʰaŋ^{51}	720. 桌 tʂuʌ^{55}	760. 证 tʂoŋ^{42}	800. 镜 tɕiŋ^{42}

附表 6　高密话字表续表五

801. 庆 tɕʰiŋ^{42}	841. 历 liɤ̆^{55}	881. 宋 soŋ^{42}	921. 赎 ʂuɤ̆^{51}
802. 剧 tɕyɤ̆^{42}	842. 青 tɕʰiŋ^{35}	882. 风 foŋ^{35}	922. 属 ʂuɤ̆^{55}
803. 迎 iŋ^{51}	843. 星 ɕiŋ^{35}	883. 福 fuɤ̆^{51}	923. 褥 ɻuɤ̆^{51}/yɤ̆^{55}
804. 影 iŋ^{55}	844. 锡 ɕiɤ̆^{55}	884. 丰 foŋ^{35}	924. 恭 koŋ^{42}
805. 兄 ɕioŋ^{35}	845. 经 tɕiŋ^{35}	885. 凤 foŋ^{42}	925. 曲 tɕʰyɤ̆^{55}
806. 荣 ɻoŋ^{51}/ioŋ^{51}	846. 击 tɕiɤ̆^{35}	886. 服 fuɤ̆^{51}	926. 共 koŋ^{42}
807. 永 ioŋ^{55}	847. 吃 tʂʰʅɤ̆^{55}	887. 梦 moŋ^{42}	927. 局 tɕyɤ̆^{51}
808. 饼 piŋ^{55}	848. 形 ɕiŋ^{51}	888. 目 muɤ̆^{51}	928. 玉 yɤ̆^{42}
809. 名 miŋ^{51}	849. 篷 pʰoŋ^{51}	889. 六 lio^{51}	929. 凶 ɕioŋ^{35}
810. 领 liŋ^{55}	850. 木 muɤ̆^{42}	890. 宿 suɤ̆^{51}	930. 拥 ioŋ^{35}
811. 井 tɕiŋ^{55}	851. 东 toŋ^{35}	891. 中 tʂoŋ^{35}	931. 容 ɻoŋ^{51}/ioŋ^{51}
812. 积 tɕiɤ̆^{35}	852. 懂 toŋ^{55}	892. 竹 tʂuɤ̆^{51}	932. 用 ioŋ^{42}
813. 清 tɕʰiŋ^{35}	853. 冻 toŋ^{42}	893. 畜 tʂʰuɤ̆^{51}	933. 浴 yɤ̆^{42}
814. 静 tɕiŋ^{42}	854. 通 tʰoŋ^{35}	894. 虫 tʂʰoŋ^{51}	
815. 姓 ɕiŋ^{42}	855. 桶 tʰoŋ^{55}	895. 缩 suʌ^{55}	
816. 惜 ɕiɤ̆^{35}	856. 痛 tʰoŋ^{42}	896. 终 tʂoŋ^{35}	
817. 席 ɕiɤ̆^{51}	857. 铜 tʰoŋ^{51}	897. 粥 tʂo^{35}	
818. 程 tʂʰəŋ^{51}/tʂʰoŋ^{51}	858. 动 toŋ^{42}	898. 充 tʂʰoŋ^{35}	
819. 整 tʂəŋ^{55}/tʂoŋ^{55}	859. 洞 toŋ^{42}	899. 叔 ʂuɤ̆^{55}	
820. 正 tʂəŋ^{42}/tʂoŋ^{42}	860. 读 tuɤ̆^{51}	900. 熟 ʂuɤ̆^{51}	
821. 尺 tʂʰʅɤ̆^{55}	861. 聋 loŋ^{42}	901. 肉 io^{51}	
822. 声 ʂəŋ^{35}/ʂoŋ^{35}	862. 弄 noŋ^{42}	902. 宫 koŋ^{35}	

续表

823. 城 tʂʰəŋ^{51}/tʂʰoŋ^{51}	863. 鹿 luɤ̆^{42}	903. 菊 tɕyɤ̆^{51}	
824. 石 ʂʅɤ̆^{51}	864. 粽 tsoŋ^{42}	904. 穷 tɕʰioŋ^{51}	
825. 轻 tɕʰiŋ^{35}	865. 葱 tsʰoŋ^{35}	905. 熊 ɕioŋ^{51}	
826. 益 iɤ̆^{42}	866. 族 tsuɤ̆^{51}	906. 雄 ɕioŋ^{51}	
827. 赢 iŋ^{51}	867. 送 soŋ^{42}	907. 育 yɤ̆^{51}	
828. 壁 piɤ̆^{42}	868. 公 koŋ^{35}	908. 封 foŋ^{35}	
829. 劈 pʰiɤ̆^{55}	869. 谷 kuɤ̆^{55}	909. 蜂 foŋ^{35}	
830. 瓶 pʰiŋ^{51}	870. 孔 kʰoŋ^{55}	910. 缝 foŋ^{51}	
831. 钉 tiŋ^{35}	871. 哭 kʰuɤ̆^{55}	911. 浓 noŋ^{51}	
832. 顶 tiŋ^{55}	872. 烘 xoŋ^{35}	912. 龙 loŋ^{51}	
833. 厅 tʰiŋ^{35}	873. 红 xoŋ^{51}	913. 绿 lyɤ̆^{51}	
834. 听 tʰiŋ^{35}	874. 翁 uoŋ^{35}	914. 足 tsuɤ̆^{51}	
835. 踢 tʰiɤ̆^{35}	875. 屋 uɤ̆^{55}	915. 松（松树）soŋ^{35}	
836. 停 tʰiŋ^{51}	876. 冬 toŋ^{35}	916. 重 tʂoŋ^{42}	
837. 挺 tʰiŋ^{55}	877. 统 tʰoŋ^{55}	917. 肿 tʂoŋ^{55}	
838. 定 tiŋ^{42}	878. 毒 tuɤ̆^{51}	918. 种 tʂoŋ^{42}	
839. 笛 tiɤ̆^{51}	879. 脓 noŋ^{51}	919. 烛 tʂuɤ̆^{51}	
840. 零 liŋ^{51}	880. 松（松紧）soŋ^{35}	920. 冲（冲撞）tʂʰoŋ^{35}	

参考文献

[1] 北京大学中文系现代汉语教研室．现代汉语（增订本）[M]．北京：商务印书馆，2012.

[2] 曹文兰．山东高密方言声韵调系统调查[J]．现代语文（语言研究版），2008（2）.

[3] 董绍克．高密方言的儿化[J]．山东师范大学学报（人文社会科学版），1993（1）.

[4] 姜燕．黄岛话韵母后滑音初探[J]．汉藏语学报，2017（1）.

[5] 钱曾怡，罗福腾．潍坊方言志[M]．潍坊：潍坊新闻出版局，1992.

[6] 王汝芹．山东高密方言的语音特点[J]．语文学刊，2012（3）.

[7] 赵杰．高密方言语音研究[D]．山东大学硕士学位论文，2013.

台湾普通话的语音特点

郑仲桦*

【摘要】“台湾普通话”是我国台湾地区通用的普通话变体，具有明显的地方特色。“台湾普通话”时常与“台湾国语”混为一谈，事实上二者之间存在明显差异。本文从语言接触角度，将闽南话“匹配”普通话产生的变体称为“台湾国语”，之后闽南话特点逐渐消失，并向南方普通话“回归”，这样的变体称为“台湾普通话”。在此基础上，本文列举并比较南北方普通话、“台湾国语”和“台湾普通话”的语音特点，以此揭示其共时变异和动态发展的面貌。

【关键词】台湾普通话，“台湾国语”，南方普通话，匹配

一、问题的提出

通行于我国台湾地区的普通话（台湾普通话，简称“台普”）在台湾被称为“国语”，是1945年台湾推行“国语运动”普及的标准语、通用语。历史上，台湾地区曾经历过不同的政权以及外国势力的殖民，通行的语言也几经变化。在17世纪荷兰和西班牙殖民者侵占台湾之前，岛上使用的是各种南岛语，包括现在高山族的语言（排湾语、布农语、泰雅语、阿美语、邹语等），以及平地南岛民族的语言（马卡道语、西拉雅语、洪雅语、道卡斯语、巴赛语、巴宰语、噶玛兰语等）。17世纪后，荷兰、西班牙分别殖民台湾南北，因其主要目的是经济剥削，除荷兰为传播基督教给西拉雅人创制了文字外（即所谓“新港文书”），对岛上语言并无太大影响。从1662年郑成功驱逐荷兰人、1683年施琅领清兵攻台至明郑政权结束，到1895年“甲午战争”后日本殖民台湾的两百多年里，大量福建沿海（今泉州、漳州、潮州一带）的闽南人、客家人渡过“黑水沟”（今台湾海峡），与台湾西部平原南岛民族频繁通

*本文为笔者主持的2018年国家社科基金一般项目“阿美语方言研究”（编号：18BYY204）的阶段性成果。

婚，使得多数平地南岛语言消失，被闽南话所取代。清朝统治台湾期间，由于“海禁”限令，渡海的多是男性（又称“罗汉脚”，闽南话读作［lo^{33} xan^{53} $k^{h}a^{55}$］）。当时，治安混乱，除时常爆发“原汉冲突”（台湾当地世居民和汉族冲突）外，“闽客械斗”“漳泉械斗”不断，漳州口音和泉州口音仍作为区别彼此的重要特征，互不相混。直到日本殖民者颁布相关律令严禁械斗，台湾地区漳州和泉州的闽南话开始融合，成为“漳泉混合腔”的台湾闽南话，与厦门闽南话的情况比较类似。为推行同化政策，日本殖民者强迫当时的学龄孩童学习日语（即“国语教育”），其目的是培养顺从殖民者（“皇民化教育”）。当时台湾不分族群，许多人都接受了日语教育，但仍保留了各自的语言。1945 年日本战败投降，国民政府将通用语改为北京话，自此进入推广“国语”（普通话）阶段。1949 年以后，在台湾教授“国语”的大多是跟随蒋介石赴台的大陆不同省份的军眷，其中又以江浙人为多，因此，现在的台湾普通话中可以听出江浙口音。

台湾普通话与内地普通话有明显差异，其根源在于“台普”的底层是闽南话，而且当时台湾人学习普通话的对象主要来自江浙地区，而非大陆北方，这也是“台普”语音特点的成因。本文所说的“台普”主要是台湾闽南人所说的普通话，台湾南岛民族以及客家人说的普通话另有特点，暂不讨论。

陈保亚（1996）将傣族说汉语形成的语言变体称为“傣汉语”，他动态地描述了傣族在学习汉语过程中经历的一系列变化：最初阶段是用傣语音系“匹配”汉语音系，产生了一对多和多对一的匹配模式，经长时间的学习，又出现了对目标语汉语的“回归”，即用汉语的音匹配汉语。“匹配”与“回归”概念适用于语言接触的动态描写，也可以用来扩大解释不同时期普通话变体演变的形式。就台湾普通话而言，初期是闽南话“匹配”普通话，产生的变体是台湾地区常说的“台湾国语”；经历一代人之后，最终产生的是向普通话“回归”后的“台普”。“台湾国语”是带有浓重闽南话口音的普通话变体，主要使用者是生于 1950—1960 年之间以普通话为第二语言习得的第一代台湾闽南人。由于处在特殊的语言接触时期，“台湾国语”是一个理想化的“典型”，即便出生在那个时代的台湾闽南人，也可以通过不断学习，摆脱“台湾国语”口音。由“台湾国语”过渡到“台普”是连续发展与变化的过程，“台普”是台湾闽南人向普通话最终回归后的变体，也是一个理想化但不断变动的“典型”。将两个时期的语言变体作为“典型”的目的是方便描述，并有助于系统分析“匹配”和“回归”的过程。比如说，有些人提到台湾居民不分平舌音和翘舌音，这其实是“台湾国语”将平舌音匹配普通话翘舌音的结果，而在“回归”后的“台普”中，平翘舌是一组对立的语音特征。由于语言事实往往比语言理论更为复杂多变，言语社区中的语言变异无处不在，因此，就时间序列而言，非常典型的“台湾国语”作为一个时期的普通话变体如今已不太常见，但个别的语音特征仍保留在不同个体的口语中。例如，现在仍有不区分平翘舌音的台湾人，也存在用翘舌音匹配普通话平舌音的过渡类推情况，但更多是“台普”形式，即用不同的语音特征区分北方普通话的平翘舌对立。表 1 体现了“台普”的接触演变过程。

表 1 台湾普通话的演变历程

<table>
<tr><td>推行“国语运动”初期</td><td colspan="2">“台普”—闽南话双言阶段</td><td>“台普”单语阶段</td></tr>
<tr><td>闽南话母语者开始学习普通话</td><td>第一语言：闽南话
第二语言：普通话</td><td>第一语言：闽南话
第一语言：普通话</td><td>第一语言：普通话</td></tr>
<tr><td>江浙口音普通话</td><td rowspan="2">“台湾国语”</td><td colspan="2" rowspan="2">台湾普通话</td></tr>
<tr><td>台湾闽南话</td></tr>
</table>

本文将“台普”与“台湾国语”视为持续发展中的两种相关语言变体，分别描写其语音特点。笔者是长期在内地生活的台湾人，母语是闽南话和“台普”，对内地和台湾的语音差异有高度的敏感性，并熟悉内地南方和北方普通话的差异。“台普”语音特点主要由笔者内省以及对“台普”使用者的观察得出，“台湾国语”作为一个特殊时期的变体，主要参考我国台湾地区已故艺人谢新达（艺名“猪哥亮”，1946—2017）的录影资料，他的第一语言是台湾闽南话，第二语言是台湾普通话。受教育背景以及成长环境等因素影响，谢新达的“台湾国语”口音浓重，具有代表性，基本能涵盖此变体大多的语音特点。“台普”和“台湾国语”的语音特点涉及底层的闽南话音系，相关语音描写参考张振兴的《台湾闽南方言记略》（1997）。

二、“台湾国语”的语音特点

“台湾国语”作为普通话的一种变体，是台湾闽南话母语者用方言匹配普通话的初级阶段，随着时间的推移，许多语音特点逐渐向“台普”回归，但仍有一些特点得以留存。由于是初步匹配阶段，其语音特点比“台普”更为突出，可以说“口音很重”，保留了许多闽南话的特点。

（一）声母特点

“台湾国语”声母具有三个特点。

（1）普通话的翘舌音与“台湾国语”的平舌音对应，如“祝福”［$ʦu^{42}$ xu^{35}］、“出生”［$ʦ^{h}u^{44}səŋ^{44}$］。许多内地人对台湾口音的印象都是“没有翘舌”，实际上这个语音特点集中在“台湾国语”，也就是普通话翘舌音都读作平舌，这个特点与“台普”不一样。

（2）普通话的ɻ-与“台湾国语”的ɾ-或l-对应，如“那个人”［$na^{42}kɤ^{42}$ lun^{35}］、“日本”［$ɾɿ^{42}pun^{21}$］。日母字在各方言中的读音比较复杂，在“台湾国语”中也存在不同的变体，较常见的是在舌尖元音前读为闪音ɾ，其他位置读为边音l或闪音ɾ。

（3）普通话的f-与“台湾国语”的x-对应，如“凤飞飞（已故台湾知名歌手）”［$xoŋ^{42}xue^{44}xue^{44}$］、“发疯”［$xua^{44}xoŋ^{44}$］。闽南话没有f-，多对应x-，“台湾国语”也是如此。

（二）韵母特点

“台湾国语”韵母具有14个特点。

（1）普通话的-uo与“台湾国语”的-ɔ对应，如“国语”［$kɔ^{35}i^{21}$］、“我”［$ɔ^{21}$］。普通话的-uo在河南地区的中原官话中大多对应单元音-o，而闽南话则是-ɔ（如“国”［$kɔk^{3}$］）。

（2）普通话的-iɛ与“台湾国语”的-e对应，如“谢谢”［$se^{44}se^{22}$］、“姐姐”［$ʦe^{55}ʦe^{33}$］。闽南话不存在-iɛ或-ie韵母，“台湾国语”也排斥这种韵母，而是对应于闽南话的-e韵母。

（3）普通话的-ei与“台湾国语”的-e或-ue对应，-uei与-ue对应，如“打雷”［$ta^{21}lue^{24}$］、“谁”［sue^{24}］、“飞机”［$xue^{55}ʨi^{55}$］、“你说得对”［ni^{21} $sɔ^{44}tɤ^{44}tue^{42}$］。普通话的-ei没有-u-介音，“台湾国语”的这个介音来自闽南话的-ui韵母，如闽南话“雷公”［$lui^{33}kɔŋ^{55}$］。

（4）普通话的-ou与“台湾国语”的-o对应，如“偷东西”［$t^{h}o^{44}toŋ^{44}$ $ɕi^{44}$］。闽南话音系没有普通话的双元音韵母-ou，与单元音-o对应，和（3）的情况相似。

（5）普通话的-y与“台湾国语”的-i对应，如“女人”［$ni^{21}ɾən^{35}$］。闽南话没有前高圆唇元音-y，因此都对应为同部位的展唇元音-i。

（6）普通话-yɛ与“台湾国语”的-e对应，如“月亮”［$e^{42}liaŋ^{42}$］、“越来越”［$e^{42}lai^{35}e^{42}$］。闽南话没有-y韵母，与-e元音对应。

（7）普通话-ɤ部分对应“台湾国语”的-ɔ，如“三个”［$san^{44}kɔ^{21}$］、“唱歌”［$ʦ^{h}aŋ^{42}kɔ^{44}$］。闽南话没有-ɤ韵母，与圆唇元音-ɔ对应。

(8) 普通话的-ɿ 或-ʅ 与“台湾国语”的-u 对应，如“老师”［lau^{21} su^{44}］、“少林寺”［sau^{42}lin^{35}su^{42}］。闽南话没有舌尖元音，“台湾国语”的后高圆唇元音与普通话的 u 对应，有时也读作圆唇特征不明显的-ʊ。

(9) 普通话的 ɚ 与“台湾国语”的 ə 对应，如“儿子”［ə^{35}ʦu^{42}］。闽南话没有卷舌央中元音，与之对应的是去卷舌特征的 ə。

(10) 普通话-iɛn 与“台湾国语”的-en 对应，如“新鲜”［ɕin^{44}sen^{44}］、“仙女”［sen^{44}ni^{21}］。闽南话没有-iɛn 或-ien 韵母，因此，普通话与“台湾国语”无-i-介音的-en 对应。闽南话没有-en 这样的音，因此，“台湾国语”的-en 应是普通话-iɛn 去除闽南话-i-介音之后的发音形式①。

(11) 普通话的-yɛn 与“台湾国语”的-en 对应，如“公园”［koŋ^{44} en^{35}］。闽南话没有-y 韵母，普通话-yɛn 韵母去掉-y-介音与之对应。

(12) 普通话的-uən 或-ən 与“台湾国语”的-un 对应，如“春天”［ʦ^{h}un^{44}t^{h}en^{44}］、“男人”［nan^{35} lun^{35}］。闽南话没有-uən 韵母，因此，这个韵母在“台湾国语”中没有 ə 音。

(13) 普通话的 fəŋ、məŋ、pəŋ、p^{h}əŋ 与“台湾国语”的 xoŋ、moŋ、poŋ、p^{h}oŋ 对应，如“台风”［t^{h}ai^{35}xoŋ^{44}］、“做梦”［ʦɔ^{42}moŋ^{42}］。如同多数南方普通话，唇音声母与-oŋ 搭配时读为 foŋ、moŋ、poŋ、p^{h}oŋ 或 fɤŋ、mɤŋ、pɤŋ、p^{h}ɤŋ，北方普通话和部分官话方言读作 fəŋ、məŋ、pəŋ、p^{h}əŋ。

(14) 没有儿化，如“花儿”［xua^{44}ə^{35}］，语文教材出现的“儿化”，台湾人一般会读为两个音节，而不合读为一个音节的［xuɐr］。

（三）声调特点

“台普”声调的特点与“台湾国语”一致，“台湾国语”声调具有三个特点。

(1) 没有轻声。普通话的轻声具有区别语义的功能，而闽南话和“台湾国语”都没有轻声，如“东西”，不论“东和西”还是“抽象事物”，二者的读音完全一样。另外，佐纳康治的《台湾中国语入门》(2015) 提到的词首字读轻声，如“爸爸”［pa^{0}pa^{35}］，也可记为［pa^{21}pa^{35}］，未必是词首轻声。

(2) 一声和四声调值略低于普通话，一声是 44，四声是 42。就北京官话区的普通话而言，一声的调值是高平 55，四声则是从最高降到最低的 51。在许多官话方言中，高降调的降幅并没有那么大，如西南官话或中原官话，常见

① 值得注意的是，普通话南北变体中，-iɛn 仅出现在北京官话、部分中原官话、部分冀鲁官话中，其他地区的官话大多是-ien、-iĕ或-ie。在江浙口音的南方普通话中，这个韵母读作-ien，而不是-iɛn。

的调型是53和42，降幅如51的方言并不多见，江浙口音的南方普通话也是如此。调值落差大或与北方人说话抑扬顿挫明显、音高变化剧烈有关，南方普通话不具备这一特点。

（3）三声是低降调21。闽南话缺乏降升调，普通话的214在“台湾国语”中只降不升。

三、“台普”的语音特点

“台普”是“台湾国语”向普通话“回归”后的变体，比“台湾国语”更接近普通话，尤其是南方普通话。即便如此，还是存在一些与北方普通话不一致的地方。佐纳康治（2015）列出了“台普”的一些语音特点，包括无翘舌音（微翘舌）、没有儿化和轻声，声母［f］读为［h］、［n］读为［l］，韵母［ə］读为［e］或［o］、［uei］读为［oi］、［y］读为［i］，一声的调值较低、二声最终的调值更低，词中头字读轻声等。这些特点大致符合部分“台普”使用者的语音特点，但还不够全面，尤其是对翘舌音的描述，混淆了“台普”和“台湾国语”的差异，也没有考察大陆普通话的内部差异，以及南方普通话对台湾普通话的影响。

（一）声母特点

台湾普通话声母具有两个特点。

（1）普通话的翘舌音 tʂ-、tʂʰ-、ʂ-与“台普”的舌面化舌尖音 ts̺-、ts̺ʰ-、s̺-对应，如“老师”［lau^{21}s̺ʅ^{44}］、“知道”［ts̺ʅ^{44}tau^{42}］。①

---

① 内地南方和北方普通话的翘舌音不同，北方的翘舌音舌体隆起的幅度要比南方高，但二者都不是卷舌音（retroflex），而是一种舌叶音，与欧洲语言的舌叶音又有所不同，一般不伴随圆唇的特征。如前所述，台湾的普通话教育大多受江浙人的影响，而这个舌面化舌尖音（laminalized alveolar）正是江浙地区方言和普通话的特色音，其中又以江淮官话（除南京话、合肥话）最为明显，这些方言几乎都有这个音及其变异形式。舌面化舌尖音的特点是，发音时舌头抵住齿龈，舌头前端的平面也贴近上腭；相对地，舌尖音只有舌尖前一小段碰触齿龈，齿音色彩很重。对北方人来说，台湾居民的普通话听起来像没有翘舌音，都是平舌音。因两组音都是舌尖音，江浙式的“翘舌”是舌尖前有隆起的平面，与齿化的舌尖音形成对立。笔者2006年在北京就读博士研究生之前均在台湾接受教育，自认为能分清“平翘舌”。在北京生活一段时间后才发现，北方人的翘舌音确实与“台普”有所不同，前者感觉“翘得更厉害”。因此，可将北方普通话的翘舌音标记为 tʂ-、tʂʰ-、ʂ-，南方普通话的“翘舌音”记为 ts̺-、ts̺ʰ-、s̺-，即可以视为“北方式翘舌音”和“南方式翘舌音”，如果伴随圆唇特征，则可记为 ʧ-、ʧʰ-、ʃ-。

（2）普通话的ʐ-与“台普”的ɾ-、l-或ɹ̥-对应，如“女人”［ny^{21}ɹ̥$ən^{35}$］。与“台湾国语”相比，回归后的“台普”多了舌面化舌尖近音，形成音系中的一组特征一致的音。作为“回归”普通话的一个音，“台普”比“台湾国语”阶段更接近普通话，但仍然存在闪音ɾ和边音l的变体，总体上不稳定、变异纷杂。

（二）韵母特点

台湾普通话韵母具有七个特点。

（1）普通话的-iɛ与“台普”的-ie对应，如“谢谢”［$çie^{42}çie^{21}$］。①

（2）普通话的-yɛ与“台普”的-ye对应，如“越南”［$ye^{42}nan^{35}$］。原因同上条的注释。

（3）普通话的ɚ与“台普”的ə对应，如“一二三”［$i^{44}ə^{42}san^{44}$］。普通话这个卷舌央中元音与声母的翘舌音共同组成了普通话的“翘舌”特征，“台普”缺乏“翘舌”特征是系统性的，声母不是北方式的翘舌音，元音音系也缺乏翘舌特征。

（4）普通话的-iɛn与“台普”的-ien对应，如“天天”［$t^hien^{44}t^hien^{44}$］。原因同第一条的注释。

（5）普通话的-yɛn与“台普”的-yen对应，如“公园”［$koŋ^{44}yen^{35}$］。原因同第一条的注释。

（6）普通话的fəŋ、məŋ、pəŋ、p^həŋ与“台普”的foŋ、moŋ、poŋ、p^hoŋ对应，如“发疯”［$fa^{44}foŋ^{44}$］、“孟子”［$moŋ^{42}ʦɿ^{21}$］。

（7）没有儿化。如同多数南方普通话，台湾居民说儿化给人一种“外来口音”的感觉，汉语南方方言（非官话方言）除少数地区（如杭州）有“儿化”，其他地区多没有。在台湾若刻意用北方普通话的儿化，会令人联想是“大陆人”，除了第一代到台湾的大陆人，第二代、第三代大陆人也不怎么使用儿化。

四、综合分析

从“台湾国语”到“台普”，体现了闽南话与普通话的接触。具体而言，

① 南方普通话一般没有-iɛ，多为-ie，这与南方方言有关。总体来看，-iɛ只是部分北方官话的特点（集中在北京官话以及部分中原官话），分布范围远不如-ie广泛，很少出现在南方普通话变体中。

将闽南话音系的特点“匹配”到普通话中，形成一种特殊的普通话形式，即“台湾国语”；之后又经过长时间的学习以及代际交替，由第一语言闽南话、第二语言普通话，再到第一语言同时是闽南话和普通话，最终形成了稳定的“台普”，完成了向普通话的“回归”。从“匹配”到“回归”，可以看到许多“台湾国语”的语音特点逐渐消失，取而代之的是更加接近普通话的语音形式。语音特点的变迁如表 2 所示。

表 2 普通话、“台湾国语”与“台普”的声韵调差异比较

语言变体 / 声韵调	北方普通话	南方普通话（江浙）	“台湾国语”	“台普”
接触过程	理想目标语（教材）	实际目标语（教学）	匹配	回归
声母	1. 北方式翘舌音 2. ɻ- 3. 区分 f-、x-	1. 南方式翘舌音 2. ɹ̥- 3. 区分 f-、x-	1. 无翘舌音 2. ɾ 或 l- 3. 无 f-	1. 南方式翘舌音 2. ɹ̥- 3. 区分 f-、x-
韵母	1. -uo 2. -iɛ 3. -ei 4. -ou 5. -y 6. -yɛ 7. -ɤ 8. -ɿ、-ʅ 9. ɚ 10. -iɛn 11. -yɛn 12. -uən 13. f/m/p/p^həŋ 14. 有儿化	1. -uo 2. -ie 3. -ei 4. -ou 5. -y 6. -ye 7. -ɤ 8. -ɿ 9. ɚ 10. -ien 11. -yen 12. -uən 13. f/m/p/p^hoŋ 14. 无儿化	1. -ɔ 2. -e 3. -e 4. -o 5. -i 6. -e 7. -ɔ 8. -u 9. ə 10. -en 11. -en 12. -un 13. f/m/p/p^hoŋ 14. 无儿化	1. -uo 2. -ie 3. -ei 4. -ou 5. -y 6. -ye 7. -ɤ 8. -ɿ 9. ə 10. -ien 11. -yen 12. -uən 13. f/m/p/p^hoŋ 14. 无儿化
声调	一声 55 二声 35 三声 214 四声 51 轻声 0	一声 55 二声 35 三声 21 四声 53 （无轻声）	一声 44 二声 35 三声 21 四声 42 （无轻声）	一声 44 二声 35 三声 21 四声 42 （无轻声）

从表 2 看，目标语是普通话，分为“北方普通话”和“南方普通话”两种理想类型，并不能说普通话只有这两种变体，而是各地普通话均存在差异，

这里只是为了方便比较所作的区分。以江浙口音为代表的南方普通话，是台湾地区普及普通话的口语形式。相较之下，北方普通话仅存在于教材之中，如“儿化”的文本在初等教育中时常可见。南方普通话与闽南话初步接触后产生了“台湾国语”形式，在许多方面都能看到闽南话对普通话的“匹配”，而这些特色在向普通话“回归”之后的“台普”中大多消失。“台普”与“南方普通话”的语音特征几乎一致，但不代表台湾人说普通话和江浙人说普通话一模一样，只能说较为接近。事实上，台湾居民的普通话与福建闽南地区的口音更接近。闽南地区的福建人说话，带有浓重的“台湾国语”腔调，由此可见底层方言的影响力。整体而言，“台普”并不是一个内部统一、完全一致的言语形式，更像是从“台湾国语”与“台普”之间不断变化、特色各异的一个“光谱”，其中还涉及台湾本地人和大陆人口音的差异。大陆人是 1949 年以后到台湾的大陆不同省份的人及其后代；本地人是 1949 年之前就已经到台湾的福建闽南人或客家人。一般来说，台湾大陆人的口音确实相当接近江浙地区的“南方普通话”，即更接近“台普”，而本地人整体上更接近“台湾国语”，尤其是老一辈以闽南话为第一语言的人群。然而，随着时间的推移，年轻一代本地人和大陆人的口音逐渐接近，越来越不容易通过口音分别其来源与身份。

五、结　语

本文根据笔者长期观察两地普通话的差异，并参考台湾艺人谢新达的影像资料，分析“台湾国语”和“台普”的语音特点，认为二者是具有发展演变关系的普通话变体。1949 年以来，台湾地区大力推行普通话教育，受以江浙人为主的教师影响，台湾居民的普通话带有“江浙特点”，更接近南方普通话，而不是存在于教材中的北方普通话。台湾闽南话与普通话的接触过程中，首先产生了闽南话“匹配”普通话的“台湾国语”。经过长时间的接触与学习，“台湾国语”逐渐向南方普通话“回归”，形成了现在的“台普”。总体而言，台湾大陆人的口音更接近“台普”，也与南方普通话更接近，而台湾本地人的口音则更接近“台湾国语”。

参考文献

[1] 北京大学中文系现代汉语教研室．现代汉语（增订本）[M]．北京：商务印书馆，2012.

[2] 陈保亚．论语言接触与语言联盟：汉越（侗台）语源关系的解释[M]．北京：语

文出版社，1996.
[3] 黄伯荣，廖序东．现代汉语（增订六版）[M]．北京：高等教育出版社，2017.
[4] 兰宾汉，邢向东．现代汉语（上册）[M]．北京：中华书局，2006.
[5] 林焘，王理嘉．语音学教程（增订版）[M]．北京：北京大学出版社，2013.
[6] 张振兴．台湾闽南方言记略[M]．台北：文史哲出版社，1993.
[7] 佐纳康治．台湾中国语入门[M]．东京：开成出版株式会社，2015.

湖南桂东话中“箇”的多功能用法

郭中发*

【摘要】根据功能的不同，湖南桂东话中的指示代词“箇”可以分为“箇$_1$”“箇$_2$”“箇$_3$”和“箇$_4$”。“箇”饰名时分为限定类（箇$_1$）和描写类（箇$_2$）两种。“箇$_2$”后面可以加形容词的原声调、变为升调和变为升高调三种形式，三种形式分别对应不同的语义类型和语用功能，其中“箇$_2$”加变升高调形容词翻转语义取值的现象，实际上是一种小称变调。“箇$_3$”可以进入“箇+V+仂”结构，该结构意为“这么能V”，是较为特殊的用法。“箇$_4$”可以用来称代人和事，并与其他成分搭配充当句子论元。

【关键词】桂东话，箇，指示代词，变调，称代

一、引　言

桂东县隶属于湖南省郴州市，地处湘赣粤交界处。宋元明以来，来自江西、广东和福建等地的移民逐渐进入山区，这赋予了桂东话①湘语、赣语、粤语、粤北土话和客家话的特点，使桂东话具有了较为特殊的面貌。

指示词的句法语义功能及其语法演变是汉语语法学界重点关注的一个问题。黄伯荣（1996）主编的《汉语方言语法类编》，系统梳理了全国多地的指

---

*郭中发（2000—），男，中央民族大学文学院汉语言文字学专业2023级硕士研究生，主要研究现代汉语语法学和汉语方言学相关问题。本文曾在“学思问道”北京语言大学文学院第八届研究生学术论坛（2024年3月）上宣读，并获三等奖。本文得到了卢小群老师的悉心指导，谨此致谢。文章不当之处概由作者负责。

① 关于桂东话的归属，至今尚存争议。目前学术界对于桂东话归属的意见大体分为三派。一派认为桂东话是客家话（鲍厚星、颜森1986；黄雪贞1987；饶秉才1989；曾献飞2004；陈晖2007；邓慧红2012；尹凯2019，2022等）。一派认为桂东话是湘南土话（杨时逢1974；范俊军1999，2000；王福堂2001；陈立中2002等）。还有一派则认为桂东话属于混合型方言（李蓝1994；胡斯可2009等）。为避免不必要的争论，本文将其称为“桂东话”，区别于广西的“桂东方言”。

示词和指示代词。陈淑梅（1999）描写了鄂东方言“箇”的多功能用法；方梅（2002）描写了北京话“这”和“那”的基本用法，探讨了其虚化的轨迹和背景，以及从篇章用法到句法范畴的演变轨迹。宋恩泉（2005）比较了山东方言的“个”与普通话“这”的不同用法。黑维强（2009）梳理了陕北绥德方言“个”的读音和用法。陈玉洁（2014）研究了商水方言中指示词和指示代词的指称功能。曾常红、张岚玲（2015）梳理了浏阳方言“个”的语法化路径。李小军（2016）系统地整理了现代汉语方言中“个”的功能和用法，通过考察方言和历史材料，描述了“个”的句法演变路径。肖湘维（2017）探讨了上宁乡话“个”的多功能用法和语法化路径。张艳（2022）探讨了安徽含山方言“个”的多功能用法。周敏莉和李小军（2021）研究了新邵湘语指量短语“箇$_1$个[$ko^{31}ko^{5}$]”及其合音词“箇$_2$[ko^{45}]”的形成过程及其理论价值。曾达之（2022）描写了新化方言的“个”。蒋遐、蒋协众（2022）描写了湖南邵阳方言近指代词“箇只”的多功能用法及其类型学意义。总之，指示词的研究越来越丰富、全面和深入。

桂东话有通用量词“个[$kɑ^{52}$]”，赵日新（1999）、李小军（2016）和石毓智（2022）都认为量词“个”在南北朝时期产生了指示代词的用法，并且这种现象在现代南方方言中还广泛存在。李小军（2016）还指出，“个”“箇”“個”是同一个词的不同写法，其中“个”最早出现。桂东话的指示代词“箇”读作[$kɑ^{412}$]，应当也是来源于量词“个”，声调的不同，应当是为了区分量词与指示代词。为了区别于量词“个”，本文将桂东话的指示代词记作“箇”。蒋华（2006）指出，指示功能、称化功能和连接功能是指示代词的三项基本功能。桂东话的“箇$_1$”“箇$_2$”与“箇$_3$”具有指示功能，“箇$_4$”具有称化功能。

桂东话是笔者的母语，本文语料来自笔者的调查以及内省。主要发音人是郭灵芝，男性，1963年生，湖南桂东沙田镇人，世居本地，初中文化。

二、饰名指示词“箇$_1$”和“箇$_2$”

饰名指示词（adnominal demonstratives），也即指示代词（demonstrative pronoun），是用作名词定语的指示词。如“John bought this book yesterday.”中的“this”是指示限定词，做名词“book”的定语，就属于饰名指示词（王远杰 2008）。方梅（2016）将指示词的饰名用法分为限定与描写两类，“限定”是指别，将一个事物与另一个事物相区分，但没有明确界定“描写”的用法。

周敏莉（2021）认为，当指示词重在凸显所指事物内涵方面的属性时，它就具有描写性，并且常常位于其他描写性定语前，与其他定语成分共同作中心名词的定语。桂东话的指示代词“箇”也有这两种功能，我们将限定用法的记为“箇1”，描写用法的记为“箇2”。在具体语境中，被修饰的名词可能会省略，不过无论名词隐现与否，指示代词根本上都是用来修饰名词的，依旧属于饰名指示词。

（一）限定类饰名指示词“箇1”

当“箇1”作为限定用的饰名指示词时，与普通话中的“这”类似，其基本结构为“箇1（+数词）+量词+名词”，可以用来回答“哪一/几个”。当数词为“一”时，“一”通常会省略，当数词不为“一”时，数词必须出现，如：

（1）箇件衫是我买伪的。

（2）箇支笔有用伪了。

（3）箇栋屋是我伪的。

（4）你箇碗菜有细鹹。

（5）你拿把箇两本书拿归回屋里和①(去)。

（6）箇汤(群)鸡伪拿把我种伪的菜都食了完了。

上述各例都是说话者对有定对象的特指句，言说的对象离说话者较近，当距离较远时，“箇1”都可以用“颠(那)”代替。在情景使用中，说话者有时会辅以手势、眼神或者其他可表示距离远近的动作对言说的对象加以指示。这表明“箇1”体现了说话者直指的对象和指示中心的远近关系。

值得注意的是，在普通话中，当数词为“一”时，“指量名”结构往往可以变为“指名”结构，此时，“这”后面的名词既有单数义又有复数义，例（1）到例（6）在普通话中，分别可以说成：

（7）这衣服是我买的。

（8）这笔没用了。

（9）这房子是我的。

（10）你这菜有点咸。

① 本文使用6号字表示对应字句的释义，括号内的6号字表示对同音字的释义。

（11）你把这书拿回家去。

（12）这鸡把我种的菜都吃完了。

例（7）到例（12）中的中心语可以理解为单数义，也可以理解为复数义，如例（7）可以是“一件衣服”，也可以是多件衣服。当数词为“一”时，桂东话也有这种用法，此时“箇1”变调为“箇[$kɑ^{23}$]”，而且所修饰的中心语只能是单数义。如例（1）到例（4）可以被说成：

（13）箇[$kɑ^{23}$]衫是我买伪的。

（14）箇[$kɑ^{23}$]笔有用伪了。

（15）箇[$kɑ^{23}$]屋是我伪的。

（16）你箇[$kɑ^{23}$]菜有细鹹。

例（13）到例（16）的中心语只能理解为单数义，只指“一件衣服”“一支笔”“一栋房子”和“一个菜”，不能表示复数义，且言说的对象一般存在于语境当中，离指示中心较近。“箇1”表示名词复数义时，要读本调[$kɑ^{412}$]，且后面必须加“数词+量词”结构或者集体量词。如例（5）的“箇两本”，例（6）的“箇汤（群）”。且例（5）的数量结构“两本”和例（6）的集体量词“汤”不能去掉，否则语法上不成立，更不能表复数义。

王洪钟（2008）对南北方言的“指+数+量+名”框架进行了探讨，他提出凡是指示词有限定、称代功能的方言，其指示词系统往往至少有两套单音指示词，其一为基本式，其余为合音式，它们在语音上互相区别，功能上彼此互补。这或许意味着桂东话中的“箇[$kɑ^{23}$]”可能是“箇”与量词合音化的结果。

“箇”的指示代词用法最早见于南北朝，到了唐代也非常普遍（石毓智、王统尚 2022）。Li（2010）指出，唐代始用的指示代词“这”“那”还没有出现之前，只有“指名”结构，而没有“指量名”结构。随着“数名”结构被出现于魏晋南北朝的“数量名”结构（贝罗贝 1998）所替代，“指名”结构也开始被“指量名”结构所取代。吕叔湘（1985：197—200）认为，对于除“个”以外的量词而言，“指+一+量+名”结构是早期唯一通行的结构，而后才产生了“指量名”结构。因此他推断，量词非“个”的“指量名”结构可能源于省略了量词的“指+一+量+名”结构。结合 Li 和吕叔湘的观点，量词非“个”的指示短语发展过程应为：这名>这一量名>这量名。可见桂东话的指量短语已经发展到了比较成熟的第三阶段，但值得注意的是，在桂东话中很少用类似于“这一量名”的结构。

（二）描写类饰名指示词“箇₂”

桂东话的“箇₂”可以用在形容词前表示程度，用作状语，与定语成分共同修饰、解释名词，本文将“箇₂”作状语的用法看作是饰名指示词的描写类。“箇₂”没有指别功能，不能用来回答“哪个”。“箇₂”后面的形容词可以有三种声调，第一种是形容词的原调，第二种是形容词变为升调（具体表现为音节的后半部分调值升高，并且读音略有拖长），第三种是形容词变为升高调。

1. 修饰原声调形容词

在桂东话中，作为程度副词使用的“箇₂”，在语义上与普通话的“这么”“那么”相似，一般位于其他描写性的定语前，与其共同修饰中心语，在句子中作定语或谓语。基本结构为“（数词+量词+）箇+形容词+仂+名词”，其中形容词多为性质形容词。当有量词且量词是借用量词时，“数词+量词”一般不能省略。

（17）［一脑（一头）］箇长仂的头发，洗都要洗好久。

（18）一仫（袋）箇大仂的钱，骇门（可能）有几十万。

（19）一碗箇大仂的饭，酱对怎么食得了完哦？

（20）箇好孬（看）仂的花仂，你扯特（摔）渠做是义干吗？

（21）我爸爸钓到一条箇大仂的鱼仂。

（22）箇多仂的作业，做都做唔了完。

例（17）至例（20）中的言说对象在空间或者心理上离说话者较近，或所描述的对象存在于言谈现场或所述事件的情景当中时，“箇₂”一般意为“这么”；当言说对象不处于言说环境中，或者与言说中心距离较远时，则意为“那么”。例（17）的“脑”也算是借量词，头发的量词本为“根”［桂东话中为“条”和“含（根）”］，其“数量”结构可以省略，是因为头发客观上有长短之分，可以直接受“长”修饰。而例（18）和例（19）中的“饭”和“钱”在客观上没有大小之分，不能直接受形容词修饰，如果不使用其常用量词（如桂东话中，米饭的常用量词为“个”，钱的常用量词为“块”），但要表示其量的多少时，借量词为必有成分，因为量的多少取决于所盛放的容器的大小和盛放量的多少，所以不能省略。

例（17）到例（20）属于“箇”的情境用（situational use），用来引入一个谈论的对象。当所描述的对象不存在于语境中，言说的对象在空间或心理上与说话者的指称距离较远时，通常是说话者在向听话者描述某件事或某种情形，如例（21），属于认同用（recognitional use）。此时，说话的焦点不在言说的对象上，而在言说对象的内涵、性质上。当言说的对象较为实在、具体时，说话者往往会用手势或其他肢体语言来向听话者展示其特性，如例（21），说话者会比画手势，说明“鱼”的尺寸大小。

在“（数词+量词+）箇+形容词+仂（+名词）”结构中，还可以去掉数词，将量词放到“箇”和形容词后面，形成“箇+形容词+量词+仂+名词”结构，如：

（23）箇长条仂的竹仂竹子。

（24）箇大碗仂的饭。

能够进入“（数词+量词+）箇+形容词+仂+名词”结构的形容词可以是单音节也可以是多音节的，能够进入“箇+形容词+量词+仂+名词”结构的形容词只能是单音节的，该结构通常表达了说话者一定的主观色彩。

“箇$_2$”还可以只修饰形容词，作为超量级的程度副词使用，意为“这么”，形容词可以是单音节的、多音节的，也可以是词组。如：

（25）箇深仂的水

（26）箇太/辣大日头太阳

（27）箇远

（28）箇唔懂事

（29）长得箇高仂

例（17）到例（29）中，如果“箇$_2$”没有重读，主要作用在于凸显所描述事物的性质。当说话者要表示强调或要表达较为强烈的主观感情色彩时，“箇$_2$”一般会重读，在语义上与不重读没有区别，但是在语用上可以表达说话人惊讶、意外的语气，如例（26）的“箇”重读时，意为“这么大太阳啊！”，“太阳”的“大”对于说话者而言是没有料想到的。这种情况通常是说话者的主观描述。此时，超量级的程度仅仅是对于说话者而言，如例子中的“箇深”“箇远”“箇高”，在听者看来可能并没有达到超量级的程度。普通话也有类似的用法，当“这么”重读时，也可以表达说话者意外的语气。

在桂东话中，当“箇$_2$”重读表达说话者意外的语气时，还可以在“箇$_2$”

字句的句首或者句末加上“酱（怎么）”，用以加强说话者表意外的语气。同样以例（26）为例，当例（26）的“箇”重读，且变为“酱箇太/辣日头（箇太/辣日头酱）”时，语义上意为“怎么这么大太阳”，此时可以表达比不加“酱怎么”更强烈的意外义。

2. 修饰变升调形容词

桂东话中，形容词由原调变为升调时，可以表达疑问语气。比如，“长”原调读作[$ts^h\tilde{o}^{34}$]，当读作[$ts^h\tilde{o}^{35}$]且读音拖长时，可以表达说话人疑问的语气，意为“长吗”，用法类似于普通话的疑问语气。加上“箇2”以后，这种疑问的语气可以加强，并且可以增加说话者意外的情感态度。此时，“箇2”读音不变，在语义上还是“这么”或“那么”，一般用作谓语，用来解释说明名词的状态性质，不作定语。如：

箇长这么/那么长　　→箇长^①这么/那么长啊

箇唔懂事这么/那么不懂事　　→箇唔懂事^这么/那么不懂事啊

箇深这么/那么深　　→箇深^这么/那么深啊

箇大这么/那么大　　→箇大^这么/那么大啊

箇细这么/那么小　　→箇细^这么/那么小啊

能够进入该结构的可以是单音节、多音节的形容词，也可以是形容词性的词组，一般不与颜色词搭配使用。在语用上，可以表达说话者意外、惊讶和疑问的语气，即描述的情形是说话者未曾见过或出乎意料的，如“箇长^”表达“这么长啊”的惊讶和疑问语气，说话者可能想到过某物具有一定的长度，但是事实上的长度超乎其所料。“箇唔懂事^”表达“这么不懂事啊”的惊讶和疑问语气，说话者第一次见识到“这么不懂事”的人，或某人以前“懂事”，现在变得“不懂事”，出乎了说话者的意料。

此时，还可以与“酱（怎么）”搭配，进一步加强说话者意外、惊讶和疑问的语气，如：

→箇长^酱怎么这么/那么长啊

→箇唔懂事^酱怎么这么/那么不懂事啊

→箇深^酱怎么这么/那么深啊

① “^”表示变为升调，下同。

→箇大^酱怎么这么/那么大啊

→箇细^酱怎么这么/那么小啊

语用上，“酱”都可以加强说话者惊讶和疑问的语气，如“箇长^酱”可以表达“怎么这么长啊”的惊讶和疑问语气，“箇唔懂事^酱”表达“怎么这么不懂事啊”的惊讶和疑问语气，与不加“酱”相比，程度明显加深，“怎么”在此处表强调。

3. 修饰变升高调形容词

桂东话的“箇$_2$”在有些情况下还会由超量级的程度副词转变为低量级的程度副词，分为有量词和无量词两种情况。

桂东话中，当量词由原调变为升高调时（量词为降升调时，则变为降升高调），如碗［$w\tilde{a}^{412}$］变为［$w\tilde{a}^{414}$］，条［$t^hi\alpha\Lambda^{35}$］变为［$t^hi\alpha\Lambda^{55}$］时，此时句子在语义上也有表少量的意思，即表“才”的意思。例如：

（30）一碗饭一碗饭

一碗#①饭才一碗饭

（31）一条竹伤一根竹子

一条#竹伤才一根竹子

当量词由降升调变为降升高调，或由升调变为升高调时，位于量词前面的“箇$_2$”可以强化“低量”的语义，“箇”后面的形容词的语义取值此时会反向，语用上表达了说话者的不满。如：

（32）箇大碗#伤饭这么小一碗的饭

（33）箇长条#伤竹伤这么短的竹子

当“箇$_2$”直接修饰由原调变为升高调（形容词为降升调时，则变为降升高调）的形容词，形容词的读音会有所拉长时（形容词后不加名词时，其后一般要加语气助词“伤”），形容词在语义上可以直接理解为对应的反义词。如“箇深［$s\partial n^{33}$］这么深”变为“箇深［$s\partial n^{45}$］伤”时，语义为“这么浅”，即“箇$_2$+A#+伤”语义上为“这么非 A”。变升高调/降升高调的形容词必须与“箇$_2$”相结合才能实现语义取值反向，且只有表增量的单音节形容词有这种

①“#”表由原调变为升高调/降升高调，下同。

变化。当变升高调的形容词后有名词时，形容词后面可以加一个语气词“伪”，如：

（34）箇深# （伪）水，你怕是义。这么浅的水，你怕什么？

（35）还箇多#伪，食凡两口。还有这么点了，再吃两口。

（36）箇高#伪，渠都吓洗是高倦。这么矮，他都吓得发抖。

（37）箇远# （伪）路，我宁老弟伪都不肯走。这么近的路，我弟弟都不肯走。

（38）箇太# （伪）日头，你打是义伞？这么小的太阳，你打什么伞？

吴芳（2022）指出，深圳鹅埠占米话中也存在这种语义取值反向的情况，但是不同于桂东话的是，其语义取值相反是通过指示代词变调实现的。

笔者认为，“箇 2”修饰变升高调形容词表形容词的相反语义时，和小称变调有关。麦耘（1990）认为，高调其实就是一种可区分意义、创造新词的语音屈折方式——声调屈折。在广州话中，当名词由原调（原调一般低于35调）变为35调时，语义上带有小或少的意思。如“牙［$\mathrm{ŋa}^{11}$］”本义为“牙齿”，当读作［$\mathrm{ŋa}^{35}$］时，则理解为“锯齿、齿轮的齿或者螺丝纹等”（麦耘1990：67），形容词也存在这种情况。桂东话中的名词也存在类似的小称变调，如“皮”读作［$\mathrm{p^hi}^{34}$］时，指动植物的表面组织、毛皮等，或指物体表面或包在表面的东西，如“鸡皮”“树皮”。当“皮”读作［$\mathrm{p^hi}^{45}$］时，则指较小的表皮组织，如皮肤干燥起皮，桂东话为“皮翻翻”。朱晓农（2004）从生物学角度解释了“高调表小”的概念，他研究发现，高调示爱表小具有一定的生物学基础，认为这是个随时可用且取之不尽的资源。张倩（2022）指出，赣南客家话、湘南的土话和客家话、粤北土话等也存在类似的小称变调，但这种变化主要集中在名词。桂东话在这几种语言的包围之下，从语言接触的视角来看，我们可以推断，桂东话中“箇 2”加变升高调/降升高调形容词可以理解为形容词对应的反义词，实际上就是一种小称变调，可能与粤语形容词的小称变调有关，也有可能由周边方言名词的小称变调衍生而来。

“箇 2”作为低量级程度副词一般表达说话者的主观评价，在语用上表达了说话者一定程度的不满，这种语用功能或许与桂东话形容词变升调表疑问的用法有关。桂东话中，如上文提到的，形容词变升调时，意为“A吗”，如“长”原调为［$\mathrm{ʦ^h\tilde{ɔ}}^{34}$］，变为［$\mathrm{ʦ^h\tilde{ɔ}}^{35}$］，且读音拖长时，意为“长吗”，表反问。在说话者看来，形容词应当是取相反语义的，即在说话者看来是“不长”的，但是在他人看来却是取的形容词的语义真值，即他人认为“长”，这与说话者的认知与期待相悖。所以说话者在形容词变升调的基础上对形容词进一步进行了变升高调处理，来表达自己不满的语气，算是一种对话礼貌原则的体现。

普通话中，也有语义取值相反的情况，用“这么”表示，不过一般要搭配上“就”或“才”，再在“这么”“那么”后面加上表增量的形容词，如：

就这么深这么浅　就这么厚这么薄　才这么深那么浅　才这么厚那么薄

桂东话的“箇$_2$”加变升高调的形容词表语义取值相反，是一种比较固定的方式，在“箇$_2$”的修饰下，变调后表增量的形容词在语义上只能理解为对应的减量。普通话中翻转形容词语义取值的，只是一种临时性的语法手段，与“就”和“才”有密切关系，并没有成为一种固定的表达形式。

由上可知，“箇$_2$”与形容词搭配时，具有以下特点：

第一，“箇$_2$”后面加原声调形容词或形容词性词组时，可以与单音节和多音节词搭配，且多与性质形容词搭配；

第二，“箇$_2$”后面加变升调的形容词或形容词性词组时，多与性质形容词、形容词性词组搭配，一般不与颜色词搭配；

第三，“箇$_2$”后面加变升高调的形容词或形容词性词组时，多与表数量多、程度深的单音节增量形容词搭配；

第四，语义上，“箇$_2$”后面加原调形容词意为“这么 A”；“箇$_2$”后面加变升调形容词，意为“这么 A 啊？/！”；“箇$_2$”后面加变升高调形容词时意为“这么非 A”。

“箇$_2$”后面形容词的音调形式所对应的语义类型如下图所示：

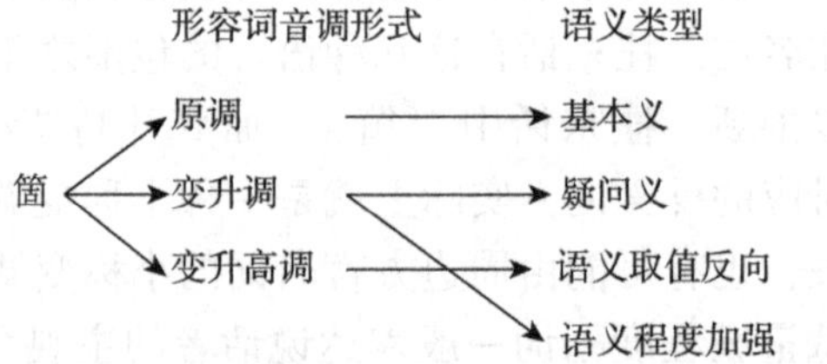

图　“箇$_2$”后接形容词音调形式对应的语义类型

三、饰动指示词“箇3”

饰动指示词（adverbial demonstratives）也叫指示副词（demonstrative adverb），是指做动词修饰语的指示词。如“John stayed here for three months.”（王远杰 2008）中的“here”是指示副词，做动词“stayed”的状语，就属于饰动指示词。桂东话中的“箇3”可以修饰动词，用作指示副词，作状语。严格意义上来说，饰动指示词加动词的结构常用作谓语，重在凸显所描述名词的状态或动作，所以本文予以分开讨论。

“箇3”后面加心理活动动词时，意为“这么”“那么”，如：

箇欢喜　　箇恼　　箇气　　箇眼红嫉妒

桂东话中，该结构在语用上可以表达说话者意外的语气，如“箇欢喜”和“箇恼”中的“欢喜”和“恼”都到了一定的程度，这种程度对于说话者而言是预料之外的，意为“这么喜欢啊”和“这么讨厌啊”。这种意外程度，导致说话者使用“箇+V心理”结构时，通常与“酱”连用，“酱”放在句首时，可以增加说话者疑问的语气，加强意外语气，如“酱你箇欢喜渠？怎么你这么喜欢他？”。“酱”也可以放在句末，如“你箇欢喜渠酱？你这么喜欢他啊！”

“箇3”后面同样可以加变升调的心理活动动词，用来表达说话者的疑问与意外的语气，此时“箇3”读音不变，语义也没有变化。如“箇欢喜[$ɕi^{412}$]”，意为“这么喜欢”，当变调为“箇欢喜[$ɕi^{414}$]”且“喜”字读音有所拖长时，则意为“这么喜欢啊？”。其他例子如：

箇恼^　　箇气^　　箇眼红^

在普通话中，程度代词“这么”加心理活动动词也可以表达说话者疑问或意外的语气，但是一般是程度代词重读或者变调，动词一般不变调，或变调不明显，例如：

这么喜欢　　这么讨厌　　这么生气

当“这么”重读时，“这么喜欢”可以意为“这么喜欢吗？”，“这么讨厌”可以意为“这么讨厌吗？”。但要表达惊讶或者疑问语气时，一般是“这么”进行重读和变调，而桂东话中，则是心理动词进行变调。

“箇3”后面加行为动词时，基本结构为“箇+V+仂”，“仂”为助词，该结构意为“这么能/会V”，表示施事非常擅长某件事或将某个动作持续了很长的时间，语用上表达了说话者意外的情感态度，如：

（39）箇话说仂
（40）箇食仂
（41）箇走仂

能进入“箇+V+仂”结构的动词多为单音节动词，目前暂未发现能进入该结构的多音节动词。该结构一般作谓语，该动作可以是进行体和完成体。在语用上，该结构常用来表达说话人的惊讶语气，蕴含了说话人不知道该动作执行者具备某种能力的语义。如例（39）中被描述的对象可以是说话者第一次见识到其非常“善于说话”，这种能力可能异于常人，超出说话者的认知，也可能是被描述的对象在之前并不怎么说话，但突然变得非常健谈，这两者情况对于说话者而言都是反预期的。桂东话中的“仂”有助动词“能”的语义，如“箇个苹果还食仂这个苹果还能吃”，这意味着“箇3+V+仂”结构意为“这么能”，应当与“箇3”的语义指向“仂”有关，即“箇3”直接修饰助动词“仂”。

“箇3”用作饰动指示词时，还可以加两个动词，形成“箇3+动词/助动词+动词”结构，如“你箇会画画仂你这么会画画”，用法和普通话的“这么”类似，这里不再赘述。

在桂东话中，当“箇”用来修饰动词表说话者的意外情感时，“箇”在句子中还可以与“哪[nɑ45]”连用，用来强化说话者的意外之感，“哪”可能是桂东话中表哪里的“哪[nɑ412]仂”的简省形式，当“哪[nɑ45]”与“箇”连用时，意为“怎么”。例（39）到例（41）都可以说成：

（42）哪箇话仂！怎么这么能说！
（43）哪箇食仂！怎么这么能吃！
（44）哪箇走仂！怎么这么能走！

上述的“哪”还可以用“酱”来代替，不过“酱”还可以放在句末，如“箇话仂酱？怎么这么能说？”同样可以强化说话者的意外之感。

四、称代指示词“箇4”

称代指示词即具有称代功能的指示词，桂东话的“箇4”具有称代功能，可以与其他词结合来称代人或事物、处所、数量、时间等，充当句子论元。

（一）称代人或事物

“箇4”对应普通话中的“这”，可以直接用来称代人或物，如“这是笔”“这是小丽”，但是在桂东话中，“箇4”单独称代单数的人或事物时，要变调为[kɑ²³]，如：

（45）箇[kɑ²³]是我仂的。

（46）箇[kɑ²³]是哪宁（谁）仂的？

此时的“箇[kɑ²³]”和上文直接修饰名词的“箇[kɑ²³]”在读音和用法上类似，直接修饰名词的“箇[kɑ²³]”只能修饰单数名词，“箇[kɑ²³]”也只称代表单数义名词。在这一用法中，称代的对象是说话双方已知的，因此不必出现，“箇”可直接称代讨论的对象。

当“箇4”不变调时，要与量词搭配才能称代人或事物，如：

（47）箇个是我仂。

（48）箇件是渠仂。

（二）称代处所

“箇4”与表示方位的“仂[le⁰]”结合为“箇仂这里”来称代处所，此时“箇4”为原调，如：

（49）箇仂是贝溪（地名）。

（50）箇仂这里是我宁（我们）仂的。

当“箇4”单独用来称代处所时，要变调为“箇[kɑ⁴⁵]”，这可能是“箇仂”的合音式，如：

（51）箇是贝溪（地名）。

（52）箇是我宁（我们）仂的。

（三）称代数量

“箇4”能够与不定量词“些[tɕie⁰]”结合来称代数量，如：

（53）箇些全部都食唔嘚不得仂了。

（54）箇些唔是我仂的。

（四）称代时间

“箇4”能够与表时间的量词“刻[ke⁴⁵]”结合来充当句子论元，如：

（55）箇刻这会儿我有空。

“箇4”和其他成分一起表称代时，意为“这”，这意味着“箇4”应当与饰名指示词“箇1”有着较为密切的关系。

五、结　语

语义方面，“箇1”和“箇4”相当于普通话中的“这”，“箇1”与量词结合，有合音化为“箇[ka²³]”的趋势。“箇4”与其他成分结合表称代时，应是“箇1”与其他成分在使用过程中语义凝固化的结果。变音后单独起称代功能的“箇4[ka²³]”，则是在语言经济原则的作用下，省略名词后形成的“箇[ka²³]+名词”结构。“箇2”和“箇3”相当于普通话中的“这么”，“箇2”加变升高调的形容词可以翻转形容词语义取值的现象，是一种小称变调，与客家话、湘南土话和粤语具有相似性，这从一个侧面体现了桂东话与周边方言的接触关系。“箇3+V+仂”结构相当于普通话的“这么能”，与“箇3”的语义指向助词“仂”有关，这有待进一步研究。

语用方面，“箇$_2$”在修饰原声调和变升调的形容词、“箇$_3$”在限定动词时，都能表达说话者意料之外的情感态度。

以往关于桂东话的研究，主要论证其归属的语音演变特点，词汇和语法研究还很薄弱。本研究可以在一定程度上弥补桂东话语法研究的不足，也可以为周边方言以及汉语量词和指示词的研究提供新材料。

参考文献

[1] 鲍厚星，颜森．湖南方言的分区[J]．方言，1986（4）．

[2]（法）贝罗贝．上古、中古汉语量词的历史发展[A]．北京大学中文系《语言学论丛》编委会．语言学论丛第二十一辑[C]．北京：商务印书馆，1998.

[3] 陈晖，鲍厚星．湖南省的汉语方言（稿）[J]．方言，2007（3）．

[4] 陈立中．湖南客家方言音韵研究[D]．湖南师范大学博士学位论文，2002.

[5] 陈淑梅．鄂东方言中“箇”字的用法[J]．方言，1999（1）．

[6] 邓慧红．论桂东话的归属[J]．飞天，2012（24）．

[7] 范俊军．郴州土话语音及词汇研究[D]．暨南大学博士学位论文，1999.

[8] 范俊军．湘南（郴州）双方言的社会语言学透视[J]．湖南大学学报（社会科学版），2000（3）．

[9] 方梅．指示词“这”和“那”在北京话中的语法化[J]．中国语文，2002（4）．

[10] 方梅．单音指示词与双音指示词的功能差异——“这”与“这个”、“那”与“那个”[J]．世界汉语教学，2016（2）．

[11] 黑维强．陕北绥德方言“个”的读音和用法[J]．方言，2009（3）．

[12] 胡斯可．湖南郴州地区的汉语方言接触研究[D]．湖南师范大学博士学位论文，2009.

[13] 黄伯荣．汉语方言语法类编[M]．青岛：青岛出版社，1996.

[14] 黄雪贞．客家话的分布与内部异同[J]．方言．1987（2）．

[15] 蒋华．指示代词研究述评[J]．徐州师范大学学报，2006（1）．

[16] 蒋遐，蒋协众．湖南邵阳方言近指代词“箇只”的多功能用法[J]．方言，2022（2）．

[17] 李蓝．湖南方言分区述评及再分区[J]．语言研究，1994（2）．

[18] 李小军．汉语量词“个”的语义演化模式[J]．语言科学，2016（2）．

[19] 吕叔湘．近代汉语指代词[M]．江蓝生，补．上海：学林出版社，1985.

[20] 麦耘．广州话的特殊35调[A]．詹伯慧．第二届国际粤方言研讨会论文集[C]．广州：暨南大学出版社，1990.

[21] 饶秉才．客家方言的分布和主要特点[J]．暨南学报（哲学社会科学），1989（3）．

[22] 石毓智，王统尚．语法化对汉字变异的影响[J]．汉语学报，2022（3）．

［23］宋恩泉．山东汶上方言“个”的一些特殊用法［J］．方言，2005（4）．

［24］王福堂．平话、湘南土话和粤北土话的归属［J］．方言，2001（2）．

［25］王洪钟．汉语方言普通名词的定指表达类型［J］．语文研究，2008（2）．

［26］王远杰．H. Diessel 的指示词研究［J］．当代语言学，2008（4）．

［27］吴芳．深圳鹅埠占米话表小称的代词“咁［kɑm²¹³］”［J］．方言，2022（3）．

［28］肖湘维．湖南上宁乡话“个、滴、阿”的多功能用法研究［D］．湖南师范大学硕士学位论文，2017.

［29］谢奇勇．《湖南方言调查报告》中的“湘南土话”［J］．方言，2002（2）．

［30］尹凯．从古全浊声母的读音层次看湘南土话的性质［J］．方言，2019（1）．

［31］尹凯．从梗摄字的读音层次看湖南郴州土话的性质［J］．辞书研究，2022（1）．

［32］曾常红，张岚玲．浏阳话中“个”的语法化［J］．武陵学刊，2015（5）．

［33］曾达之．湘语新化方言“个”的多功能用法考察［J］．湖南师范大学社会科学学报，2022（1）．

［34］曾献飞．桂东话的音韵特点及其归属［A］．鲍厚星．湘南土话论丛［C］．长沙：湖南师范大学出版社，2004.

［35］赵日新．说“个”［J］．语言教学与研究，1999（2）．

［36］张倩．赣南客家话与湘南土话的小称变调［J］．方言，2022（2）．

［37］张艳．安徽含山方言中的“个”［J］．南方语言学，2022（1）．

［38］周敏莉，李小军．新邵湘语指量短语“箇 1 个［ko³¹ ko⁵］”及其合音词“箇 2［ko⁴⁵］”［J］．语言研究，2021（3）．

［39］朱晓农．亲密与高调——对小称调、女国音、美眉等语言现象的生物学解释［J］．当代语言学，2004（3）．

［40］Li Luxia. The “Dem+CI+N” and “Dem+N”［C］．第七届国际古汉语语法研讨会．转引自陈玉洁．商水方言中指示词及指示词短语的功能［J］．中国语文，2014（4）．

通辽市蒙古族语言生活及科尔沁土语畜牧业词调查

安冉欣*

【摘要】 内蒙古通辽市的蒙古语属科尔沁土语，通辽市蒙古族语言生活调查表明，调查对象中掌握蒙古语、普通话和当地汉语方言的蒙古族分别占98.1%、76.9%、31.3%。蒙古语是家庭语域中最常用的语言，多数调查对象与长辈交流使用蒙古语；社区语域中，多数调查对象使用普通话。蒙古语畜牧词语的专项调查表明，调查词项平均知晓率和使用率分别为67.8%和53.5%，青年组调查对象的畜牧业词语使用率和知晓率低于中年组和老年组，农区和牧区调查对象知晓率和使用率高于城镇调查对象。

【关键词】 科尔沁土语区，语言生活，畜牧业词，使用情况

一、引　言

在多元文化背景下，不同民族和地区之间的交往交流交融日益频繁，少数民族语言文化面临一定的挑战。内蒙古通辽市是蒙古族和汉族文化交融密切的地区，蒙古语的使用呈现式微迹象，一些反映蒙古族传统生产生活方式的词汇正逐渐退出交际。词汇作为语言系统的组成部分，承载着民族和地域文化，因此，探究影响蒙古族语言生活和一些传统蒙古语词汇消失的因素，有助于保护弱势语言。本研究重点探讨通辽市蒙古族语言生活和科尔沁土语传统词语——畜牧业词汇的使用特点。

（一）调查点概况

通辽市总人口287.32万，境内居住着蒙、汉、满、回等41个民族，其中

---

*安冉欣（1992—），女，内蒙古民族大学文学与新闻传播学院讲师，主要研究社会语言学相关问题。本项研究获得内蒙古民族大学博士科研项目“蒙古语科尔沁土语词汇变异研究”的资助，项目批准号：SKBS009。

蒙古族人口 132.58 万[①]，是全国蒙古族人口最集中的地区。综合民族构成和城乡差异，本研究选取通辽市科尔沁区蒙古族人数较多的西门街道团结社区和永清街道巴黎之春社区（社区内均有蒙古族学校或幼儿园）、科尔沁左翼后旗（简称“后旗”）甘旗卡镇蒙古族聚居村落巴润套格斯嘎查乌达村和哈布哈嘎查嘎日哈村、扎鲁特旗（简称“扎旗”）嘎亥图镇蒙古族聚居村落小嘎亥图嘎查和阿拉坦宝力皋嘎查为城镇、农区和牧区调查点。巴黎之春社区总人口 3939 人，其中少数民族占 43.1%，调查选取 62 人；团结社区总人口 12023 人，其中少数民族占 37.2%，调查选取 60 人[②]；巴润套格斯嘎查乌达村总人口 386 人，均为蒙古族，调查选取 47 人，哈布哈嘎查嘎日哈村总人口 473 人，均为蒙古族，调查选取 45 人；扎鲁特旗嘎亥图镇小嘎亥图嘎查总人口 526 人，均为蒙古族，调查选取 46 人；阿拉坦宝力皋嘎查总人口 668 人，均为蒙古族，调查选取 47 人。

（二）调查方法

本研究主要采用一对一访谈式问卷调查法，辅以个别访谈法。问卷由两部分组成：第一部分是《通辽市蒙古族语言生活调查问卷》，目的是了解调查对象的背景信息、语言使用状况和语言态度；第二部分根据前期调查筛选的调查词汇，制订《科尔沁土语畜牧业词汇调查表》，考察调查对象对畜牧业词汇的知晓及使用情况。词汇专项调查由调查员按问卷读出每一个词汇，然后依次询问对方以下问题：你能说出这个词的意思吗？你日常使用该词吗？平常说话时，你有没有用其他的词语来表达这个意思？依此考察调查对象畜牧业词汇的知晓率和使用率。

二、语言生活调查

（一）语言能力

307 名调查对象中，母语为蒙古语 304 人（99.9%），普通话[③] 31 人

---

① 通辽市统计局．通辽市第七次全国人口普查公报（第一号）［EB/OL］．通辽市统计局［2022—6—5］．https：//tjj. tongliao. gov. cn/tjj/tjgb/2021-06/09/content_ 20dc98755a4545d98d9329602eca9737. shtml.

② 数据由西门街道办事处和永清街道办事处工作人员提供，特此表示感谢。

③ 通辽市通行的当地汉语方言为东北官话哈阜片，其与普通话的语音、语法差异较小，仅有一些词汇与标准普通话不同。此外，试调查过程中大多数调查对象难以区分普通话和当地汉语方言。因此本文未严格区分普通话和当地汉语方言。本研究的普通话为广义普通话概念，包括受蒙古语和当地汉语方言影响的普通话变体。

(10.1%)。语言能力方面，熟练掌握[①]蒙古语280人（91.2%），普通话162人（52.8%）。关联地区因素，农区和牧区能熟练掌握蒙古语的比例均为100.0%，城镇社区为77.9%；三个社区熟练掌握普通话的比例分别为27.2%、45.2%、77.9%。整体来看，通辽市蒙古族的母语基本为蒙古语；农区和牧区熟练掌握蒙古语的比例较高；城镇社区熟练掌握普通话的比例较高。

（二）语言使用

1. 家庭场域

（1）与长辈交流

调查对象与长辈交谈时，215人（70.0%）只使用蒙古语，57人（18.6%）多数情况下使用蒙古语，21人（6.8%）使用蒙古语和普通话，4人（1.3%）多数情况下使用普通话，10人（3.3%）只使用普通话。

（2）与同辈交流

调查对象与同辈交流时，126人（41.0%）只使用蒙古语，78人（25.4%）多数情况下使用蒙古语，64人（20.8%）使用蒙古语和普通话，28人（9.1%）多数情况下使用普通话，11人（3.6%）只使用普通话。

（3）与晚辈交流

调查对象与晚辈交流时，96人（31.3%）只使用蒙古语，53人（17.3%）多数情况下使用蒙古语，102人（33.2%）使用蒙古语和普通话，26人（8.5%）多数情况下使用普通话，30人（9.8%）只使用普通话。

2. 交际对象

（1）与本民族交流

调查对象与本民族交流时，202人（65.8%）只使用蒙古语，54人（17.6%）多数情况下使用蒙古语，37人（12.1%）使用蒙古语和普通话，3人（1.0%）多数情况下使用普通话，11人（3.6%）只使用普通话。

（2）与其他民族交流

调查对象与其他民族交流时，16人（5.2%）只使用蒙古语，13人（4.2%）多数情况下使用蒙古语，27人（8.8%）使用蒙古语和普通话，32人（10.4%）多数情况下使用普通话，193人（62.9%）只使用普通话，无此情况26人（8.5%）。

---

① 指“大部分能听懂”“能熟练交谈，个别时候有障碍”。

（3）与陌生人交流

调查对象与陌生人交流时，33 人（10.7%）只使用蒙古语，41 人（13.4%）多数情况下使用蒙古语，38 人（12.4%）使用蒙古语和普通话，49 人（16.0%）多数情况下使用普通话，146 人（47.6%）只使用普通话。

3. 交际场合

（1）正式场合

在正式场合中，工作时 4 人（1.3%）只使用蒙古语，8 人（2.6%）多数情况下使用蒙古语，29 人（9.4%）使用蒙古语和普通话，36 人（11.7%）多数情况下使用普通话，25 人（8.1%）只使用普通话，无此情况 205 人（66.8%）。开会时，1 人（0.3%）只使用蒙古语，6 人（2.0%）多数情况下使用蒙古语，11 人（3.6%）使用蒙古语和普通话，10 人（3.3%）多数情况下使用普通话，85 人（27.7%）只使用普通话，无此情况 194 人（63.2%）。一位 43 岁的男性调查对象（本科学历，城市建设局）表示："我们日常工作必须使用标准普通话，这方便和其他民族共事，也方便我们服务不同民族的来访群众。"

（2）非正式场合

在非正式场合中，在市场、超市或医院 42 人（13.7%）只使用蒙古语，48 人（15.6%）多数情况下使用蒙古语，69 人（22.5%）使用蒙古语和普通话，70 人（22.8%）多数情况下使用普通话，78 人（25.4%）只使用普通话。在银行或邮局 32 人（10.4%）只使用蒙古语，39 人（12.7%）多数情况下使用蒙古语，55 人（17.9%）使用蒙古语和普通话，48 人（15.6%）多数情况下使用普通话，131 人（42.7%）只使用普通话，无此情况 2 人（0.7%）。在婚礼或葬礼 102 人（33.4%）只使用蒙古语，75 人（24.6%）多数情况下使用蒙古语，90 人（29.5%）使用蒙古语和普通话，22 人（7.2%）多数情况下使用普通话，16 人（5.2%）只使用普通话，无此情况 2 人（0.7%）。

由上可知，通辽市蒙古族中老年调查对象与长辈交流多使用蒙古语，青年组使用蒙古语的比例明显低于中老年组。中老年组的语言行为会潜移默化地影响青年组的语言选择和使用，因此可以预判，随着年龄的降低，通辽市蒙古族使用蒙古语的比例会逐渐下降。从社区差异看，农区和牧区的多数调查对象在家庭中只使用蒙古语，只有 9.8% 和 5.4% 的调查对象偶尔使用普通话；随着交际对象辈分的降低，城镇社区调查对象使用普通话的比例上升，其中 24.6% 的调查对象与晚辈交流只使用普通话。在社会场域，调查对象在本族内部使用蒙古语的比例较高，与其他民族交流时使用普通话的比例较高。调查对象与其他民族或陌生人交流通常不使用蒙古语，仅有 5.2% 和 10.7% 的农牧区调查对象选择“只使用蒙古语”，且年龄基本在 55 岁及以上。无论正式还是非正式场合，调查对象倾向于使用普通话，蒙古语次之，蒙古语在正式场合中的使用比例低于非正式场合。

三、畜牧业词专项调查

蒙古族发源于西伯利亚的草原地带，具备发展畜牧业的天然优势。大量的考古资料证明，“公元前两千年后期到公元前一千年的早期阶段，中央亚细亚就出现了游牧畜牧业，并经历了一个漫长的驯化和最初的繁殖家畜的阶段。畜群主要有马和羊，还有少量的牛和骆驼。狩猎、渔猎、采集业起着重要的副业作用”（K. A 诺维科娃 1975：36）。牲畜是蒙古族最主要的生产和生活资料，日常出行、婚丧嫁娶和节日均离不开牲畜。在蒙古语畜牧业词汇中，除了概括性词汇，还有具体的名称，划分精细且系统完整。200 年前，内蒙古东部地区出现了诸多从事农业生产的汉族，经过与他们的接触，以及农业化的转型，这些地区的蒙古族逐渐形成特有的半农半牧社会，语言中的畜牧业词汇锐减。访谈中发现，诸多蒙古语畜牧业词在当地已不再使用，例如：tʊɾʊ（牛鼻环）、iŋkə（成年母骆驼）、t^{h}ʊɾʊm（两岁驼羔）等。

“不是所有的方言词语都能反映方言区的历史文化”（李如龙 2001：161）。特色词既是科尔沁土语区别于其他土语的重要指标，也是反映科尔沁土语区文化特征的重要参项，因此，本研究重点考察科尔沁土语畜牧业特色词的使用情况。调查词项的选择过程如下：首先，笔者依据“中国语言资源保护工程”调查词表记录的 3000 个科尔沁土语词汇，通过与蒙古语标准音点的对比，筛选出 137 个特色词汇。其次，依据白音朝克图（2002）、双山（2004）、格根哈斯（2011）等研究文献中的词汇材料，搜集到 624 个科尔沁土语特色词汇①。在以上词汇的基础上，通过通辽市蒙古语科尔沁土语发音合作人筛选出具有共时变异的 473 个词汇，并根据语义类别选取其中具有代表性的畜牧业词汇进行问卷调查。本部分共选择畜牧业词 12 个，包括：ɐtʊːləx（放牛）、nɔːs（羊毛）、œɾxəx（〈牲畜〉流产）、pɔxɔntɛː（犏牛）、piːpəːɾəx（牛羊和骆驼等跛行）、tɔlɔŋkəɾ（牛等舔毛脱落处）、t^{h}əkəx（〈牛羊等动物起不来〉挣扎乱蹬腿）、

① 科尔沁土语词汇指能够反映科尔沁土语词汇特征、内部具有一致性、外部具有差异性的词汇。笔者虽然尽可能利用了已有文献以及蒙古语其他方言、土语的材料，但未对蒙古语所有方言土语进行全面的调查，因此，可能存在一些词在其他方言、土语中也使用的情况。

ʧiksəx（〈哆嗦〉牛）、unəx（山羊羔）、xɔkləx（吃秣草屑）、xəːl（〈牲畜饱胀的〉肚子）、xuɾup（绵羊羔）。下文分析科尔沁土语畜牧业特色词的知晓和使用情况。

（一）不同年龄段畜牧业词知晓和使用情况

不同年龄段调查对象常存在语言使用差异，通常情况下，年长一代使用传统语言形式，青年一代使用创新语言形式。不同年龄段知晓和使用调查词项的数据见表1。

表1 不同年龄段调查对象畜牧业词知晓和使用情况（*n*=307；知晓和使用：人/%）

序号	词项 \ 年龄组	15—24岁	25—34岁	35—44岁	45—54岁	55岁及以上	总计
1	ɐtuːləx 放牛	30/69.8	57/95.0	76/97.4	54/100	72/100	289/94.1
		30/69.8	53/88.3	74/94.9	49/90.7	72/100	278/90.6
2	pɔxɔnteː 牤牛	23/53.5	45/75.0	72/92.3	49/90.7	71/98.6	260/84.7
		17/39.5	43/71.7	69/88.5	44/81.5	67/93.1	240/78.2
3	nɔːs 羊毛	24/55.8	46/76.7	60/76.9	44/81.5	71/98.6	245/79.8
		20/46.5	43/71.7	56/71.8	42/77.8	71/98.6	232/75.6
4	xuɾup 绵羊羔	18/41.9	39/65.0	70/89.7	47/87.0	69/95.8	243/79.2
		16/37.2	34/56.7	64/82.1	41/75.9	59/81.9	214/69.7
5	unəx 山羊羔	17/39.5	39/65.0	51/65.4	48/88.9	69/95.8	224/73.0
		15/34.9	35/58.3	39/50.0	45/83.3	63/87.5	197/64.2
6	piːpəːɾəx 牛羊和骆驼等跛行	16/37.2	30/50.0	59/75.6	43/79.6	69/95.8	217/70.7
		10/23.3	15/25.0	47/60.3	33/61.1	57/79.2	162/52.8
7	œɾxəx（牲畜）流产	18/41.9	27/45.0	56/71.8	45/83.3	65/90.3	211/68.7
		13/30.2	14/23.3	39/50.0	27/50.0	53/73.6	146/47.6
8	tʰəkəx（牛羊等动物起不来）挣扎乱蹬腿	7/16.3	24/40.0	47/60.3	39/72.2	66/91.7	183/59.6
		3/7.0	18/30.0	33/42.3	24/44.4	42/58.3	120/39.1

续表

序号和词项 \ 年龄组		15—24 岁	25—34 岁	35—44 岁	45—54 岁	55 岁及以上	总计
9	ʧiksəx（哆嗦）牛	8/18.6	30/50.0	39/50.0	35/64.8	58/80.6	170/55.4
		5/11.6	12/20.0	25/32.1	25/46.3	44/61.1	111/36.2
10	xɔkləx 吃秣草屑	5/11.6	19/31.7	43/55.1	39/72.2	57/79.2	163/53.1
		1/2.3	4/6.7	35/44.9	28/51.9	32/44.4	100/32.6
11	xəːl（牲畜饱胀的）肚子	1/2.3	16/26.7	45/57.7	40/74.1	58/80.6	160/52.1
		6/14.0	17/28.3	18/23.1	20/37.0	37/51.4	98/31.9
12	tolɔŋkər 牛等舔毛脱落处	2/4.7	9/15.0	33/42.3	37/68.5	53/73.6	134/43.6
		2/4.7	5/8.3	18/23.1	12/22.2	35/48.6	72/23.5
平均值		14/32.8	32/52.9	54/69.5	43/80.2	65/90.1	208/67.8
		12/26.8	24/40.7	43/55.3	33/60.2	53/73.1	164/53.5

由上表可以得出两个结论。

第一，科尔沁土语畜牧业词的生存状况并不乐观，一部分词汇正濒临消失。词汇生存状况的重要指标是知晓率，通常来讲，一个言语社区中，一个词知晓的人越多，则说明其生存状况越好，反之则越差。依据表 1 将词汇知晓率划分为 5 个档次：优（90.0%—100%）、良（80.0%—89.9%）、一般（60.0%—79.9%）、差（50.0%—59.9%）、很差（0%—49.9%）。生存状况："优" 1 个词（8.3%）、"良" 1 个词（8.3%）、"一般" 5 个词（41.7%）、"差" 4 个词（33.3%）、"很差" 1 个词（8.3%）。使用率情况也基本一致，依据表 1 将词汇使用率划分为 5 个档次："优" 1 个词（8.3%）、"一般" 4 个词（33.3%）、"差" 1 个词（8.3%）、"很差" 6 个词（50.0%）。由上可知，调查词汇的知晓率虽然较高，但使用率"很差"的占 50.0%，这说明科尔沁土语传统畜牧业词汇的使用有弱化的趋势。

第二，部分词汇呈现老龄化趋势，即青年组调查对象知晓率低于老年组。如 xəːl，随着调查对象年龄的增加，知晓率从 2.3%上升至 80.6%，这种年龄差异也表现在 xɔkləx、œɾxəx、ʧiksəx、piːpəːɾəx 等词项的知晓率上。部分词项的知晓率随着年龄的增加而降低，如 pɔxɔntɛː，35—44 岁年龄段的知晓率为 92.3%，45—54 岁年龄的知晓率为 90.7%。不同年龄段的词汇使用率也存在上述两类情况。为更好地考察调查词项知晓率和使用率与年龄之间的关联，笔者进行了相关性分析。

表 2　调查词汇知晓率和使用率与年龄之间的相关系数①

序号	词项	知晓率	使用率	序号	词项	知晓率	使用率
1	ɐtʊːləx 放牛	0.375**	0.304**	7	œɾxəx （牲畜）流产	0.423**	0.337**
2	pɔxɔntɛː 犍牛	0.443**	0.386**	8	tʰəkəx（牛羊等动物起不来）挣扎乱蹬腿	0.412**	0.311**
3	nɔːs 羊毛	0.417**	0.345**	9	ʧiksəx （哆嗦）牛	0.385*	0.341**
4	xuɾup 绵羊羔	0.461**	0.332**	10	xɔkləx 吃秫草屑	0.456**	0.391**
5	unəx 山羊羔	0.389**	0.372**	11	xəːl （牲畜饱胀的）肚子	0.438**	0.263*
6	piːpəːrəx 牛羊和骆驼等跛行	0.407**	0.396**	12	tɔlɔŋkər 牛等舔毛脱落处	0.461**	0.345**

表 2 表明，调查词项知晓率和使用率均与年龄存在显著相关，随着年龄降低，词项的知晓和使用率降低。此外，科尔沁土语畜牧业词语不同年龄段使用率的相关系数值小于知晓率，说明使用率的老龄化程度更高。换言之，科尔沁土语畜牧业词语的知晓和使用多集中于老年群体，年轻一代已经较少知晓和使用父辈们熟悉的一些词语。

① 显著水平 α≤0.01 标注为 *，显著水平 α≤0.05 标注为 **，下同。

（二）不同地区畜牧业词知晓和使用情况

表 3　不同地区畜牧业词知晓和使用情况（*n*=307；人/%）

序号	词　项	农　区		牧　区		城　镇	
		知晓	使用	知晓	使用	知晓	使用
1	ɐtuːləx 放牛	88/94.6	92/100	92/100	88/94.6	109/89.3	98/80.3
2	pɔxɔntɛː 牤牛	82/88.2	86/93.5	92/100	76/81.7	86/70.5	78/63.9
3	nɔːs 羊毛	83/89.2	84/91.3	88/95.7	81/87.1	74/60.7	67/54.9
4	xuɾup 绵羊羔	80/86.0	79/85.9	85/92.4	72/77.4	78/63.9	63/51.6
5	unəx 山羊羔	69/74.2	73/79.3	84/91.3	65/69.9	71/58.2	59/48.4
6	piːpəːɾəx 牛羊和骆驼等跛行	82/88.2	47/51.1	71/77.2	69/74.2	64/52.5	46/37.7
7	œɾxəx （牲畜）流产	80/86.0	52/56.5	75/81.5	65/69.9	56/45.9	29/23.8
8	tʰəkəx（牛羊等动物起不来）挣扎乱蹬腿	69/74.2	46/50.0	63/68.5	51/54.8	51/41.8	23/18.9
9	ʧiksəx （哆嗦）牛	68/73.1	42/45.7	50/54.3	53/57.0	52/42.6	16/13.1
10	xɔkləx 吃秣草屑	61/65.6	33/35.9	63/68.5	48/51.6	39/32.0	19/15.6
11	xəːl （牲畜饱胀的）肚子	56/60.2	24/26.1	59/64.1	48/51.6	45/36.9	26/21.3
12	tɔlɔŋkəɾ 牛等舔毛脱落处	52/55.9	28/30.4	56/60.9	38/40.9	26/21.3	6/4.9
平均值		73/78.0	57/62.1	73/79.5	63/67.6	63/51.3	68/44.2

表 3 表明以下三个特点。

第一，关联前文畜牧业词知晓率和使用率的年龄分布，可以发现，代际差异不明显的词项，地区知晓范围更广，如农区、牧区和城镇对 ɐtuːləx 的知晓率和使用率均较高，即使是最低的城镇社区，也达到 89.3%、80.3%；代际差异明显的词项，不同社区调查对象的知晓率和使用率越低，如 tɔlɔŋkəɾ，三个地区调查点的知晓率和使用率均不高，最高为 60.9%、55.9%（牧区）。这是由于代际差异明显的畜牧业词语正处于消失过程中，知晓和使用这些词语的人越来越少，而代际差异不显著的畜牧业词语则处于相对稳定状态，地区分布范围较广泛。

第二，城镇与农牧区调查对象的知晓率和使用率差别比农区与牧区之间的差异更为明显。从表3可知，城镇社区平均知晓率与农区和牧区的差别分别为26.7%、28.2%，平均使用率与农牧区的差别分别为17.9%、23.4%；而农区和牧区平均知晓率的差别为1.5%，平均知晓率的差异为5.5%。可见，城镇社区调查词项的使用状况较差，其畜牧业词语的变化速度远快于农区和牧区。

第三，部分畜牧业词语的分布存在社区类型差异。一些词在三个地区的使用差别不大，一些词的使用则相差很大，如 ɐtuːləx 在农区、牧区和城镇的知晓率分别为94.6%、100%、89.3%，而 xɔkləx 在农区、牧区和城镇的知晓率分别为65.6%、68.5%、32.0%。笔者通过相关系数分析考察了影响不同类型社区调查对象畜牧业词语知晓和使用的因素。

表4 调查词汇知晓和使用率与社区类型的相关系数

序号	词　项	知晓率	使用率	序号	词　项	知晓率	使用率
1	ɐtuːləx 放牛	0.185**	0.281**	7	œɾxəx（牲畜）流产	0.373**	0.372**
2	pɔxɔntɛː 牤牛	0.326**	0.288**	8	tʰəkəx（牛羊等动物起不来）挣扎乱蹬腿	0.286**	0.321**
3	nɔːs 羊毛	0.365**	0.365**	9	ʧiksəx（哆嗦）牛	0.247**	0.371**
4	xuɾup 绵羊羔	0.296**	0.311**	10	xɔkləx 吃秫草屑	0.326**	0.307**
5	unəx 山羊羔	0.295**	0.268**	11	xəːl（牲畜饱胀的）肚子	0.242**	0.271**
6	piːpəːɾəx 牛羊和骆驼等跛行	0.321**	0.291**	12	tɔlɔŋkər 牛等舔毛脱落处	0.345**	0.345**

由表4可知，社区类型与调查词项的知晓率和使用率存在显著的相关关系，且城镇社区与农区和牧区的差别大于农区和牧区之间的差别。

综上所述，科尔沁土语畜牧业词语的知晓和使用有逐渐式微的趋势，老年人熟知的词语到青年一代成了陌生词语。访谈发现，很多年轻人不仅不知晓和使用一些调查词项，而且也不能用蒙古语标准语相应词语替代，他们通常选择不使用这些词项或采用仿译汉语的表达方式，如将 isik（山羊羔）称为 jeŋkɔː。从言语社区角度看，过去，人们通常认为科尔沁土语畜牧业词语的知晓和使用情况仅在城镇社区发生了变化，但本次调查发现，这一变化同样存在于农牧区。

四、科尔沁土语畜牧业词变化的原因

（一）生产方式的转变

通辽市蒙古族曾经历过三次生产方式的变迁：20 世纪初期，清朝政府想摆脱内外交困的局面，解除了内蒙古地区的禁垦和限垦规定，实行“移民实边”政策，将私垦变为官垦。1902 年，清朝政府设立“垦务总局”，督办放垦的土地，并大量开垦牧场，“既收其地，复收其租”，蒙古族牧民也因此失去了土地和牲畜。此后，内蒙古东部 12 部 21 旗有 567 万顷草场被开垦为半农半牧区。1949 年后，通辽市蒙古族的生产方式再次发生变迁。此阶段，作为人民公社的成员，蒙古族需要将田地或牲畜交至公社，承担种地或饲养之责，不能自由择业或离开公社。1978 年后，通辽市蒙古族再次进入生产方式大转变时期，农民和牧民有了自主经营权，可以根据意愿选择职业，甚至可以外出务工。与此相应，通辽市蒙古族农牧民有了更细致的职业分层。

随着时代的发展和经济生活的变化，城乡差异过大、农牧民负担过重是加速蒙古族生产方式转变的又一因素。21 世纪后，随着草原禁牧政策的实施，放牧成本增加，而牲畜售卖价格并未与之相匹配，这导致农牧区畜牧业收入开始下滑，农牧民负担过重，很多年轻人离开农牧区。本次调查难以找到 35 岁以下的调查对象，因为他们多数通过考学、当兵、结婚、务工等方式离开了农牧区。即使未能顺利进城的青年人，也在家中倒卖牲畜、卖奶制品、跑运输等，如今已经很难找到以畜牧业为唯一营生的年轻人家庭。还有一些家庭雇佣羊倌，家中只有留守老人，而自己一家人则在城中务工，这意味着畜牧业已由家庭支柱产业转变为补贴家用的副业。一些中年调查对象表示，“家中给孩子留了一些牛，他们找人饲养，偶尔放假回来看看”。有的调查对象认为，“养牛养羊赚钱也是辛苦钱，孩子们还是城里工作的好”。简言之，随着当地畜牧业经济效益的减弱，畜牧业词汇快速式微，有些词汇伴随其指称事物的消失而消失。

（二）普通话的推广

普通话作为国家通用语言，具有其他语言或方言不能比拟的社会文化功能。从社会语言学角度看，普通话作为标准语，属于语言的高变体。已有研究表明，语言学习和使用大体呈向上的趋势，即低变体语言或方言会向高变体语言或方向靠拢。这是因为高变体语言或方言不仅会为习得者带来更高的价值，如经济上的高回报、就业和生活的便捷，而且有助于建构社会、文化和国家认同。

在城市化进程加速、普通话大力推广的趋势下，大多数地区包括农村加快了区域间的人口流动。在这种形势下，普通话与蒙古语必然会产生全面、深入的接触，作为高变体的普通话词汇不断进入蒙古语土语词汇系统，甚至导致了词汇替代现象，如 nɔːs（羊毛）、unəx（山羊羔）等，它们指称的事物虽然存在，但多数年轻人已转用普通话词汇或普通话的表达方式，比如将 ʊxən（公山羊）称为 ər jɐmɐ、tɐːk（两岁马）称为 xɔjiɾ nɐstʰɛː mœɾ、isik（山羊羔）称为 jɐŋkɔː。一种语言或方言趋同于另一种强势的语言或方言，是语言使用的普遍现象，如哈萨克语的亲属称谓类、日常用品类词语向普通话靠拢（王远新 2020）。科尔沁土语原本是通辽市蒙古族的优势语，但随着普通话的普及，这一优势正在逐渐丧失，科尔沁土语向普通话靠拢是必然趋势。

参考文献

[1] 阿拉腾奥其尔．突厥语蒙古语词汇与畜牧业文化的联系[J]．民族语文，1990(5)．

[2] 白音朝克图．科尔沁土语研究[M]．呼和浩特：内蒙古大学出版社，2002.

[3] 格根哈斯．蒙古语科尔沁土语特殊词汇研究[D]．中央民族大学博士学位论文，2011.

[4] 李如龙．汉语方言的比较研究[M]．北京：商务印书馆，2001.

[5]（苏）K. A. 诺维科娃．论阿尔泰语系诸语言马的名称的词源史[M]．莫斯科：苏联科学出版社，1975.

[6] 双山．蒙古语科尔沁土语词汇研究[D]．中央民族大学博士学位论文，2004.

[7] 王远新．哈萨克族的哈萨克词语掌握程度和使用状况调查[G] //王远新．语言田野调查实录（15），北京：中央民族大学出版社，2020.

[8] 叶蜚声，徐通锵．语言学纲要（修订版）[M]．北京：北京大学出版社，2010.

语言生活调查

乌鲁木齐市大湾地区维吾尔族语言生活调查

王远新

【摘要】 在多民族杂居城市中，不同类型居民社区的语言生活存在一定差异。本文以乌鲁木齐市近郊新建居民小区为个案，调查天山区延安路街道吉顺路北社区朗天峰景小区维吾尔族居民的语言生活。调查表明，全部调查对象掌握维吾尔语，其中维吾尔语单语人占4.5%；70.1%的调查对象掌握或基本掌握普通话，双语双言或多语多言人占95.5%，其中维汉双语人近90%。家庭场域，调查对象与长辈和同辈主要使用维吾尔语，与子女使用普通话和汉语方言的比例增加；社会场域，调查对象主要使用维吾尔语，但正式场合使用普通话的比例高于维吾尔语。调查对象主要接触维吾尔语文传统媒体，主要浏览汉语文网站或网页。日常阅读和书写均主要使用维吾尔文，电脑书写、发短信或微信主要使用汉文。调查对象对普通话、汉文和维吾尔语文社会地位、实用功能评价及前景期望度都很高；希望后代最先学会本族语、接受普通话和维吾尔语教育，随着学段的提升，选择普通话教育的比例增加。83.6%的调查对象赞成当地的双语教育，多数调查对象希望不同学段实行汉语和维吾尔语双语教学、进一步发展维吾尔语文媒体。

【关键词】 乌鲁木齐市，新居民区，维吾尔族，语言生活

语言社区是语言生活调查的基本单位，民族人口是观察语言社区类型、语言生活特点的重要维度。为调查和对比新疆乌鲁木齐市不同类型社区语言生活的特点，2007—2016年，我们先后选取了“城中村”、新老和高中低档居民区进行了田野调查（王远新2010，2020，2023）。乌鲁木齐市是以汉族为主、多民族杂居的城市，据第六次全国人口普查（2010）数据，全市总人口3112559人，其中汉族2331654人，占总人口的74.9%；各少数民族合计780905人，占总人口的25.1%。少数民族中，维吾尔族309853人，占少数民族人口的39.4%；回族243213人，占少数民族人口的31.1%；哈萨克族67483人，占少数民族的8.6%（乌鲁木齐市统计局2010）。维吾尔族主要杂居在城六区，相对聚居于天山区，其中团结路、延安路、二道桥一带聚居程度最高。本文以天山区延安路街道吉顺路北社区朗天峰景小区为调查点，以维吾尔族居民为调

查对象，依据户访材料和问卷调查数据，描写维吾尔族居民的语言生活状况。①

一、调查概况

（一）调查点

乌鲁木齐市天山区延安路街道吉顺路北社区是2007年后在市南郊大湾乡开发的新居民区，坐落在西域轻工业基地及边疆宾馆二类口岸附近，已陆续建成朗天峰景小区（一、二期）、金坤小区、青岛花园小区、和顺小区（一、二、三期），主要居民为维吾尔族、汉族、哈萨克族，另有为数不多的蒙古族、回族、柯尔克孜族、锡伯族、满族、乌孜别克族等。社区内各民族和谐相处，2016年，社区居委会荣获“乌鲁木齐市民族团结进步先进基层党组织”称号。本研究选择吉顺路北社区建设规模最大、居住人口最多、少数民族人口相对聚居的朗天峰景小区作为调查地，选择人口最多、少数民族人口聚居程度较高的朗天峰景小区二期（分AB两区，共46栋高层，其中A区27栋、B区29栋，共计2170户5542人）作为调查点，具体人口信息见表1②。

表1 朗天峰景小区分民族人口数据（单位：人）

民族	男	女	男女总人数	乌市户口人数	外地户口人数	合计
维吾尔族	1410	1560	2970	1400	1570	2970
汉族	650	590	1240	550	690	1240
哈萨克族	380	440	820	420	400	820
回族	220	205	425	260	165	425
蒙古族	10	10	20	10	10	20
柯尔克孜族			30	9	21	30
乌孜别克族			20	10	10	20

① 本项调查是笔者主持的中央民族大学“985工程”项目“新疆城市化进程中的各民族语言使用、语言关系调查”子项目“语言使用和语言态度调查”的组成部分，调查员由中央民族大学社会语言学方向2015级博士和硕士研究生及笔者担任，调查时间为2016年8月。

② 数据由街道派出所提供，柯尔克孜族、乌孜别克族和满族无分性别数据，特此说明并致谢。

续表

民族	男	女	男女总人数	乌市户口人数	外地户口人数	合计
锡伯族	4	5	9	7	2	9
满族			8	4	4	8
总计	**2674**	**2810**	**5542**	**2670**	**2872**	**5542**

朗天峰景小区外地租房户和本地购房户几乎各占一半，租房户多为乌鲁木齐市的经商务工者，购房户多是乌鲁木齐市不同部门上班和退休人员，户访和问卷调查对象主要选择购房户。

（二）调查方法和问卷结构

本研究在实地观察以及与相关人员深度访谈的基础上，采用一对一访谈式问卷调查法获取数据。问卷由 6 部分 96 个单选和多选题组成，包括调查对象个人及家庭信息，语言习得和习得环境、语言能力和语言使用、媒体语言接触、语言文字学习途径和动机、语言态度等内容。每题设若干选项或指标，题目、选项或指标相互印证，可通过逻辑分析检验调查对象自报的信度。问题、选项或指标为既定，调查员以访谈方式询问，并依据调查对象的回答圈选或填写选项。为避免遗漏重要信息，题旁留空白、问卷末留日记栏，要求调查员准确记录。问卷完成后，先由调查员检查，再交叉核对，发现问题及时联系调查对象，确保问卷的有效性。访谈分两类：一是围绕问卷问题的专题访谈；二是针对相关问题做延伸性深度访谈。

（三）抽样及样本构成

问卷调查依据社区内维吾尔族居民的分布特点，在朗天峰景小区抽取 67 户维吾尔族家庭作为户访对象，每户选取 1 人作为问卷调查对象，共获取有效样本 67 个。样本构成见表 2 至表 4①。

①“受教育程度”中的“高中”含中专和技校；“出生地”中的“本市”指乌鲁木齐市，“疆内”指乌鲁木齐市之外新疆其他地区，“疆外”指新疆之外其他省区市。小区住户的职业种类较复杂，“公务人员”包括公务员、参公人员和社区干部，“企事业”指企业和事业单位工作人员（不含参公人员），“商服业”指商业和服务业从业者，“个体”指个体从业者（如在口岸从事个体翻译等），“专技”指教师以外的专业技术人员，“不在业”指待业者和家庭妇女。

表2 性别和年龄段（$n=67$；人/%）

性别		年龄段（岁）		
男	女	15—34	35—54	55—69
36/53.7	31/46.3	22/32.8	32/47.8	13/19.4

表3 受教育程度和出生地（$n=67$；人/%）

受教育程度					出生地		
小学	初中	高中	大专	本科	本市	疆内	疆外
6/9.0	10/14.9	14/20.9	14/20.9	23/34.3	21/31.3	44/65.7	2/3.0

表4 职业（$n=67$；人/%）

公务人员	企事业	教师	商服业	个体	学生	专技	工人	农民	不在业
5/7.5	19/28.4	8/11.9	6/9.0	7/10.5	5/7.5	4/6.0	4/6.0	3/4.5	6/9.0

（四）家庭成员民族成分、族际通婚状况及通婚态度

1. 家庭成员民族成分

祖父：维吾尔族65人（97.0%），塔塔尔族1人（1.5%），俄罗斯族1人（1.5%）；祖母：维吾尔族66人（98.5%），白俄罗斯族1人（1.5%）。

父亲：维吾尔族66人（98.5%），塔塔尔族1人（1.5%）；母亲：维吾尔族65人（97.0%），塔塔尔族1人（1.5%），哈萨克族1人（1.5%）。

配偶：维吾尔族60人（89.6%），乌孜别克族2人（3.0%），东乡族1人（1.5%），哈萨克族1人（1.5%），无此情况3人（4.5%）；子女：维吾尔族63人（94.0%），无此情况4人（6.0%）。

2. 族际通婚状况

67名调查对象中，家庭中族内通婚者60人（89.6%）；族际通婚者7人（10.5%），通婚对象为哈萨克族、乌孜别克族、塔塔尔族、俄罗斯族、白俄罗斯族、东乡族。

3. 族际通婚态度

通婚态度（涉己态度：假设本人与他族成员结婚，调查对象的态度；涉他态度：不论家庭中有无族际通婚成员，调查对象的态度）调查结果见表5。

表 5 通婚态度（$n=67$；人/%）

涉己态度					涉他态度					
愿意	无所谓	不愿意	其他想法	无法回答	应当提倡	应当尊重	可以接受	不合心意	其他想法	无法回答
22/32.8	3/4.5	27/40.3	5/7.5	10/14.9	0/0	30/44.8	19/28.4	6/9.0	9/13.4	3/4.5

数据表明，族际通婚涉他态度积极的比例（73.1%）明显高于涉己态度（32.8%）；涉己态度消极的比例（24.3%）明显高于涉他态度（9.0%）。持积极态度的调查对象主要考虑民族平等、感情和人品等因素，部分调查对象强调最好是宗教信仰相同、风俗和语言相近；持消极态度的调查对象强调，风俗习惯和文化传统差异是族际通婚的主要障碍，青年组部分调查对象担心族际通婚不被长辈接受。

涉己态度选择“愿意”的一位 68 岁男性（本科学历，大学退休教师）强调：“都是中华民族，只要两人感情好就可以。”选择“不愿意”的一位 51 岁男性（本科学历，参公人员）表示：“民族不同，宗教信仰和风俗习惯都有差异，年轻时无所谓，年纪大了很多事情不好处理。我有一个同事，‘文革’期间‘串联’去天津时生病住院，与护士产生了感情，回疆后结婚，妻子也调到新疆工作，并逐渐学会了维吾尔语，但参加亲戚朋友的婚礼、葬礼等活动还是融入不进去。现在年纪大了，两口子一起生活更不习惯，一天也说不了一句话，只好各过各的，还是本民族结婚比较好。”涉己和涉他态度均选择“其他想法”的一位 45 岁女性（大专学历，教师）认为：“宗教信仰和风俗习惯是影响不同民族通婚的关键，宗教信仰和风俗习惯相同，不同民族通婚一般没有问题，但有的信仰相同的民族规矩比较多，对媳妇的要求比较严厉，也不太适合通婚。我认识的维吾尔族中有与汉族结婚的，但跟对方的亲戚朋友不好相处。”

总体而言，通婚态度与受教育程度、年龄等因素无明显关联，受性别因素影响显著。涉己态度消极的 27 名调查对象中，女性 16 人（占女性调查对象的 51.6%），男性 11 人（占男性调查对象的 30.6%）。

（五）搬迁满意度

喜欢原居住地还是现居住地：现居住地 33 人（49.3%），原居住地 22 人（32.8%），没有明显差别 10 人（14.9%），各有好处 1 人（1.5%），无法回答 1 人（1.5%）。

不同调查对象的立足点或对比维度不同，对居住地满意度的差别比较大。原居住在小城市或乡镇农村的调查对象认为，现居住地交通、医疗、学校条件好，购物和生活方便，与原居住在乌鲁木齐市中心城区的调查对象态度相反；原居住在经济发展水平较高的中小城市调查对象认为，现居住地物价高，生活压力大；原居住在吐鲁番、哈密等气温较高地区的调查对象认为，现居住地气候凉爽；原居住在北疆地区的部分调查对象认为，现居住地空气污染较严重。一位63岁男性（本科学历，大学退休教师）从市区搬迁至现居住地，认为原居住地和现居住地各有好处：原居住地交通和看病方便；现居住地多民族杂居，生活方便，不足之处是没有幼儿园，中小学生上学远。

二、语言习得和语言能力

（一）语言习得和习得环境①

1. 语言习得

小时候最先学会的语言或方言（可多选）：维吾尔语63人，维吾尔语/普通话2人，维吾尔语/哈萨克语1人，维吾尔语/塔塔尔语1人，合计67人。分解多选项：维吾尔语（67人次/100%）>普通话（2人次/3.0%）>哈萨克语=塔塔尔语（各1人次/1.5%）。

2. 语言习得环境

（1）小时候，父亲与调查对象使用的语言或方言（可多选）：维吾尔语64人，维吾尔语/普通话1人，维吾尔语/汉语方言1人，塔塔尔语1人，合计67人。分解多选项：维吾尔语（66人次/98.5%）>普通话=汉语方言=塔塔尔语（各1人次/1.5%）。

（2）小时候，母亲与调查对象使用的语言或方言（可多选）：维吾尔语65人，维吾尔语/普通话2人，合计67人。分解多选项：维吾尔语（67人次/100%）>普通话（2人次/3.0%）。

全部调查对象的家庭语言习得环境是维吾尔语，其中绝大多数调查对象家庭语言习得环境是维吾尔语单语，少数调查对象的家长兼用其他语言或方言。一位28岁男性（乌鲁木齐市出生，大专学历）的父母和两个子女均为“民考

① 普通话指地方普通话（主要是带维吾尔语特点的普通话），汉语方言指兰银官话北疆片汉语。

汉”，家庭语言习得和使用均为维吾尔语和普通话。一位 32 岁女性（乌鲁木齐市出生，本科学历）小学上双语学校，母亲是“民考汉”，家庭内部使用维吾尔语和普通话，有时会有意识教调查对象普通话。一位 36 岁女性（乌苏市四棵树镇哈萨克族聚居区出生，中专学历）小学上哈萨克语授课学校，小时候父亲跟她说维吾尔语和汉语方言，母亲使用维吾尔语单语。一位 43 岁女性（伊宁市出生，大专学历）小学上维吾尔语授课学校，父亲是塔塔尔族，跟她说塔塔尔语。

（3）上小学时，教师用什么语言或方言讲课（可多选）：维吾尔语 34 人，维吾尔语/普通话 22 人，普通话 10 人，哈萨克语/普通话 1 人，合计 67 人。分解多选项：维吾尔语（56 人次/83.4%）>普通话（34 人次/50.7%）>哈萨克语（1 人次/1.5%）。

50.7%的调查对象小学上普通班（维吾尔语授课），34.3%的调查对象小学上双语班（22 人上维吾尔语和普通话授课、1 人上哈萨克语和普通话授课双语班），14.9%的调查对象小学上汉语授课学校。一位 51 岁男性（本科学历，参公人员）在哈密市出生，小学上汉语授课学校，1988 年大学毕业后留在乌鲁木齐市从事翻译工作。他介绍：“小时候，我们家住在单位大院，98%的住户都是汉族，父母就近把我送到了汉语授课学校。上初中后，父母认为我的维吾尔语不是很好，担心我丢失母语，上初二时把我转到了维吾尔语授课的普通班。”

关联性别和年龄因素，男性：普通班（20 人/55.6%）>双语班（10 人/27.8%）>汉语授课学校（6 人/16.7%）；女性：双语班（22 人/71.0%）>普通班（5 人/16.1%）>汉语授课学校（4 人/12.9%）；青年组：双语班（11 人/50.0%）>汉语授课学校（7 人/31.8%）>普通班（4 人/18.2%）；中年组：普通班（19 人/59.4%）>双语班（12 人/37.5%）>汉语授课学校（1 人/3.1%）；老年组：普通班（11 人/84.6%）>汉语授课学校（2 人/15.4%）>双语班（0 人）。

由上可知，所有调查对象最先习得本族语，包括同时习得维吾尔语和普通话 2 人，维吾尔语和哈萨克语、维吾尔语和塔塔尔语各 1 人；调查对象的家庭语言习得环境主要是维吾尔语；小学阶段授课语言（学校类型）的性别和年龄差异显著：女性上双语班的比例高于男性，男性上普通班的比例高于女性，男性上汉语授课学校的比例略高于女性；青年组上双语班和汉语授课学校的比例高于中老年组，老年组上普通班的比例高于中青年组，老年组无人上双语班。这与新疆小学学段语言授课模式的变化相符。

（二）语言能力和语言掌握程度

1. 语言能力

现在能用哪些语言或方言与人交谈（可多选）：维吾尔语/普通话 16 人，维吾尔语/普通话/汉语方言 9 人，维吾尔语/哈萨克语/普通话 7 人，维吾尔语/哈萨克语/普通话/汉语方言 6 人，维吾尔语/汉语方言 6 人，维吾尔语/哈萨克语/汉语方言 5 人，维吾尔语 3 人，维吾尔语/普通话/英语 2 人，维吾尔语/哈萨克语/普通话/汉语方言/英语 2 人，维吾尔语/普通话/汉语方言/英语 2 人，维吾尔语/哈萨克语/汉语方言/俄语 2 人，维吾尔语/普通话/汉语方言/俄语 1 人，维吾尔语/哈萨克语/普通话/英语/俄语 1 人，维吾尔语/哈萨克语/普通话/乌孜别克语 1 人，维吾尔语/哈萨克语/汉语方言/英语/俄语 1 人，维吾尔语/哈萨克语/普通话/英语 1 人，维吾尔语/哈萨克语/普通话/汉语方言/塔塔尔语/俄语 1 人，维吾尔语/哈萨克语/普通话/汉语方言/塔塔尔语/柯尔克孜语 1 人，合计 67 人。

分解多选项：维吾尔语（67 人次/100%）>普通话（45 人次/67.2%）>汉语方言（36 人次/53.7%）>哈萨克语（28 人次/41.8%）>英语（9 人次/13.4%）>俄语（6 人次/9.0%）>塔塔尔语（2 人次/3.0%）>柯尔克孜语=乌孜别克语（各 1 人次/1.5%）。全部调查对象掌握维吾尔语，其中维吾尔语单语者 3 人（占 4.5%，均为中老年调查对象，其中农民 2 人、保安 1 人，小学文化 2 人、初中文化 1 人），双语或多语人占 95.5%。汉语、少数民族语言和外语多语人与受教育程度关联不显著，主要与族际通婚、从事国际贸易和经商关联度较高。一位 43 岁维吾尔族女性（大专学历，个体翻译）的祖父是塔塔尔族，祖母是白俄罗斯族，父亲是塔塔尔族，母亲是维吾尔族，丈夫是东乡族，子女民族成分随母亲。她自报掌握或基本掌握维吾尔语、哈萨克语、塔塔尔语、普通话、汉语方言和俄语，并介绍："我的塔塔尔语是小时候跟父亲学会的，父亲去世后塔塔尔语用得比较少，主要跟塔塔尔族亲戚来往时才有机会使用，日常生活中多使用维吾尔语。上大学时上过俄语培训班，懂一点儿俄语。在新疆，不同民族通婚家庭的人会多种语言的情况很常见，因为语言相近，容易学会对方的语言。"

2. 语言掌握程度

总体而言，合并前三项指标，"听"的程度：维吾尔语（100%）>普通话（89.6%）>汉语方言（83.6%）>哈萨克语（50.7%）>英语（7.5%）；"说"的程度：维吾尔语（100%）>普通话（70.1%）>汉语方言（58.2%）>哈萨克语（31.3%）>英语（9.0%）。维吾尔语输入和输出程度基本相同，其他语言变体的输入程度明显高于输出程度。具体数据见表6。

表6 语言掌握程度（n=67；人/%）

指标	语言变体	维吾尔语	普通话	哈萨克语	汉语方言	英语
听	完全能听懂	66/98.5	30/44.8	9/13.4	20/29.9	0
	大部分能听懂	1/1.5	18/26.9	10/14.9	17/25.4	1/1.5
	基本能听懂	0	12/17.9	15/22.4	19/28.4	4/6.0
	能听懂日常用语	0	4/6.0	15/22.4	1/1.5	8/11.9
	基本听不懂	0	2/3.0	4/6.0	4/6.0	10/14.9
	完全听不懂	0	1/1.5	14/20.9	6/9.0	44/65.7
合计		**67/100**	**67/100**	**67/100**	**67/100**	**67/100**
说	能熟练交谈，没有障碍	65/97.0	18/26.9	6/9.0	10/14.9	0
	能熟练交谈，个别时候有障碍	2/3.0	19/28.4	3/4.5	16/23.9	0
	基本能交谈	0	10/14.9	12/17.9	13/19.4	6/9.0
	会说日常用语	0	3/4.5	14/20.9	2/3.0	4/6.0
	基本不会说	0	14/20.9	8/11.9	10/14.9	13/19.4
	完全不会说	0	3/4.5	24/35.8	16/23.9	44/65.7
合计		**67/100**	**67/100**	**67/100**	**67/100**	**67/100**

以“说”的前三项指标作为衡量掌握或基本掌握某种语言变体的标准，调查对象上题的普通话、汉语方言、英语自报程度偏高，哈萨克语自报程度过高，主要是因为将能听懂或会说日常用语作为依据。

生活或工作环境、接触人群是影响调查对象语言使用的重要因素。一位60岁女性（初中文化，退休职工）的普通话程度是“基本能听懂、基本能交流”，她介绍：“我初中毕业后在石油化工厂上班，工作40年后退休。上班时跟汉族接触多，普通话比较流利，交流没有问题；退休后，主要接触本民族，普通话越来越不流利，很多词语都忘记了。”

3. 文字掌握程度

总体而言，合并前两项指标，“读”的程度：维吾尔文（95.5%）>汉文（71.6%）>哈萨克文（28.4%）>英文（17.9%）；“写”的程度：维吾尔文（83.6%）>汉文（52.2%）>哈萨克文（7.5%）>英文（4.5%）。文字输入程度均高于输出程度，具体数据见表7。

表7 文字掌握程度（n=67；人/%）

指标	文字	维吾尔文	汉文	哈萨克文	英文
读	能读书看报	57/85.1	34/50.8	7/10.5	1/1.5
	能看懂家信或简单文章	4/6.0	10/14.9	5/7.5	8/11.9
	只能看懂便条或手机短信	3/4.5	4/6.0	7/10.5	3/4.5
	基本看不懂	0	6/9.0	8/11.9	12/17.9
	完全看不懂	3/4.5	13/19.4	40/59.7	43/64.2
合计		**67/100**	**67/100**	**67/100**	**67/100**
写	能写文章	51/76.1	28/41.8	4/6.0	1/1.5
	能写家信或简单文章	5/7.5	7/10.5	1/1.5	2/3.0
	只能写便条或手机短信	5/7.5	9/13.4	2/3.0	9/13.4
	基本不会写	3/4.5	7/10.5	12/17.9	12/17.9
	完全不会写	3/4.5	16/23.9	48/71.6	43/64.2
合计		**67/100**	**67/100**	**67/100**	**67/100**

三、语言文字学习途径和动机

（一）语言文字学习途径①

1. 语言学习途径

（1）维吾尔语（分解多选项）：家人影响（66人次/98.5%）>学校学习（48人次/71.6%）>社会交往（17人次/25.4%）>媒体影响（16人次/23.9%）。

（2）哈萨克语（分解多选项）：社会交往（46人次/68.7%）>在外地（3人次/4.5%）>媒体影响（2人次/3.0%）>家人影响=学校学习（各1人次/

① 包括学过但未学会或掌握程度不高的调查对象；语言和文字学习途径中的“家人影响”分别指在家庭环境中自然学会、由家人教会；“媒体接触”指看电视、电影，听广播或接触其他媒体；“在外地”包括在外地上学、当兵、务工等。

1.5%)，无此情况（17人/25.4%)。

（3）普通话（分解多选项）：学校学习（54人次/80.6%)>社会交往（29人次/43.3%)>媒体影响（12人次/17.9%)>培训班学习（2人次/3.0%)>家人影响=自学（各1人次/1.5%)，无此情况（2人/3.0%)。

（4）汉语方言（分解多选项）：社会交往（52人次/77.6%)>学校学习（5人次/7.5%)>媒体影响（1人次/1.5%)，无此情况（11人/16.4%)。

（5）英语（分解多选项）：学校学习（23人次/34.3%)>培训班学习（2人次/3.0%)，无此情况（42人/62.7%)。

2. 文字学习途径

（1）维吾尔文（分解多选项）：学校学习（57人次/85.1%)>家人影响（14人次/20.9%)>培训班学习（2人次/3.0%)，无此情况（2人/3.0%)。

（2）哈萨克文（分解多选项）：自学（6人次/9.0%)>家人影响=学校学习（各1人次/1.5%)，无此情况（59人/88.1%)。

（3）汉文（分解多选项）：学校学习（54人次/80.6%)>自学（7人次/10.5%)>家人影响=培训班学习（各1人次/1.5%)，无此情况（11人/16.4%)。

（4）英文（分解多选项）：学校学习（22人次/32.8%)>培训班学习（2人次/3.0%)，无此情况（43人/64.2%)。

调查对象主要在家庭环境中自然习得维吾尔语，其次是学校学习；主要通过社会交往学习哈萨克语和汉语方言；主要通过学校学习的途径学习普通话，其次是社会交往和媒体影响；主要通过学校学习的途径学习维吾尔文、汉文和英文，主要通过自学途径学习哈萨克文。一位36岁女性（中专学历，个体业主）出生在塔城地区乌苏市四棵树镇，从小学会维吾尔语和哈萨克语，后来学会汉语方言，其哈萨克语文程度最高，汉文程度是基本看不懂、完全不会写，维吾尔文程度是能看懂便条和手机短信、基本不会写。她介绍："我小时候生活的地区主要是哈萨克族和回族，从小上哈萨克语授课学校，因为附近没有维吾尔语授课学校。"

（二）语言学习动机和困难

（1）学习维吾尔语的目的（分解多选项）：从小自然学会（66人次/98.5%)>生活地区广泛使用（45人次/67.2%)>传承本民族文化（35人次/52.2%)>便于与当地少数民族沟通（33人次/49.3%)>工作或外出需要（22人次/32.8%)>个人兴趣（6人次/9.0%)。

（2）学习哈萨克语的目的（分解多选项）：便于与当地少数民族沟通（43人次/64.2%)>生活地区广泛使用（21人次/31.3%)>工作或外出需要（3人

次/4.5%）>个人兴趣=从小自然学会（各2人次/3.0%）。

（3）学习普通话的目的（分解多选项）：与更多人沟通（51人次/76.1%）>全国通用语（50人次/74.6%）>工作和外出需要（37人次/55.2%）>有前途（35人次/52.2%）>学校或单位要求（32人次/47.7%）>个人兴趣（10人次/14.9%）>从小自然学会（5人次/7.5%）>其他目的（1人次/1.5%），无此情况（1人/1.5%）。

（4）学习普通话的主要困难（分解多选项）：受本族语影响（37人次/55.2%）>说本族语更自然（16人次/23.9%）>说民族语更容易与当地人沟通（7人次/10.5%）>受汉语方言影响（6人次/9.0%）>说汉语方言更自然（2人次/3.0%）>说汉语方言更容易与当地人沟通=怕本地人笑话=周围的人不说（各1人次/1.5%），没有问题（18人/26.9%），无此情况（1人/1.5%）。

总体而言，调查对象主要在家庭和生活地区的语言环境中学会维吾尔语；学习哈萨克语主要是为了与当地哈萨克族沟通；学习普通话的主要目的是与更多人沟通，主要困难是受母语影响。

四、语言文字使用现状

（一）家庭场域

1. 与长辈

（1）跟父亲（可多选）：维吾尔语47人，维吾尔语/普通话3人，维吾尔语/汉语方言1人，无此情况16人，合计67人。分解多选项：维吾尔语（51人次/76.1%）>普通话（3人次/4.5%）>汉语方言（1人次/1.5%），无此情况（16人/23.9%）。

（2）跟母亲（可多选）：维吾尔语54人，维吾尔语/普通话2人，无此情况11人，合计67人。分解多选项：维吾尔语（56人次/83.6%）>普通话（2人次/3.0%），无此情况（11人/16.4%）。

2. 与同辈

跟同辈（可多选）：维吾尔语60人，维吾尔语/普通话5人，维吾尔语/汉语方言1人，维吾尔语/哈萨克语/普通话1人，合计67人。分解多选项：维吾尔语（67人次/100%）>普通话（6人次/9.0%）>哈萨克语=汉语方言（各1人次/1.5%）。

3. 与晚辈

跟子女（可多选）：维吾尔语37人，维吾尔语/普通话13人，维吾尔语/汉语方言7人，普通话1人，无此情况9人，合计67人。分解多选项：维吾尔语（57人次/85.1%%）>普通话（14人次/20.9%）>汉语方言（7人次/10.4%），无此情况（9人/13.4%）。

数据表明，第一，调查对象与长辈及同辈语言使用的同质性较高，即主要使用维吾尔语；第二，语言使用代际差异明显，即与子女使用普通话和汉语方言的比例明显高于长辈和同辈。

（二）社会场域

1. 交际场合

（1）在本地集贸市场买东西（可多选）：维吾尔语/普通话24人，维吾尔语/汉语方言19人，普通话7人，汉语方言4人，维吾尔语4人，维吾尔语/哈萨克语/普通话3人，维吾尔语/哈萨克语/普通话/汉语方言3人，维吾尔语/哈萨克语/汉语方言3人，合计67人。分解多选项：维吾尔语（56人次/83.6%）>普通话（37人次/55.2%）>汉语方言（29人次/43.3%）>哈萨克语（9人次/13.4%）。

（2）去政府部门办事（可多选）：普通话19人，维吾尔语/汉语方言11人，维吾尔语/普通话8人，维吾尔语/哈萨克语/普通话5人，汉语方言5人，维吾尔语3人，维吾尔语/哈萨克语/汉语方言1人，无此情况15人，合计67人。分解多选项：普通话（32人次/50.7%）>维吾尔语（28人次/41.8%）>汉语方言（17人次/25.4%）>哈萨克语（6人次/9.0%），无此情况（5人/7.5%）。

（3）去国外（可多选）：维吾尔语3人，英语2人，维吾尔语/土耳其语1人，哈萨克语/俄语1人，维吾尔语/哈萨克语1人，乌兹别克语/吉尔吉斯语1人，维吾尔语/哈萨克语/俄语1人，乌兹别克语1人，无此情况56人，合计67人。分解多选项：维吾尔语（6人次/9.0%）>哈萨克语（3人次/4.5%）>英语=俄语=乌兹别克语（各2人次/3.0%），无此情况（56人/83.6%）。

2. 交际对象和交际话题

（1）跟本族邻居或熟人聊天（可多选）：维吾尔语57人，维吾尔语/普通话4人，维吾尔语/汉语方言2人，维吾尔语/哈萨克语2人，维吾尔语/哈萨克语/普通话1人，维吾尔语/哈萨克语/汉语方言1人，合计67人。分解多选项：维吾尔语（67人次/100%）>普通话（5人次/7.5%）>哈萨克语（4人次/6.0%）>汉语方言（3人次/4.5%）。

（2）跟其他民族邻居或熟人聊天（可多选）：维吾尔语/汉语方言15人，

维吾尔语/普通话 11 人，维吾尔语/哈萨克语/普通话 9 人，普通话 9 人，维吾尔语 8 人，维吾尔语/哈萨克语/汉语方言 7 人，哈萨克语/汉语方言 4 人，维吾尔语/哈萨克语/普通话/汉语方言 2 人，哈萨克语/普通话 2 人，合计 67 人。分解多选项：维吾尔语（52 人次/77.6%）>普通话（33 人次/49.3%）>汉语方言（28 人次/41.8%）>哈萨克语（24 人次/35.8%）。

（3）跟陌生人交谈（可多选）：维吾尔语/普通话 19 人，维吾尔语/汉语方言 16 人，普通话 8 人，维吾尔语/哈萨克语/普通话 7 人，维吾尔语 5 人，维吾尔语/哈萨克语/汉语方言 5 人，维吾尔语/普通话/汉语方言 3 人，维吾尔语/哈萨克语/普通话/汉语方言 2 人，维吾尔语/哈萨克语/汉语方言/俄语 1 人，维吾尔语/哈萨克语/普通话 1 人，合计 67 人。分解多选项：维吾尔语（59 人次/88.1%）>普通话（40 人次/59.7%）>汉语方言（27 人次/40.3%）>哈萨克语（16 次/23.9%）>俄语（1 人次/1.5%）。

（4）跟亲友谈论国家大事（可多选）：维吾尔语 57 人，维吾尔语/普通话 5 人，普通话 2 人，维吾尔语/汉语方言 2 人，维吾尔语/哈萨克语 1 人，合计 67 人。分解多选项：维吾尔语（65 人次/97.0%）>普通话（7 人次/10.4%）>汉语方言（2 人次/3.0%）>哈萨克语（1 人次/1.5%）。

（5）本族节日活动中与本族人交谈（可多选）：维吾尔语 66 人，维吾尔语/哈萨克语/汉语方言 1 人，合计 67 人。分解多选项：维吾尔语（67 人次/100%）>汉语方言=哈萨克语（各 1 人次/1.5%）。

（6）本族节日活动中与其他民族交谈（可多选）：维吾尔语 20 人，维吾尔语/普通话 11 人，维吾尔语/汉语方言 11 人，维吾尔语/哈萨克语 6 人，哈萨克语/汉语方言 4 人，普通话 4 人，维吾尔语/哈萨克语/汉语方言 3 人，哈萨克语/普通话 2 人，维吾尔语/哈萨克语/普通话/汉语方言 2 人，哈萨克语/普通话/汉语方言 1 人，维吾尔语/普通话/汉语方言 1 人，哈萨克语 1 人，汉语方言 1 人，合计 67 人。分解多选项：维吾尔语（54 人次/80.6%）>汉语方言（23 人次/34.3%）>普通话（21 人次/31.3%）>哈萨克语（19 人次/28.4%）。

总体而言，维吾尔语是社会场域主要用语，其中随意场合使用维吾尔语的比例高于普通话，正式场合使用普通话的比例略高于维吾尔语。83.6%的调查对象无出国经历，16.4%的调查对象有出国经历，其目的是去中亚国家或土耳其探亲、做生意，探亲主要使用维吾尔语，做生意主要使用跨国的同语种，个别人使用英语或俄语。针对不同交际对象和话题，以及在民族节日场合，调查对象跟本族人和其他民族均主要使用维吾尔语；日常交际跟陌生人或其他民族使用普通话和汉语方言的比例高于维吾尔语。

（三）媒体语言接触

（1）看什么语言和方言的电视节目（分解多选项）：维吾尔语（50 人次/74.6%）>普通话（45 人次/67.2%）>汉语方言=英语（各 3 人次/4.5%）>哈萨克语（2 人次/3.0%）>土耳其语（1 人次/1.5%）。

（2）听什么语言或方言的广播（分解多选项）：维吾尔语（37 人次/55.2%）>普通话（22 人次/32.8%）>哈萨克语（2 人次/3.0%），无此情况（23 人/34.3%）。

（3）浏览什么语言的网站或网页（分解多选项）：汉语（31 人次/46.3%）>维吾尔语（26 人次/38.8%）>英语=俄语（各 1 人次/1.5%），无此情况（25 人/37.3%）。

调查对象主要接触维吾尔语广播、电视，其次是普通话；主要浏览汉语网站或网页，其次是维吾尔语。37.3%的调查对象不上网，34.3%的调查对象不收听广播，收听广播的调查对象表示，一般收听 949 调频交通广播。

（四）文字使用

（1）阅读书刊（分解多选项）：维吾尔文（47 人次/70.2%）>汉文（26 人次/38.8%），无此情况（5 人/7.5%）。

（2）日常书写（分解多选项）：维吾尔文（44 人次/65.7%）>汉文（33 人次/49.3%）>哈萨克文=俄文（各 1 人次/1.5%），无此情况（4 人/6.0%）。

（3）电脑书写（分解多选项）：汉文（32 人次/47.8%）>维吾尔文（18 人次/26.9%）>英文（2 人次/3.0%）>俄文（1 人次/1.5%），无此情况（26 人/38.8%）。

（4）发短信或微信（分解多选项）：汉文（40 人次/59.7%）>维吾尔文（33 人次/49.3%）>哈萨克文（1 人次/1.5%），无此情况（9 人/13.4%）。

调查对象阅读书刊和日常书写均主要使用维吾尔文，其次是汉文；电脑书写和发短信或微信主要使用汉文，其次是维吾尔文。38.8%的调查对象不使用电脑，13.4%的调查对象不使用手机。一位 45 岁女性（大专学历，教师）表示："我是第 65 中学的维吾尔语文老师，写学习体会、工作总结和双语教学计划，学校要求统一使用汉文；平时备课写教案使用维吾尔文，学校规定必须手写；电脑有维吾尔文输入法，用电脑写东西我一般用汉文。"

五、语言态度

（一）社会地位评价

总体而言，不同语言和方言“很有用”排序：普通话>维吾尔语>英语>哈萨克语>汉语方言，前两项指标合并：普通话=维吾尔语>英语>哈萨克语>汉语方言；不同文字“很有用”排序：汉文>维吾尔文>英文>哈萨克文，前两项指标合并：维吾尔文>汉文>英文>哈萨克文。具体数据见表 8。

表 8　语言文字有用度（$n=67$；人/%）

指标	语言文字	维吾尔语 维吾尔文	普通话 汉文	哈萨克语 哈萨克文	汉语 方言	英语 英文
语言评价	很有用	60/89.6	64/95.5	35/52.2	23/34.3	46/68.7
	对一部分人或在一定范围有用	7/10.5	3/4.5	22/32.8	28/41.8	14/20.9
	没有用	0	0	3/4.5	5/7.5	3/4.5
	无法回答	0	0	7/10.5	11/16.4	4/6.0
合计		**67/100**	**67/100**	**67/100**	**67/100**	**67/100**
文字评价	很有用	59/88.1	64/95.5	33/49.3		49/73.1
	对一部分人或在一定范围有用	8/11.9	2/3.0	23/34.3		11/16.4
	没有用	0	1/1.5	3/4.5		2/3.0
	无法回答	0	0	8/11.9		5/7.5
合计		**67/100**	**67/100**	**67/100**		**67/100**

选择维吾尔语和普通话“很有用”的一位 51 岁男性（本科学历，参公人员）认为：“维吾尔语是本族语，很有用，与其他民族交流普通话更有用。维吾尔族和哈萨克族交流的时候，哈萨克族一般会用维吾尔语或哈萨克语打招呼，深一点的交流还是要用普通话，哈萨克族比维吾尔族更喜欢使用普通话。”

（二）实用功能评价

（1）对自己比较重要的语言和方言（可多选）：维吾尔语/普通话 34 人，普通话 13 人，维吾尔语 13 人，维吾尔语/普通话/汉语方言 2 人，维吾尔语/

普通话/英语 1 人，维吾尔语/哈萨克语/普通话/英语 1 人，维吾尔语/普通话/汉语方言/英语 1 人，维吾尔语/汉语方言 1 人，维吾尔语/哈萨克语/普通话/俄语 1 人，合计 67 人。分解多选项：维吾尔语（54 人次/80.6%）>普通话（48 人次/71.6%）>哈萨克语（6 人次/9.0%）>汉语方言（4 人次/6.0%）>英语（3 人次/4.5%）>俄语（1 人次/1.5%）。

一位 37 岁女性（本科学历，公务人员）表示："对我来说，维吾尔语和普通话都很重要。维吾尔语在日常生活中比较重要，普通话在工作中比较重要。"一位 56 岁女性（高中文化，事业单位工作人员）认为："作为中国人，普通话最重要；作为维吾尔族，维吾尔语最最重要。"选择维吾尔语、哈萨克语、普通话和俄语对自己比较重要的一位 42 岁男性（大专学历，个体业主）在离居住区不远的口岸做生意，主要经营家用电器和日用百货。他认为："不懂这几种语言不好做生意，跟维吾尔族和中亚乌兹别克人做生意主要使用维吾尔语，跟全国各地的客人做生意主要使用普通话，跟中亚的哈萨克人、吉尔吉斯人做生意主要使用哈萨克语，有时使用俄语。"

（2）本地人学习哪种外语更有用（可多选）：英语 38 人（56.7%），俄语 17 人（25.4%），英语/俄语 3 人（4.5%），无法回答 9 人（13.4%），合计 67 人。选择英语的调查对象多认为英语是国际通用语，学生升学考试也要考英语；选择俄语的人多立足于外贸和经商需要。同时选择英语和俄语的一位 29 岁女性（本科学历，参公人员）强调："在新疆经商做生意俄语更重要，学生升学考试英语更重要。"一位 51 岁男性（本科学历，参公人员）介绍："在新疆，英语和俄语无所谓哪种更重要。英语在全国范围内比较普及，懂英语走遍天下都不怕。新疆与哈萨克斯坦、吉尔吉斯斯坦等讲俄语的中亚国家相邻，新疆人中会俄语的人不少，用英语跟中亚国家的人做生意他们不一定都能听懂。"选择俄语的一位 37 岁男性（高中文化，企业工作人员）介绍："我们这边外贸生意主要针对中亚国家，俄语很重要。我曾在培训班学过一个月俄语，语法太难，没有坚持下来。"

（三）语言文字前景期望度

总体而言，不同语言和方言"有很大发展"排序：普通话>维吾尔语>英语>哈萨克语>汉语方言，前两项指标合并：普通话=维吾尔语>英语>哈萨克语=汉语方言；文字"有很大发展"排序：维吾尔文>汉文>英文>哈萨克文，前两项指标合并：汉文>维吾尔文>英文>哈萨克文。具体数据见表 9。

表9　语言文字前景期望度（$n=67$；人/%）

指标		维吾尔语 维吾尔文	普通话 汉文	哈萨克语 哈萨克文	汉语 方言	英语 英文
语言态度	有很大发展	61/91.0	63/94.0	30/44.8	22/32.8	38/56.7
	在一定范围发展	3/4.5	1/1.5	11/16.4	19/28.4	9/13.4
	任其自然发展	2/3.0	3/4.5	11/16.4	8/11.9	12/17.9
	不久将来不再使用	0	0	0	3/4.5	0
	无法回答	1/1.5	0	15/22.4	15/22.4	8/11.9
合计		**67/100**	**67/100**	**67/100**	**67/100**	**67/100**
文字态度	有很大发展	58/86.6	56/83.6	29/43.3		43/64.2
	在一定范围发展	5/7.5	8/11.9	11/16.4		5/7.5
	任其自然发展	3/4.5	3/4.5	11/16.4		10/14.9
	不久将来不再使用	0	0	0		0
	无法回答	1/1.5	0	16/23.9		9/13.4
合计		**67/100**	**67/100**	**67/100**		**67/100**

数据表明，调查对象对普通话和汉文、维吾尔语文的前景期望度最高，其次是英语文；对语言及相应文字的前景期望度大体一致。一位45岁女性（大专学历，企业职工）希望普通话、汉文、维吾尔语文和英文“有很大发展”，汉语方言、英语“在一定范围发展”，并解释：“现在全国都在推广普通话，不同地区的汉语方言在当地使用就可以了。对需要英语的人来说，基本能用英语交流就够了，但学好英文不仅可以读书看报，了解国外的发展，而且学生高考也主要考英文水平。”一位51岁男性（本科学历，参公人员）希望各少数民族语言都“有很大发展”，他认为：“这个世界需要多姿多彩，语言也一样。一个民族担负不起很多事情。过去，人们创造了世界语，目的是希望世界语言大同，但掌握的人很少，最后只能不了了之。英语虽然是世界性语言，使用英语的国家想同化世界，实际上根本做不到。各民族做自己喜欢的事情，和谐相处，世界才能太平。我们现在提倡‘三个离不开’：汉族离不开少数民族，少数民族离不开汉族，各少数民族之间也相互离不开。”

（四）行为倾向

（1）希望后代最先学会的语言（可多选）：维吾尔语32人，维吾尔语/普通话 26 人，维吾尔语/普通话/英语 5 人，普通话 3 人，维吾尔语/普通话/汉语方言/英语 1 人，合计 67 人。分解多选项：维吾尔语（63 人次/94.0%）>普通话（36 人次/53.7%）>英语（6 人次/9.0%）>哈萨克语=汉语方言（各 1 人次/1.5%）。选择维吾尔语和普通话的一位 44 岁女性（本科学历，教师）认为："小孩子一出生就学维吾尔语，上学前应当加强普通话学习，家长要舍得花时间教。"

（2）希望后代上什么语言授课的幼儿园（可多选）：维吾尔语/普通话 37 人，维吾尔语 18 人，普通话 8 人，维吾尔语/普通话/英语 1 人，哈萨克语/普通话/英语 1 人，维吾尔语/普通话/汉语方言/英语 1 人，无法回答 1 人，合计 67 人。分解多选项：维吾尔语（58 人次/86.6%）>普通话（47 人次/70.2%）>英语（3 人次/4.5%）>汉语方言（1 人次/1.5%）。单选维吾尔语的一位 44 岁男性（高中文化，企业职工）认为："在没有学好母语的情况下学汉语，理解方面会出现偏差。过去，城里的小孩子没上双语班也会汉语，不会汉语的人也能为国家做贡献，现在有些人读了硕士和博士也不一定能为社会做贡献。上高中之前，我一直上维吾尔语授课学校，本民族的风俗习惯有一部分是在学校学的。"选择维吾尔语和普通话的一位 37 岁男性（高中文化，企业职工）介绍："我自己的娃娃先送到维吾尔语授课的幼儿园学了两年，后来转到了汉语授课幼儿园。娃娃们先学会自己的母语，再学普通话比较好，学习上的困难也会小一些。"一位 35 岁男性（本科学历，私企负责人）选择了哈萨克语、普通话和英语，他介绍："我妻子是哈萨克族，娃娃都是母亲带的，他们的哈萨克语说得很好，所以上的哈萨克语和普通话授课幼儿园，上小学前再学点英语就更好了。"

（3）希望后代上什么语言授课的小学（可多选）：维吾尔语/普通话 51 人，普通话 7 人，维吾尔语 4 人，维吾尔语/普通话/英语 2 人，维吾尔语/普通话/汉语方言/英语 1 人，无法回答 2 人。分解多选项：维吾尔语（58 人次/86.6%）>普通话（59 人次/88.1%）>英语（3 人次/4.5%）>哈萨克语=汉语方言（各 1 人次/1.5%）。选择维吾尔语和普通话的一位 31 岁男性（本科学历，公务人员）认为："女生应该上双语班，将来教后代母语，母语就应该从母亲那里继承。男生最好上汉语授课学校，长大后要在社会上打拼，必须熟练掌握汉语，要与汉族有相同的思维方式。"

（4）希望后代上什么语言授课的中学（可多选）：维吾尔语/普通话 48 人，普通话 8 人，维吾尔语/普通话/英语 5 人，维吾尔语 3 人，维吾尔语/普通话/汉语方言/英语 1 人，无法回答 2 人，合计 67 人。分解多选项：普通话（60 人次/90.0%）>维吾尔语（57 人次/85.1%）>英语（7 人次/10.4%）>哈萨克语=汉语方言（各1人次/1.5%）。

（5）希望后代上什么语言授课的大学（可多选）：维吾尔语/普通话37人，普通话15人，普通话/英语7人，维吾尔语/普通话/英语5人，维吾尔语/普通话/汉语方言/英语1人，无法回答2人，合计67人。分解多选项：普通话（64人次/95.5%）>维吾尔语（42人次/62.7%）>英语（13人次/10.4%）>哈萨克语=汉语方言（1人次/1.5%）。

随学段的提升，调查对象选择普通话的比例增加，具体排序见表10。

表10　后代择校语言排序（$n=67$）

幼儿园	维吾尔语>普通话>英语>汉语方言
小　学	维吾尔语>普通话>英语>哈萨克语=汉语方言
中　学	普通话>维吾尔语>英语>哈萨克语=汉语方言
大　学	普通话>维吾尔语>英语>哈萨克语=汉语方言

一位44岁女性（本科学历，教师）希望后代幼儿园、小学、中学上维吾尔语和普通话授课学校，大学上普通话授课学校。她认为："现在几乎没有真正的双语教学了，有一些学校保留了双语教学，但发展并不乐观，找工作、上班都不太需要双语，还是学好普通话最重要。"一位51岁男性（本科学历，参公人员）希望后代不同学段均学好普通话，并表示："现在不精通普通话各方面都会受局限，普通话毕竟是国家通用语，很多'民考民'的学生去疆外上学语言沟通有困难，学习也跟不上。"一位30岁女性（本科学历，社区工作者）希望后代幼儿园、小学、中学上维吾尔语授课学校，大学上维吾尔语和普通话授课专业，认为下一代学好母语再学其他语言更容易，否则两种语言都学不好。

（6）是否希望后代将来从事与维吾尔语文相关的工作：希望34人（50.8%），无所谓23人（34.3%），不希望7人（10.5%），无法回答3人（4.5%）。选择"希望"的一位63岁男性（本科学历，大学退休教师）认为："用母语文写文章是很理想的工作，比如在报社、电视台、广播电台工作都很好。一个民族不懂自己的语言文字不行，各民族语言文字应当共同发展。英语也应当学好，有利于国际化，比如写论文参考文献的范围更广，论文也会更出彩。"

（五）媒体语言态度

（1）是否赞成广播和电视节目使用汉语方言：赞成24人（35.8%），不赞成25人（37.3%），无所谓8人（11.9%），无法回答10人（14.9%），合计67人。

(2) 是否赞成在本地开播维吾尔语广播节目：赞成 66 人（98.5%），无所谓 1 人（1.5%）。

(3) 是否赞成在本地开播维吾尔语电视节目：赞成 67 人（100%）。

(4) 是否赞成手机平台用维吾尔语文发布信息：赞成 64 人（95.5%），无所谓 2 人（3.0%），无法回答 1 人（1.5%）。

媒体语言态度排序：开播维吾尔语电视节目>开播维吾尔语广播>手机平台用维吾尔文发布信息>广播电视节目使用汉语方言。

（六）对语文政策的看法和建议

(1) 对当地双语教育措施的看法：赞成 56 人（83.6%），不赞成 9 人（13.4%），无法回答 2 人（3.0%），合计 67 人。

对当地双语教育措施的态度大致分为三类：积极态度、赞成但需要改进、消极态度。

第一，积极态度。一位 56 岁女性（高中文化，事业单位工作人员）认为，民汉兼通有助于民族团结和少数民族的发展。一位 45 岁女性（大专学历，教师）表示："双语教学很好，汉语不仅在国内用处广泛，和英语一样，在国外也比较通用。我所在的学校汉语和维吾尔语都是主课，1—6 年级每周各七节课，维吾尔语在中学部也是主课。我对下一代的母语保持比较乐观，我们学校农民的孩子比较多，他们的家庭条件差别很大。过去，家庭条件好的学生小学毕业后继续升学，条件差的就不读了，甚至小学高年级会辍学。近几年，为了防止学生辍学，我们编制了学生户籍号，有针对性地帮扶，效果有明显好转，中学也采取了这个措施。现在学生小学毕业后，维吾尔语和汉语听说和阅读水平都还可以，交流和看书没问题，写作不够好，达不到民汉兼通的要求，初中毕业后基本可以达到。"一位 32 岁女性（本科学历，社区干部）认为，本地多民族杂居，汉语是各民族的交际语，双语教育有助于各地区和各民族的交流，本族语也可以得到发展。一位 17 岁女性（高三学生）认为："双语教学可以使少数民族和汉族学生融洽相处，彼此理解各自的风俗习惯，有利于民族团结。"

第二，赞成双语教育，但措施需要改进。一位 68 岁男性（本科学历，大学退休教师）认为，双语教育措施很好，但在执行方面存在偏差。小学和中学只有语文课使用维吾尔语教学，其他课程都使用汉语。少数民族学生应该先学好本民族语言文字再学其他语言文字，因为用母语讲解便于理解，有助于学生思考，否则教学难度太大，教学效果不好。一位 44 岁女性（本科学历，教师）表示："加强少数民族学生的汉语教学固然好，但汉语毕竟不是他们的母语，学生用母语思维更便捷。现在双语班的学生跟'民考汉'的学生差别不大，维吾尔语文课时比原来少多了，要求也不严格，学习效果不如从前。”一位42岁女性（本科学历，小学维吾尔语文教师）介绍：我们学校双语班一周五节维吾尔语文课，课时少，教师的投入不够，学生的学习积极性不高。汉语文一周七节课，双语教师担任的数学、历史、思想品德课也都用汉语。数学课过去用维吾尔语，学生差不多能听懂80%的内容，改用汉语授课后效果差多了。维吾尔语文课教师一周五节课，完不成教学工作量，要兼任健康、思想品德、社会等课程，并且要求用汉文备课写教案。他们的汉语文水平有限，压力很大。学生方面，我们学校有很多农民的孩子，父母看不懂他们的汉语作业，无法辅导。1—6年级语文课有12册教材，双语班学生只能学完6册，小学语文基础打不好，词汇量太少，初中历史等课程就跟不上。双语班的学生汉语不如汉族学生，维吾尔语不如普通班的维吾尔族学生，经常被这两类学生嫌弃，心理健康存在问题。他们的知识不是通过理解学会的，而是背出来的，成绩一般都不太好。

第三，消极态度。一位43岁女性（大专学历，个体翻译）认为：“在新疆，少数民族的孩子最好先学两年母语，三四年级开始学汉语文，逐渐增加难度，然后再学英语。双语教学没有错，但要由易到难、循序渐进。维吾尔族小孩很少与汉族小孩接触，一上学就用汉语教学，学习难度大，两种语言互相干扰，都学不好。城市长大的孩子还好一些，农村的孩子不行。要提高教学质量，先要培训维吾尔族老师的汉语，让‘民考民’老师教1—3年级的维吾尔语文。现在的小学生母语没学好就学汉语，思维和表达都很混乱，学习理念也是混乱的。”一位51岁男性（本科学历，参公人员）长期从事维汉翻译工作，他认为，新疆的双语教学存在很多问题，很多少数民族教师的汉语水平很低，没有过渡，“一刀切”让他们改用汉语教学困难很大。现在说的双语教学，实际上是以汉语教学为主。双语教学大方向是对的，但具体措施太极端，脱离实际。另外，少数民族学生不管会不会维吾尔语，也不管汉语水平高低，都必须上一年预科；少数民族加分政策也不合适，应该不分民族一视同仁，有了竞争压力，经过几年，少数民族学生的汉语水平自然可以提高。

（2）希望政府采取哪些措施发展民族语文（分解多选项）：中学双语教学（63人次/94.0%）>小学双语教学=出版民族文字报刊图书（各61人次/91.0%）>开办民族语电视节目=编写民族语文教材（各60人次/89.6%）>开办民族语广播（57人次/85.1%）>开设民族语文微信平台（53人次/79.1%）>开设民族语文网站或网页（52人次/77.6%）>幼儿园双语教学（49人次/73.1%），维持现状2人（3.0%），无法回答1人（1.5%）。

六、结　语

综上所述，语言掌握和语言功能方面，维吾尔语是维吾尔族家庭和族内的主要交际语，全部调查对象最先习得且均掌握维吾尔语。70.1%的调查对象掌握或基本掌握普通话，近90%的调查对象是维吾尔语和汉语（普通话和汉语方言）双语人；族际交际主要使用普通话，且随着交际场合正式程度的提升，使用普通话的比例增加。

语言态度方面，调查对象对普通话、汉文和维吾尔语文的社会地位评价最高，对英语文的评价高于其他少数民族语文和汉语方言；对维吾尔语实用功能评价最高，其次是普通话；对普通话和维吾尔语、汉文和维吾尔文前景期望度最高，其次英语文，对各种语言及相应文字的前景期望度大体一致。56.7%的调查对象认为本地人学习英语更重要，25.4%的调查对象认为学习俄语更重要。行为倾向方面，调查对象希望后代最先学会本族语，半数调查对象希望后代从事与维吾尔语文相关的工作。学校语言教育方面，随学段的提升，调查对象选择普通话的比例增加；媒体语言态度方面，绝大多数调查对象赞成开办维吾尔语文媒体，35.8%的调查对象赞成广播使用汉语方言。83.6%的调查对象对当地的双语教育措施持积极态度，13.4%的调查对象持消极态度，持积极态度者中，部分调查对象认为双语教育大方向正确，具体措施有待优化。多数调查对象希望不同学段实行汉语和维吾尔语双语教学，进一步发展各类维吾尔语文媒体。

参考文献

[1] 王远新．都市“城中村”的语言生活——乌鲁木齐市水磨沟区红山村居民语言使用、语言态度调查[J]．民族翻译，2010（3）．

[2] 王远新．语言生活调查的主要内容和方法[J]．民族教育研究，2019（2）．

[3] 王远新．城市多民族杂居社区的语言生活——乌鲁木齐市药王庙社区居民的语言使用和语言态度调查[G]//王远新．语言田野调查实录（15），北京：中央民族大学出版社，2020.

[4] 王远新．乌鲁木齐市高档居民区的语言生活：天山区南门国际城小区居民的语言使用和语言态度调查[G]//王远新．语言田野调查实录（17），北京：中央民族大学出版社，2023.

[5] 乌鲁木齐市统计局．乌鲁木齐统计年鉴[G]．北京：中国统计出版社，2010.

乌鲁木齐市中档居民区的语言生活：沙依巴克区泰琇小区居民语言使用和语言态度调查

王远新

【摘要】社区是语言生活调查的基本单位，不同档次居民区的语言生活存在一定差异。本文以乌鲁木齐市中档居民区为个案，调查沙依巴克区红庙子街道办事处泰秀社区泰琇小区居民的语言生活。调查表明，近半数调查对象最先或同时习得普通话，近三成调查对象最先或同时习得汉语方言；维吾尔族最先或同时习得维吾尔语，新疆出生中老年汉族和回族多习得新疆汉语方言或普通话，年轻汉族和回族多习得普通话；疆外出生汉族多习得出生地汉语方言。全部调查对象掌握普通话，普通话单语人占23.1%，民汉双语人占35.9%，普通话和汉语方言双言人占38.5%。家庭场域，多数维吾尔族家庭使用维吾尔语，少数家庭兼用普通话。不同民族家庭语言使用均存在代际差异，即随着调查对象年龄段的降低，普通话的使用比例上升。社会场域，不同民族调查对象主要使用普通话，汉语方言使用比例不高，维吾尔语主要用于族内交际。不同民族调查对象对普通话和汉文社会地位、实用功能评价和前景期望度最高，行为倾向最积极；对汉语方言的社会地位、实用功能评价和前景期望度不高，行为倾向不够积极。维吾尔族对本族语社会地位、实用功能评价和前景期望度都很高，多数人行为倾向比较积极。

【关键词】乌鲁木齐市，中档居民区，语言使用，语言态度

不同类型社区的语言生活不尽相同，不同档次居民区的划分主要依据区位特点、硬件设施（建筑成本和建成时间）以及居民生活水平，而居民区档次是观察社区语言生活差异的有效切入点。为调查和对比乌鲁木齐市不同类型社区语言生活的特点，2007—2016年，我们在乌鲁木齐市选取了“城中村”和高中低档居民社区进行了田野调查（王远新2010，2020，2023）。本文以乌鲁

木齐市沙依巴克区红庙子街道办事处泰秀社区泰琇小区为中档居民区调查点，① 依据户访材料和问卷调查数据，描写不同民族居民的语言生活状况。

一、调查概况

（一）调查点和调查对象

泰秀社区位于乌鲁木齐市沙依巴克区红庙子路西五巷，居民以汉族为主，其次是维吾尔族，另有少量其他民族。泰琇小区是泰秀社区居委会的住宅区，位于红庙子街西巷，建成于1999年，居民多为中低收入户，汉族占绝大多数，其次是维吾尔族，其他少数民族比例虽然不高，但民族成分较复杂。

依据调查目的和泰琇小区民族成分的构成特点，本调查抽取了39个家庭作为户访对象，每户选择1人作为问卷调查对象，获取有效样本39个。问卷调查对象的年龄限定在15—69周岁，样本构成见表1至表3②。

表1 性别、年龄段及出生地（$n=39$；人/%）

性别		年龄段（岁）			出生地		
男	女	15—34	35—50	51—69	乌鲁木齐市	疆内	疆外
18/46.2	21/53.8	21/53.8	9/23.1	9/23.1	11/28.2	16/41.0	12/30.8

表2 职业（$n=39$；人/%）

商服业	工人	公务人员	教师	学生	企事业	其他
15/38.5	6/15.4	1/2.6	2/5.1	2/5.1	1/2.6	12/30.8

① 本项调查是笔者主持的中央民族大学"985工程"项目"新疆城市化进程中的各民族语言使用、语言关系调查"子项目"语言使用和语言态度调查"的组成部分，调查员由中央民族大学社会语言学方向2005级、2006级博士和硕士研究生及笔者担任，调查时间为2007年7月。街道和社区数据由街道办事处办公室提供，特此致谢。

② 出生地中，疆内指乌鲁木齐市之外新疆其他地区出生的调查对象；疆外出生12人，包括甘肃、湖南、河南各2人，浙江、上海、陕西、江苏、山东、四川各1人。职业中的其他含家庭妇女和待业者；受教育程度含肄业和在读生，高中含中专和技校，大专含大专以上学历；民族成分中，其他民族包括回族和苗族各2人，哈萨克族和布依族各1人。

表 3　受教育程度和民族成分（$n=39$；人/%）

受教育程度					民族成分		
未上过学	小学	初中	高中	大专	汉族	维吾尔族	其他民族
1/2.6	4/10.3	10/25.6	12/30.8	12/30.8	24/61.5	9/23.1	6/15.4

（二）调查方法

本研究除实地观察和访谈法，主要采用一对一访谈式问卷调查法。问卷由5部分81个单选和多选题组成，每题设若干选项或指标，题目、选项或指标相互印证，可通过逻辑分析检验调查对象自报的信度。问题、选项或指标为既定，调查员以访谈方式询问，依据调查对象的回答在给定范围内圈选或填写选项。为避免遗漏重要信息，题旁留空白、问卷末留日记栏，要求调查员准确记录。问卷完成后，先由调查员检查，再交叉核对，发现问题及时联系调查对象，确保问卷的有效性。访谈分两类：一是围绕问卷问题的专题访谈；二是针对相关问题选择合适的受访者做延伸性深度访谈。

（三）族际通婚及通婚态度

1. 族际通婚状况

39名调查对象中，34人（87.2%）家族中无族际通婚者；5人（12.8%）家族中有族际通婚者，其中维吾尔族和哈萨克族、维吾尔族和汉族、布依族和汉族、维吾尔族和回族、哈萨克族和汉族通婚各1人。

2. 族际通婚态度

（1）涉己态度。假设调查对象与其他民族结婚，调查对象的态度：愿意10人（25.6%），无所谓8人（20.5%），不愿意13人（33.3%），无法回答8人（20.5%），合计39人。家族中有族际通婚（包括调查对象与其他民族通婚）的5人均选择“愿意”，其基本看法如布依族和汉族通婚的调查对象所说：“只要感情好就可以通婚。”自报“无法回答”的8人年龄均比较大，其中汉族5人，维吾尔族3人。自报“不愿意”的13人中，既有汉族和维吾尔族，还有1名回族，其主要理由是语言不通，生活习惯差别太大。自报“不愿意”的维吾尔族调查对象大都比较年轻，一位25岁女性（吐鲁番出生，1999年迁入，本科学历，企事业单位工作人员，未婚，家族中无族际通婚者）强调：“长辈们不允许。再说语言、宗教、生活习惯都不一样。”一位21岁女性（乌鲁木齐市出生，初中文化，不在业）解释：“我们维吾尔族的规矩就是这样，没有办法。我们小区里的维吾尔族和汉族来往不多，我几乎没有朋友。老公也很传统，他不会让我出去工作。”

（2）涉他态度。不论家族中有无族际通婚者，调查对象的态度：应当提倡2人（5.1%），应当尊重17人（43.6%），可以接受13人（33.3%），不合心意3人（7.7%），其他想法3人（7.7%），无法回答1人（2.6%），合计39人。涉己态度自报“不愿意”的13名调查对象中，10人（包括不同民族和年龄段）的涉他态度是“应当尊重”或“可以接受”。

问卷调查数据和访谈材料表明，调查点族际通婚率占12.8%，高于高档和低档居民区。33.3%的调查对象涉己态度消极，而涉他态度消极的只占7.7%；族际通婚的最大阻力是语言和习俗差异，其次是社会压力。

二、语言习得及语言能力[①]

（一）语言习得和习得环境

1. 语言习得

小时候最先学会的语言或方言（可多选）：地方普通话13人，维吾尔语7人，新疆汉语方言3人，甘肃话3人，标准普通话2人，维吾尔语/地方普通话1人，维吾尔语/地方普通话/新疆汉语方言1人，地方普通话/新疆汉语方言1人，苗语1人，陕西话1人，四川话1人，江苏话1人，山东话1人，浙江话1人，上海话1人，河南话1人，合计39人。分解多选项：普通话（18人次，其中地方普通话16人次，标准普通话2人次）>维吾尔语（9人次）>其他汉语方言（10人次）>新疆汉语方言（5人次）>苗语（1人次）。

18人（46.2%）最先或同时习得普通话，12人（30.8%）最先或同时习得新疆或其他汉语方言。关联民族成分和出生地，9名维吾尔族均最先或同时习得维吾尔语，其中7人最先学会维吾尔语单语，且涉及不同年龄段，1人（女，50岁）最先习得维吾尔语和地方普通话，1人（男，31岁）最先习得维吾尔语、地方普通话和新疆汉语方言。新疆出生的中老年汉族和回族调查对象多习得新疆汉语方言或地方普通话，年轻的汉族和回族调查对象多习得普通

①“地方普通话”指带少数民族语言或汉语方言特点的普通话；新疆汉语方言主要指兰银官话北疆片方言。疆外出生调查对象以出生地标注其方言属性，如四川出生调查对象使用的出生地汉语方言标注四川话。

话；疆外出生的汉族调查对象多习得出生地汉语方言。

2. 语言习得环境

（1）小时候，父亲与调查对象使用的语言或方言（可多选）：其他汉语方言12人（河南话、甘肃话、山东话各2人，四川话、湖南话、浙江话、上海话、江苏话、陕西话各1人），地方普通话11人，维吾尔语8人，新疆汉语方言3人，标准普通话2人，哈萨克语1人，苗语1人，维吾尔语/地方普通话1人，合计39人。分解多选项：普通话（14人次，其中地方普通话12人次，标准普通话2人次）>其他汉语方言（12人次）>维吾尔语（9人次）>新疆汉语方言（3人次）>哈萨克语=苗语（各1人次）。

（2）小时候，母亲与调查对象使用的语言或方言（可多选）：地方普通话11人，其他汉语方言11人（其中河南话、甘肃话各2人，山东话、四川话、湖南话、浙江话、上海话、江苏话、陕西话各1人），维吾尔语8人，新疆汉语方言4人，标准普通话2人，哈萨克语1人，苗语1人，维吾尔语/地方普通话1人，合计39人。分解多选项：普通话（14人次，其中地方普通话12人次，标准普通话2人次）>其他汉语方言（11人次）>维吾尔语（9人次）>新疆汉语方言（4人次）>哈萨克语=苗语（各1人次）。

数据表明，父母与调查对象小时候使用的语言同质性很高，只有一位疆内出生调查对象的父亲与其讲山东话，母亲讲新疆汉语方言。关联民族成分和出生地，9名维吾尔族中，8人父母使用维吾尔语，1人（男，31岁，乌鲁木齐市出生）父母兼用维吾尔语和地方普通话。疆外出生调查对象的父母主要使用出生地汉语方言，疆内出生调查对象的父母使用普通话或疆外汉语方言，哈萨克族和苗族调查对象的父母分别与调查对象使用本族语。

（3）上小学时，老师用什么语言或方言讲课（可多选）：地方普通话18人，标准普通话7人，维吾尔语5人，标准普通话/湖南话1人，维吾尔语/地方普通话/新疆汉语方言1人，维吾尔语/地方普通话1人，哈萨克语1人，甘肃话1人，上海话1人，四川话1人，新疆汉语方言1人，无此情况1人，合计39人。分解多选项：普通话（28人次，其中地方普通话20人次，标准普通话8人次）>维吾尔语（7人次）>其他汉语方言（4人次）>新疆汉语方言（2人次）>哈萨克语（1人次）。

除“无此情况”（未上过学），73.7%的调查对象小学接受普通话教育，15.8%的调查对象（年龄较大）接受汉语方言教育。关联民族成分和出生地，9名维吾尔族中，5人上普通班（维吾尔语授课），2人上双语班（维吾尔语和汉语授课），2人上汉语授课学校（民考汉）；哈萨克族调查对象上哈萨克语授课的普通班。自报疆外汉语方言授课的均为疆外出生年龄较大的调查对象。

（二）语言能力和语言掌握程度

1. 语言掌握

现在能用哪些语言或方言与人交谈（可多选）：维吾尔语/地方普通话 7 人，地方普通话 7 人，地方普通话/新疆汉语方言 6 人，地方普通话/其他汉语方言 4 人，标准普通话/其他汉语方言 3 人，标准普通话/新疆汉语方言 2 人，标准普通话 2 人，维吾尔语/哈萨克语/地方普通话 2 人，维吾尔语/哈萨克语/地方普通话/新疆汉语方言 1 人，地方普通话/俄语 1 人，维吾尔语/标准普通话 1 人，维吾尔语/地方普通话/新疆汉语方言 1 人，维吾尔语/地方普通话/新疆汉语方言/其他汉语方言 1 人，苗语/地方普通话/其他汉语方言 1 人，合计 39 人。分解多选项：普通话（39 人次，其中地方普通话 31 人次，标准普通话 8 人次）>维吾尔语（13 人次）>新疆汉语方言（11 人次）>其他汉语方言（9 人次）>哈萨克语（3 人次）>苗语=俄语（各 1 人次）。“其他汉语方言”包括河南话 2 人，上海话、浙江话、湖南话、陕西话、甘肃话、江苏话、四川话各 1 人。

2. 语言掌握程度

总体而言，合并“听”的前两项、“说”的前三项指标，普通话程度：听=说（各 39 人/100%）；维吾尔语程度：听（11 人/28.2%）>说（10 人/25.6%）；新疆汉语方言程度：听（24 人/61.5%）>说（17 人/43.6%）；其他汉语方言程度：听（12 人/30.8%）>说（7 人/17.9%）。除普通话外，其他语言变体的输入能力均高于输出能力，具体数据见表 4。

表 4 语言掌握程度（$n=39$；人/%）

指标 \ 语言变体		维吾尔语	普通话	新疆汉语方言	其他汉语方言
听	完全能听懂	10/25.6	36/92.3	18/46.2	11/28.2
	基本能听懂	1/2.6	3/7.7	6/15.4	1/2.6
	能听懂日常用语	4/10.3	0	5/12.8	1/2.6
	基本听不懂	4/10.3	0	3/7.7	4/10.3
	完全听不懂	20/51.3	0	7/17.9	22/56.4
合计		**39/100**	**39/100**	**39/100**	**39/100**

续表

指标 \ 语言变体		维吾尔语	普通话	新疆汉语方言	其他汉语方言
说	能熟练交谈，没有障碍	9/23.1	19/48.7	10/25.6	7/17.9
	能熟练交谈，个别时候有障碍	0	14/35.9	2/5.1	0
	基本能交谈	1/2.6	6/15.4	5/12.8	0
	会说日常用语	3/7.7	0	1/2.6	3/7.7
	基本不会说	2/5.1	0	10/25.6	5/12.8
	完全不会说	24/61.5	0	11/28.2	24/61.5
合计		**39/100**	**39/100**	**39/100**	**39/100**

综合调查对象自报语言能力及语言掌握程度分级测试可知，全部调查对象掌握或基本掌握普通话，其中普通话单语人 9 人（23.1%）；“民—汉”双语人 14 人（35.9%），普通话和汉语方言双言或多言人 15 人（38.5%），汉语和俄语双语人 1 人（2.6%）。

关联民族成分和出生地，自报掌握维吾尔语的 13 人中，维吾尔族 9 人（全部维吾尔族调查对象）；其他民族 4 人（汉族 2 人，回族和哈萨克族各 1 人）；掌握程度等级测试表明，9 名维吾尔族和 1 名哈萨克族掌握或基本掌握维吾尔语，自报掌握维吾尔语的 4 名其他民族调查对象中，41 岁哈萨克族女性的丈夫是维吾尔族，其维吾尔语程度是“完全能听懂”“基本能交谈”，2 名汉族和 1 名回族老年组调查对象只掌握维吾尔语简单日常用语，说明他们的自报程度偏高。自报掌握哈萨克语的 3 人中，1 人是哈萨克族，2 人为维吾尔族，其中 1 名维吾尔族的自报程度偏高。9 名调查对象自报掌握新疆汉语方言，掌握程度等级测试表明，掌握和基本掌握者为 17 人（43.6%），即调查对象自报明显偏低。13 名调查对象自报掌握其他汉语方言，掌握程度等级测试表明，掌握和基本掌握其他汉语方言者只有 7 人（17.9%），即自报明显偏高。

3. 文字掌握程度

总体而言，合并前三项指标，汉文程度：阅读（35 人/89.7%）>书写（33 人/84.6%）；维吾尔文程度：阅读=书写（10 人/25.6%）；哈萨克文程度：阅读=书写（2 人/5.1%）。汉文输入能力高于输出能力，维吾尔文和哈萨克文输入和输出能力基本相同，具体数据见表 5。

表 5 文字掌握程度（$n=39$；人/%）

指标	文字	维吾尔文	汉文	哈萨克文
读	能读书看报	10/25.6	31/79.5	2/5.1
	能看懂简单文章	0	2/5.1	0
	能看懂家信	0	2/5.1	0
	只能看懂便条	0	1/2.6	1/2.6
	看不懂	29/74.4	3/7.7	36/92.3
合计		**39/100**	**39/100**	**39/100**
写	能写文章	7/17.9	20/51.3	2/5.1
	能写简单文章	1/2.6	7/17.9	0
	能写家信	2/5.1	6/15.4	0
	只能写便条	0	3/7.7	1/2.6
	不会写	29/74.4	3/7.7	36/92.3
合计		**39/100**	**39/100**	**39/100**

关联民族成分，掌握或基本掌握维吾尔文的 10 人中，维吾尔族 9 人（占维吾尔族的 100%），哈萨克族 1 人。掌握或基本掌握哈萨克文的 2 人中，哈萨克族和维吾尔族各 1 人。

三、语言文字学习途径和动机[①]

（一）语言学习途径

（1）普通话（可多选）：学校学习 15 人，社会交往 10 人，家人影响 6 人，学校学习/家人影响 5 人，社会交往/家人影响 2 人，学校学习/社会交往 1 人，合计 39 人。分解多选项：学校学习（21 人次）>社会交往=家人影响（各 13 人次）。

（2）维吾尔语（可多选）：家人影响 10 人，社会交往 6 人，学校学习/家

① 包括学过但没有学会或掌握程度不高的调查对象。

人影响1人，无此情况22人，合计39人。9名维吾尔族调查对象中，8人自报在家庭环境中学会维吾尔语，1人在家庭和学校学会维吾尔语。维吾尔族和汉族、维吾尔族和哈萨克族通婚家庭各1人自报在家庭环境中学会维吾尔语。在泰琇小区，略懂维吾尔语的汉族和回族均为老年组调查对象，中青组调查对象一般不会。一位65岁汉族男性（出生于上海，1963年迁入乌鲁木齐市，高中文化，退休工人）最先学会上海话，在新疆生活几十年，不仅掌握普通话和新疆汉语方言，还通过社会交往掌握维吾尔语日常用语；一位65岁汉族男性（河南出生，1961年迁入新疆，初中文化，退休工人）最先学会地方普通话，通过社会交往能听懂和会说维吾尔语日常用语。一位52岁回族男性（乌鲁木齐市出生，初中文化）娶维吾尔族女性为妻，他最先学会地方普通话，通过家庭环境基本能听懂维吾尔语，会说日常用语。

（3）哈萨克语（可多选）：学校学习2人，社会交往1人，无此情况36人，合计39人。乌鲁木齐市区哈萨克族人口较少，汉族和回族调查对象均不会哈萨克语，会哈萨克语的维吾尔族与哈萨克族交往密切，或出生在哈萨克族聚居区，或与哈萨克族通婚。自报“社会交往”的是一位31岁维吾尔族男性（乌鲁木齐市出生，高中文化，出租司机），其哈萨克语程度是“基本能听懂”“基本能交谈”。他解释：“我出生不久，1—7岁在南山牧场（乌鲁木齐县属地，哈萨克族聚居区）长大。邻居全是哈萨克族，跟他们交往学会了哈萨克语。”1名哈萨克族和1名维吾尔族上学期间通过与哈萨克族同学交往学会哈萨克语。

（4）新疆汉语方言（可多选）：社会交往16人，家人影响10人，学校学习1人，社会交往/家人影响1人，无此情况11人，合计39人。

（5）其他汉语方言（可多选）：家人影响9人，学校学习2人，社会交往/在外地1人，社会交往/家人影响1人，无此情况26人，合计39人。自报“家人影响”的均为疆外出生调查对象。

（6）英语（可多选）：学校学习12人，自学2人，社会交往1人，无此情况24人，合计39人。

（7）苗语（可多选）：一位苗族调查对象在湖南苗族聚居区出生长大，从小在家庭环境中学会苗语，不会苗文。

（二）文字学习途径

（1）维吾尔文（可多选）：学校学习7人，家人影响3人，无此情况29人，合计39人。掌握维吾尔文的10人中，维吾尔族9人，哈萨克族1人。

（2）哈萨克文（可多选）：学校学习2人，无此情况37人，合计39人。

自报“学校学习”的2人中，哈萨克族1人，出生在哈萨克族聚居区阿勒泰的维吾尔族1人，他在当地上小学时学会哈萨克文。

（3）汉文（可多选）：学校学习36人，社会交往1人，无此情况2人，合计39人。

（三）普通话学习动机和困难

（1）学习普通话的目的（分解多选项）：全国通用语（22人次）>工作或外出需要（21人次）>能与更多人交流（11人次）>有前途（8人次）>其他目的（2人次）。选择“其他目的”的2人中，1人强调：“学不好普通话，就过不上好日子。”另1人表示：“学好普通话可以教育孩子，辅导孩子学习。”

（2）学习普通话的困难（分解多选项）：受汉语方言影响不好改口音（11人次）>说的机会少（6人次）>受少数民族语言影响不好改口音=说少数民族语言更自然（各5人次）>说汉语方言更自然（3人次）>说少数民族语言更容易与当地人沟通=说汉语方言更容易与当地人沟通（各2人次）>怕人笑话（1人次），没有问题16人。一位15岁维吾尔族男性初中生自报“说的机会少/说少数民族语言更自然”，他小学上维吾尔语授课学校，初中“民汉合校”后进入双语班。他解释：“我们小区有很多汉族娃娃，但因为我是民考民，所以主要跟维吾尔族朋友一起玩，说普通话的机会很少。”一位四川出生的32岁汉族女性（初中文化，1998年迁入，服务业从业人员）自报“受汉语方言影响不好改口音/怕人笑话”，她解释：“我从小就说四川话，来新疆后学会普通话，但不是很标准，所以说普通话怕人笑话。”

关联民族成分和出生地，维吾尔族主要通过家庭环境自然习得维吾尔语；不同民族调查对象主要通过学校学习学会普通话、哈萨克语、英语及汉文、维吾尔文和英文，主要通过社会交往学会新疆汉语方言。新疆出生的汉族、回族主要通过家庭环境学会新疆汉语方言，疆外出生汉族主要通过出生地家庭环境学会其他汉语方言。调查对象学习普通话的主要目的是与更多人交流以及工作的需要，主要困难是受母语影响不好改口音。

四、语言使用现状

（一）家庭场域

1. 与长辈

（1）跟父亲（可多选）：地方普通话 12 人，维吾尔语 6 人，其他汉语方言 5 人（河南话 2 人，四川话、江苏话、甘肃话各 1 人），标准普通话 2 人，新疆汉语方言 2 人，维吾尔语/地方普通话 1 人，哈萨克语/地方普通话 1 人，新疆汉语方言/标准普通话 1 人，苗语 1 人，无此情况 8 人，合计 39 人。分解多选项：普通话（17 人次，其中地方普通话 14 人次，标准普通话 3 人次）>维吾尔语（7 人次）>其他汉语方言（5 人次）>哈萨克语=苗语（各 1 人次）。

（2）跟母亲（可多选）：地方普通话 7 人，标准普通话 6 人，维吾尔语 6 人，新疆汉语方言 2 人，其他汉语方言 4 人（河南话、四川话、江苏话、甘肃话各 1 人），维吾尔语/地方普通话 1 人，哈萨克语/地方普通话 1 人，新疆汉语方言/标准普通话 1 人，苗语 1 人，无此情况 10 人，合计 39 人。分解多选项：普通话（16 人次，其中地方普通话 9 人次，标准普通话 7 人次）>维吾尔语（7 人次）>其他汉语方言（4 人次）>新疆汉语方言（3 人次）>哈萨克语=苗语（各 1 人次）。

2. 与同辈

跟配偶（可多选）：地方普通话 16 人，标准普通话 5 人，维吾尔语 4 人，新疆汉语方言 3 人，维吾尔语/地方普通话 2 人，四川话/地方普通话 1 人，无此情况 8 人，合计 39 人。分解多选项：普通话（24 人次，其中地方普通话 19 人次，标准普通话 5 人次）>维吾尔语（5 人次）>新疆汉语方言（3 人次）>其他汉语方言（四川话 1 人次）。

3. 与晚辈

跟子女（可多选）：地方普通话 14 人，标准普通话 6 人，维吾尔语 4 人，新疆汉语方言 2 人，甘肃话 1 人，维吾尔语/地方普通话 1 人，四川话/地方普通话 1 人，河南话/标准普通话 1 人，无此情况 9 人，合计 39 人。分解多选项：普通话（23 人次，其中地方普通话 16 人次，标准普通话 7 人次）>维吾尔语（5 人次）>其他汉语方言（3 人次）>新疆汉语方言（2 人次）。

关联民族成分和出生地可知：第一，维吾尔族的家庭用语比较稳定，即多数家庭使用维吾尔语单语，少数家庭使用维吾尔语和普通话双语。自报“维吾尔语/地方普通话”的一位21岁维吾尔族女性（初中文化，家庭主妇，已结婚怀孕）解释：“娃娃一生出来，我就给他说自己熟悉的汉语和维吾尔语，让他从小就会说两种话。”第二，家庭语言使用存在明显代际差异。维吾尔族跟长辈使用维吾尔语单语的比例明显高于跟同辈和晚辈，即随交际对象代际上升，使用维吾尔语单语的比例下降；疆外出生调查对象与长辈多使用出生地汉语方言，与同辈和晚辈使用出生地汉语方言的人数递减；新疆出生汉族和回族的家庭主要使用新疆汉语方言和普通话，随交际对象代际降低，使用普通话的比例增加。

（二）社会场域

1. 交际场合

（1）去本地集贸市场买东西（可多选）：地方普通话20人，标准普通话8人，维吾尔语/地方普通话8人，维吾尔语/标准普通话1人，甘肃话1人，维吾尔语/哈萨克语/地方普通话1人，合计39人。分解多选项：普通话（38人次，其中地方普通话29人次，标准普通话9人次）>维吾尔语（10人次）>其他汉语方言（1人次）。

（2）去本地医院看病（可多选）：地方普通话23人，标准普通话8人，维吾尔语/地方普通话5人，维吾尔语/标准普通话1人，甘肃话1人，维吾尔语/哈萨克语/地方普通话1人，合计39人。分解多选项：普通话（38人次，其中地方普通话29人次，标准普通话9人次）>维吾尔语（7人次）>哈萨克语=其他汉语方言（各1人次）。

（3）去政府部门办事（可多选）：地方普通话22人，标准普通话8人，维吾尔语/地方普通话6人，维吾尔语/标准普通话1人，维吾尔语/标准普通话/地方普通话1人，甘肃话1人，合计39人。分解多选项：普通话（39人次，其中地方普通话29人次，标准普通话10人次）>维吾尔语（8人次）>其他汉语方言（1人次）。

数据表明，调查对象在社交场合主要使用普通话，且使用比例相当；新疆汉语方言未被用于上述场合，三种场合自报使用甘肃话的是一位66岁汉族男性（初中文化，工人），他虽在新疆出生，但从小在家庭环境中习得父母的方言甘肃话，现在会甘肃话和地方普通话。他认为：“我们老家的甘肃话和新疆汉语方言没啥区别，新疆人都听得懂。”

总体而言，不同民族调查对象在不同社交场合主要使用普通话，维吾尔族同时使用维吾尔语，使用标准普通话的调查对象大都在乌鲁木齐市出生，且受教育程度较高。

2. 交际对象和交际话题

（1）跟本民族邻居或熟人聊天（可多选）：地方普通话 17 人，维吾尔语 8 人，标准普通话 6 人，新疆汉语方言 2 人，苗语 1 人，甘肃话 1 人，维吾尔语/地方普通话 1 人，四川话/地方普通话 1 人，江苏话/地方普通话 1 人，新疆汉语方言/标准普通话 1 人，合计 39 人。分解多选项：普通话（27 人次，其中地方普通话 20 人次，标准普通话 7 人次）>维吾尔语（9 人次）>新疆汉语方言=其他汉语方言（各 3 人次）>苗语（1 人次）。

（2）跟其他民族邻居或熟人聊天（可多选）：地方普通话 23 人，标准普通话 7 人，新疆汉语方言/地方普通话 2 人，维吾尔语/地方普通话 2 人，新疆汉语方言/标准普通话 1 人，哈萨克语/地方普通话 1 人，维吾尔语 1 人，新疆汉语方言 1 人，甘肃话 1 人，合计 39 人。分解多选项：普通话（36 人次，其中地方普通话 28 人次，标准普通话 8 人次）>新疆汉语方言（4 人次）>维吾尔语（3 人次）>哈萨克语=其他汉语方言（各 1 人次）。

（3）跟陌生人交谈（可多选）：地方普通话 24 人，标准普通话 8 人，维吾尔语/地方普通话 3 人，维吾尔语/标准普通话 1 人，维吾尔语 1 人，甘肃话 1 人，维吾尔语/哈萨克语/地方普通话 1 人，合计 39 人。分解多选项：普通话（37 人次，其中地方普通话 28 人次，标准普通话 9 人次）>维吾尔语（6 人次）>哈萨克语=其他汉语方言（各 1 人次）。

（4）跟亲友谈论国家大事（可多选）：地方普通话 19 人，标准普通话 6 人，维吾尔语 5 人，维吾尔语/地方普通话 3 人，新疆汉语方言 2 人，甘肃话 1 人，新疆汉语方言/标准普通话 1 人，江苏话/地方普通话 1 人，维吾尔语/哈萨克语/地方普通话 1 人，合计 39 人。分解多选项：普通话（31 人次，其中地方普通话 24 人次，标准普通话 7 人次）>维吾尔语（9 人次）>新疆汉语方言（3 人次）>其他汉语方言（2 人次）>哈萨克语（1 人次）。

（5）在单位或去政府部门谈工作（可多选）：地方普通话 19 人，标准普通话 6 人，维吾尔语/地方普通话 2 人，维吾尔语/标准普通话 1 人，无此情况 11 人，合计 39 人。分解多选项：普通话（28 人次，其中地方普通话 21 人次，标准普通话 7 人次）>维吾尔语（3 人次）。

针对不同交际对象和话题，调查对象主要使用普通话，维吾尔族族内交际主要使用维吾尔语，新疆汉语方言未用于跟陌生人交谈和在单位或去政府部门谈工作，只有极少数调查对象使用其他汉语方言。

（三）媒体语言接触

收看什么语言或方言的电视节目（可多选）：普通话 28 人，普通话/维吾尔语6人，普通话/维吾尔语/哈萨克语2人，普通话/英语2人，维吾尔语1人，合计39人。分解多选项：普通话（38人次）>维吾尔语（9人次）>哈萨克语=英语（各2人次）。调查对象主要接触普通话媒体，维吾尔族同时接触维吾尔语媒体，无人接触汉语方言媒体。

五、语言态度

（一）社会地位评价

1. 语言文字有用度

总体而言，不同语言和方言“很有用”排序：普通话>英语>维吾尔语>其他汉语方言>新疆汉语方言>哈萨克语，合并前两项指标：普通话>英语=维吾尔语=新疆汉语方言>其他汉语方言>哈萨克语。不同文字“很有用”排序：汉文>英文>维吾尔文>哈萨克文，合并前两项指标排序相同。具体数据见表6。

表6　语言文字有用度（n=39；人/%）

指标	语言文字	普通话 汉文	维吾尔语 维吾尔文	哈萨克语 哈萨克文	新疆汉语方言	其他汉语方言	英语 英文
语言评价	很有用	39/100	15/38.5	8/20.5	9/23.1	13/33.3	26/66.7
	对一部分人或在一定范围有用	0	18/46.2	14/35.9	24/61.5	13/33.3	7/17.9
	没有用	0	5/12.8	14/35.9	6/15.4	10/25.6	4/10.3
	无法回答	0	1/2.6	3/7.7	0	3/7.7	2/5.1
合计		**39/100**	**39/100**	**39/100**	**39/100**	**39/100**	**39/100**
文字评价	很有用	39/100	13/33.3	7/17.9			25/64.1
	对一部分人或在一定范围有用	0	15/38.5	15/38.5			7/17.9
	没有用	0	10/25.6	14/35.9			3/7.7
	无法回答	0	1/2.6	3/7.7			4/10.3
合计		**39/100**	**39/100**	**39/100**			**39/100**

自报维吾尔语“对一部分人或在一定范围有用”的一位65岁汉族男性（河南出生，1961年迁入，初中文化，退休工人）解释：“我刚工作的时候是

在伊犁，班组里都是维吾尔族，就我一个汉族，跟他们交往学会了一些维吾尔语日常用语。他们认话不认人，会一点维吾尔语还是很有用的。”

2. 媒体语言评价

是否赞成广播影视剧或节目使用汉语方言：赞成21人（53.8%），不赞成9人（23.1%），无所谓8人（20.5%），无法回答1人（2.6%），合计39人。持“赞成”态度的一位30岁汉族男性（甘肃出生，本科学历，1994年分配工作来疆，公务员）指出：“对于不同地区来说，方言节目比普通话节目更有针对性。”一位30岁汉族女性（高中文化，服务业从业人员）认为：“方言节目好听，也有意思，像《新疆羊肉串》里的节目我都很爱看。”一位57岁汉族男性（初中文化，不在业）指出：“各有各的特色比较好，不能‘一刀切’都用普通话，这样节目也太死板了。”持“不赞成”态度的一位39岁汉族男性（大专学历，商业从业人员）解释：“媒体都应该说普通话，说方言不方便交流，有些也听不懂。”

（二）实用功能评价

对调查对象比较重要的语言或方言（可多选）：标准普通话19人，地方普通话6人，维吾尔语/地方普通话4人，地方普通话/其他汉语方言3人，维吾尔语1人，英语1人，维吾尔语/地方普通话/英语1人，地方普通话/英语1人，标准普通话/英语1人，地方普通话/新疆汉语方言1人，标准普通话/新疆汉语方言1人，合计39人。分解多选项：标准普通话（21人次）>地方普通话（16人次）>维吾尔语（6人次）>英语（4人次）>其他汉语方言（3人次）>新疆汉语方言（2人次）。

（三）语言文字前景期望度

总体而言，不同语言和方言“有很大发展”排序：普通话>英语>维吾尔语>新疆汉语方言=其他汉语方言=哈萨克语，合并前两项指标：普通话>英语>维吾尔语>哈萨克语=其他汉语方言>新疆汉语方言。不同文字“有很大发展”排序：汉文>英文>维吾尔文>哈萨克文，合并前两项指标排序相同。具体数据见表7。

表7　语言文字前景期望度（$n=39$；人/%）

指标		普通话 汉文	维吾尔语 维吾尔文	哈萨克语 哈萨克文	新疆汉语 方言	其他汉语 方言	英语 英文
语言态度	有很大发展	27/69.2	10/25.6	2/5.1	2/5.1	2/5.1	21/40.5
	在一定范围发展	2/5.1	11/28.2	14/35.9	13/33.3	14/35.9	6/5.4
	任其自然发展	10/25.6	13/33.3	15/38.5	16/41.0	15/38.5	9/25.0
	不久将来不再使用	0	2/5.1	4/10.3	4/10.3	5/12.8	0
	无法回答	0	3/7.7	4/10.3	4/10.3	3/7.7	3/7.7
合计		**39/100**	**39/100**	**39/100**	**39/100**	**39/100**	**39/100**
文字态度	有很大发展	29/74.4	8/20.5	2/5.1			21/53.8
	在一定范围发展	2/5.1	13/33.3	14/35.9			6/15.4
	任其自然发展	8/20.5	13/33.3	15/38.5			9/25.0
	不久将来不再使用	0	2/5.1	4/10.3			0
	无法回答	0	3/7.7	4/10.3			3/7.7
合计		**39/100**	**39/100**	**39/100**			**39/100**

一位30岁汉族女性（高中文化，服务业从业人员）希望维吾尔语和新疆汉语方言在一定范围发展，并强调："我们新疆汉族说话，维吾尔族都能听懂，但他们说话我们就听不懂。我们小时候也应该学一些维吾尔语，这样我们就能更好地和维吾尔族交流了。新疆汉语方言也应该发展下去，不论城镇大小，使用人口多少，属于它的语言和方言都应该发展下去。"一位57岁汉族男性（初中文化，不在业）希望维吾尔语在一定范围发展，并表示："一个民族的发展，必须有自己的语言才行。"一位45岁汉族女性（乌鲁木齐市出生，高中文化，不在业）希望普通话、汉文、哈萨克语文有很大发展，希望维吾尔语文、其他汉语方言、新疆汉语方言、英语文任其自然发展，并解释："我以前在伊犁生活过，经常接触哈萨克族，对他们有好感。"一位50岁维吾尔族女性（高小文化，家庭主妇）希望普通话和汉文、英语文及新疆汉语方言都有很大发展，希望其他少数民族语文在一定范围发展，希望其他汉语方言在不久的将来不再发展，她解释："我听不懂其他汉语方言，不喜欢。现在不会普通话不行，民考汉最好，对后代有好处。"

（四）行为倾向

假如附近有不同语言授课的小学，希望后代上哪种语言授课的学校（可多选）：普通话/英语 22 人，普通话 9 人，维吾尔语/普通话 5 人，维吾尔语/普通话/英语 1 人，英语 1 人，无法回答 1 人，合计 39 人。分解多选项：普通话（37 人次）>英语（24 人次）>维吾尔语（6 人次）。

关联民族成分，9 名维吾尔族无一人单选维吾尔语授课学校，选择维吾尔语授课学校的 6 人还分别选择了普通话或普通话和英语。单选英语授课学校的是 23 岁汉族女性（未婚，本科毕业待业）希望后代上国际学校，认为普通话在家庭和社会就可以学会，掌握英语将来更有发展前途。

综上可知，不同民族调查对象均对普通话和汉文社会地位、实用功能评价和前景期望度最高、行为倾向最积极；对英语文社会地位、实用功能评价和前景期望度均高于维吾尔语文、行为倾向较积极；维吾尔族调查对象对维吾尔语各项社会功能评价较高，行为倾向积极；不同民族调查对象对汉语方言各项社会功能评价相对较低、行为倾向不积极，部分调查对象赞成广播影视剧或节目使用汉语方言，但不接触方言媒体，访谈得知，个别调查对象接触方言节目，自报不接触方言节目，即自报和行为不一致。

六、结　语

（一）语言习得和语言能力

语言习得。不同民族调查对象中，46.2%的人最先或同时习得普通话，30.8%的人最先或同时习得汉语方言；维吾尔族调查对象均最先或同时习得维吾尔语；新疆出生中老年组汉族和回族多习得新疆汉语方言或普通话，青年组多习得普通话；疆外出生汉族多习得出生地汉语方言。

语言习得环境。关联民族成分和出生地，不同民族调查对象的父母与他们小时候的语言使用同质性很高，其中 88.9%的维吾尔族父母与其使用维吾尔语单语，11.1%的维吾尔族父母与其使用维吾尔语和普通话；疆外出生调查对象的父母与其使用出生地汉语方言，疆内出生调查对象的父母与其主要使用汉语方言或普通话。73.7%的调查对象小学阶段接受过普通话教育，年龄较大的调查对象（15.8%）接受汉语方言教育。9 名维吾尔族中，5 人上普通班（维吾尔语授课），2 人上双语班（维吾尔语和汉语授课），2 人上汉语授课学校（民考汉)；1名哈萨克族上哈萨克语授课的普通班。

语言能力。全部调查对象掌握普通话，维吾尔族、哈萨克族均掌握本族语。“民—汉”双语人占35.9%，普通话单语人占23.1%，普通话和汉语方言双言或多言人占38.5%，2.6%的调查对象掌握汉语和俄语。

（二）语言使用现状

家庭场域。维吾尔族的家庭用语较稳定，即多数人使用维吾尔语单语，少数家庭使用维吾尔语和普通话双语。不同民族家庭语言使用均存在代际差异，其中维吾尔族家庭三代人使用维吾尔语单语的比例呈下降趋势；疆外出生的汉族与长辈多使用出生地汉语方言，与同辈和晚辈使用出生地汉语方言的人数递减；新疆出生的汉族和回族的家庭语言主要是新疆汉语方言和普通话，随交际对象的辈分降低，普通话使用比例增加。

社会场域。普通话是主要社交用语，汉语方言使用比例很低；维吾尔语主要用于族内交际。调查对象主要接触普通话媒体，维吾尔族同时接触维吾尔语媒体；半数以上调查对象赞成方言媒体节目，无人接触汉语方言媒体。

（三）语言态度

不同民族调查对象对普通话和汉文社会地位、实用功能、前景期望度最高，行为倾向最积极；对英语文的评价和期望度比较高，行为倾向比较积极；维吾尔族对本族语的社会地位、实用功能评价和前景期望度都很高，多数人的行为倾向比较积极；不同民族调查对象对汉语方言的评价和期望度不高，行为倾向不够积极。

参考文献

[1] 王远新．都市“城中村”的语言生活——乌鲁木齐市水磨沟区红山村居民语言使用、语言态度调查[J].民族翻译，2010（3）.

[2] 王远新．城市多民族杂居社区的语言生活——乌鲁木齐市药王庙社区居民的语言使用和语言态度调查[G] //王远新．语言田野调查实录（15），北京：中央民族大学出版社，2020.

[3] 王远新．乌鲁木齐市高档居民区的语言生活：天山区南门国际城小区居民的语言使用和语言态度调查[G] //王远新．语言田野调查实录（17），北京：中央民族大学出版社，2023.

通辽市白音珠日河生态移民村的语言生活

王远新

【摘要】 牧民定居是草原生态保护的重要举措，涉及牧民生产生活方式转变、语言文化适应及再社会化过程。本研究依据实地观察、访谈和问卷调查获取的材料和数据，描述内蒙古自治区通辽市科尔沁左翼中旗白音珠日河生态移民村蒙古族定居者的语言生活及语言文化适应状况。调查表明，多数调查对象是蒙汉双语人，且蒙古语听说能力相当；普通话、汉语方言、汉文、蒙古文的输入程度均高于输出程度。调查对象主要在家庭场域习得蒙古语，通过学校教育掌握汉语文和蒙古文，通过社会交往途径掌握汉语方言。语言使用方面，普通话已进入家庭场域；社会场域主要使用蒙古语和普通话，其中族内交际主要使用蒙古语，族际交际主要使用普通话或汉语方言。调查对象主要接触蒙古语和普通话媒体，上网者主要浏览汉语文网站或网页。调查对象对普通话和汉文的社会地位评价、发展前景期望度最高，对蒙古语的实用功能评价最高。多数人赞成当地开播蒙古语广播和电视节目，希望后代在低学段主要学好蒙古语，高学段主要学好普通话；多数调查对象支持现行双语教育措施，部分调查对象希望政府在不同方面进一步发展蒙古语文。语言文化适应方面，生活条件改善和生产生活方式变化是影响移民满意度的主要因素，尚未适应新环境、未能完成新身份建构是部分调查对象收入下降的主要原因。一些调查对象希望政府加大引导力度，帮助解决搬迁后收入降低的难题。多数调查对象认为搬迁前后蒙古语的使用未受到影响，部分调查对象分别增加了使用蒙古语或汉语的需求。

【关键词】 白音珠日河，生态移民村，语言生活，语言文化适应

为保护草原生态，21 世纪以来，内蒙古自治区开始实施“围封转移”战略，包括“围封禁牧、收缩转移、集约经营”等综合措施。政府在征得牧民同意后将其搬迁到自然条件较好的地区建设移民社区或村落，从事农业、舍饲养殖或第二、第三产业。学界以往更多关注移民的经济发展、生产生活方式转变等问题，较少关注其语言生活和语言文化适应问题。为了解生态移民的语言生活及定居者的语言文化适应情况，2010 年以来，我们先后在内蒙古、广西、

新疆、云南等省区调查了30多个生态移民社区。在内蒙古自治区通辽市，我们调查了科尔沁左翼中旗（简称“科左中旗”）白音珠日河生态移民村（简称“珠日河村”）、舍伯吐镇新农村建设示范点那仁嘎查，科尔沁左翼后旗（简称“科左后旗”）甘旗卡镇莲花吐行政村莲花吐村，扎鲁特旗道老杜苏木荷叶花嘎查、奈曼旗八仙筒镇孟家段村，专题访谈了罕山林场相关工作人员，其中科左中旗白音珠日河村移民语言文化适应是生态移民社区系列调查的组成部分，本文主要依据入户问卷数据和访谈材料写成。①

一、调查概况

（一）调查点

1. 珠日河牧场

通辽市是我国蒙古族人口最多的地区，蒙古族占全市总人口的46.7%②。科左中旗总人口53.7万，蒙古族39.5万人，是全国县级行政区域蒙古族人口最多的旗县。③ 这里是清代孝庄文皇后的故里、蒙古族传奇英雄嘎达梅林的故乡，还走出过多位民族艺术大师，如潮尔④大师色拉西、草原歌王查干巴拉、高音四胡一代宗师穆宝里等。科左中旗珠日河牧场辖库伦塔拉、代来胡硕、呼和塔拉、乌日根塔拉、拾家子、耐门塔拉、一分场、三分场、白音查干、南哈、北哈、乌力吉吐、五分场、四家子、乌尼格代、直属分场、白音珠日河等分场。因气候条件及传统畜牧业生产方式影响，珠日河牧场草原沙化严重，生态环境严重恶化，畜牧业生产发展严重受阻，牧民收入逐年降低。为保护草原生态、改善牧民的居住环境、改变其生产方式、提高收入，当地政府自2009年开始实施“收缩转移”工程，整合易地搬迁、扩镇移民、生态移民和危土

① 调查时间为2013年7月，调查员由中央民族大学中国少数民族语言文学学院社会语言学方向2011级、2012级研究生姜昕玫、张月心、孙文虹、朱晓旭、孙睿泽、郑国娟以及文学院本科生桂柳玥和笔者担任。调查得到通辽市公安局、科左中旗白音珠日河牧场及所属派出所和珠日河生态移民村的大力协助，特此致谢。

② 通辽市人民政府．通辽概况［EB/OL］．通辽市政府网［2012］.http：//www.tongliao.gov.cn/zhengw_text.asp？id=197.

③ 科左中旗经济和信息化局．科左中旗招商概况［EB/OL］．科左中旗经济和信息化局［2011—10—18］．http：//jjhxxhj.kzzq.gov.cn/ Merchants/NewsView.asp？NewsID=28.

④“潮尔”是蒙古族多声部音乐的总称，泛指两个或两个以上的复音音乐形式。

房改造等项目，采用“统一规划、统一施工、统一验收”的建设原则，拟将白音珠日河建成高标准的生态移民新区。移民新区规划总框架为“三横一纵”主路，合理布局居民生活区、主导产业区、行政服务区、商业开发区、民族风情区等五大功能区，实现生态移民与新农村建设的结合。生态移民新区计划移民326户，包括生态民俗村移民100户、危房改造新村转移安置226户。

2. 珠日河生态移民村

珠日河生态移民村是移民新区的组成部分，位于珠日河牧场北部、牧场场部东北、304国道（通鲁一级路）西侧，始建于2009年，总投资1315万元。生态移民新村占地350亩，截至2012年完成移民97户385人，其中蒙古族占97.0%，汉族和蒙汉通婚家庭占3.0%。随着国营牧场的改制，生态移民新村成为科左中旗舍伯吐镇的一个行政村。牧场职工搬迁到移民村后，其身份由国家职工转为农牧民。

珠日河生态移民新村每户1400平方米院套，其中房屋建筑面积70平方米，配套60平方米牲畜棚舍和40平方米窖池，配有沼气、自来水、低改电、有线电视等，每户还建成10亩饲草料基地。生态移民户入住后，实施了村屯绿化工程，进村路口道路指示牌、村道两旁小店铺牌匾均使用蒙汉双文。移民新区建成后，不仅交通、医疗条件得到很大改善，学生上学也比居住在草原牧铺时方便了很多。

生态移民过去在草原散居牧铺点过着人际交往少、社会管理松散的生活，参与社会管理活动的积极性不高。珠日河牧场和生态移民行政村领导班子开展了以村屯环境整治为重点的“村屯环境卫士”、以草原保护为重点的“生态保护文明户”、以产业发展为重点的“产业发展文明户”、以转变生产方式为重点的“科学养殖文明户”、以法制教育为重点的“遵纪守法文明户”、以民族文化为重点的“民俗文化文明户”等评选活动，营造出“比学赶帮超”的良好氛围，呈现出健康和谐的局面，实现了“搬得出、稳得住、能致富”的目标。[①] 为引导移民更快转变生产生活方式、稳定经济生产水平，移民新区大力发展草原民俗旅游业，规划建设以蒙古大营、赛马场、民俗文化表演和草原特产为核心的旅游业，引导牧民从事草原旅游，增加三产收入；加大搬迁户的技能培训力度，组织劳务输出培训，引导移民到城镇或第二、第三产业打工就业，实现年户均劳务收入一万元的目标。

① 相关材料和数据根据调查组与珠日河牧场、生态移民村干部座谈整理。

（二）调查方法和问卷结构

本研究除采用实地观察和访谈法，主要采用一对一访谈式问卷调查法。问卷由5部分87个单选题和多选题组成，包括调查对象个人及家庭信息，调查对象语言习得、语言能力和使用状况、媒体语言接触、语言文字学习途径和动机，语言态度、移民搬迁态度和语言文化适应状况。每题设若干选项或指标，题目、选项或指标相互印证，可通过逻辑分析检验调查对象自报的信度。问题、选项或指标为既定，调查员以访谈方式询问，并依据调查对象的回答在给定范围内圈选或填写选项。为避免遗漏重要信息，题旁留空白、问卷末留日记栏，要求调查员准确记录。问卷完成后，先由调查员检查，再交叉核对，发现问题及时联系调查对象，确保问卷的有效性。除与牧场和生态移民村干部座谈，个体访谈分两类：一是围绕问卷问题的专题访谈，二是针对相关问题选择合适的受访者做延伸性深度访谈。

（三）抽样及样本构成

依据珠日河生态移民村的人口特点，本项调查共抽取30个家庭（含蒙汉通婚家庭）作为户访对象，每户选择一位蒙古族作为问卷调查对象，获取有效样本30个。样本构成见表1和表2。

表1　性别、年龄段和受教育程度（$n=30$；人/%）

性别		年龄段（岁）			受教育程度		
男	女	15—34	35—50	51—65	小学	初中	高中
15/50.0	15/50.0	11/36.7	8/26.7	11/36.7	10/33.3	13/43.3	7/23.3

表2　职业（$n=30$；人/%）

干部	学生	个体	农牧民	不在业
2/6.7	8/26.7	3/10.0	12/40.0	5/16.7

（四）族际通婚及通婚态度

1. 通婚状况

30名调查对象中，3人（10.0%）家庭中有族际通婚成员，且均为蒙古族与汉族通婚。

2. 通婚态度

（1）涉己态度（假设本人与其他民族结婚，调查对象的态度）：愿意 14 人（46.7%），无所谓 11 人（36.7%），不愿意 4 人（13.3%），其他想法 1 人（3.3%），合计 30 人。

（2）涉他态度（不论家族中有无族际通婚成员，调查对象的态度）：应该提倡 9 人（30.0%），应当尊重 11 人（36.7%），可以接受 8 人（26.7%），不合心意 1 人（3.3%），其他想法 1 人（3.3%），合计 30 人。

数据表明，83.3%的调查对象（包括"无所谓"）族际通婚的涉己态度比较积极，16.7%的调查对象（包括"其他想法"）态度不积极（男性 2 人，女性 3 人）。涉他态度前三项即积极态度合计占 93.3%，其中男性 13 人（43.3%），女性 15 人（50.0%），即女性比男性的涉他态度更积极。

总体而言，族际通婚的涉他态度比涉己态度积极。持积极态度的调查对象主要立足于民族平等和民族团结、情感、人品三个角度；持消极态度的主要立足风俗习惯和文化传统、家人反对两个角度。17 岁蒙古族男性在保康镇蒙古族中学读书，初中刚毕业，开学上高中。他姑姑和姐姐都嫁给了汉族，其族际通婚的涉他态度是"无所谓"，涉己态度是"不愿意"，他认为："因为语言交流不方便，蒙古族还是和蒙古族一起生活好。"

针对族际通婚问题，我们专题访谈了一位蒙汉通婚的 54 岁汉族女性（高中文化）。她家其他成员均为蒙古族，女儿已结婚生子，和他们一起生活，儿子是中国农业科学院刚毕业的硕士研究生，准备继续攻读博士学位。她最先学会汉语，结婚前与家人主要使用汉语。结婚后，蒙古语成了她的日常交际语，有时与村里汉族聊天也使用蒙古语，与陌生人交流才使用汉语。她告诉调查员："年轻时和牧民打交道学了一点儿蒙古语，但说得不好。组成家庭后，必须学好蒙古语，总不能我说汉语，他说蒙古语吧。现在蒙古语说得多了，汉语说得都笨了。"她认为不同民族通婚有好处，因为下一代从小学习两种语言，相当于有"两个舌头"，会更聪明。在她看来，语言是沟通工具，会的越多越好，比只懂一种语言方便。生活在民族地区，少数民族都是"认话不认人"，会一种少数民族语言能拉近与他们的距离，增加彼此的感情。

二、语言习得、学习和语言能力

（一）语言习得和习得环境①

1. 语言习得

小时候（上学前或五周岁前）最先学会的语言或方言（可多选）：蒙古语25人，普通话2人，汉语方言2人，蒙古语/普通话1人，合计30人。分解多选项：蒙古语（26人次）>普通话（3人次）>汉语方言（2人次）。90.0%的调查对象从小习得蒙古语，学会普通话的3人中，高中文化2人、初中文化1人。

2. 语言习得环境

（1）小时候，父亲与调查对象使用的语言或方言（可多选）：蒙古语26人，汉语方言4人，合计30人。

（2）小时候，母亲与调查对象使用的语言或方言（可多选）：蒙古语26人，汉语方言4人，合计30人。

（3）上小学时，老师用什么语言或方言授课（可多选）：蒙古语/普通话15人，蒙古语9人，普通话6人，合计30人。分解多选项：蒙古语（24人次）>普通话（21人次）。

数据表明，86.7%调查对象小时候的家庭语言环境是蒙古语，13.3%调查对象小时候的家庭语言环境是汉语方言；30.0%调查对象小学接受蒙古语教育，50.0%调查对象小学接受蒙古语和普通话双语教育，20.0%调查对象小时候接受普通话教育。

（二）语言文字学习途径②

1. 语言学习途径

（1）蒙古语（可多选）：家人影响/学校学习14人，家人影响12人，社会交往3人，无此情况1人，合计30人。分解多选项：家人影响（26人次）>

① “普通话”一般指地方普通话和民汉语（带蒙古语特点的普通话），汉语方言指东北官话。

② 包括学过但未学会或掌握程度不高的调查对象；语言学习途径中的“家人影响”指在家庭环境中自然学会，文字学习途径中的“家人影响”指由家人教会；“媒体影响”指看电视、电影或听广播及其他媒体；“在外地”包括在外地上学、当兵、打工等。

学校学习（14 人次）>社会交往（3 人次）。

（2）普通话（可多选）：学校学习 7 人，学校学习/社会交往 4 人，学校学习/社会交往/媒体影响 4 人，社会交往 4 人，学校学习/媒体影响 3 人，家人影响/学校学习 3 人，家人影响 2 人，家人影响/学校学习/社会交往 1 人，无此情况 2 人，合计 30 人。分解多选项：学校学习（22 人次）>社会交往（13 人次）>媒体影响（7 人次）>家人影响（6 人次）。

（3）汉语方言（可多选）：社会交往 15 人，学校学习/社会交往 3 人，社会交往/媒体影响 2 人，家人影响/社会交往 1 人，家人影响 1 人，媒体影响 1 人，无此情况 7 人，合计 30 人。分解多选项：社会交往（21 人次）>学校学习=媒体影响（各 3 人次）>家人影响（2 人次）。

2. 文字学习途径

（1）蒙古文（可多选）：学校学习 14 人，家人影响/学校学习 9 人，在外地 1 人，无此情况 6 人，合计 30 人。分解多选项：学校学习（23 人次）>家人影响（9 人次）>在外地（1 人次）。

（2）汉文（可多选）：学校学习 22 人，家人影响/学校学习 1 人，社会交往 1 人，学校学习/社会交往 1 人，无此情况 5 人，合计 30 人。分解多选项：学校学习（24 人次）>社会交往（2 人次）>家人影响（1 人次）。

数据表明，家人影响（家庭语言环境）是调查对象学习和掌握蒙古语的主要途径，学校教育是学习和掌握汉语文和蒙古文的重要途径，社会交往是学习和掌握汉语方言的主要途径。一位 29 岁蒙古族女性的汉语文都是在社会交往中学会的，她认为："汉文很有用，发短信、记账都得用汉字。各种语言都有用，希望都有很好的发展。"一位 57 岁蒙古族男性搬迁前与汉族接触不多，他介绍："我 17 岁时到农村劳动，人队里蒙古族和汉族互相学习对方的语言。19 岁时，跟工友学会了汉语和汉文，并考了驾驶证，在大队当拖拉机司机。我虽然不会蒙古文，但学会了不少汉字，日常交流可以根据说话对象轻松转换使用蒙古语和汉语。"

生态移民村的孩子多在珠日河民族学校上小学和初中，高中多在旗政府所在地保康镇蒙古语授课学校就读。珠日河民族学校是民汉合校，分小学部和初中部，由珠日河民族中学和珠日河中心校合并构成，全校融教学、办公、住宿为一体，实现了珠日河牧场各分场小学的集中办学。① 学校有 42 个教学班，其中蒙古语授课班约占四分之三。在校生 1522 人，其中住宿生 409 人，教职

① 科左中旗珠日河中心校．学校简介［EB/OL］.科左中旗珠日河中心校［2011—03—09］．http：//zrhmzxx. 30edu. com/news/list/c19b7a4a-f454-4bce-ac0f-b46a8ab4917f. htm.

工149人。针对珠日河牧场学校的教学语言问题，我们专题访谈了在该校读书的一位14岁蒙古族学生。他从珠日河民族学校小学部毕业，刚参加完中考。据他介绍，小学阶段，蒙古语授课班的老师用蒙古语讲课，二年级开始加授汉语文课，三年级开设英语课。他的学习成绩不错，汉语、英语都在80分以上。他认为，家里、村里和学校缺少说汉语的机会是自己汉语说得不够流利的原因，“学校应该从学前班开始教汉语，从小学一年级开始教英语”。一位38岁蒙古族女性的女儿在珠日河民族学校蒙古语授课班上小学四年级，四年级有四个蒙古语授课班，一个汉语授课班。据她介绍，她女儿从二年级开始学习汉语文，三年级开始学习英语，所用教材与汉语授课班相同。谈及女儿的汉语水平，她说：“她们班孩子的汉语都很好，看电视一点儿问题没有，还老笑话我们的发音。”

（三）语言学习动机和困难

（1）学习普通话的目的（分解多选项）：能与更多的人交流（21人次）>学校或单位要求（13人次）>全国通用语（7人次）>从小自然学会（5人次）>个人兴趣（4人次）>学好普通话有前途（3人次）>工作和外出需要=其他目的（各1人次），无此情况2人，无法回答1人。

（2）学习普通话的困难（分解多选项）：受蒙古语影响不好改口音（11人次）>说蒙古语更自然（9人次）>周围的人不说=说蒙古语更方便与当地人沟通（各8人次）>受汉语方言影响不好改口音（2人次）>怕人笑话=其他问题=说汉语方言更自然（各1人次），没有困难7人，无法回答1人。自报“其他问题”的36岁女性解释：“说得不流利，复杂深刻的书面语看不懂。”

（3）学习蒙古语的目的（分解多选项）：从小自然学会（26人次）>便于与蒙古族交流=民族感情（各3人次）>在生活地区用处广泛（2人次）>传承蒙古族文化（1人次），无法回答1人。

总体而言，调查对象学习普通话的态度积极，主要动机是实用，主要困难是母语影响和缺乏语言环境；蒙古语主要是自然习得。

（四）语言能力及语言掌握程度

1. 语言能力

现在能用哪些语言或方言与人交谈（可多选）：蒙古语/普通话/汉语方言12人，蒙古语/普通话11人，蒙古语/普通话/汉语方言3人，蒙古语/英语2人，蒙古语/汉语方言1人，普通话/汉语方言1人，合计30人。分解多选项：蒙古语（29人次）>普通话（27人次）>汉语方言（17人次）。自报“普通话/

汉语方言”的是一位50岁蒙古族男性，出生在汉族聚集地白音花镇，父母均不说蒙古语，他从小学会汉语，不太会蒙古语，家庭和社会场域主要使用汉语。自报“蒙古语/英语”的两名调查对象均为在读高中生。

2. 语言掌握程度

蒙古语程度：“听”“说”前三项指标合计均29人，即96.7%的调查对象掌握蒙古语，与上题自报一致；普通话程度：“听”的前三项指标合计30人（100%），“说”的前三项指标合计27人（90.0%），与上题自报一致；汉语方言程度：“听”的前三项合计27人（90.0%），“说”的前三项合计21人（70.0%），上题自报略低。总体而言，除蒙古语听说程度一致外，普通话和汉语方言的输入程度均高于输出程度。具体数据见表3。

表3　语言掌握程度（$n=30$；人/%）

指标 \ 语言变体		蒙古语	普通话	汉语方言
听	完全能听懂	27/90.0	17/56.7	14/46.7
	大部分能听懂	1/3.3	7/23.3	5/16.7
	基本能听懂	1/3.3	6/20.0	8/26.7
	能听懂日常用语	0	0	1/3.3
	基本听不懂	0	0	1/3.3
	完全听不懂	1/3.3	0	1/3.3
合计		**30/100**	**30/100**	**30/100**
说	能熟练交谈，没有障碍	25/83.3	10/33.3	11/36.7
	能熟练交谈，个别时候有障碍	3/10.0	9/30.0	3/10.0
	基本能交谈	1/3.3	8/26.7	7/23.3
	会说日常用语	0	2/6.7	1/3.3
	基本不会说	0	1/3.3	7/23.3
	完全不会说	1/3.3	0	1/3.3
合计		**30/100**	**30/100**	**30/100**

3. 文字掌握程度

总体而言，蒙古文程度：“读”的前两项合计20人（66.7%），“写”的前两项合计 19 人（63.3%）；汉文程度：“读”的前两项合计 22 人（73.3%），“写”的前两项合计 20 人（66.7%）。总之，调查对象蒙汉两种文字的程度基本相同，掌握汉文的人略多于蒙古文；两种文字的输入程度均高于输出程度。具体数据见表 4。

表 4　文字掌握程度（$n=30$；人/%）

指标	语言变体	蒙古文	汉文
读	能读书看报	17/56.7	19/63.3
	能看懂家信或简单文章	3/10.0	3/10.0
	只能看懂便条或手机短信	3/10.0	2/6.7
	基本看不懂	2/6.7	3/10.0
	完全看不懂	5/16.7	3/10.0
合计		**30/100**	**30/100**
写	能写文章	12/40.0	11/36.7
	能写家信或简单文章	7/23.3	9/30.0
	只能写便条或手机短信	1/3.3	2/6.7
	基本不会写	3/10.0	3/10.0
	完全不会写	7/23.3	5/16.7
合计		**30/100**	**30/100**

三、语言使用现状

（一）家庭场域

1. 与长辈

（1）跟父亲（可多选）：蒙古语 15 人，普通话 1 人，蒙古语/普通话 1 人，汉语方言 1 人，无此情况 12 人，合计 30 人。分解多选项：蒙古语（16 人次）>普通话（2 人次）>汉语方言（1 人次）。

（2）跟母亲（可多选）：蒙古语 16 人，普通话 1 人，蒙古语/普通话 1

人，汉语方言 1 人，无此情况 11 人，合计 30 人。分解多选项：蒙古语（17 人次）>普通话（2 人次）>汉语方言（1 人次）。

2. 与同辈

跟配偶或兄弟姐妹（可多选）：蒙古语 25 人，蒙古语/普通话 2 人，蒙古语/汉语方言 2 人，普通话 1 人，合计 30 人。分解多选项：蒙古语（29 人次）>普通话（3 人次）>汉语方言（2 人次）。选择“普通话”或“蒙古语/普通话”的 3 人均为青年组调查对象。

3. 与晚辈

跟子女（可多选）：蒙古语 14 人，蒙古语/汉语方言 2 人，蒙古语/普通话 2 人，普通话 1 人，汉语方言 1 人，无此情况 10 人，合计 30 人。分解多选项：蒙古语（18 人次）>普通话=汉语方言（各 3 人次）。选择“普通话”或“蒙古语/普通话”的 3 人均为青年组调查对象。一位 53 岁男性解释：“外孙会说两种语言，我有时候会跟他讲汉语（方言）。”

数据表明，第一，调查对象与长辈的语言使用同质性很高，即除使用普通话和汉语方言各 1 人外，均使用蒙古语或蒙古语和普通话；第二，家庭场域的语言使用出现代际差异，部分调查对象与同辈和晚辈除使用蒙古语外，有时使用普通话，即普通话已进入家庭。

（二）社会场域

1. 交际场合

（1）去集贸市场买东西（可多选）：蒙古语/普通话 9 人，蒙古语 8 人，普通话 6 人，蒙古语/汉语方言 6 人，汉语方言 1 人，合计 30 人。分解多选项：蒙古语（23 人次）>普通话（15 人次）>汉语方言（7 人次）。

（2）去政府部门（乡镇或乡镇以上部门）办事（可多选）：蒙古语 13 人，蒙古语/汉语方言 5 人，普通话 5 人，蒙古语/普通话 2 人，汉语方言 1 人，无此情况 4 人，合计 30 人。分解多选项：蒙古语（20 人次）>普通话（7 人次）>汉语方言（6 人次）。

2. 交际对象和交际话题

（1）跟本民族熟人聊天（可多选）：蒙古语 27 人，蒙古语/普通话 1 人，普通话 1 人，汉语方言 1 人，合计 30 人。分解多选项：蒙古语（28 人次）>普通话（2 人次）>汉语方言（1 人次）。

（2）跟其他民族熟人聊天（可多选）：普通话 16 人，汉语方言 6 人，蒙古语/普通话 3 人，蒙古语 3 人，蒙古语/汉语方言 2 人，合计 30 人。分解多选项：普通话（19 人次）>蒙古语=汉语方言（各 8 人次）。

（3）跟陌生人交谈（可多选）：普通话 11 人，蒙古语/普通话 8 人，蒙古语/汉语方言 6 人，汉语方言 4 人，蒙古语 1 人，合计 30 人。分解多选项：普通话（19 人次）>蒙古语（15 人次）>汉语方言（10 人次）。

（4）跟亲友谈论国家大事（可多选）：蒙古语 25 人，蒙古语/普通话 2 人，普通话 1 人，蒙古语/汉语方言 1 人，汉语方言 1 人，合计 30 人。分解多选项：蒙古语（28 人次）>普通话（3 人次）>汉语方言（2 人次）。

一位 48 岁蒙古族女性与本族或其他民族熟人主要使用蒙古语，外出办事也多使用蒙古语。她强调："这里是蒙古族聚居地区，大家都讲蒙古语，都听得懂，很多汉族也懂蒙古语，只是对方完全不懂蒙古语时我才讲汉语。"一位 54 岁蒙古族女性小时候父母与她说汉语，嫁给蒙古族丈夫后，在婆家逐渐学会了蒙古语。搬迁后，邻居都是蒙古族，她平常跟丈夫、孩子、邻居主要讲蒙古语。

（三）节日活动语言使用

（1）在本民族节日活动中，跟本族人使用的语言（可多选）：蒙古语 27 人，普通话 2 人，汉语方言 1 人，合计 30 人。

（2）在本民族节日活动中，跟其他民族使用的语言（可多选）：普通话 18 人，汉语方言 5 人，蒙古语 4 人，蒙古语/汉语方言 2 人，普通话/汉语方言 1 人，合计 30 人。分解多选项：普通话（19 人次）>汉语方言（8 人次）>蒙古语（6 人次）。

由上可知，无论正式还是非正式场合，调查对象主要使用蒙古语和普通话，部分调查对象使用汉语方言；跟本族邻居、亲友聊天或谈论正式话题主要使用蒙古语；跟其他民族邻居主要使用普通话，其次是汉语方言；跟陌生人主要使用蒙古语和普通话，其次是汉语方言。节日活动中，调查对象跟本民族主要使用蒙古语，跟其他民族主要使用普通话，其次是汉语方言。

（四）媒体语言接触

（1）收看电视节目（可多选）：蒙古语/普通话 16 人，普通话 10 人，蒙古语/普通话/汉语方言 3 人，蒙古语 1 人，合计 30 人。分解多选项：普通话（29 人次）>蒙古语（20 人次）>汉语方言（3 人次）。

（2）收听广播节目（可多选）：普通话 7 人，蒙古语/普通话 6 人，蒙古语 6 人，无此情况 11 人，合计 30 人。分解多选项：普通话（13 人次）>蒙古语（12 人次）。

（3）登录或浏览网站或网页（可多选）：汉语文 9 人，无此情况 21 人，合计30人。

调查对象主要收看普通话和蒙古语电视节目；36.7%的调查对象不收听广播，43.3%的调查对象主要收听普通话广播节目，其次是蒙古语广播节目；70.0%的调查对象不上网，30.0%上网的调查对象主要浏览汉语文网站或网页。

四、语言态度

（一）社会地位评价

1. 语言文字有用度

总体而言，调查对象认为相关语言或方言“很有用”的排序：普通话>英语>汉语方言>蒙古语，前两项指标合计：普通话>蒙古语=汉语方言>英语；调查对象认为相关文字“很有用”的排序：汉文>英文>蒙古文，前两项指标合计相同。总之，调查对象对普通话和汉文的社会地位评价最高，具体数据见表5。

表5 语言文字有用度（*n*=30；人/%）

指标 \ 语言文字		蒙古语 蒙古文	普通话 汉文	汉语 方言	英语 英文
语言评价	很有用	16/53.3	30/100	19/63.3	23/76.6
	对一部分人或在一定范围有用	13/43.3	0	10/33.3	5/6.7
	没有用	1/3.3	0	1/3.3	2/6.7
	无法回答	0	0	0	0
合计		**30/100**	**30/100**	**30/100**	**30/100**
文字评价	很有用	16/53.3	29/96.7		25/83.3
	对一部分人或在一定范围有用	11/36.7	0		3/10.0
	没有用	3/10.0	1/3.3		2/6.7
	无法回答	0	0		0
合计		**30/100**	**30/100**		**30/100**

一位 17 岁蒙古族男性生活在使用蒙古语的家庭，蒙古语授课学校毕业，在村里主要说蒙古语。他也喜欢汉语，通过游戏和汉语电视节目提高了汉语水平，汉语说得十分流畅，但英语水平不高。他认为，在他接触的语言中，“还是蒙古语最重要，蒙古族应该使用蒙古语”。一位高中刚毕业的 20 岁蒙古族女性在家庭场域主要使用蒙古语，偶尔和妹妹说汉语。她上的是蒙古语授课学校，蒙古语文水平较高，用汉语交流也没问题，但英语能力较差。她刚参加完高考，想去呼和浩特市上大学。她认为：“蒙古语只是在内蒙古有用，毕竟内蒙古的蒙古族多，但很多蒙古族也不怎么说蒙古语了。现在还是汉语重要，英语不是很重要。”

2. 媒体语言使用评价

（1）是否赞成广播和电视节目使用汉语方言：赞成 19 人，不赞成 7 人，无所谓 2 人，无法回答 2 人，合计 30 人。23.3%的调查对象不赞成电视节目使用汉语方言，其中多数人表示听不懂。

（2）是否赞成在本地开播蒙古语广播节目：赞成 26 人，不赞成 1 人，无所谓 3 人，合计 30 人。

（3）是否赞成在本地开播蒙古语电视节目：赞成 26 人，无所谓 3 人，不赞成 1 人，合计 30 人。

86.7%的调查对象分别赞成开播蒙古语广播和电视节目。选择“不赞成”开播蒙古语广播、对开播蒙古语电视节目持“无所谓”态度的是一位 42 岁男性，他表示：“我们这里的多数蒙古族懂汉语，反倒是不少蒙古族不懂蒙古语。”

（二）实用功能评价

对调查对象比较重要的语言或方言（可多选）：蒙古语/普通话 13 人，蒙古语/汉语方言 7 人，普通话 5 人，蒙占语 2 人，英语 2 人，汉语方言 1 人，合计 30 人。分解多选项：蒙古语（22 人次）>普通话（18 人次）>汉语方言（8 人次）>英语（2 人次）。

（三）语言文字发展前景期望度

总体而言，调查对象希望相关语言或方言“有很大发展”的排序：普通话>蒙古语>汉语方言>英语，前两项指标合计：汉语方言>普通话=蒙古语>英语；希望相关文字“有很大发展”的排序：汉文>蒙古文>英文，前两项指标合计：汉文>蒙古文>英文。调查对象对普通话和汉文发展前景的期望度最高，其次是蒙古语文；对语言和相应文字发展前景的期望度大体一致。具体数据见表 6。

表 6　语言文字发展前景期望度（$n=30$；人/%）

指标 \ 语言文字		蒙古语 蒙古文	普通话 汉文	汉语 方言	英语 英文
语言态度	有很大发展	20/66.7	25/83.3	18/60.0	14/46.7
	在一定范围发展	5/16.7	0	8/26.7	6/20.0
	任其自然发展	5/16.7	5/16.7	4/13.3	10/33.3
	不久将来不再使用	0	0	0	0
	无法回答	0	0	0	0
合计		**30/100**	**30/100**	**30/100**	**30/100**
文字态度	有很大发展	20/66.7	26/86.7		17/56.7
	在一定范围发展	5/16.7	0		3/10.0
	任其自然发展	5/16.7	4/13.3		10/33.3
	不久将来不再使用	0	0		0
	无法回答	0	0		0
合计		**30/100**	**30/100**		**30/100**

一位 42 岁蒙古族男性希望蒙古语、普通话、当地汉语方言和英语都能顺其自然地发展，他介绍："我们这里说蒙古语的人还挺多，但大家慢慢都说普通话了。多学几种语言有好处，哪个地方的话都能听懂。"

总之，针对不同语言和方言，调查对象的各项语言态度大体呈正相关，即对普通话和汉文的社会地位、实用功能评价及发展前景期望最高，其次是蒙古语文。

（四）行为倾向

（1）希望后代上学前最先学会什么语言（可多选）：蒙古语 16 人，蒙古语/普通话 11 人，普通话 1 人，汉语方言 1 人，蒙古语/普通话/英语 1 人，合计 30 人。分解多选项：蒙古语（28 人次）>普通话（13 人次）>汉语方言=英语（各 1 人次）。93.3%的调查对象希望后代最先学会蒙古语，43.3%的调查对象希望后代最先学会普通话。

（2）假如附近有不同语言教学的幼儿园，希望后代上什么语言授课的幼儿园（可多选）：蒙古语/普通话 10 人，蒙古语 9 人，普通话 5 人，蒙古语/普通话/英语4人，普通话/英语1人，无法回答1人，合计30人。分解多选项：蒙古语（23人次）>普通话（20人次）>英语（5人次）。单选“普通话”的38岁女性表示：“希望自己的孩子学好汉语，这对孩子将来的发展有好处。”

（3）假如附近有不同语言教学的小学，希望后代上什么语言授课的小学（可多选）：蒙古语/普通话12人，蒙古语8人，蒙古语/普通话/英语5人，普通话3人，普通话/汉语方言1人，普通话/英语1人，合计30人。分解多选项：蒙古语（25人次）>普通话（22人次）>英语（6人次）>汉语方言（1人次）。

（4）假如有使用不同语言教学的中学可供选择，希望后代上什么语言授课的中学（可多选）：蒙古语/普通话13人，蒙古语/普通话/英语6人，蒙古语5人，普通话4人，普通话/汉语方言1人，普通话/英语1人，合计30人。分解多选项：普通话（25人次）>蒙古语（24人次）>英语（7人次）>汉语方言（1人次）。

（5）假如有使用不同语言教学的大学可供选择，希望后代上什么语言授课的大学（可多选）：普通话13人，蒙古语/普通话9人，普通话/英语3人，蒙古语2人，蒙古语/普通话/英语2人，普通话/汉语方言1人，合计30人。分解多选项：普通话（28人次）>蒙古语（13人次）>英语（5人次）>汉语方言（1人次）。

表7 后代择校语言排序（$n=30$）

幼儿园	蒙古语>普通话>英语
小学	蒙古语>普通话>英语>汉语方言
中学	普通话>蒙古语>英语>汉语方言
大学	普通话>蒙古语>英语>汉语方言

数据表明，93.3%的调查对象希望后代上学前最先学会蒙古语，对后代不同学段的语言教育期望大体一致，即低学段主要是学好蒙古语，高学段主要学会普通话。

一位42岁女性掌握蒙古语和汉语方言，在家主要使用蒙古语，去集市购物和去政府部门办事都是先说蒙古语，对方不会蒙古语再换成当地汉语方言。她认为，蒙古语只是蒙古族内部的交流工具，不一定非得在学校学习。她希望外孙学会一些蒙古语日常词汇和交际用语，“能跟蒙古族交流就行，没有必要学太多、太深”。一位57岁蒙古族男性的孙子从幼儿园开始学习蒙古语、汉语和英语，他希望后代以后能上民族院校。一位42岁蒙古族男性希望后代先学会蒙古语，“学会了蒙古语，长大慢慢就能学会汉语，后代们也不能忘记蒙古文”。一位38岁蒙古族女性谈及女儿择校问题时说：“我希望孩子学好汉语，我自己汉语说得不好，想让她好好学。小时候送她去了汉族幼儿园。上小学时，我还想让她上汉语授课班，可孩子的姥姥不同意，说孩子笨，跟不上汉族孩子，将来发展不好。我拗不过她，只能让孩子上蒙古语授课班。现在她蒙汉兼通，我也很满意。”一位16岁蒙古族女性小学和初中上蒙古语授课学校，希望高中接着上蒙古语授课学校。她表示：“如果将来能去北京念大学最好。我知道汉语学习很重要，以后想走出内蒙古，必须学好汉语和英语。”

一些调查对象希望孩子从小接受蒙汉双语教育，也应该学好英语。有人认为，孩子应从幼儿园阶段接受双语教育；有人则认为应从小学开始，理由是“孩子太小了，学两种语言费劲儿”。一位29岁蒙古族女性的大女儿上一年级，学习汉语很困难，常需要她辅导，“如果从幼儿园开始学汉语，可能难度更大”。

（五）对语文政策的看法和建议

（1）对当地双语教育措施的看法：赞成27人，不赞成2人，无法回答1人，合计30人。一位50岁蒙古族男性只会普通话和当地汉语方言，认为后代应该学好汉语，“当地学校没有必要开设双语班”。一位57岁蒙古族男性不赞成当地的双语教育措施，他认为村里双语幼儿园的费用高，教学质量却不如预期，“学费太贵，每月120元，书本费另算，蒙古文教材六册，每册六块五。教学质量也不值这个价钱，孩子什么也没学到，白白糟蹋钱”。一位19岁男性调查对象虽然赞成当地实施的双语教育措施，但认为“学校开展双语教学太费事，如果学生只学汉语，水平会更高”。

（2）希望政府采取哪些措施发展少数民族语文（分解多选项）：维持现状（12人次）>开办蒙古语电视节目=在幼儿园开展汉语和蒙古语双语教学=开办蒙古语广播（各11人次）>编写蒙古语文教材（10人次）>出版蒙古文报刊和图书（9人次）>在小学实行汉语和蒙古语双语教学（7人次）>在中学开展汉语和蒙古语双语教学（6人次）>其他（4人次），无法回答1人。选择“其他”的一位54岁男性认为：“政府应该加大对用蒙古语文授课学生的优惠力度。”

数据表明，90.0%的调查对象支持现行的双语教育措施；不同调查对象希望政府在不同方面发展蒙古语文。

五、移民搬迁

（一）移民满意度

更喜欢原居住地还是现居住地：原居住地 4 人（13.3%），现居住地 21 人（70.0%），无明显差别 3 人（10.0%），各有好处 2 人（6.7%），合计 30 人。

数据表明，70.0%的调查对象喜欢现居住地，13.3%的调查对象喜欢原居住地（男性青年组调查对象 2 人，女性中年组和老年组调查对象各 1 人）；认为搬迁前后无明显变化的 3 人分别是中青年女性和中年男性。珠日河牧场领导总结了移民政策为村民带来的种种好处：第一，人际关系得到改善，蒙汉交流增多，村民的汉语水平有了提高；第二，实现多种经营模式，新村种地方便，家家户户都有发展庭院经济、兼养少量牲畜的条件；第三，以前居住分散，不好管理，搬迁后不仅居住环境得到改善，治安情况也得到了改善；第四，生活和交通条件得到改善，全村都装了有线电视，村民可就近看病，孩子可以就近上学。

综合各类访谈资料可以看出，不同性别老中青三代中均有喜欢原居住地或认为新老居住地各有好处的调查对象，他们对搬迁满意度的不同态度各有理由，其中生活条件和生产生活方式的变化是影响评价的主要因素。

1. 生活条件的改善是对现居住地评价积极的主要原因

移民对现居住的积极评价体现在生活条件改善的方方面面。一些调查对象认为，相较于草原牧铺，现居住地不仅环境得到改善，交通出行、看病就医、子女上学都更便利。一位 54 岁蒙古族女性表示："这边交通、看病都方便。我都 50 多岁了，不能一辈子住牧铺。"一位 50 岁蒙古族男性搬迁前主要从事农业生产，他满意移民政策，认为现居住地比以前的好，种地更方便。一位 49 岁蒙古族男性家里养了 30 多头牛，冬天在后院圈养，夏天雇人放牧，生活还不错。他喜欢现居住地，认为"这里的环境好，种地养牲畜两不耽误"。一位 53 岁的蒙古族男性是村主任，他认为现居地的环境好、干净整洁。一位就读于科左中旗政府所在地保康镇蒙古族中学的 18 岁蒙古族男性高中生认为现居住地好，理由是"房子好，宽敞，在家就能上网"。一位 16 岁蒙古族女性家里的墙上挂了七八张奖状，大多是蒙古文的，也有汉文的。她介绍，她们家搬到移民新村已有三年，现在的居住环境好、房子大，上学也方便。也有调查对象认为，现居地更加热闹，邻里间更加亲近。一位 54 岁的蒙古族女性说："原来住在牧铺，四周就自己一户人家，没有邻居，现在大家住在一起，热闹一些。”

2. 生产生活方式的变化是适应现居地面临的主要问题

不同调查对象对生产生活方式变化的适应能力不同。一些家庭比较适应现居住地，即使不再放牧，依托政府补贴或低保，家庭收入变化不大。一位 54 岁蒙古族女性表示：“搬迁后的收入肯定不如以前，但政府有补助，还有低保。原来我有 50 多头牛，现在就剩 10 多头，夏天放到别人家的牧铺饲养，冬天自己打草喂养。”一位 54 岁蒙古族女性说：“虽然现在收入减少了，但政府有补助。”一位 48 岁蒙古族女性的家原在科左后旗，听说科左中旗生活条件好，1998 年举家搬到科左中旗舍伯吐镇的牧铺，2009 年“围封禁牧”后搬到移民新村。她表示，村民从牧铺搬到新村后，可以去原来的草场打草，家里的牛羊由放牧转为舍饲。每年六月初到十月底，村民花钱把牛羊交给有牧场的人放牧，一只羊每月 20 多元，每头牛 100 多元。虽然牛羊需要花钱交别人放养，多了一笔开销，但节省出来的时间可以做别的事情赚钱，家庭收入和以前比没什么变化。

一些家庭因缺乏青壮年劳动力，或暂时未适应生产生活方式的变化，收入下降。一位 57 岁蒙古族男性跟尚未上学的孙子和孙女一起生活，儿子儿媳都在外地打工，家里没有青壮年劳动力，他表示：“种点庄稼只够温饱，不如放牧挣得多。带着两个孩子生活很困难，还是原居住地好。”一位 19 岁的蒙古族男性（初中文化）生活在草原牧铺时跟家人一起放牧，搬迁后找不到工作。他认为：“过去有草场能放牧，家里有四五百只羊，搬过来都卖光了。以前我跟着家里人放牧，现在没事儿做，准备去当兵。牧民搬过来后没有收入，再待几年买牲口的钱花光了只有出去打工。这里除了交通方便，其他没什么好处，适合退休老人住。”一位 38 岁蒙古族女性认为：“搬迁前放牧收入高、致富快。原来我家有两百多只羊，搬迁时全卖了。现在靠种地、养猪生活，加上城镇低保和草牧场补助，一年只有六七万元的收入。”一位 36 岁蒙古族女性 2009 年冬天从原珠日河牧场拾家子分场搬到生态移民新村，她认为：“很难说哪一个更好。现在村里环境好，交通方便，孩子在珠日河民族学校上学也很近，但收入不如原居住地高。过去草场能放牧，家里牛羊多，牧场职工还有工资。现在草场禁牧，大部分牛羊都卖了，只留下少数牛羊舍饲，夏天让人代牧，冬天圈养。搬迁后收入差不多少了一半。”她希望国家能扶持和发放一些能挣钱的项目贷款，政府多加引导，政府和个人共同解决搬迁后收入降低的难题。

总体而言，搬迁前熟悉农业生产的村民比较适应搬迁后的生活；过去以放牧为主的牧民中，部分人搬迁后不适应农业生产生活方式，认为搬迁后虽然交通、住房等条件有所改善，但因缺乏农业生产技能，年轻人不好找工作，收入不如从前。

（二）搬迁后使用本族语遇到的问题

24人（80.0%）认为，搬迁后使用本族语没有问题；少数调查对象认为，部分村民搬迁前与汉族接触比较多，基本使用汉语；搬迁后和蒙古族接触更为频繁，需要重新学习或使用蒙古语；部分过去生活在草原牧铺的调查对象认为，搬迁后与外界接触频繁，增加了说汉语的机会。

一位42岁蒙古族女性表示："搬迁前与汉族接触不多，现在村子里多数人使用蒙古语，搬迁后蒙古族聚集，没有语言交流方面的困难。"一位57岁蒙古族男性在珠日河牧场出生，原居住地紧邻汉族聚居地，蒙古语程度不如汉语。他表示："以前习惯说汉语，现在村里的蒙古族比较集中，说蒙古语的机会比以前更多了。"一位38岁蒙古族女性认为，以前住在草原牧铺接触的都是蒙古族，只使用蒙古语。搬到新村后，只有几户汉族，见面说汉语，有时也说蒙古语，但与外界接触频繁，使用汉语的机会明显增加了。一位42岁蒙古族男性2009年从科左中旗七家子嘎查搬到移民新村后，以开出租车为生。他小时候上蒙古语授课学校，11岁辍学，在以前居住地主要使用蒙古语，搬到移民新村开出租后学会了一些汉语。客人中既有蒙古族也有汉族，他经常转换使用蒙古语和汉语，"遇到其他民族客人也只能对付着说点儿汉语"。

六、结　语

搬迁前，白音珠日河生态移民村村民大多住在草原牧铺，邻里之间相距较远，蒙古语是家庭主要交际语。搬迁后，邻居多数是蒙古族，蒙古语是村内主要交际用语。多数调查对象是蒙汉双语人，蒙古语听说能力相当，普通话和汉语方言的输入程度高于输出程度；掌握汉文的人数多于蒙古文，两种文字的输入程度均高于输出程度。多数调查对象从小在家庭场域中习得蒙古语，通过学校教育掌握汉语文和蒙古文，通过社会交往掌握汉语方言。调查对象积极学习和使用普通话，实用性是其学习的主要动机；学习和使用普通话的主要困难是蒙古语影响和缺乏语言环境。普通话已进入家庭场域，调查对象与长辈的语言使用同质性较高，多为蒙古语单语或兼用普通话；部分调查对象与同辈和晚辈除使用蒙古语外，有时也使用普通话。在社会场域，调查对象主要使用蒙古语和普通话，有时使用汉语方言；与蒙古族交际主要使用蒙古语，跟其他民族交流主要使用普通话或汉语方言。调查对象主要接触蒙古语和普通话媒体，浏览汉语文网站或网页。语言态度方面，调查对象对普通话和汉文社会地位评价最高，其次是英语文和蒙古语文；对蒙古语的实用功能评价最高，其次是汉语和英语；对普通话和汉文的发展前景期望度最高，其次是蒙古语文和英语文。绝大多数调查对象赞成当地开播蒙古语广播和电视节目；希望后代在低学段主要学习和使用蒙古语，高学段主要学习和使用普通话。多数调查对象赞成现行的双语教育措施，部分人希望政府在不同方面发展蒙古语文。

生活条件的改善和生产生活方式的变化是影响移民满意度的主要因素。相较于原居住地，现居住地在居住环境、交通出行、看病就医、子女上学等方面均有较大优势，也能基本满足小规模农牧生产的需求。生产生活方式的改变以及相应的收入变化是调查对象面临的主要问题。适应能力较强的家庭通过将牲畜分时令交由他人代牧或舍饲等方式调整客观条件变化带来的影响，有些家庭还能发展新的经济来源。适应能力一般的家庭因缺乏青壮年劳动力、暂未适应生产生活方式转变等原因，面临收入下降的问题。换言之，面临生产生活方式的转变，部分人已经或局部实现了社会身份的转变，部分人尚未适应社会身份的转变。一些调查对象希望政府能加大引导力度，帮助解决搬迁后收入降低的难题。多数调查对象认为搬迁前后蒙古语的使用没有受到影响，部分调查对象分别增加了蒙古语或汉语使用的需求。

科左中旗新农村示范点那仁嘎查的语言生活

王远新

【摘要】 少数民族地区新农村建设是我国乡村振兴的重要组成部分，不仅涉及建设美丽家园、农牧民安居乐业，还涉及精神文化建设、农牧民健康和谐语言生活的建构。通辽市科左中旗新农村示范点那仁嘎查蒙古族高度聚居，蒙古语是村民的主要交际语，村内少数汉族也不同程度掌握蒙古语。调查表明，村民语言兼用现象普遍、语码转换成为常态，语言使用存在场域差异，普通话是不同民族的主要族际交际语，且进入家庭场域。村民语言态度兼容并包，族际通婚态度开放。

【关键词】 新农村建设，语言生活，语言态度

为实现乡村振兴，与全国农村地区同步，少数民族地区也加快了新农村建设速度。为了解民族地区新农村示范点的语言生活和村民语言文化适应情况，2013 年 7 月，我们在内蒙古自治区通辽市科尔沁左翼中旗（简称“科左中旗”）舍伯吐镇新农村建设示范点那仁嘎查进行了实地调查，本文主要依据入户问卷数据和访谈材料写成。①

一、调查概况

（一）调查点

通辽市位于内蒙古自治区东部，有汉、蒙、满、回等 21 个民族（中共通辽市科尔沁区委地方志编纂委员会 2002：87），其中蒙古族占全市总人口的 46.7%。科左中旗总人口 53.7 万，其中蒙古族 39.5 万人，是全国县级行政区

① 调查员由中央民族大学中国少数民族语言文学学院社会语言学方向 2011 级、2012 级研究生姜昕玫、张月心、孙文虹、朱晓旭、孙睿泽、郑国娟以及文学院本科生桂柳玥和笔者担任。调查得到通辽市公安局、科左中旗那仁嘎查及调查点村民的大力协助，特此致谢。

域蒙古族人口最多的旗县。①

科左中旗舍伯吐镇那仁嘎查是以农业为主、农牧结合的典型蒙古族村，位于舍伯吐镇镇政府所在地西南五公里处，西靠省际大通道。全嘎查共75户320人，除几户汉族和蒙汉通婚家庭外，其余均为蒙古族，蒙古族占总人口的99%（按户主民族成分计，村委会文字材料为“100%蒙古族”）。自2005年起，通过整合新农村、新牧区建设项目，全嘎查的危土房全部改造成为砖瓦房。2012年，由政府补贴资金翻新旧房，改造原有街道、路灯、公厕等，新建了村部、文化活动室、图书室、卫生室、合作社、超市、文化活动广场等；沼气、自来水、太阳能、有线电视、电话及宽带入户率均达到100%。坐落在蒙古包式村委会办公驻地旁、集“硬化、绿化、亮化”为一体的文化广场占地约三百平方米，既建有电子大屏幕，又配有健身器材，极大改善了农牧民的生活和文化活动环境。广场公路旁高大显眼的村名牌楼、平坦笔直的进村公路和贯穿全村的水泥路体现了新农村建设的新面貌；一排排整洁明亮的砖瓦房，一户户宽敞的院落，反映了村民的生活新貌。每到傍晚，能歌善舞的村民都会自发聚集于文化广场载歌载舞、健身玩耍，处处显示着新农村建设的成效。为了提高收入，那仁嘎查大力发展舍饲养牛，截至2012年9月，全嘎查黄牛存栏800头；2011年末，农牧民人均纯收入一万元。改善后的住房条件和生活设施使村民“住得稳”，村民的精神生活和文化活动也得到了丰富。

随着物质生活水平的提高，村民精神面貌也发生了很大变化。2010年，那仁嘎查被评为“通辽市民主法治示范村”“通辽市文明生态示范村”；2011年，被评为“内蒙古自治区文明村”“通辽市民族团结进步示范村”；2012年，成为内蒙古自治区第八次精神文明建设经验交流会参观点；2013年，被授予“全国民主法治示范村”称号。②

（二）调查方法和问卷结构

本研究除采用实地观察和访谈法，主要采用一对一访谈式问卷调查法。问卷由5部分87个单选题和多选题组成，包括调查对象个人及家庭信息，调查对象语言习得、语言能力和使用状况、媒体语言接触、语言文字学习途径和动

① 科左中旗经济和信息化局．科左中旗招商概况［EB/OL］．科左中旗经济和信息化局［2011—10—18］．http：//jjhxxhj. kzzq. gov. cn/Mer chants/ NewsView. asp？NewsID＝28.

② 以上材料和数据由嘎查村委会提供。参见通辽市科左中旗那仁嘎查被授予“全国民主法治示范村”［EB/OL］．内蒙古政府网［2013—05—08］．http：//www. nmg. gov. cn/main/nmg/zfxxgk/jrnmg/msqxdt/2013-05-07/2_ 270712/default. shtml.

机，语言态度、对新农村建设的看法和语言文化适应状况。每题设若干选项或指标，题目、选项或指标相互印证，可通过逻辑分析检验调查对象自报的信度。问题、选项或指标为既定，调查员以访谈方式询问，并依据调查对象的回答在给定范围内圈选或填写选项。为避免遗漏重要信息，题旁留空白、问卷末留日记栏，要求调查员准确记录。问卷完成后，先由调查员检查，再交叉核对，发现问题及时联系调查对象，确保问卷的有效性。除与村干部座谈，个体访谈分两类：一是围绕问卷问题的专题访谈；二是针对相关问题选择合适的受访者做延伸性深度访谈。

（三）抽样及样本构成

依据那仁嘎查的人口特点，本项调查共抽取 36 个家庭（含蒙汉通婚家庭）作为户访对象，每户选择一位问卷调查对象，获取有效样本 36 个。样本构成见表 1 和表 2。

表 1　性别、民族成分和受教育程度（$n=36$；人/%）

性别		民族成分		受教育程度			
男	女	蒙古族	汉族	没上过学	小学	初中	高中
14/38.9	22/61.1	33/91.7	3/8.3	4/11.1	9/25.0	15/41.7	8/22.2

表 2　年龄和职业（$n=36$；人/%）

年龄段（岁）			职业			
15—34	35—50	51—65	农民	学生	不在业	村干
10/27.8	12/33.3	14/38.9	27/75.0	2/5.6	6/16.7	1/2.8

（四）族际通婚及通婚态度

1. 通婚状况

36 名调查对象中，21 人（58.3%）家庭中有蒙古族和汉族通婚成员。

2. 通婚态度

（1）涉己态度（假设本人与其他民族结婚，您持什么态度）：愿意 18 人（50.0%），无所谓 13 人（36.1%），不愿意 3 人（8.3%），其他想法 1 人（2.8%），无法回答 1 人（2.8%），合计 36 人。

（2）涉他态度（不论家庭中有无族际通婚成员，您持什么态度）：可以接受 17 人（47.2%），应当尊重 10 人（27.8%），应该提倡 9 人（25.0%），不合心意 0 人，合计 36 人。

数据表明，全部调查对象涉他态度积极，86.1%的调查对象涉己态度（含“无所谓”）积极。一位 66 岁蒙古族女性出生于保康镇，因家乡水涝，1961 年搬到舍伯吐镇的那仁嘎查，并嫁给了汉族，她的两个女儿都嫁给了包头市的汉族。她强调：“全国 56 个民族是一个大家庭，应该多和不同民族结婚。”一位 43 岁蒙古族女性嫁给了汉族，觉得日子过得挺好，她的涉己和涉他态度均比较积极。一位 32 岁蒙古族男性表示：“可以接受不同民族通婚，现在蒙古族娶汉族媳妇儿的越来越多了，十个人里有八个娶的都是汉族。”71 岁的汉族男性家是嘎查中为数不多的汉族家庭，以前是东大荒的农民，20 世纪 60 年代在通辽市做过合同工。在他待过的所有地方中，他最喜欢现居住地，“有房子，有地，有广场，路也好”。他家客厅桌上摆放着嘎查颁发的三个奖牌：“好媳妇”“十佳农牧民”“勤劳致富户”。他家庭成员多是汉族，只有儿媳妇是蒙古族，他夸奖儿媳妇勤快能干，认为族际通婚“挺好的”。涉己态度“不愿意”的一位 39 岁蒙古族女性解释：“嫁个蒙古族沟通起来更顺畅，没想过嫁给汉族。”

二、语言习得、学习和语言能力

（一）语言习得和习得环境[①]

1. 语言习得

小时候（上学前或五周岁前）最先学会的语言或方言（可多选）：蒙古语 24 人，普通话 4 人，蒙古语/汉语方言 3 人，汉语方言 2 人，蒙古语/普通话 2 人，蒙古语/普通话/汉语方言 1 人，合计 36 人。分解多选项：蒙古语（30 人

①“普通话”一般指地方普通话和民汉语（带蒙古语特点的普通话），汉语方言指东北官话。

次）>普通话（7人次）>汉语方言（6人次）。

2. 语言习得环境

（1）小时候，父亲与调查对象使用的语言或方言（可多选）：蒙古语24人，普通话5人，蒙古语/汉语方言3人，汉语方言2人，蒙古语/普通话2人，合计36人。分解多选项：蒙古语（29人次）>普通话（7人次）>汉语方言（5人次）。

（2）小时候，母亲与调查对象使用的语言或方言（可多选）：蒙古语24人，普通话5人，蒙古语/汉语方言3人，汉语方言2人，蒙古语/普通话2人，合计36人。分解多选项：蒙古语（29人次）>普通话（7人次）>汉语方言（5人次）。

（3）上小学时，老师用什么语言或方言授课（可多选）：蒙古语/普通话16人，普通话12人，蒙古语3人，汉语方言1人，无此情况4人，合计36人。分解多选项：普通话（28人次）>蒙古语（19人次）>汉语方言（1人次）。

数据表明，第一，30位调查对象（83.3%）从小学会蒙古语；32位上过小学的调查对象中，16人（50.0%）上蒙汉双语班，13人上汉语授课学校（40.6%），3人（9.4%）上蒙古语授课学校；第二，父母与调查对象小时候的语言使用同质性很高，即29人（80.6%）使用蒙古语或蒙古语和汉语（包括普通话和汉语方言），7人使用汉语。

（二）语言文字学习途径①

1. 语言学习途径

（1）蒙古语（可多选）：家人影响15人，家人影响/学校学习12人，社会交往4人，家人影响/社会交往3人，学校学习1人，无此情况1人，合计36人。分解多选项：家人影响（30人次）>学校学习（13人次）>社会交往（7人次）。

（2）普通话（可多选）：学校学习/社会交往10人，学校学习5人，社会交往5人，家人影响/学校学习4人，学校学习/社会交往/媒体影响3人，家人影响/学校学习/社会交往2人，家人影响2人，学校学习/媒体影响1人，家人影响/社会交往1人，社会交往/媒体影响1人，无此情况2人，合计36人。分解多选项：学校学习（25人次）>社会交往（22人次）>家人影响（9

① 包括学过但未学会或掌握程度不高的调查对象；语言学习途径中的“家人影响”指在家庭环境中自然学会，文字学习途径中的“家人影响”指由家人教会；“媒体影响”指看电视、电影或听广播及其他媒体；“在外地”包括在外地上学、当兵、打工等。

人次）>媒体影响（5 人次）。

（3）汉语方言（可多选）：社会交往 21 人，家人影响 5 人，家人影响/社会交往 2 人，家人影响/学校学习/社会交往 1 人，媒体影响 1 人，学校学习/社会交往 1 人，学校学习/媒体影响 1 人，社会交往/媒体影响 1 人，社会交往/在外地 1 人，无此情况 2 人，合计 36 人。分解多选项：社会交往（27 人次）>家人影响（8 人次）>媒体影响 = 学校学习（各 3 人次）>在外地（1 人次）。

2. 文字学习途径

（1）蒙古文（可多选）：学校学习 12 人，家人影响/学校学习 5 人，无此情况 19 人，合计 36 人。分解多选项：学校学习（17 人次）>家人影响（5 人次）。

（2）汉文（可多选）：学校学习 27 人，家人影响/学校学习 2 人，学校学习/社会交往 1 人，家人影响 1 人，其他方式 1 人，无此情况 4 人，合计 36 人。分解多选项：学校学习（30 人次）>家人影响（3 人次）>社会交往 = 其他方式（各 1 人次）。

一位 18 岁蒙古族高中女生刚参加完高考，她介绍："我家里人都是蒙古族，蒙古语都很好，只有我的蒙古语不好。小时候爸妈只教过我一些日常用语，后来上了汉语授课学校，在家学过的蒙古语都忘了。因为我不会蒙古语，家里人和邻居都跟我说汉语。"一位 70 岁汉族男性可以听懂大部分蒙古语，也能用蒙古语交谈。他解释："小时候和蒙古族同学一起念书、一起玩，后来住到了蒙古族村，娶了蒙古族媳妇，自然就学会了蒙古语。"一位 43 岁蒙古族女性在蒙古族聚居村出生，父母都是汉族，从小在家庭环境中学会汉语，因周边没有汉语授课小学，就近上了蒙古语授课小学。登记民族成分时，她没有随父母报汉族，而是报了蒙古族。她与蒙古族交往使用蒙古语，与父母、丈夫、孩子交流使用汉语。这些案例都进一步说明，家庭是后代语言习得的"第一学校"，如果家庭、社区和学校缺乏语言环境，且过了语言学习最佳期，再想学好就很困难。

（三）语言学习动机和困难

（1）学习普通话的目的（分解多选项）：能与更多的人交流（23 人次）>学校或单位要求（13 人次）>从小自然学会（8 人次）>个人兴趣（4 人次）>全国通用语 = 学好普通话有前途（各 3 人次）>工作或外出需要（各 2 人次），无此情况 2 人。

（2）学习普通话的困难（分解多选项）：受蒙古语影响不好改口音（11 人次）>说蒙古语更自然（9 人次）>说蒙古语更容易与当地人沟通（7 人次）>

周围的人不说（3 人次）>受汉语方言影响不好改口音（2 人次）>说汉语方言更容易与当地人沟通（1 人次），没有困难 15 人，无此情况 2 人。

（3）学习蒙古语的目的（分解多选项）：从小自然学会（30 人次）>便于与当地少数民族沟通（8 人次）>生活地区用处广泛（5 人次）>个人兴趣=其他目的（各 1 人次），无此情况 1 人。

数据表明，调查对象主要在家庭和社区环境自然习得蒙古语；学习普通话主要是交际的需要，主要困难是受母语影响不好改口音。

（四）语言能力及语言掌握程度

1. 语言能力

现在能用哪些语言或方言与人交谈（可多选）：蒙古语/普通话/汉语方言 18 人，蒙古语/普通话 12 人，蒙古语/汉语方言 5 人，汉语方言 1 人，合计 36 人。分解多选项：蒙古语（35 人次）>普通话（30 人次）>汉语方言（24 人次）。

2. 语言掌握程度

"听"的前三项指标相加：普通话=汉语方言（各 36 人/100%）>蒙古语（35 人/97.2%）；"说"的前三项指标相加：蒙古语（34 人/94.4%）>普通话（33 人/91.7%）>汉语方言（29 人/80.6%）。总体而言，调查对象三种语言变体的输入程度高于输出程度，具体数据见表 3。

表 3 语言掌握程度（$n=36$；人/%）

指标 \ 语言变体		蒙古语	普通话	汉语方言
听	完全能听懂	28/77.8	30/83.3	26/72.2
	大部分能听懂	5/13.9	3/8.3	7/19.4
	基本能听懂	2/5.6	3/8.3	3/8.3
	能听懂日常用语	0	0	0
	基本听不懂	0	0	0
	完全听不懂	1/2.8	0	0
合计		**36/100**	**36/100**	**36/100**
说	能熟练交谈，没有障碍	27/75.0	20/55.6	16/44.4
	能熟练交谈，个别时候有障碍	3/8.3	6/16.7	5/13.9

续表

指标 \ 语言变体		蒙古语	普通话	汉语方言
说	基本能交谈	4/11.1	7/19.4	8/22.2
	会说日常用语	0	1/2.8	4/11.1
	基本不会说	1/2.8	2/5.6	3/8.3
	完全不会说	1/2.8	0	0
合计		**36/100**	**36/100**	**36/100**

3. 文字掌握程度

“读”的前两项指标相加：汉文（29 人/80.6%）>蒙古文（12 人/33.3%）；“写”的前两项指标相加：汉文（21 人/58.3%）>蒙古文（10 人/27.8%）。总体而言，两种文字输入程度高于输出程度，具体数据见表 4。

表 4 文字掌握程度（n=36；人/%）

指标 \ 文字		蒙古文	汉文
读	能读书看报	11/30.6	21/58.3
	能看懂家信或简单文章	1/2.8	8/22.2
	只能看懂便条或手机短信	2/5.6	2/5.6
	基本看不懂	5/13.9	1/2.8
	完全看不懂	17/47.2	4/11.1
合计		**36/100**	**36/100**
写	能写文章	6/16.7	7/19.4
	能写家信或简单文章	4/11.1	14/38.9
	只能写便条或手机短信	3/8.3	8/22.2
	基本不会写	4/11.1	2/5.6
	完全不会写	19/52.8	5/13.9
合计		**36/100**	**36/100**

三、语言使用现状

（一）家庭场域

1. 与长辈

（1）跟父亲（可多选）：蒙古语16人，普通话6人，蒙古语/汉语方言2人，蒙古语/普通话1人，无此情况11人，合计36人。分解多选项：蒙古语（19人次）>普通话（7人次）>汉语方言（2人次）。

（2）跟母亲（可多选）：蒙古语16人，普通话5人，蒙古语/汉语方言2人，蒙古语/普通话1人，无此情况12人，合计36人。分解多选项：蒙古语（19人次）>普通话（6人次）>汉语方言（2人次）。

2. 与同辈

跟配偶或兄弟姐妹（可多选）：蒙古语20人，普通话6人，蒙古语/普通话5人，蒙古语/汉语方言3人，汉语方言2人，合计36人。分解多选项：蒙古语（28人次）>普通话（11人次）>汉语方言（5人次）。

3. 与晚辈

跟子女（可多选）：蒙古语15人，普通话7人，蒙古语/普通话5人，汉语方言4人，蒙古语/汉语方言2人，无此情况3人，合计36人。分解多选项：蒙古语（22人次）>普通话（12人次）>汉语方言（6人次）。

数据表明，除去无此情况，调查对象与家庭成员主要使用蒙古语单语的排序：与母亲（66.7%）>与父亲（64.0%）>同辈（55.6%）>晚辈（45.5%）；与家庭成员主要使用普通话单语的排序：与父亲（24.0%）>与晚辈（21.2%）>与母亲（20.8%）>与同辈（16.7%）。家庭场域的语言使用存在代际差异，单用蒙古语比例随辈分降低而下降，意味着汉语逐步进入家庭场域。一位35岁蒙古族女性的家庭成员均为蒙古族，全家人的汉语说得都很好。她跟父母、同辈人交流兼用蒙古语和汉语，七岁女儿能听懂一点儿蒙古语，基本不会说，家人与女儿只讲汉语。一位18岁蒙古族女性的父母均为蒙古族，小时候跟父母学过一些蒙古语，入学后上汉语授课学校。她介绍："我现在蒙古语已经说得不好了，多数场合都说汉语。小时候上学觉得蒙古文像虫子，不好看也不想学，后来想学就很难了。有时候想练习一下蒙古语，就和家里人说，说得不好家里人笑话我，慢慢也就不想说了，现在家里人都和我说汉语。"一位56岁蒙古族女性表示："现在说蒙古语的人越来越少了，我的小孙子已经完全不会了，别家的小孩子也一样。”

（二）社会场域

1. 交际场合

（1）去集贸市场买东西（可多选）：蒙古语/普通话 16 人，普通话 10 人，蒙古语/汉语方言 5 人，汉语方言 4 人，蒙古语 1 人，合计 36 人。分解多选项：普通话（26 人次）>蒙古语（22 人次）>汉语方言（9 人次）。

（2）去乡镇政府部门办事（可多选）：蒙古语 10 人，蒙古语/普通话 9 人，普通话 8 人，汉语方言 6 人，蒙古语/汉语方言 2 人，无此情况 1 人，合计 36 人。分解多选项：蒙古语（21 人次）>普通话（17 人次）>汉语方言（8 人次）。

去乡镇政府部门办事使用蒙古语的比例高于去集贸市场买东西，是因为当地不仅蒙古族干部会蒙古语，一些汉族干部也会或者能听懂蒙古语；集贸市场摊主民族成分复杂，调查对象主要与陌生人交谈，因此使用普通话和汉语方言的比例高于前者。一位 28 岁蒙古族男性介绍：“我去政府部门办事时说蒙古语，对方说汉语，双方基本可以听得懂。这边的汉族干部虽然不太会讲蒙古语，但基本能听懂，我们各讲各的，不影响交流。”

2. 交际对象和交际话题

（1）跟本族熟人聊天（可多选）：蒙古语 26 人，普通话 4 人，蒙古语/普通话 4 人，蒙古语/汉语方言 1 人，汉语方言 1 人，合计 36 人。分解多选项：蒙古语（31 人次）>普通话（8 人次）>汉语方言（2 人次）。

（2）跟其他民族熟人聊天（可多选）：普通话 16 人，汉语方言 9 人，蒙古语/普通话 4 人，蒙古语 4 人，蒙古语/汉语方言 3 人，合计 36 人。分解多选项：普通话（20 人次）>汉语方言（12 人次）>蒙古语（11 人次）。

（3）跟陌生人交谈（可多选）：普通话 13 人，汉语方言 8 人，蒙古语/普通话 8 人，蒙古语/汉语方言 5 人，普通话/汉语方言 1 人，蒙古语 1 人，合计 36 人。分解多选项：普通话（22 人次）>蒙古语=汉语方言（各 14 人次）。

（4）跟亲友谈论国家大事（可多选）：蒙古语 21 人，普通话 6 人，汉语方言 4 人，蒙古语/普通话 3 人，蒙古语/汉语方言 2 人，合计 36 人。分解多选项：蒙古语（26 人次）>普通话（9 人次）>汉语方言（6 人次）。

总体而言，蒙古族调查对象跟本民族主要使用蒙古语，跟其他民族主要使用普通话；汉族调查对象主要使用普通话或汉语方言，部分人与蒙古族交流使用蒙古语。一位 53 岁蒙古族男性熟练掌握蒙古语，小学学了两年蒙古文，长期不用已经基本不会了：“我明显感觉身边说蒙古语的人越来越少了，一是我们的下一辈更喜欢说汉语，我的小孙子和别家小孩一样，已经完全不会蒙古语了；二是那些外出学习、工作的蒙古族回来也不说蒙古语，只剩我们留在村子里的人说。”一位66岁蒙古族女性出生于科左中旗保康镇，她表示，过去在保康时，汉族邻居很多，所以小时候跟父母交流兼用蒙古语和汉语。“搬到那仁嘎查后发现，这里的汉族差不多被蒙古族同化了，很多汉族多少都会点儿蒙古语，就是说得笨点，但能听懂，我们跟汉族小孩子说蒙古语他们也能懂”。

（三）节日活动语言使用

（1）在节日活动中，跟本族人使用的语言（可多选）：蒙古语30人，普通话3人，汉语方言3人，合计36人。

（2）在民族节日活动中，跟其他民族使用的语言（可多选）：普通话17人，汉语方言12人，蒙古语/普通话3人，蒙古语2人，蒙古语/汉语方言2人，合计36人。分解多选项：普通话（20人次）>汉语方言（14人次）>蒙古语（7人次）。

在民族节日活动中，调查对象跟本族主要使用蒙古语，跟其他民族主要使用普通话和汉语方言。

（四）媒体语言接触

（1）收看电视节目（可多选）：蒙古语/普通话23人，普通话12人，普通话/汉语方言1人，合计36人。分解多选项：普通话（36人次）>蒙古语（23人次）>汉语方言（1人次）。

（2）收听广播节目（可多选）：蒙古语/普通话6人，普通话6人，蒙古语3人，无此情况21人，合计36人。分解多选项：普通话（12人次）>蒙古语（9人次）。

（3）登录网站或网页（可多选）：汉文14人，蒙古文/汉文3人，无此情况19人，合计36人。分解多选项：汉文（17人次）>蒙古文（3人次）。

全部调查对象均收看普通话电视节目，23位调查对象（63.9%）收看蒙古语电视节目；21位调查对象（58.3%）不听广播，收听广播的调查对象中，12人（33.3%）收听普通话节目，9人（25.0%）收听蒙古语节目；19位调查对象（52.8%）不上网，上网者中，17人（47.2%）登录汉文网站或网页，3人（8.3%）登录蒙古文网站或网页。一位43岁蒙古族男性自学了五线谱，会弹吉他，除蒙古族歌曲，他还会弹唱汉语流行歌曲。问及怎么学会的五线谱，他介绍：“现在网上啥都有啊，不光有谱子，就连练吉他的指法都有。”他平时浏览汉文网页：“我会说蒙古语，可文字看不太明白，就是打开蒙古文网页也看不了。蒙古语是母语，在家庭环境里自然而然就学会了。后来上学读的汉语授课学校，几乎看不懂蒙古文。我的汉文水平还可以，平时经常看一些汉文小说。我很喜欢汉语文，觉得表达得更透彻、更细腻。”一位 32 岁蒙古族女性的蒙古语文水平很高，她用蒙古文发表的作品《草原》《父亲》分获通辽市蒙古语广播优秀散文一等奖和二等奖。谈及蒙古文创作，她无奈地说：“现在要带孩子，连听广播的时间都没有，哪有时间写文章啊！”

四、语言态度和新农村建设满意度

（一）语言社会地位评价

1. 语言文字有用度

调查对象自报相关语言和方言“很有用”的排序：普通话>英语>蒙古语>汉语方言，前两项指标合计：普通话>蒙古语>汉语方言=英语；相关文字“很有用”的排序：汉文>英文>蒙古文，前两项指标合计：汉文>蒙古文>英文。具体数据见表 5。

表 5　语言文字有用度（n=36；人/%）

指标 \ 语言文字		蒙古语 蒙古文	普通话 汉文	汉语方言	英语 英文
语言评价	很有用	26/72.2	36/100	15/41.7	29/80.6
语言评价	对一部分人或在一定范围有用	7/19.4	0	17/47.2	3/8.3
语言评价	没有用	2/5.6	0	4/11.1	4/11.1
语言评价	无法回答	1/2.8	0	0	0
合计		**36/100**	**36/100**	**36/100**	**36/100**
文字评价	很有用	27/75.0	36/100		31/86.1
文字评价	对一部分人或在一定范围有用	7/19.4	0		1/2.8
文字评价	没有用	2/5.6	0		4/11.1
文字评价	无法回答	0	0		
合计		**36/100**	**36/100**		**36/100**

一位70岁汉族男性的两个孙女在北京，一个孙子在广州。他们小时候住在嘎查村时还会蒙古语，现在已经不会了。他表示："孩子们学好汉语，将来到社会上交流更方便，也好找工作。出了内蒙古，蒙古语就用不上了，但在蒙古族地区会蒙古语很方便。"一位55岁蒙古族女性从小学到高中都上汉语授课学校，1984年从科左中旗敖包苏木张家希伯嘎查嫁到那仁嘎查，两个女儿上的也是汉语授课学校，她介绍："两个女儿学的都是英语专业，一个在呼和浩特市上大学，另一个在北京教英语。英语很重要，现在世界多少人在学英语啊，学好英语比别的语言都有前途。我女儿学了英语才能到外面的城市上班。"一位66岁蒙古族女性认为："如果学生毕业后国家能够提供工作机会，学习蒙古语很有用。"

2. 媒体语言使用评价

（1）是否赞成电视节目使用汉语方言：赞成22人，不赞成10人，无所谓4人，合计36人。

（2）是否赞成在本地开播蒙古语广播：赞成32人，不赞成2人，无所谓2人，合计36人。

（3）是否赞成在本地开播蒙古语电视节目：赞成32人，不赞成2人，无所谓2人，合计36人。

61.1%的调查对象赞成电视节目使用汉语方言；88.9%的调查对象赞成在本地开播蒙古语广播和电视节目。

（二）语言实用功能评价

对调查对象比较重要的语言或方言（可多选）：蒙古语/普通话16人，蒙古语/汉语方言7人，普通话5人，蒙古语/普通话/汉语方言3人，汉语方言2人，普通话/汉语方言1人，普通话/英语1人，蒙古语1人，合计36人。分解多选项：蒙古语（27人次）>普通话（26人次）>汉语方言（13人次）>英语（1人次）。

（三）语言文字前景期望度

调查对象对相关语言和方言前景期望度第一项指标排序：普通话>蒙古语=英语>汉语方言，前两项指标合计：英语>蒙古语>普通话>汉语方言；对相关文字前景期望度第一项指标排序：汉文>英文>蒙古文，前两项指标合计：英文>汉文>蒙古文。具体数据见表6。

表 6 语言文字发展前景期望度（$n=36$；人/%）

指标 \ 语言文字		蒙古语蒙古文	普通话汉文	汉语方言	英语英文
语言态度	有很大发展	27/75.0	30/83.3	15/41.7	27/75.0
	在一定范围发展	4/11.1	0	13/36.1	5/13.9
	任其自然发展	5/13.9	6/16.7	8/22.2	4/11.1
	不久将来不再使用	0	0	0	0
	无法回答	0	0	0	0
合计		**36/100**	**36/100**	**36/100**	**36/100**
文字态度	有很大发展	26/72.2	31/86.1		29/80.6
	在一定范围发展	4/11.1	0		3/8.3
	任其自然发展	6/16.7	5/13.9		4/11.1
	不久将来不再使用	0	0		0
	无法回答	0	0		0
合计		**36/100**	**36/100**		**36/100**

近年来，随着教育普及和普通话的推广，嘎查内的语言使用出现了明显的代际差异，蒙古族少年儿童在学校接受普通话教育，回家后跟父母、兄弟姐妹更多使用汉语；年轻人外出打工返乡后也多已转用汉语。不仅蒙古语的使用有式微趋势，懂蒙古文的人也逐渐减少。村委会书记表示，普通话、蒙古语都有用，都应该有很大的发展。英语和通辽汉话也都有各自的价值和发展前景，英语是一种‘时尚文化’，‘地方话也是一种艺术’。”

（四）后代语言教育选择

（1）希望后代上学前最先学会什么语言（可多选）：蒙古语 14 人，蒙古语/普通话 12 人，普通话 5 人，汉语方言 2 人，蒙古语/普通话/英语 2 人，英语 1 人，合计 36 人。分解多选项：蒙古语（28 人次）>普通话（19 人次）>英语（3 人次）>汉语方言（2 人次）。77.8%的调查对象希望后代最先学会蒙古语，52.8%的调查对象希望后代学会普通话。

（2）假如附近有使用不同语言教学的幼儿园，希望后代上什么语言授课的幼儿园（可多选）：普通话 17 人，蒙古语/普通话 7 人，蒙古语 7 人，蒙古语/普通话/英语 4 人，普通话/英语 1 人，合计 36 人。分解多选项：普通话

(29 人次) >蒙古语 (18 人次) >英语 (5 人次。)

(3) 假如附近有使用不同语言教学的小学，希望后代上什么语言授课的小学（可多选）：普通话 15 人，蒙古语/普通话 8 人，蒙古语/普通话/英语 5 人，普通话/英语 5 人，蒙古语 3 人，合计 36 人。分解多选项：普通话（33 人次）>蒙古语（16 人次）>英语（10 人次）。

(4) 假如有使用不同语言教学的中学可供选择，希望后代上什么语言授课的中学（可多选）：普通话/英语 13 人，蒙古语/普通话 9 人，普通话 8 人，蒙古语/普通话/英语 4 人，蒙古语 2 人，合计 36 人。分解多选项：普通话（34 人次）>英语（17 人次）>蒙古语（15 人次）。

(5) 假如有使用不同语言教学的大学可供选择，希望后代上什么语言授课的大学（可多选）：普通话 13 人，普通话/英语 11 人，蒙古语/普通话 6 人，蒙古语/普通话/英语 3 人，普通话/汉语方言 1 人，英语 1 人，无法回答 1 人，合计 36 人。分解多选项：普通话（34 人次）>英语（15 人次）>蒙古语（9 人次）>汉语方言（1 人次）。

表 7　后代择校语言排序（$n=36$）

幼儿园	普通话>蒙古语>英语>汉语方言
小学	普通话>蒙古语>英语
中学	普通话>英语>蒙古语
大学	普通话>英语>蒙古语>汉语方言

舍伯吐镇第一中心小学全部课程用蒙古语授课，一年级开始加授汉语文课；第二中心小学全部课程用汉语授课。除镇第一中心小学的蒙古语学前班外，附近私立蒙古语授课幼儿园很少，每月大约 300 元学费，而且只学汉语文、数学和简单的英语，没有蒙古语文课。那仁嘎查的少年儿童大多就读于汉语授课学校，主要有两方面的原因：一是村里没有蒙古语授课小学，只有私立蒙古族幼儿园。集中办学后，原位于村东南的蒙古族小学十年前已并入五公里外的舍伯吐镇小学。二是蒙汉通婚家庭的孩子大多不会蒙古语，家长更愿意将孩子送到汉语授课学校就读。调查对象对后代接受不同类型语言教育的态度大致可以分为三类：

第一类是希望后代兼通蒙古语和汉语。一位 61 岁蒙古族女性的父亲是汉语老师，她小时候学会蒙古语，一直上汉语授课学校，汉语水平很高，汉字也写得好。她喜欢看历史小说，还能看懂繁体字的书。她表示："你们从那么远的地方来，很辛苦。你们来关心蒙古族的语言，了解我们的生活，我很支持你们。我自己是蒙古族，必须掌握自己民族的语言，我让女儿从小上蒙古语授课学校，希望她能兼通蒙古语和汉语。普通话是全国通用语，走到哪儿都用得上。英语用处更广，掌握了英语就能走出国门，不仅自己能得到发展，对国家也有好处。”一位71岁汉族男性的儿媳妇是蒙古族，孙子在双语授课学前班上学，因为蒙古语授课学校离嘎查太远，暂时还不打算送孙子上蒙古语授课小学。儿媳妇是家中唯一的蒙古族，家中没有蒙古语环境，孙子会的蒙古语不多。不过，他强调：“希望后代能够蒙汉兼通，不见得非要上蒙古语授课学校，学点蒙古语能和蒙古族交流就行。村子里蒙古族多，村口喇叭老放蒙古语，我们都听不懂，孩子听完回家问我们说的啥，我们都不知道。”

第二类是希望后代主要接受汉语教育，蒙古语能交流即可。一位35岁蒙古族女性的女儿在舍伯吐镇小天使私立幼儿园上学，现在只能听懂一些简单的蒙古语，不太会说，她希望女儿小学上汉语授课学校，会说蒙古语日常用语即可。另一位35岁的蒙古族女性介绍，孩子们上幼儿园学的都是汉语，等到上小学自然不愿意学蒙古语文。一位35岁的蒙古族女性有两个孩子，儿子读蒙古语授课学校，女儿上汉语授课学校，她认为：“女儿从小不爱学蒙古语文，在家和父母、弟弟只讲汉语，儿子有兴趣学蒙古语文。我本意是希望孩子们都能掌握蒙古语文，但拿女儿没办法。”一位43岁蒙古族男性小学至中学上的都是汉语授课学校，谈及子女教育，他说：“我就是上的汉语授课学校，孩子当然也是，学习汉语才有竞争力。咱们自己的蒙古语能听明白、会说就行，走出内蒙古就用不上了。”一位32岁蒙古族男性的女儿在舍伯吐镇上汉语授课小学，他说：“我们平时蒙古语和汉语都跟孩子说，两种一起学，蒙古语和汉语都能交流，哪个也不耽误。孩子上学还是要上汉语授课学校，将来到社会上交流方便。”

第三类是只希望后代掌握汉语，是否会蒙古语无所谓。一位32岁蒙古族女性希望孩子小学上汉语授课学校，她解释：“主要是考虑孩子学汉语走哪儿都方便，以后就业面宽。为了孩子学好汉语，我和他爸爸在家尽量说汉语。”一位43岁蒙古族女性认为：“孩子在学校没有必要学蒙古语，在家或者出去玩要学几句，在这边碰上蒙古族邻居不会说蒙古语也不好。”一位31岁蒙古族女性既不希望孩子上蒙古语授课学校，也不希望孩子学会蒙古语日常用语。她说：“咱家蒙古语氛围不浓，孩子以后学好普通话和英语就行了。”

总体而言，那仁嘎查蒙古族的语言态度既开放又包容，几乎无人选择某种语言变体“以后不再使用”的选项，多数调查对象希望蒙古语文发展的同时，更倾向将下一代送到教学资源更好的汉语授课学校。

（五）对语文政策的看法和建议

（1）对当地双语教育措施的看法：赞成33人，无所谓2人，不赞成1人，合计36人。

（2）希望政府采取哪些措施发展蒙古语文（分解多选项）：开办蒙古语广播=开办蒙古语电视节目（各22人次）>在幼儿园实行汉语和蒙古语双语教学（20人次）>在小学实行汉语和蒙古语双语教学=出版蒙古文的报刊和图书=编写蒙古文教材（各18人次）>在中学实行汉语和蒙古语双语教学（14人次）>维持现状（8人次）>其他（1人次），无法回答1人。

（六）对新农村建设的满意度

57.7%的调查对象喜欢改造后的村子，34.6%的调查对象认为“无明显差别”“各有好处”，只有2.8%的调查对象喜欢改造前的村子，4.9%的调查对象选择“无法回答”。

一位56岁蒙古族女性表示：“当然喜欢现在的，大队（行政村）整得可好了，你在街上走走也能看出来，多漂亮！晚上我们还能去广场跳舞扭秧歌，别提多美了！”70岁汉族男性2012年搬到那仁嘎查，他介绍：“我们过去住的都是土房子，和现在的房子没法比，因为政策好、政府扶持才有今天的好日子。”一位43岁蒙古族男性小时候在扎鲁特旗敖宝艾里嘎查生活，他介绍：“小时候在家放牛，经济条件差。后来我到这边打工，成家定居下来。现在生活条件好多了，每年种一季玉米，农闲时帮人干活儿，除了日常生活和供儿子上大学的开支，每年还能有点儿积蓄。”一位61岁的蒙古族女性28岁时从科左中旗公河来苏木嫁到那仁嘎查，她介绍：“丈夫因患脑血栓全身瘫痪，现在国家政策好，政府工作人员很关心我们，常来家里探访，轮椅也是当地残疾人联合会捐赠的，生活挺好的。”一位53岁蒙古族男性家有四个孩子，三个是大学生，他说：“我喜欢改造后的嘎查，但更喜欢将来的，明天更比今天好，我还等着盖楼呢！”

五、结　语

那仁嘎查蒙古族高度聚居，蒙古语是村民的主要交际语，在多种场合被广泛使用；村内有少数汉族，其中多数人不同程度掌握蒙古语。村民语言习得、语言程度、语言使用和语言态度主要有以下四个特点：

第一，蒙古语主要通过家庭环境自然习得。调查表明，家庭是后代语言习得的“第一学校”，如果家庭、社区和学校缺乏某种语言使用环境，过了语言学习最佳期，就难以学好一种新的语言。多数蒙古族调查对象从小在家庭环境、少数在家庭和社会环境中学会蒙古语；多数汉族调查对象从小同时习得蒙古语和汉语（普通话和汉语方言）；蒙古族和汉族父母与调查对象小时候的语言使用同质性很高，其中蒙古族主要使用蒙古语，少数人兼用汉语；汉族主要使用汉语，少数兼用蒙古语。上过小学的调查对象中，50.0%的调查对象上蒙汉双语班，40.6%的调查对象上汉语授课学校，9.4%的调查对象上蒙古语授课学校。上述种种，决定了村内蒙古族和汉族语言掌握和使用的基本格局。

第二，调查对象语言文字掌握的输入程度高于输出程度。多数蒙古族掌握和使用蒙古语，但掌握蒙古文的比例较低，主要原因是调查对象尤其是青年组小学阶段接受蒙古语教育的比例不高，学习蒙古语文的时间较短。调查对象媒体语言接触差异明显：全部调查对象收看普通话电视节目，63.9%的调查对象包括少数汉族调查对象收看蒙古语电视节目；58.3%的调查对象不听广播，25.0%的调查对象收听蒙古语广播；52.8%的调查对象不上网，上网者主要登录汉文网站或网页，个别人登录蒙古文网站或网页。超过六成的调查对象赞成电视节目使用汉语方言；近九成的调查对象赞成在本地开播蒙古语广播和电视节目。

第三，语言兼用现象普遍、语码转换成为常态，语言使用存在场域差异。蒙古语是族内主要交际语，汉语（主要是普通话，其次是汉语方言）是族际交际语。在36名调查对象中，35人（97.2%）为双语或多语人，他们均兼用本族语与普通话或汉语方言，具备不同程度的双语能力。调查对象基本能根据交际对象和交际场合选择和转换语码，以满足多样的交际需求。

在家庭场域及本民族之间的交际场合，蒙古语是主要交际语，具体而言，蒙古语代际传承、使用人数、语言使用域走向、新语域和媒体语言使用等调查数据表明，蒙古语仍有使用活力，但其整体使用场域出现萎缩迹象，即蒙古语的交际功能有式微的趋势。普通话是族际交际工具，其交际功能在非同族交际场合更为突出，且逐渐进入家庭场域。

第四，语言态度兼容并包，族际通婚态度开放。调查对象对普通话和英语社会地位的评价较高，对普通话和汉文有用度评价最高；但在日常生活重要性的评价中，多数调查对象认为蒙古语最重要，希望后代最先学习蒙古语。总体而言，调查对象重视本族语的实用价值，本族语言文化传承意识浓厚；同时，希望普通话、汉语方言、英语均有所发展。上述种种，体现了调查对象兼容并包的语言态度。

族际通婚方面，那仁嘎查虽然是蒙古族高度聚居的行政村，但58.3%的家庭中有蒙古族和汉族通婚成员。全部调查对象族际通婚的涉他态度积极，86.1%的调查对象涉己态度（含“无所谓”）积极，个别中老年调查对象的涉己态度不积极，主要的顾虑是语言交流障碍。

参考文献

中共通辽市科尔沁区委地方志编纂委员会．通辽市志[M]．北京：方志出版社，2002.

伊宁市语言景观的历史变迁

帕尔文·帕尔哈提*

【摘要】以历史图片为依据，在宏观层面展现伊宁市语言景观演变过程的基础上，从微观层面以代表性国营商场“红旗百货商店”和历史商业街区“汉人街”为例，分析伊宁市语言景观百年变化，揭示经济发展、政治和文化变革等因素对语言景观变迁的影响。从宏观视野看，伊宁市语言景观在政治经济制度变革的推动下，由形成期进入发展期，逐渐具备多语化、多模态化、多载体化和受众多元化等特征；从微观角度看，同一语言景观要素在演变和重塑过程中既有保留也有创新。总之，伊宁市的城市发展包括语言景观与时代变革密切相关、相互促进。

【关键词】新疆伊宁市，语言景观，历史变迁，归因分析

语言景观（linguistic landscape）由“公共路牌、广告牌、街名、地名、商铺招牌以及政府建筑的公共标识上的语言共同构成”（Landry，R. and R. Y. Bourhis 1997），它是公共空间中动态发展的语言使用现象，其历史变迁不仅反映一地的语言文字使用史，也是城市发展的外在表征，能够折射地区语言政策、经济水平、文化风貌、治理能力等。本文从历时角度考察伊宁市语言景观的发展特点及形成过程，尝试探讨语言景观与时代之间的印证关系。

一、研究概况

（一）伊宁市概况

伊宁市位于中国新疆西部边陲，是伊犁哈萨克自治州的首府城市和政治、经济、文化、交通中心。历史上，伊犁河谷民族变迁频繁、文化交流密切，战略地位十分重要；近现代，伊宁市是西部地区对外开埠的城市之一，也是中国

---

*帕尔文·帕尔哈提（1997—），女，中央民族大学中国少数民族语言文学学院语言学及应用语言学专业社会语言学方向 2021 级硕士研究生，主要研究社会语言学相关问题。

反抗沙皇俄国侵略的前沿阵地；如今，伊宁市是国家和自治区向西开放的门户以及天山北坡经济带西部中心，紧邻中国西部最大的陆路通商口岸——霍尔果斯口岸。全市总人口达 77.8 万①，生活着汉族、维吾尔族、哈萨克族、回族、蒙古族、锡伯族、乌孜别克族、俄罗斯族等 40 个民族。复杂的历史发展过程在潜移默化中影响着伊宁市语言景观的变迁，探讨这些语言景观与时代的印证关系具有一定研究价值。

（二）调查分析方法

采用历史文献法，查阅史志类文献和国人游记中有关伊宁市的历史记载，广泛搜集各历史时期伊宁市的出版物、文物藏品、旧账单、老票据、广告传单等，提取其中能够反映各历史时期伊宁市用语用文情况的符号，结合语言文字使用规章制度、城市建设规划、政府工作报告等文件，归纳不同时期伊宁市语言景观的发展特点，还原伊宁市语言景观历史演变的轨迹，并探讨其背后的社会动因。

采用定性分析方法，依据年代对图片资料进行分类，细致描写不同历史阶段的语言景观，描写内容包括标牌语码种类、语义内容、呈现形式、功能类型、文字书写形式等方面。

（三）伊宁市语言景观的历史沿革

笔者根据近现代中国社会的历史进程和图片所反映的语言景观实际情况，将伊宁市语言景观的变迁史划分为形成期与发展期。

1. 形成期（1840—1949）

伊宁市古称宁远城，清朝同治年间曾被沙皇俄国作为伊犁的政治、经济中心，直到光绪七年（1881）回归祖国，受清政府统一管辖。在此背景下，晚清宁远城的城市雏形得以初具形态，语言景观也经历了一个从无到有的过程。辛亥革命后，受当时国内外社会环境的影响，有大批俄罗斯商人和手工业者迁入伊宁市，促使俄罗斯文化在 20 世纪三四十年代风靡整座城市。尽管该时期来自外部的一些现代化因素推动了伊宁市的发展，但民众社会生活的变化并不大，语言景观仍处在形成期。

2. 发展期（1949 年至今）

自 1949 年中华人民共和国成立至今，中国社会共经历了四个历史时期，

① 伊宁市 2019 年国民经济与社会发展统计公报．伊宁市人口数据［EB/OL］．红黑人口库［2022—11—21］.https：//www. hongheiku. com/xianjirank/xjxjdiqu/45831. html.

伊宁市语言景观也随之呈现不同的阶段性特征。1949 年至 1956 年是新民主主义社会向社会主义社会过渡时期，第一次全国文字改革会议在此期间召开，简化汉字、“横排横写”等方案开始在全国推行，改变了语言景观中汉字的书写形式。1956 年至 1976 年是社会主义建设的探索和曲折发展期，先后经历了“大跃进”运动、农村人民公社化运动和“文化大革命”等，此时的语言景观符号是伊宁市重要的政治宣传工具，政治类标语大量出现，语言景观的功能类型也渐趋多元；少数民族文字的书写形式也因《维吾尔新文字方案》和《哈萨克新文字方案》的全面推行而发生变化。1978 年后，中国进入改革开放与社会主义现代化建设的新时期，伊宁市优越的边贸地位迅速凸显，被中央定为沿边开放城市，商业语言景观的数量明显增长，标牌语码种类也有所增加。进入 21 世纪后，随着国家“西部大开发”战略的实施和中西亚交流的日益密切，伊宁市政府先后提出将伊宁市建设为“天山北坡西部中心城市”“百万人中心城市”“国际旅游集散中心”，催生城市语言景观新面貌，多模态语言景观应运而生，推动伊宁市语言景观向更加规范化、多语化、多载体化和受众多元化的方向发展。

二、伊宁市语言景观的历史分析

宏观层面详细解读伊宁市语言景观从形成期到发展期的整体演变过程，微观层面对比分析代表性国营商场和历史商业街区的景观要素在不同时期的阶段特征。

（一）宏观分析

1. 语言景观受俄文影响（1840—1949）

同治十年（1871），伊犁河谷沦陷于沙皇俄国之手，宁远城成为其对伊犁实行殖民统治的政治中心，周边其他城则大多遭毁弃。光绪七年（1881）《中俄伊犁条约》签订后，伊犁重回中国版图。沙皇俄国政府在伊犁将军府设置了一块界碑，背面刻有俄国图腾双头鹰及阿拉伯数字“18”，鹰在俄国是勇敢的象征，18 是界碑排序，正面刻有满文，意为“石碑”①。该碑作为如今伊宁市有名的历史遗迹语言景观，铭刻着中华民族反抗外敌入侵的历史。

① 图 1 由笔者 2023 年 2 月在伊犁哈萨克自治州博物馆拍摄。

图 1 清代 18 号界碑

光绪十四年（1888），清政府设伊塔道，治宁远城，“设东、西、南、北四个门。东门名景旭、西门名环滋、南门名嘉会、北门名归极”（日野强著，华立，译 2006：148）。城门命名所选的字眼蕴含中国传统文化内涵，寄寓清政府对兴旺、昌盛、美好的期许。

据外国游记记载，晚清时期的宁远城在外国人眼中是“一座窄又脏、弯弯曲曲的街巷组成的迷宫，……在县城的街道上看到的，不是草泥围墙，就是小店铺”（鲍戈亚夫连斯基著，新疆大学外语系俄语教研室，译 1980：86）。这一描述与图 2（莫理循著，窦坤，等译 2008）至图 4 中的景象确有契合。

图 2 宁远城景象

图 3 1908 年伊宁街景①

图 4 1911 年伊宁市风影像②

图 5（莫理循著，窦坤，等译 2008）中是惠远新城的鼓楼，半空中拉起的横幅用繁体汉字从右往左写着“××酒席”，道路两侧是一个个店铺，将该图放大可见从右往左书写的繁体汉字招牌。图 6 所展示的清末宁远城街巷，也可

① 图 2 和图 3 由笔者 2023 年 2 月在伊犁哈萨克自治州博物馆拍摄。
② 图片源自：https：//tieba. baidu. com/p/2078720328.

见相同形式的文字招牌。

图 5　1910 年惠远新城鼓楼“酒席”

图 6　清末宁远城街巷①

除汉字招牌外，宁远城内俄文招牌也随处可见，大多为俄占时期俄商曾在宁远城开设过的店铺。马达汉在 1907 年途经宁远城时，见城内“马路上都是俄文商号标牌，商店鳞次栉比，非常像俄国的一个小城镇”（马达汉 2004）。图 7 所示的由俄华道胜银行发行的纸币在清末伊犁广泛流通，可折射出当时中俄互商之活跃。

图 7　清末俄华道胜银行发行的纸币②

宁远城内不仅俄商云集，来自津、沪、陕、甘等地的汉族商人也络绎不

① 图片源自微信公众号“伊犁老故事”。
② 图 7 由笔者 2023 年 2 月在伊犁哈萨克自治州博物馆拍摄。

绝，其中“赶大营”的天津杨柳青人数量尤多，他们置地、建房、修庙、办商栈、建会馆，使城内形成一条集中的“汉人街”（当地人俗称）。南边街叫“南叉子”，北边街叫“北叉子”，街两边聚满了津商老字号的商铺、饭馆等，卖香油果子、包子、麻花的天津话吆喝声不绝于耳。在图 8 的道路左侧，依稀可见一些简陋的商业牌匾。

图 8　清末“汉人街”上的京货一条街①

著名的商号有“文丰泰”“同盛和”“兴泰和”“文泰昌”“宝兴厚”“聚兴楼”“恒珍”等，招牌用字透露出老字号创办者对吉祥语的偏好。此外，宁远城内的传统中式酒楼也是一大特色，如著名的“会芳园”和“天福居”。“‘会芳园’饭店的大门挂有‘包办酒席’‘海菜俱全’的招牌，门脑上有红字黄底‘会芳园’三个大字。”（中国人民政治协商会议伊犁哈萨克自治州委员会文史资料研究委员会 1988）

辛亥革命后，伊犁与中国其他省市一同进入新的历史进程。宁远县于 1914 年改称伊宁县，并于 1934 年成为伊犁的政治经济中心。由于受到当时社会环境的影响，民国时期伊犁的城市建设、商业贸易、学校教育和民俗文化等多方面都与苏俄具有密切联系。到 20 世纪 40 年代初，大约已有两万名俄罗斯人定居伊犁，给伊犁的社会文化生态带来了巨大变化。

图 9 中的俄式建筑是 1917 年俄国富商卫勒瓦依所建的华俄道胜银行，门前设有一排俄文，该行发行的纸币票面上印有汉、维吾尔、满、俄、英五种文

① 图 8 源自微信公众号“伊犁老故事”。

字（图7）；图10是中华人民共和国成立前“汉人街”上名气很大的私人饭馆，其牌匾上方是俄文标牌，字母发音“兴华楼”，下方是从右往左书写的汉文繁体“興華樓”。

图9　1917年华俄①道胜银行宁远（伊犁）分局

图10　1932年兴华楼饭店②

① 俄国十月革命后，原先的“俄华”被改为“华俄”。

② 图9、图10均源自微信公众号“伊犁老故事”。

图 11 中的建筑是位于“汉人街”的乌孜别克俱乐部，该俱乐部由政府出资修建，极具俄罗斯风格，顶部中央分别有繁体汉字、维吾尔老文字和俄文；两侧还有数字“1938. 8. 1”“1940. 5. 1”，表示俱乐部建设工期的起止时间点。

图 11　1940 年乌孜别克俱乐部

六星街作为这一时期修建的一条历史街道，也充满俄罗斯风情。其设计理念源自当时新疆省政府推行的“反帝、亲苏、民平、和平、建设、清廉”的六大政策。街道内住有汉、哈萨克、回、维吾尔、俄罗斯、塔塔尔等七八个民族的居民，修建了当时新疆最大的东正教堂“圣尼克莱东正教堂”（图 12、13）和俄罗斯族墓园。教堂大门口标有俄文和拜占庭十字架，园内俄文墓碑林立，埋葬着不同时期在伊宁市生活过的俄罗斯族居民和数名在三区革命中牺牲的苏联红军。

图 12、图 13　六星街内的东正教堂①

① 图 11、图 12、图 13 均源自微信公众号“伊犁老故事”。

除城市建设外，民国时期伊犁的文教事业也呈现新特点。如《伊犁新疆日报》除汉、维吾尔文版外，“由于伊犁民众文化水准较高，报纸内容亦较好，且有俄文报一份，供归化俄阅览”（吴蔼宸 2010）。同时，伊犁政府注重各族人民的教育，兴办新式学校，据 1935 年的一份政府档案统计，此时伊犁共有学校 320 所，其中维吾尔族和塔塔尔族混合学校 167 所，哈萨克族和柯尔克孜族混合学校 100 所，俄罗斯人学校 15 所，汉族学校 14 所，其他还有蒙古、锡伯、索伦（达斡尔）、回、塔塔尔、乌孜别克等族学校（安凌 2013）。图 14 所示的是 1936 年伊犁中学的竣工日，楼房中间塔楼上挂有盛世才、新疆省主席李溶和副主席合加尼牙孜的画像，下方横标上写有文字“新疆省政府伟大领袖盛督办主席 副主席万岁 位于今七中”。这些语言景观印证了当时政府对兴办学校、加大教育投入等措施的落实。

图 14　1936 年伊犁中学竣工日①

不仅如此，新疆省政府重视工业。在政策支持下，伊犁的工业有了循序渐进的发展，并在 20 世纪三四十年代取得了一些可喜的成绩。图 15 是 1936 年伊犁区电灯厂和面粉厂楼房竣工庆典日的画面，图中有两条从右往左书写的横幅标语，分别是“谨向帮助我们建设新新疆的苏联专家们致诚恳的谢忱 ”和“拥护执行省政府政策的伊犁区领导者邱司令 陈行政长 吐副行政长万岁”，楼顶上还挂有三人的画像。从该标语中可知，伊犁政府积极响应并落实了各类政

① 图 14、图 15 均源自微信公众号“伊犁老故事”。

策以推进工业的发展。

图 15　1936 年伊犁区电灯厂和面粉厂竣工日

纵观伊宁市语言景观的形成期发现，随着城市社会功能的日益完善，语言景观的可见度逐渐提高。在俄商和内地商人涌入的现实背景下，伊宁市语言景观除繁体汉字和维吾尔老文字外还有俄文，印证了当时多语文兼用的历史环境。此外，相比晚清时期，民国时期的标牌样式不再单一，牌匾规模扩大，内容增加，固定性也更强，还出现了政治性横幅标语和领导人画像。这些语言景观的形成与政治、经济、文化等社会因素密切相关，成为伊犁多民族聚居、多元文化交汇和城市起步建设的历史缩影。

2. 汉文书写形式转变，用文规范建立（1949—1956）

中华人民共和国成立后，汉字书写习惯和少数民族语言文字使用发生了变化。郭沫若、陈嘉庚等学者在中华人民共和国成立之初先后向国家提出汉字“横行”书写的建议，使汉字书写顺序由“从右往左”变成“从左往右”；《汉字简化方案》（1956）公布后，简体字替代了繁体字。与此同时，随着 1954 年伊犁哈萨克自治州成立，州政府确立了使用哈萨克文、汉文和维吾尔文行文的社会用字规范，哈萨克文遂在伊宁市内普遍出现。如图 16 中“伊犁饭店”的招牌，同时使用了简体汉字和哈萨克老文字。1956 年初，全国范围内出现社会主义改造高潮，资本主义工商业实现全行业公私合营，伊宁市的商业语言景观也随之发生变化。如图 17 中的建新榨油厂正在悬挂添加“公私合营”字样后的新厂标。像这样在公私合营热潮下变更招牌的企业、店铺还有很多，如昆仑印刷厂在与伊犁日报社合营后，改称“公私合营伊宁市昆仑印刷厂”，又如上文提到的“兴华楼”饭店也在这一时期转为“伊宁市国营第二食堂”。

图 16　1955 年伊犁饭店①

图 17　1956 年伊宁市公私合营建新榨油厂②

3. 少数民族文字书写形式转变，政治类语言景观凸显（1956—1976）

1964 年经国务院批准，《维吾尔新文字方案》和《哈萨克新文字方案》在新疆进入全面推行阶段。1973 年 8 月起，伊宁市全市机关、厂矿和学校推广使用维吾尔新文字（伊宁市志编委会 2002）。图 18 是 1968 年悬挂于解放路市政府大楼立柱上的三块牌匾，每块牌匾的左侧为维吾尔新文字，右侧为简体汉字。图 19 是 1966 年伊犁州革命委员会楼门上的文字，在繁体汉字“革命委员会好”上方有对应的哈萨克新文字，最上方还写着“中国共产党万岁 伟大的领袖毛主席万岁”。诸如此类的政治类标语在 20 世纪六七十年代十分常见，如图 20 至图 24 所示。“敬祝毛主席万寿无疆”“认真看书学习，弄通马克思主义”“向雷锋同志学习”等口号类标语带有显著宣传性和号召性，向民众传达着官方政治导向，是一种经济、有效的宣传方式。

① 图 16 源自微信公众号“伊犁老故事”。

② 图 17 由笔者 2023 年 2 月在伊犁哈萨克自治州博物馆拍摄。

图 18 1968 年政府大楼①

图 19 1966 年革命委员会

图 20 1970 年毛纺厂纺纱车间

图 21 1968 年宣传栏

图 22 1970 年毛著经验交流会

① 图 18 至图 39 均源自微信公众号“伊犁老故事”。

图 23　1976 年一场庆祝大会

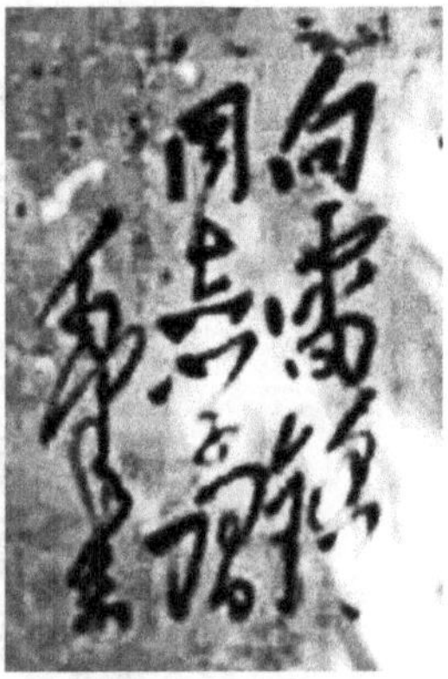

图 24　墙壁涂鸦

20 世纪 50—70 年代，在中国共产党的领导下，伊宁市无论在工业、商业、医疗卫生事业还是文教娱乐事业上，都比上一时期有了更快的发展，这一点从以下不同场域的语言景观中可窥见一二。

图 25　1972 年伊犁铁矿

图 26　1959 年伊犁毛纺织厂

图 27　1973 年伊犁州制药厂

图 28　1964 年伊宁红旗商店

图 29　1976 年花城商场

图 30　1969 年伊宁卫生学校

图 31　1959 年
联合医院

图 32　1966 年伊犁反修医院

图 33　1965 年
伊犁垦区医院

图 34　1959 年伊犁州展览馆

图 35　1965 年人民电影院

图 36　1964 年新华书店

图 37　1977 年伊犁剧院

图 38　1976 年人民电影院

图 39　1962 年伊犁垦区绿洲剧院

总体而言，这一时期伊宁市语言景观体现了我国语言文字使用历程中的重要转变，无论是语言景观的内容还是载体都有了较大发展。从内容上看，信息呈现量增多，语码种类增加，除繁体、简体汉字和维吾尔老文字外，又出现了哈萨克新文字和老文字（哈萨克文多见于州级行政单位牌匾，代表官方用文）；俄文则因 20 世纪 60 年代中苏关系的恶化淡出公共场合，这也从侧面反映出政治时局的变化。同时，政治类标语大量增加，一方面发挥信息传递功能，另一方面起到直接有力的号召作用，是实现民众政治动员和行为导向的有效工具。从形式上看，语言景观的载体日渐丰富，除常见的横幅和传统牌匾外，还出现了竖幅（图 28、图 32、图 35）、宣传栏（图 35、图 39）、画报（图 35）、大字牌（图 39，牌上写着“我们一定要高举毛主席树立的大庆红旗!”）和墙壁涂鸦（图 24）等。此外，这一时期语言景观的字体类型也趋于多样化，有楷体、黑体、行书和草书，分别象征标牌创设者不同的情感表达。

4. 标牌用文规范化，多语商业语言景观出现（1978—2000）

1982 年，新疆维吾尔自治区人民政府重新做出了“全面使用维吾尔、哈萨克老文字”的决定，图 40 和图 41 印证了这一政策带来的转变。图 40 是 1979 年的一张商业统一发票，此时票面上仍使用维吾尔新文字，而 1985 年印发的肉票（图 41），票面已完全改用维吾尔老文字。

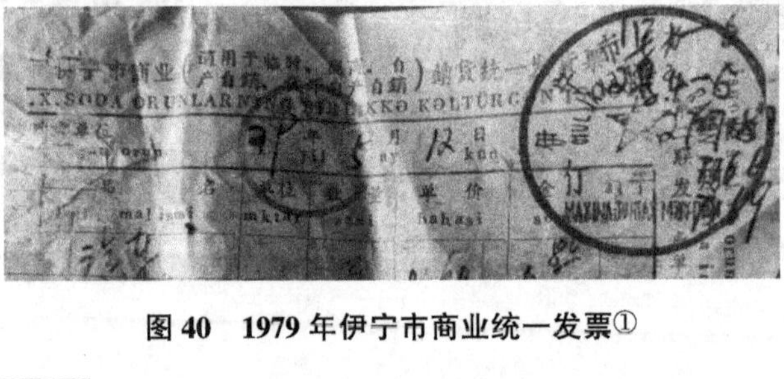

图 40　1979 年伊宁市商业统一发票①

① 图片源自：https：//www. 7788. com/pr/detail_ 645_ 89340809. html.

图 41　1985 年伊宁市肉票

1993 年，新疆颁布实施《新疆维吾尔自治区语言文字工作条例》，对社会用字的使用和管理提出要求，从政策法规层面规范了伊宁市的各类语言标牌。从图 42 和图 43 中可以看出，党委部门及隶属单位的牌匾使用白底红字，而政府机关及隶属单位的牌匾则使用白底黑字。

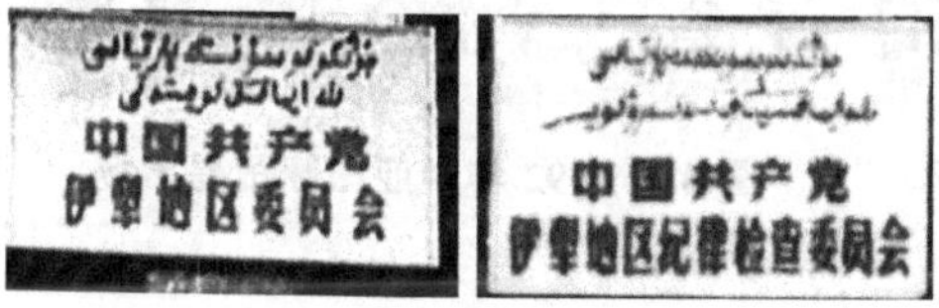

图 42　1990 年党委大楼门前的牌匾

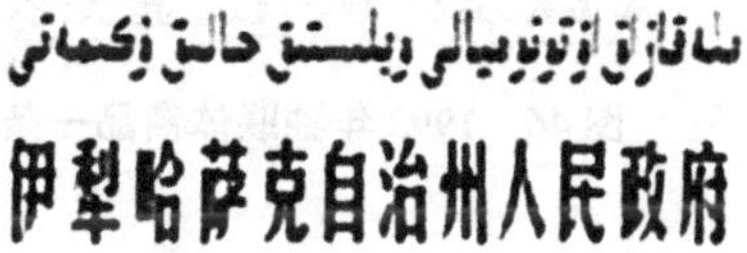

图 43　1994 年州人民政府的牌匾①

随着改革开放大浪潮的不断推进，霍尔果斯口岸于 1983 年恢复开放，促进了边境贸易发展。图 44 是 1996 年霍尔果斯口岸边民互市的忙碌场景，墙壁上写着“愿中哈两国人民友谊长存”。图 45 是 1999 年伊犁中亚投资贸易洽谈会的现场，标牌上共出现汉文、哈萨克文、俄文和英文四种语码，两侧分别还写有“让伊犁走向世界”“让世界了解伊犁”的大字。这一时期，哈萨克斯坦、吉尔吉斯斯坦等中亚国家的经商者和旅游购物团频繁来伊洽谈生意或消费，使得伊宁市新增了不少外贸市场，如图 46 设有汉、维吾尔双文的“伊宁市独联体商品一条街”以及图 47 的中亚国际贸易市场。

① 图 41 至图 43 均源自微信公众号“伊犁老故事”。

图 44 1996 年口岸边民互市场景①

图 45 1999 年伊犁中亚投资贸易洽谈会现场

图 46 1993 年独联体商品一条街②

图 47 1992 年中亚国际贸易市场

与此同时，伊宁边境经济合作区（简称“边合区”）于 1992 年经国务院批准设立，成为伊宁市对外开放的重要窗口。从图 48 可以看到，1995 年时边合区已渐成规模，图片中间的建筑是合作区商业城。图 49 是 1995 年边合区北京路口的服装厂厂标，该服装厂自 1990 年起就与哈萨克斯坦服装厂联营，“КИТ”是“凯伊塔”三字的俄文首字母缩写。图 50 是 1997 年边合区主入口门廊新添的大型牌匾，使用简体汉字和汉语拼音，下方写着“坚持改革开放，加快伊宁建设步伐，共同迈向 21 世纪”，呼应了自治区“外引内联，东进西出，全方位开放向西倾斜”的战略方针。

图 48 1995 年边合区

图 49 1995 年边合区内服装厂

图 50 1997 年边合区入口

除边合区大有发展外，这一时期老城区内的商场、店铺、企业等数量也明

① 图片源自：http：//xjtp. ts. cn/.

② 图 45 至图 64 均源自微信公众号“伊犁老故事”。

显增加，商业类语言景观数量随之增多，且规模逐渐扩大，部分标牌图文并茂，兼具实用性与观赏性。图 53 是 1993 年的红旗商业大厦，它最初名为“红旗百货商店”，1964 年改为“伊宁红旗商店”，直到 1993 年再次更名为“红旗商业大厦”，两次更名折射出其商业规模的扩张。图 55、图 58 至图 60 的商业牌匾都印有英文，俄文也随着中苏关系的缓和重新出现在伊宁市，如图 61 和图 62，这是 20 世纪末伊宁市语言景观的另一大变化。此外，一些店铺招牌上还出现了商业图标和艺术字体，标牌观赏性进一步提升，见图 63 和图 64。

图 51　1985 年民族贸易商城

图 52　1999 年弘扬广场

图 53　1993 年红旗商业大厦

图 54　1998 年塔西来普开工业品市场

图 55　1996 年德隆畜牧公司

图 56　1999 年阳光时代

图 57　1992 年伊犁经贸大厦

图 58　1998 年毛麻纺织公司

图 59　1992 年伊犁宾馆

图 60　1998 年伊犁国际旅行社

图 61　1993 年青年街市场

图 62　1985 年俄罗斯学校

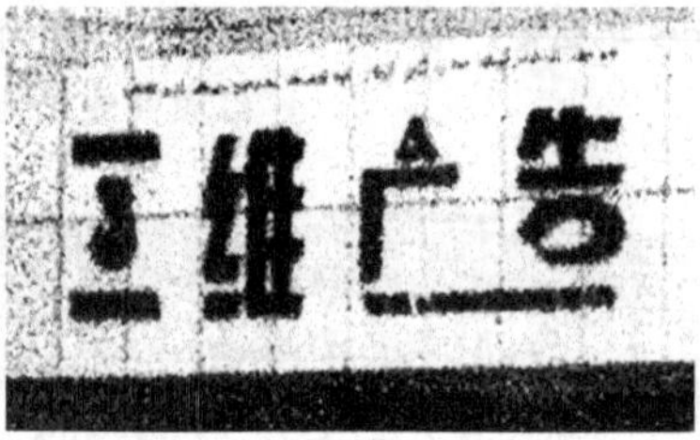

图 63　1999 年三维广告工作室

图 64　1992 年伊犁师范学院图片社

由上可见，在官方语言政策的相继出台和约束下，这一时期语言景观的内容和形式设计都趋于规范、成熟。官方语言景观的用语用文在相当程度上体现官方意志、折射时局变动；私人语言景观则以商业标牌为主，其设计更多是综合考量审美、性价比、消费者喜好等多种因素的结果。

5. 多模态语言景观共存（2000 年至今）

21 世纪以来，国家“西部大开发”“一带一路”等重要战略部署推进伊宁市经济蓬勃发展，市政府明确“旅游兴市”的发展理念，将旅游业作为市域经济支柱产业，加大投资建设力度，打造喀赞其民俗文化体验区、伊犁河生态文化休闲区、伊宁市俄罗斯风情主题旅游休闲街区和火车站片区中亚之门等大型景区。伊宁市旅游场域内的语言景观也在此过程中发生诸多变化，如图 65 是 2008 年的喀赞其民俗旅游区，此时标牌使用的是汉文和维吾尔文，如今该标牌已被图66中的汉文和英文标牌替代。图67、图68分别是中亚之门景区和六星街景区入口的牌匾，用文同样是汉文和英文。图69是伊宁市景区内的三处标牌，分别发挥提示警示、导向指示和场所标识功能，使用的语码有汉文、英文和俄罗斯文。这些变化反映出21世纪以来英语的广泛传播及其日渐显著的影响力。

图65　2008年的喀赞其民俗旅游区①

图66　如今的喀赞其民俗旅游区

图67　如今的中亚之门景区入口

图68　如今的六星街景区入口

图69　伊宁市景区内的语言景观

此外，如今的景区内还能见到不少动态的、临时性的语言景观，如图70中的公路咖啡车，每天只在固定时间驶入景区营业；又如图71、图72中的各色花灯和诗句LED灯牌，也是仅在特定节日才会出现的临时性景观，花灯上写有古代文化常识、地方历史、名言警句、诗词歌赋、社会主义核心价值观等

① 图65至图72为笔者在伊宁市拍摄，其中图65拍摄于2008年6月，图66、图67、图69、图70拍摄于2022年7月，图68、图71、图72拍摄于2023年1月。

丰富多样的信息，一方面以寓教于乐的形式潜移默化地提升市民的文化素养，另一方面也对推进城市精神文明建设有所裨益。

图 70　公路咖啡

图 71　元宵节花灯展

图 72　诗句 Led 灯牌

综上可见，进入新时代后伊宁市的语言景观语码多样、形态各异，呈现出多模态化、多载体化和受众多元化等特征，大大增添了城市的整体活力，使新时期的伊宁市语言景观建设步入又一新阶段。

（二）微观分析

1. 国营商场语言景观

如今位于伊宁市斯大林路东端南侧路口的新红旗商城，其前身是始建于1959 年的红旗大楼。彼时的红旗大楼叫“红旗百货商店”，是伊犁河谷最大的国营商贸中心，如图 73 所示。大楼的设计采用三层砖木结构，是典型的俄罗斯建筑风格；牌匾使用的是中文简体形式，字体为方正瘦细的仿宋体。

图 73　1959 年刚建成时的“红旗百货商店”①

图 74 是于 1965 年拍摄的红旗大楼全貌，此时商店已被更名为“伊宁红旗商店”，字体改为繁体行楷，且大楼顶部新增了对应的维吾尔文。大楼外墙上挂有一条用“汉文繁体+维吾尔新文字”书写的周年庆横幅，内容是“庆祝建

① 图 73 至图 76 均源自微信公众号“伊犁老故事”。

国十六周年和自治区成立十周年”。此外还可见若干政治竖幅和标语口号，内容包括“反对××主义”“勤俭节约”“艰苦奋斗”等，体现出政治因素对语言景观的影响。

图 74 1965 年更名为“伊宁红旗商店”

为扩大经营规模，红旗大楼于 1992 年翻新重建，由“商店”更名为“商业大厦”，成为一座综合性商场。如图 75 所示，六个繁体汉字呈竖排置放，象征财富的金色与深绿色背景形成醒目的明暗对比，牌匾选材也较之前更具质感。

进入 21 世纪后，随着社会经济的发展和城市化进程的加快，新兴商场在伊宁市不断涌现，红旗商业大厦因业态老化而逐渐失去竞争力，转型成为百货批发市场，更名为“新红旗商城”，如图 76 所示。

图 75 1992 年更名为“红旗商业大厦”

图 76 2008 年更名为“新红旗商城”

时至今日，“新红旗商城”这一名称依然未变，但汉文牌匾上方又增加了一行维吾尔文。商城内的绝大部分店铺，也都使用“汉文+维吾尔文”形式的双语标牌（图 77）。

历经数次改建的红旗大楼，其属名“红旗”始终未变，而通名从最初的

“商店”改为“商业大厦”，进而变为如今的“商城”，折射出伊宁市现代商业经济的发展和人们消费能力的提升；从汉文单语招牌到“汉维”双语招牌，语码使用的变化反映出伊宁市用字环境的日益规范化与便利化。

图 77　如今的“新红旗商城”①

2. 历史商业街区语言景观

在伊宁市新华东路和胜利路交界处，有一条已有百余年历史的商业街区，当地人俗称“汉人街”。早在 1876 年左宗棠率军西征之际，就有大批天津杨柳青人作为后勤供应商，随军来到宁远城，在城东门外的一片郊区安营扎寨、从事商贸活动，并吸引越来越多汉族商人前来定居、经商，人数一度超过 3000 人，历史街区“汉人街”由此得名并盛极一时。

图 78　“汉人街”天津人的店铺旧址

图 79　著名商号“文丰泰”旧址

改革开放后，由于城区改造、经济中心转移等原因，“汉人街”的商铺、旧宅等大多被拆，杨柳青人的后裔也因上学、工作等原因陆续迁离“汉人街”，街区内仅留下土生土长的本地人。图 80 和图 81 是 20 世纪七八十年代

① 由笔者 2022 年 7 月在伊宁市拍摄。

“汉人街”的商贸场景，商贩多为维吾尔族手工业者，没有铺面、招牌，均在路边摆摊推车卖货。

图 80　1970s“汉人街”的“马路市场”①

图 81　1980s“汉人街”的后滩巴扎

直到 1984 年，“汉人街”有了一座专门经营维吾尔族特色用品的大型市场，即图 82 中的塔西来甫开工业品市场。该市场的建成，为摆摊的个体商贩提供了规范的销售空间，也进一步改善了“汉人街”的街容街貌。

图 82　1984 年建成的塔西来甫开工业品市场

随着“汉人街”商户和经营品类的不断增加，单一的工业品市场已不再能满足市场贸易需求。经科学规划布局，政府于 2016 年依法拆除塔西来甫开工业品市场，并在原址上新建“伊犁大巴扎”（“巴扎”为维吾尔语“集市”的音译），原来“塔西来甫开”这一名称以维吾尔文形式保留在新的商场标识上，如图 83 所示。此后几年中，“汉人街大巴扎”“汉人街大巴扎购物街”“汉人街美食大巴扎”等多座商贸城（图 84 至图 86）也在“汉人街”接连建

① 图 80、图 82 均源自微信公众号“伊犁老故事”。

成，大量流动商户搬入其中，经营少数民族特色美食、土特产杂货和民族手工艺品等，既提升了经营档次，也方便了居民游客。

图 83　2016 年新建的伊犁大巴扎①

图 84　新建的“汉人街大巴扎”

图 85　新建的“汉人街大巴扎购物街”

图 86　新建的“汉人街美食大巴扎”

在“汉人街美食大巴扎”入口处，张贴有一幅图文并茂的大型宣传海报（图 87），标题为“伊犁汉人街故事”，详细介绍了“汉人街”的历史由来和发展变迁，配图是“汉人街”的若干老照片，游客一读便可解开有关“汉人街为何无汉人”的疑惑。

图 87　“汉人街美食大巴扎”入口的海报②

① 图 83 至图 86 由笔者 2023 年 1 月在伊宁市拍摄。

② 图片源自微信公众号“超爱玩的糖”。

在兴建商圈、传承维吾尔族“巴扎”文化的同时，市政府也顺应新时代“文旅融合”趋势，利用“汉人街”多元民族文化聚集的区位优势，于2017年正式打造伊犁老城喀赞其民俗旅游区（图88），此时的景区标识为“汉文+维吾尔文”形式。2021年，为创建国家5A级景区项目，市政府再次升级改造喀赞其，在建筑颜色上突出展现“伊宁蓝”，并将标识改为“汉文+英文+图案”的形式，如图89所示。作为一种现代化和全球化的景观表征，英文标识的增加说明了“汉人街”因受旅游业影响而发生的景观变迁。

图88 2017年建成的喀赞其民俗旅游区①

图89 2021年的喀赞其民俗旅游区

从百年前文字招牌寥寥无几的一条泥泞土路，到如今双语标牌林立的规范化商圈和国家级旅游景区，“汉人街”语言景观的历史变迁一方面反映了城市治理的进步，另一方面也真实记录了天津杨柳青文化和维吾尔“巴扎”文化的发展历程，成为“汉人街”人文地理空间变迁的时代记忆。

三、结 语

历史语言景观是城市的回忆，记载着城市的历史文脉与传承，展示着城市深厚的阅历和独特的个性价值。本文通过定性分析各历史阶段的伊宁老照片，对伊宁市公共空间语言文字使用情况的发展演变做了尝试性探究，认为伊宁市语言景观的发展是一个渐进的过程，官方意志下的语言政策、社会经济发展兴起的商业浪潮、文化情感与价值观的认同等多因素交织在一起，影响并重塑了语言景观的形态，进而推动了伊宁市语言生态的发展。可以说，语言景观是伊

① 图88、图89均源自百度百科。

宁市政治、经济、文化百年变迁史的缩影，也是其语言文字使用的发展史。

参考文献

[1] 安凌. 民国时期新疆伊犁地区新文化的传播和现代国民意识的确立[J]. 中国现代文学研究丛刊，2013（9）.

[2]（俄）鲍戈亚夫连斯基. 长城外的中国西部地区[M]. 新疆大学外语系俄语教研室，译. 北京：商务印书馆，1980.

[3] 郭小英. 清末民国时期国人游记中的伊犁社会[D]. 新疆师范大学硕士学位论文，2019.

[4] 李永斌. 西藏文化的多元变迁研究——基于拉萨市语言景观的历时调查[J]. 西藏大学学报（社会科学版），2020（3）.

[5]（芬）马达汉. 马达汉西域考察日记（1906—1908）[M]. 王家骥，译. 北京：中国民族摄影艺术出版社，2004.

[6]（澳）莫理循. 1910 莫理循中国西北行（下册）[M]. 窦坤，海伦，编译. 福州：福建教育出版社，2008.

[7] 彭国跃. 上海南京路上语言景观的百年变迁——历史社会语言学个案研究[J]. 中国社会语言学，2015（1）.

[8]（日）日野强. 伊犁纪行[M]. 华立，译. 哈尔滨：黑龙江教育出版社，2006.

[9] 王萍. 论空间维度下语言景观的历史变迁[J]. 求索，2013（6）.

[10] 吴蔼宸. 边城蒙难记[M]. 田杉，整理. 乌鲁木齐：新疆人民出版社，2010.

[11] 伊宁市志编委会. 伊宁市志[M]. 乌鲁木齐：新疆人民出版社，2002.

[12] 张文亚. 清代伊犁社会经济研究[D]. 西北师范大学博士学位论文，2009.

[13] 赵述娟. 清至民国时期伊犁城市景观变迁研究[D]. 西北师范大学硕士学位论文，2022.

[14] 中国人民政治协商会议伊犁哈萨克自治州委员会文史资料研究委员会. 伊犁文史资料第 4 辑[G]. 伊宁：伊犁日报社，1988.

[15] Landry，R. and R. Y. Bourhis. Linguistic Landscape and Ethnolinguistic Vitality：An Empirical Study[J]. *Journal of Language and Social Psychology*，1997（16）.

民族地区高校新媒体矩阵在大学生交往中的作用：以新疆农业大学大学生新闻中心为个案

张丁戈*

【摘要】 校园新媒体矩阵是民族地区高校开展民族团结教育的重要平台。本文以新疆农业大学大学生新闻中心为例，在通过实地观察和访谈获取的第一手材料的基础上，归纳校园新媒体矩阵的特点，分析其对各民族大学生交往交流交融的作用，针对其存在问题提出对策和建议。研究表明，大学生校园新媒体矩阵具有超时空性、便捷性、针对性和传播形式多元的特点，其教育、交流、服务和娱乐功能为促进各民族大学生交往交流交融提供了帮助。大学生新闻中心应当优化工作安排、加强专业指导、稳定制作队伍，以便更好地发挥矩阵平台应有的功能、助力铸牢中华民族共同体意识。

【关键词】 校园新媒体矩阵，大学生交往，民族团结教育

少数民族地区大学生是国家人才储备的重要力量，加强各民族大学生之间的沟通交流，是民族地区高校教育工作特别是民族团结教育的重要组成部分，校园新媒体矩阵是高校宣传和思想教育的重要阵地。本文以新疆农业大学大学生新闻中心为例，调查民族地区高校新媒体矩阵在各族大学生交往交流中的应用，阐述其在民族团结教育中的重要作用。

一、大学校园新媒体矩阵的界定与特点

（一）大学校园新媒体矩阵的界定

新媒体是“利用数字技术，通过计算机网络、无线通信网等渠道，以电脑、手机、平板、数字电视机等终端向媒体提供信息和服务的传播形态”（尹

---

*张丁戈（2001—），女，新疆农业大学国际教育学院 2019 级本科生，主要研究语文教学相关问题。

培培 2022)。大学校园新媒体矩阵指整合同一高校的不同新媒体平台，构成的不同平台彼此独立又相互联系的集合体。新媒体矩阵能够充分发挥各平台的优势，为高校宣传、思想教育和丰富校园文化生活服务。新疆农业大学大学生新闻中心在抖音、微信公众号、微博、哔哩哔哩等多个软件平台均开设了“新农大小薇”账号，发布短视频、短文、图片、条漫等，采用多种形式宣传相应的服务内容。管理上，各平台账号由不同部门独立运营，各司其职，保证创作质量；同时相互合作，共同产出多种形式的作品。

（二）大学校园新媒体矩阵的特点

1. 超时空性和便捷性

过去，校园文化的宣传教育主要通过校内橱窗、电子大屏以及校报等渠道，宣传范围有限，制作周期长、成本高。随着新媒体的发展，校园新媒体矩阵打破了时间和空间的局限，受众可以随时随地接收和查阅资讯。新疆农业大学大学生新闻中心自 2014 年开通微信公众号“新农大小薇”至今，订阅用户已超过八万。其中，66%的用户来自新疆，其余 34%来自全国其他省区市。借助“新农大小薇”等媒体平台，尚未到校报到的新生可以提前了解学校相关信息，已经毕业的校友可以持续关注学校发展，心系子女的学生家长也可以随时掌握校园动态。

2. 针对性

从新闻接近性的空间距离角度看，“发生在受众所处地理区域范围内的新闻事件通常与受众的日常生活关联度较大，容易吸引受众的注意力”（张謦予、贵俊琦 2022)。大学生新闻中心隶属于新疆农业大学团委，推送内容聚焦校园生活，以本校学生及其亲朋为主要受众，开展有针对性的宣传教育活动。在微信公众号“新农大小薇”的订阅用户中，65%的用户年龄在 18—25 岁之间。公众号推送文章月均阅读量的 35%来自用户阅读，48%来自朋友圈和会话聊天转发。由此可见，校园媒体受众以大学生为主，且在该群体中传播较广泛。

3. 传播形式多元

从矩阵形式看，新媒体矩阵可分为横向矩阵和纵向矩阵两类。横向新媒体矩阵“涵盖当下新媒体中不同媒介类型，指高校在全媒体平台的宣传构建”(程海悦 2022)。大学生新闻中心在微信、抖音、微博等多家媒体搭建了宣传平台，细分用户需求；注重产品的差异性，以实现不同平台的产品互补；同时保证产品内容与大学生息息相关，进而吸引更广泛的关注。纵向新媒体矩阵涵盖两个部分，一是宣传主体在某种媒介形式下多元账号的构建，例如大学生新闻中心不止在抖音平台进行短视频创作，也在哔哩哔哩、微信视频号等其他平台发布短视频作品；二是宣传主体围绕平台构建生态账号（程海悦 2022），即账号平台的构建应当围绕某个媒体平台的纵深布局，如在微信平台中，大学生新闻中心除开设微信公众号“新农大小薇”，还运营微信视频号、个人微信“小薇薇”。矩阵化新媒体平台的构建与运营，使校园文化及其服务从“点对点”的内容输出转变为“点对面”的广泛宣传，以多元化的形式共同服务于大学生等受众，其影响力与日俱增，宣教效果良好。

二、大学校园新媒体矩阵对民族交往交流的作用

大学生新闻中心将新媒体矩阵应用于校园育人工作，搭建了新疆农业大学与各民族大学生沟通的桥梁；其教育、交流、服务和娱乐功能对铸牢中华民族共同体意识、加强各民族交往交流起到了重要作用。

（一）教育功能

1. 优秀传统文化和民族文化宣传

大学生新闻中心为更生动地宣传中华民族传统文化，每逢中秋节、端午节等传统节日，都会精心策划节日推送，在各个平台发布节日祝福，宣讲传统节日内涵，帮助学生进一步了解优秀传统文化。少数民族庆祝古尔邦节、肉孜节等节日时，“新农大小薇”等平台会推送少数民族节日和文化习俗的相关内容，帮助学生了解不同民族的风俗习惯，促进民族文化交流，树立正确的民族观。新疆农业大学化学化工学院应用化学 202 班的邵同学表示：“在‘新农大小薇’上经常读到有关民族文化的文章，我也了解了各民族的优秀文化。没来新疆前，我对少数民族学生充满了陌生与好奇，而现在，我不仅被他们的文化深深吸引，还与很多少数民族同学建立了深厚的友谊。”

2. 民族团结活动宣传

新疆是多民族地区，新疆农业大学少数民族学生占比较大，开展民族团结教育具有重要意义。新媒体矩阵充分利用当地宣传资源和便利条件，以多种形式加强民族团结宣传，营造了良好的氛围，使得各民族大学生之间的沟通交流更加和谐。

（1）开设民族团结活动专栏。大学生新闻中心微信公众号平台“新农大

小薇”开设了社会实践、主题团日、“三进两联一交友[①]”、“研”传身教[②]等多个特色专栏。“主题团日”专栏组织并报道了全校 685 个团支部举办的主题团日理论学习活动。开设“三进两联一交友”专栏，有助于民族团结教育从课堂走进校园、走入学生生活，该专栏体现了学生与教师之间的深厚情谊，营造了温馨和睦的校园环境。“社会实践”和“‘研’传身教”专栏发掘身边榜样，鼓励大学生向先进模范学习，积极参与志愿服务，把青春热血奉献给社会。上述宣传教育活动，培养了各民族大学生对祖国和家乡的热爱，增强了他们的社会责任感。公共管理学院（法学院）法学 2103 班的丁同学是“新农大小薇”特色专栏的忠实读者，他深受榜样鼓舞，积极参与志愿服务，于 2022 年 1 月作为新农大抗疫志愿青年登上了“小薇”的头条推送。

（2）举办民族团结比赛。在校团委的大力支持下，大学生新闻中心举办并报道了多场促进民族团结的比赛。如“青春心向党”党史故事朗诵比赛、“画党史，忆党事，传承百年荣光”党史漫画大赛、“庆贺家国共繁荣，青春奋进新时代”线上朗诵比赛、喜迎 2022 年冬奥会堆雪人大赛等。朗诵比赛荣获优秀奖的牛同学表示：“在准备比赛材料的过程中，我深深感受到了幸福生活来之不易。作为新时代的有志青年，应当热爱祖国、践行初心使命、传承责任担当。为了使自己的作品更完美，在录制配音作品之余，我还会与其他民族的参赛选手交流经验、互相提供修改建议。”上述各种比赛活动，丰富了大学生的课余生活、创建了和谐稳定的校园环境，加强了不同民族大学生间的交往交流交融。

（二）交流功能

1. 品牌形象“小薇”与各民族大学生的交流互动

大学生新闻中心以种子为灵感，设计了“小薇”这一卡通形象，并制作了“小薇”玩偶服，在迎接新生、运动会、社团招新等大型活动中，安排专人身穿玩偶服走进各类宣教活动现场。“小薇”以活泼可爱的形象和风格迅速“圈粉”，成为新疆农业大学炙手可热的“第一网红”。大学生新闻中心还推出了“小薇文创”，让“小薇”以帆布包、钥匙扣、便利贴等形式，融入各民族大学生生活的方方面面，拉近了彼此的距离。

---

①“三进两联一交友”活动中的三进是指“进班级，进宿舍，进食堂”，两联是指“联系学生，联系家长”，交友是指学生与老师交朋友。

②“研”传身教是报道新疆农业大学研究生支教团的专题推送。

2. 各媒体平台后台与各民族大学生的交流互动

“小薇”等平台管理者广泛听取学生意见，设身处地了解受众的需求，不断完善沟通交流的方式方法。在日常推送发布后，平台运营者会精选留言并与粉丝互动，听取合理建议，创作各民族大学生想看、爱看的作品。2022 年 3 月 8 日，在“新农大小薇”发布的推文《新农大女孩，远不止是漂亮》的评论区，一位学生家长表达了期待自己的女儿也能出现在公众号推文里的愿望。收到留言后，中心第一时间联系了林学与风景园林学院、综合测评成绩排名专业第一的谢同学。历经二十多天的精心制作，3 月 31 日《是你啊，留言区里的宝藏女孩》在“新农大小薇”发表，学生和家长纷纷在评论区里表达了对该作品的支持和喜爱。通过微信公众号等媒体矩阵，大学生新闻中心充分发挥纽带作用，加强了学校与各族学生的联系，同时帮助各族学生之间建立深厚的情感。

（三）服务功能

1. 微信公众号内容服务于各民族大学生

新疆农业大学的大学生新闻中心依托微信公众号平台，向同学们提供学习、备考和就业等方面的信息和服务。部分同学学习高数、英语等学科时略显吃力，针对这一问题，大学生新闻中心每年都会推送“学霸笔记”、四六级小妙招、高数攻略等内容，帮助有需要的同学轻松备考。每逢全国大学英语四六级、计算机等级、教师资格等考试，大学生新闻中心都会第一时间发布备考提示，并附上报名网址链接，方便考生线上报名。微信公众号菜单栏特设的“薇就业”栏目，能够帮助各民族大学生了解就业形势，为毕业生提供更多就业信息和选择。公共管理学院（法学院）法学 2103 班的冯同学表示：“起初，我不太关注四六级考试的消息。阅读了小薇发布的备考小知识后，我逐渐意识到了四六级的重要性。我跟着推文推荐的方法练听力、做阅读、背美文，寻找适合自己的节奏，锻炼做题速度，在小薇的引导和自己的努力下通过了四级考试。”

2. 专人服务在线答疑

为了更好地关注、回应同学们的需求，大学生新闻中心安排了专人运营个人微信号“小薇薇”以及微博、抖音、微信公众号等平台的账号后台，以提供及时的在线答疑解惑服务。2022 年 4 月，食品科学与药学学院食科 192 班的霍同学晨跑时不慎丢失耳机，向“小薇薇”发起求助。接到求助后，“小薇薇”一边安抚失主情绪，一边迅速发布失物招领。两个小时后，耳机被在操场散步的同学找到，并顺利通过大学生新闻中心归还失主。“小薇薇”与账号后台的运营，不仅可以及时处理同学们的难处与困惑，还能够体现校园新媒体矩阵的优势，提高相关平台的知名度与可信度，从而有利于宣教工作的开展。

（四）娱乐功能

大学生新闻中心发布的内容紧跟时代潮流，密切结合网络热点与新疆农业大学的实际。比如，将风靡网络的“羊了个羊”小游戏与大学生宿舍生活相结合，创作更贴近学生生活的娱乐形式，吸引了更多关注；再如，密切结合学生日常生活，推出如英语“四六级”考后感、“双十一剁手”反思等内容，以轻松、愉快的内容与形式引发学生的思考和共鸣。

总之，大学生新闻中心借助校园新媒体矩阵平台，用简洁易懂的语言、活泼轻松的风格和创新多样的形式走近各民族大学生；充分发挥教育、交流、服务和娱乐功能，引导学生理性客观思考、关切母校发展、把握时代脉络，在潜移默化中促进各民族大学生的交往交流，铸牢中华民族共同体意识。大学生新闻中心的良好氛围也吸引了更多学生的加入，第十二届大学生新闻中心采编部副部长、中国语言文学与艺术学院汉语言 191 班的古同学表示：“这里有很好的创作氛围，我们会每周召开选题会，认真讨论创作的想法。在这里，我可以把自己的所学所感通过文字传递给读者，获得施展才干的机会，也通过和他人交流学到了很多创作经验，进一步提升了自己的能力。在任职期间，我也把这些经验传递给更多的人。”新鲜血液的不断加入，使大学生新闻中心的作品更加贴合受众实际和需要，更好地发挥平台的作用。

三、校园新媒体矩阵存在的问题及对策

校园新媒体矩阵有效提升了学生对学校的关注，已成为各高校开展思想教育和民族团结教育的重要阵地。笔者作为微信公众号“新农大小薇”的主创人员之一，向主创团队和受众征求意见，经过实践反思，认为在建设好新媒体矩阵方面，新疆农业大学大学生新闻中心有待加强以下三个方面。

（一）优化工作安排

大学生新闻中心下设采编部、小薇工作室、运营管理部、影像部、视觉设计工作室和美工部六个部门。其中，采编部和小薇工作室分别负责微信公众号“新农大小薇”推文的撰写和编辑，工作量较大，这容易引起部门成员的消极

情绪。在每学年的招新中，很多新人也愿意加入任务少、压力小的部门，导致工作量大的部门压力更大。久而久之，把握推文内容质量的核心部门人手不够、其他部门人员过剩，工作效率受到影响，不利于各部门的协调发展。此外，平台管理和内容采编等工作均由学生承担，不少学生在工作时无法合理兼顾学业，容易顾此失彼。中心应当采用更有效的奖励机制，提高成员工作热情和积极性；鼓励各部门成员跨部门学习交流、共同协作，克服各部门“只做分内事”的弊端；协调核心部门与其他部门的工作量分配，鼓励其他部门成员在完成相应工作之余，学习简单的编辑技术和文字整理方法，为核心部门分担压力。

（二）加强专业指导

大学生新闻中心的成员均为新疆农业大学的在读学生，平台运营和管理、稿件撰写和组织活动均依赖老成员的经验总结，缺乏专业指导。招新时不设门槛、“零基础”也可以加入的制度，也导致了成员水平参差不齐的问题。一些学生加入新闻中心后，缺乏独立创作能力，需要他人协助来完成工作，这在无形之中增添了老成员的工作压力，也影响了作品的质量。对零基础新人的培训由资历较老的成员负责，他们虽然有较多的经验，但是否具备过硬工作素养和创作能力、能否提出专业指导意见，仍有不确定性。中心应当定期聘请专业人员开展专题讲座等，重视新成员的专业培训，提升各部门尤其是新成员的工作技能；招新时也应当提升门槛，择优录取有新媒体创作经验的学生，建设更加专业和系统的新媒体队伍。

（三）稳定制作队伍

大学生新闻中心实施晋升制度，即随着年级增长，干事可以竞争主要干部岗位。这一制度能够带动成员的工作热情、激发其工作潜能，但也导致了换届时人才流失的问题。干事经历一年的锻炼，已经具有一定的自主创作能力和工作经验，如果因未能竞选成为干部而“退休”，那么其积累的创作经验也就“付诸东流”了。制作人员不固定会导致创作质量不稳定，读者能否接受新创作者的风格、如何处理新老成员的交接和过渡，也对新闻中心的建设和发展提出了挑战。大学生新闻中心应积极协调岗位分配、优化换届制度，多措并举来留住人才，比如另设“新闻顾问”“技术指导”等职位，选聘老成员回归，继续发光发热；也可以开设约稿途径，聘请以往的成员为特约作者，不定期参与推送内容的创作。

参考文献

[1] 程海悦．高校新媒体矩阵宣传过程中的影响因素及策略改进[J]．采写编，2022（9）．

[2] 尹培培．移动互联网环境下的新媒体矩阵研究[J]．中国新通信，2022（14）．

[3] 张警予，贵俊琦．新媒体环境下新闻接近性的嬗变[J]．辽宁工业大学学报（社会科学版），2022（4）．

语文教育调查

科尔沁左翼中旗城镇与农村蒙古族蒙汉语文教育现状调查

孙茹义*

【摘要】 梳理科尔沁左翼中旗蒙古族教育的历史沿革，结合第一手访谈材料和问卷数据，描写城镇与农村蒙古语授课学校蒙汉语文教学现状，分析教师与学生的语言使用与语言态度，揭示调查地蒙古族教育存在的问题，提出针对性建议。研究表明，绝大多数教师掌握蒙古语和汉语，蒙古语和蒙古文能力相当；家庭和学校场域主要使用蒙古语，媒体接触以汉语文为主；多数学生最先习得蒙古语，蒙古语掌握程度高于普通话和东北官话；蒙古文掌握程度高于汉文。在家庭场域主要使用蒙古语和汉语，在学校与本民族使用蒙古语，与其他民族使用汉语，日常书写和课堂笔记多使用蒙古文和汉文，手机短信多使用汉文；打电话、发微信语音以蒙古语和汉语为主。教师和学生群体对汉语文的评价高于蒙古语文，多数调查对象希望蒙古语文在内蒙古地区发展，希望后代上蒙古语和汉语授课学校。影响蒙古语文学习的主要因素是语言使用环境有限、学习兴趣低；影响汉语文学习的主要因素是缺少教辅资料和读物、课时量少。多数调查对象认为，学好汉语文对升学和就业更重要。科左中旗蒙古族教育存在着教育发展不均衡、蒙古语授课学校师资和教材建设不足以及生源流失等问题。为更好地发展科左中旗的蒙古族教育，应当努力缩小不同层次蒙古语授课学校之间和蒙古语授课学校与汉语授课学校之间的差距，做好年轻教师队伍建设、加强专业技能和学科素养培训，加强民族政策和教育政策的宣传力度。

【关键词】 科左中旗，蒙古族，蒙汉语文教育，对策建议

蒙古语历来是内蒙古自治区通辽市科尔沁左翼中旗（简称“科左中旗”）的区域优势语，这与当地蒙古族人数占优和蒙古语授课学校的普及有关。随着经济快速发展、网络信息全覆盖和国家语言通用文字的全面推广以及语言使用环境的变化，科左中旗的蒙古语教育发生了变化。笔者于 2021 年赴科左中旗

---

*孙茹义（1995—），女，中央民族大学中国少数民族语言文学学院语言学及应用语言学专业社会语言学方向 2019 级硕士，主要研究社会语言学相关问题。

保康镇调研当地蒙古语教学现状，本文主要依据此次调研搜集的各类访谈材料和调查数据写成。

一、科左中旗蒙古族教育的历史沿革

科左中旗蒙古族教育发展总体稳定，主要经历了四个阶段。

（一）起步阶段（1906—1947 年）

这一时期，科左中旗处于不同国家政体或政治力量管辖之下，达尔罕王府、达尔罕两旗教委会和日伪政权等从不同教育目的出发，在当地建立蒙古语授课学校，蒙古族教育由此起步。1906 年建立的“科尔沁左翼三旗蒙汉小学堂”是科左中旗第一所小学，招收科左中旗、科左前旗和科左后旗的蒙古族儿童。1929 年，达尔罕王府出资建立达尔罕旗第一小学、达尔罕旗蒙古族第二小学和达尔罕旗第三小学，招收蒙古族学生，教授国文、蒙古文、自然、手工、图画和音乐等课程，由官府承担学生的一切费用。1931 年“九一八事变”，上述三所小学停办。1932—1941 年，日本帝国主义推行奴化教育，在科左中旗相继设立多所小学，开设满、汉、蒙、日语等课程，并于 1935 年开始推行蒙古族中学教育，建立“东科中旗立巴彦塔拉农业中学”，招收蒙古族学生，开设满语（汉语）、蒙古语文、数学和日语等课程。1945 年，“八一五光复”，日本建立的学校停办（科尔沁左翼中旗志编纂委员会 2003：857）。

（二）初始阶段（1947—1966 年）

在此期间，科左中旗制定了一系列政策，使当地蒙古族教育实现了从无到有、从小到大、从量变到质变的快速发展。1947 年，内蒙古自治区建立，原有蒙古语授课学校全部恢复开学。1949 年中华人民共和国成立后，在重视民族语言文字教育的背景下，科左中旗政府在各村建立多所蒙古语授课学校及蒙汉合校，进一步推动了蒙古族教育的发展。1955 年，科左中旗贯彻落实内蒙古自治区教育厅相关决策，为蒙古语授课的三年级学生加授汉语课，汉语授课的三年级学生加设蒙古语课。1958 年，“教育大跃进”，科左中旗蒙古语授课学校激增。1962 年，科左中旗根据内蒙古自治区民族语文和民族教育会议精神提出，蒙古族学生小学阶段除汉语文课外，其他各科均使用蒙古语授课；民族小学和蒙汉合校的蒙古族学生除蒙古语课程外，其他各科均试行汉语授课

（科尔沁左翼中旗志编纂委员会 2003：858）。1963 年，旗文教科教研室组织编写的蒙古语文教学参考书一定程度上提高了蒙古语文教学质量。截至 1965 年底，全旗共有蒙古族小学 277 所，蒙汉合校 34 所。以上政策的落实，一定程度上为科左中旗的蒙汉语文教育奠定了基础。

（三）停滞阶段（1966—1976 年）

受"文化大革命"影响，这一时期的蒙古语教育发展停滞，原科左中旗蒙古语授课小学全部改为汉语授课。

（四）恢复与发展阶段（1977 年至今）

"文化大革命"后，科左中旗民族教育开始"拨乱反正"。1977 年，为贯彻落实党的民族政策，尽快恢复民族教育，旗委、旗政府决定将保康第四小学改为九年一贯制的保康民族学校。十一届三中全会后，科左中旗的蒙古族教育逐步恢复了生机与活力。1980 年 9 月，科左中旗蒙古族学生的班级全部恢复蒙古语授课。1983 年，政府调整蒙古语授课学校的布局，实现了蒙古族教育由数量型向质量型的转化。1986 年，科左中旗蒙古族教育体系已基本形成，由保康、宝龙山和舍伯吐构成的"三点一线"民族教育网趋于完善。近年来，为加强蒙古族地区经济与科技建设、推动教育发展并培养更多的蒙古语和汉语兼通型人才，科左中旗认真贯彻落实教育部有关民族教育的新指示，颁发了系列文件，为科左中旗蒙古语教育的未来发展指明了方向。

二、科左中旗蒙汉语文教育概况

近年来，蒙古语授课学校出现招生人数下降、教学质量下滑的趋势。本部分依据科左中旗蒙古语授课学校及教育局的访谈材料，以城镇社区科左中旗蒙古族实验学校、蒙古族中学以及农村社区蒙古族小学的调查材料为依据，描述调查地蒙古族教育的基本情况。

（一）科左中旗学校整体情况

科左中旗 20 个苏木镇建有 30 所镇中心小学，包括 26 所公立、4 所私立小学。公立学校中有4所蒙古语授课小学和10所蒙汉合校。12个苏木镇[①]有蒙古族中学12所，其中蒙古族完全中学2所，九年一贯制学校1所，初级中学9所（包括蒙汉合校7所）；保康镇有1所蒙古语授课高中。[②]

截至1995年，全旗蒙古语授课学校三年级起开设汉语课，该课程为汉语授课；其他科目为蒙古语授课。1995年，科左中旗教育局在保证蒙古族学生学好本民族语言文字的基础上，加强汉语文和英语教学，进行“双语”“三语”教学改革实验，全旗民族小学二年级起开设汉文课（科尔沁左翼中旗志编纂委员会2003：845）。语文课提前至二年级开设；初一年级开设英语课，使用英汉双语授课，之后英语课开设年级逐步提前。2020年秋季起，科左中旗人民政府积极响应教育部教材局印发的《中小学三科统编教材“铸魂工程”推进实施方案》，决定同年秋季首先在全旗范围内推进蒙古语授课学校语文教学，即小学一年级起开设语文课程，使用国家统编语文教材，2021年春季全面使用义务教育阶段“三科”统编教材。按照左办发〔2020〕35号、左党字〔2020〕8号和左党字〔2020〕10号文件精神，科左中旗的蒙古语授课学校统编教材、教师队伍建设等工作顺利开展。

（二）城镇蒙古族学校概况

1. 科左中旗蒙古族实验学校

科左中旗蒙古族实验学校始建于1971年3月，是九年一贯制的蒙古语授课学校。该校现有在编教师170名，均为蒙古族，其中专任教师150名，特岗教师3名。小学教师为大学专科及以上学历，初中教师为大学本科及以上学历，学校现有36个班级，1415名学生。学校教学质量良好，2017—2019年的中考成绩在通辽市所有蒙古语授课学校中均排名第一。该校小学部每年面向保康镇户籍的所有蒙古语授课适龄儿童及进城务工随迁子女招生；中学部面向校本部、代力吉中心校、协代中心校和架玛吐学区的蒙古语授课学生招生。2021年秋，小学部实际招生108人，中学部实际招生245人，较2020年分别减少62人和54人。该校目前城镇与农村社区学生人数比为1：3.5，其中蒙古族学生多来自辖区内农村社区的蒙古语授课学校，城镇社区蒙古族学生数量近年来呈下降趋势。[③]

---

① 保康镇、宝龙山镇、舍伯吐镇、花吐古拉镇、珠日和镇、腰林毛都镇、巴彦塔拉镇、架玛吐镇、希伯花镇、努日木镇、协代苏木、花胡硕苏木。

② 数据由科尔沁左翼中旗教育科技体育局民族教育股提供，特此致谢。

③ 数据由科尔沁左翼中旗教育科技体育局民族教育股提供，特此致谢。

科左中旗蒙古族学校吴校长介绍，学校本着学生“德智体美劳”全面发展的原则，设置了包括演讲、朗诵、读书分享、音乐、书法和舞蹈等28种活动在内的课外兴趣小组，上课时间为每周三第七、第八节和周六第一、第二节。为提升学生的蒙古语文和汉语文能力，教育局每年至少组织两次演讲、朗读、讲故事等活动，提倡学生使用蒙古语和国家通用语。为提高教学质量，学校也会定期组织教师开展教学方法的课题研究。

2. 科左中旗蒙古族中学

科左中旗蒙古族中学始建于1986年，现有教师227人，其中蒙古族教师212人；42个班级，1772名学生。该校曾在1994至1998年蝉联自治区升学率冠军，但近年来教学质量略有下降。学校面向全旗蒙古族中学招生，自2017年起，招生限额600人，较2007年减少400人。据访谈对象介绍，为提高教学质量、寻求更好发展，学校从2014年至今已更换4任校长，但长期不稳定的教学环境对学习氛围产生了消极影响，影响了教学活动。①

学校计划于2022年秋季学期开始全面推行使用“三科”统编教材，并于2020年至2021年间招聘了15名本科及以上学历的“三科”教师。为促进学生全面发展，学校每年都会举办运动会、双语演讲和朗诵比赛等活动。

（三）农村蒙古语授课学校概况

本部分依据第一手访谈材料和《科尔沁左翼中旗志》中的相关记载写成，介绍科左中旗农村蒙古语授课学校的发展历史和现状。

根据《科尔沁左翼中旗志》(科尔沁左翼中旗志编纂委员会 2003：843)记载，1958年3月，科左中旗小学在“教育事业大跃进，发动群众办学，采取群众运动办法，做好普及教育工作”精神指导下，“苦战三昼夜，基本实现了普及小学教育”。由此推断，科左中旗农村蒙古族小学的建立时间约为1958年。据一位63岁的男性访谈对象（高中文化）回忆，当时的蒙古族小学规模不大，教学条件简陋，教师紧缺。两个年级只有一两名教师，主要使用蒙古语讲授蒙古语文、语文②和数学课程。1966—1976年间，教学活动时断时续，蒙古语授课学校也被改为汉语授课学校，蒙古语教育中断。

1980年9月，全旗教育逐步恢复，蒙古语授课班全部恢复蒙古语授课，农村蒙古语授课学校复课。1983年，政府调整全旗小学布局，蒙古语授课学校停办，转为汉语授课学校。学校虽然停办，蒙古语教育却仍然延续，只是学

---

① 根据科尔沁左翼中旗蒙古族中学包校长、那日苏主任的访谈材料整理。

② 当时称“汉语文”为“语文”，称蒙古语文为“少数民族语文”。

习场所转移到了教师家中。据一位30岁女性访谈对象（初中文化）回忆："我在去邻村汉语学校之前，还去过老师家里上学。当时老师管得严，讲得好，上课用蒙古语讲一遍后再用汉语讲一遍，所以我们都能听懂。去汉语授课学校之后就没人管了，也跟不上了。"据她介绍，该教师此前也招过学生，后来因报名人数少，学生都去镇里读书，家庭学校停办。根据问卷中小学阶段接受蒙古语教育的年龄和人数可以推断，蒙古语授课学校停办后，去蒙古族教师家中学习的人数并不多。

目前，科左中旗农村社区已没有学校，根据科左中旗人民政府发布的《2021年义务教育阶段学校阳光招生工作实施方案》中对全旗各学校招生范围的区域划分，农村社区所有适龄儿童均可选择在蒙古族实验学校或保康镇中心小学（国家通用语授课）学习。有许多农村家长不懂蒙古文，无法辅导孩子的功课，因此多数家庭的子女就读于汉语授课学校。

三、蒙古族教师的语言使用、语言态度及语言教学

本文采用访谈式问卷法调查了31名蒙古族教师，其中蒙古族实验学校教师21人、蒙古族中学教师10人。调查对象中，2人的父亲是汉族，1人的母亲是汉族，3人的配偶是汉族；所有调查对象的涉己和涉他族际通婚态度均比较积极。调查对象基本信息见表1和表2。

表1　性别、年龄和教师类型（$n=31$；人/%）

性别		年龄（岁）			教师类型	
男	女	20—34	35—44	45—60	公办	特岗
2/6.5	29/93.5	4/12.9	16/51.6	11/35.5	29/93.5	2/6.5

表2　教龄和受教育程度（$n=31$；人/%）

教龄（年）			受教育程度	
1—5	6—20	20以上	专科	本科
4/12.9	22/71.0	5/16.1	7/22.6	24/77.4

（一）语言文字习得及掌握

调查对象中，29人掌握蒙古语和汉语，2人掌握汉语单语。28人从小习

得蒙古语，蒙古语听说无障碍。蒙古文读写能力方面，24 人“读书看报无障碍”，4 人“能看懂简单文章”；15 人“熟练写作”，13 人“能写简单文章”。1 名初中英语教师的父亲为汉族，他从小习得蒙汉两种语言，读汉语授课学校，蒙古语听说能力分别为“个别时候有障碍”和“基本能交谈”，不掌握蒙古文。只掌握汉语的 2 名被试自幼习得东北官话，他们的父母均不会蒙古语，祖辈蒙古语水平不高。

（二）语言文字使用情况

（1）家庭语言使用（可多选）：31 人中，29 人（93.5%）掌握蒙古语，他们的家庭语言使用分四种模式：一是全部使用蒙古语（74.1%）；二是与长辈、同辈使用蒙古语，与晚辈使用蒙古语和汉语（9.6%）；三是与长辈使用蒙古语，与同辈、晚辈使用蒙古语和汉语（6.4%）；四是与长辈、同辈使用蒙古语和汉语，与晚辈使用汉语（3.2%）。2 人（6.4%）只掌握汉语，他们与家人只使用汉语。可见，被试在家庭内部主要使用蒙古语，部分被试与晚辈使用蒙古语和汉语或只使用汉语。

（2）学校语言使用（可多选）：29 人（93.5%）与本族教师使用蒙古语，与其他民族教师使用汉语，与本族学生多使用蒙古语，其中与学生使用蒙古语和汉语或汉语单语的被试各占 3.2%；2 人（6.4%）只使用汉语，选择跟学生使用汉语的教师表示自己蒙古语水平较低，且学生都掌握汉语，所以一般使用汉语。

（3）文字使用（可多选）：29 人（93.5%）的文字使用以汉文为主，其中手写、在电脑上及手机上全部使用汉文的占 32.2%，2 人（6.4%）仅使用汉文。手写使用蒙古文的占 54.8%，电脑上使用的占 38.7%；手机短信使用蒙古文和汉文的占 35.5%，没有只使用蒙古文的调查对象。调查对象日常书写最常使用蒙古文，手机、电脑书写最常使用蒙古文和汉文，其次是汉文。

（4）媒体语言接触（可多选）：31 位调查对象中，29 人收看汉语和蒙古语电视节目；2 人只收看汉语电视节目。71.0%的调查对象打电话、微信语音使用蒙古语；54.8%的调查对象发手机短信、微信使用汉文；74.2%的调查对象浏览汉文网页。

数据表明，调查对象在家庭和学校的蒙古语使用频率高于汉语，日常工作和媒体接触使用汉语文的比例高于蒙古语文。一位 42 岁的女性蒙古语文教师（本科学历）指出：“平时说话交流用蒙古语多，写字上网用汉语多。”另外，书写形式也影响着文字选择，教师手写文字以蒙古文为主，机打文字则以汉文为主。

（三）语言文字态度

所有调查对象对蒙古语文的发展持积极态度，6.5%的调查对象认为蒙古语文“很有用”，93.5%的调查对象认为蒙古语文“对一部分人或在一定范围内有用”；全部调查对象均认为普通话和汉文“很有用”；6.5%的调查对象认为东北官话“很有用”，74.1%的调查对象认为东北官话“对一部分人或在一定范围内有用”。

（四）前景期望与行为倾向

（1）希望未来蒙古语文有什么样的发展：31位调查对象中，20人（64.5%）希望蒙古语文“在一定范围内发展”，即蒙古语文在内蒙古地区继续发展就好；6人（19.4%）选择“任其自然发展”，表示“期望没有用，让蒙古语文自己发展吧”。

（2）希望后代读哪种语言授课的学校（可多选）：蒙古语/汉语20人，蒙古语6人，汉语5人，合计31人。选择双语授课学校的调查对象中，部分人的后代就读于汉语授课学校，一位40岁的女性教师（专科学历）的子女上汉语授课学校，她解释：“想让孩子学习蒙古语，但是更想让她学习更多的知识，蒙古语我在家也可以教。”

（五）教学及科研

（1）讲课备课（可多选）：调查对象依科目选择不同语言备课和授课，蒙古语文、音乐、数学和化学等科目的教师使用蒙古语，语文、道德与法治、英语和历史等科目的教师使用汉语。蒙古族中学除英语、语文教师使用汉语外，其他科目教师均使用蒙古语备课和授课。

（2）获取教学资源的途径（可多选）：网上搜索/教辅资料28人，网上搜索3人，合计31人。一位40岁的女性三年级蒙古语文教师（本科学历）表示，网上蒙古语资料太少，她用汉语查找，再翻译成蒙古语，然后讲给学生。

（3）课程设置：比较合理14人，不合理8人，很合理4人，无法回答5人，合计31人。选择“不合理”的主要是蒙古语文、语文、英语、音乐等科目的教师，他们均认为对应科目的课时较少，学生缺乏吸收、理解课本知识的时间。

（4）影响教学的因素（可多选）：教辅资料缺乏16人，其他7人，课程设置不合理/其他6人，无法回答2人，合计31人。选择“其他”的教师多认为，影响教学的主要因素是课程难度大、学生基础差、课程内容难理解等。一位42岁的男性初三英语教师（本科学历）指出："蒙古族学生汉语水平相对较差，理解能力较弱，这也是影响学生英语水平最直接的因素。"

（5）科研活动期望度：一般22人，比较期待7人，不期待2人，合计31人。选择"一般"的教师表示，科研活动不能直接提高学生的学习水平，而且活动时间不足，因此他们对此的期待值一般。

（六）教材及培训

2020年秋季开始，科左中旗蒙古族实验学校开始使用国家统编语文教材，其中小学一年级至初二使用国家统编语文教材，初三仍使用自治区统编语文教材。2021年春季起，学校开始使用国家统编的道德与法治及历史教材。2022年秋季起，蒙古族中学高一新生正式使用"三科"统编教材。

2020年，为解决蒙古语授课学校"三科"统编教材师资力量紧缺问题，科左中旗人民政府印发《关于民族语言授课学校国家统编教材授课师资队伍建设的若干措施（试行）》通知，为教师队伍建设提出建议，文件指出："对国家统编教材授课教师提供免费职业能力提升培训，培训时间计入继续教育学时。"以上措施大大提高了蒙古语授课学校教师的专业能力，提升了教学质量。

（1）教材难度：一般22人，比较困难8人，比较容易1人，合计31人。选择"比较困难"的8人是语文、英语、道德与法治及音乐等科目的教师。他们表示，受母语影响，蒙古族学生存在汉语基础不好、掌握词汇量低、理解能力较差等问题。在有限的课堂时间内，学生对教材部分内容的理解存在困难，不利于知识的吸收和教学的推进。

（2）现用教材存在的问题：不存在问题26人，教材难度较大2人，选择"其他"的3位教师中，一位42岁女性蒙古语文教师（本科学历）指出，教材存在个别印刷错误，但不影响讲课。语文及道德与法治的教师均表示，开学已近一周，新教材还没到位，目前上课使用的是自已买的教材。

（3）目前需要培训的内容（可多选）：教学方法和手段/学科专业知识14人，教学方法和手段8人，教学方法和手段/学科专业知识/教材分析6人，教学方法和手段/教材分析3人，合计31人。分解多选项：教学方法和手段（31人次）>学科专业知识（20人次）>教材分析（9人次）。调查对象认为，培训虽有助于提升教学能力，但平日里教学任务繁重，他们的空闲时间并不多。他们还希望能够开展集中优化教学方法、增加学科专业知识的培训。

（七）蒙汉语文教育态度

（1）目前的蒙汉语文教学模式（改革或实行）对提高学生蒙汉语文水平

的帮助：有一定帮助13人，一般6人，有很大帮助2人，无法回答10人，合计31人。选择"有很大帮助"的2名调查对象表示，蒙汉语文教学对提高学生的汉语水平非常有用。选择"一般"的教师表示，蒙汉语文授课的课时太少，学生难以巩固和提高蒙汉语文水平。选择"无法回答"的10位科左中旗蒙古族中学的教师均表示，学校目前还没有推行统编教材改革后的蒙汉语文教学模式，因此无法预知结果；他们多认为，学校当前的蒙汉语文教学模式对提升学生汉语文水平有一定帮助。

（2）对目前蒙汉语文教学模式（改革或实行）的意见或建议：没有意见21人，其他7人，无法回答3人，合计31人。选择"其他"的一位42岁女性初三语文教师（本科学历）表示："推行统编教材，学生能学到更多知识是好事，但他们的语文基础差，尤其是文言文部分，学生和老师都需要时间适应，更何况八年级还面临中考。"另一位24岁女性二年级语文教师（大专学历）指出："学生从小接触蒙古语，汉语基础较差，一年级上课时需要用蒙古语辅助翻译，现在好很多，但吸收还是比较慢，课时不够，练习时间少。"

总体而言，学校的汉语文教学受蒙古族学生汉语基础较差、汉语文理解能力差、课时较少等因素影响，存在课程进度慢、三年级学生较难适应无蒙古文拼音标注的汉语课本、八年级学生的文言文水平低下等具体问题。科左中旗蒙古族实验学校吴校长介绍："困难当然有，但我们也在努力克服。自治区、市、旗教育局都下发各类文件，组织'三科'教师培训，帮助我们解决师资问题。学生正处于接受语言比较快的年纪，对汉语也比较感兴趣，社会上、网络上使用汉语的地方又那么多，我们的教学也基本走上正轨，正在向着更好的方向发展。"

四、蒙古族学生语言能力、语言使用和语言态度

抽取37位蒙古族学生，采用问卷调查法考察他们的语言习得及掌握、语言使用和语言态度①，调查对象基本信息见表3。

① 调研时，科左中旗蒙古族中学尚未开始推行国家统编教材，因此本部分问卷仅反映原蒙汉语文教学模式中的学生学习状况。

表 3 调查对象基本信息（$n=37$；人/%）

性别		年级		转学经历		长辈族际通婚		籍贯	
男	女	高一	高二	有	无	有	无	城镇	农村
9/24.3	28/75.7	28/75.7	9/24.3	2/5.4	35/94.6	6/16.3	31/83.7	16/43.2	21/56.8

（一）语言文字习得及掌握

（1）小时候最先或同时习得的语言（可多选）：蒙古语 22 人，蒙古语/普通话 12 人，蒙古语/普通话/东北官话 3 人，合计 37 人。分解多选项：蒙古语（37 人次）>普通话（15 人次）>东北官话（3 人次）。单选蒙古语的 22 人中，13 人来自农村。

（2）现在可以用什么语言与人交流（可多选）：蒙古语/普通话 26 人，蒙古语 7 人，蒙古语/普通话/东北官话 4 人，合计 37 人。分解多选项：蒙古语（37 人次）>普通话（30 人次）>东北官话（4 人次）。单选蒙古语的 7 人实际均掌握普通话，此题自报偏低。

（3）语言掌握程度（可多选）：完全能听懂，蒙古语 32 人/普通话 27 人/东北官话 3 人；基本能听懂，蒙古语 5 人/普通话 7 人/东北官话 13 人；能听懂日常用语，普通话 3 人/东北官话 11 人；基本听不懂，东北官话 9 人；完全听不懂，东北官话 1 人。听的程度排序（前两项合并）：蒙古语（37 人，100%）>普通话（34 人，91.9%）>东北官话（16 人，59.3%）。交流没有障碍，蒙古语 34 人/普通话 17 人/东北官话 4 人；个别时候有障碍，蒙古语 3 人/普通话 16 人/东北官话 8 人；基本能交谈，普通话 4 人/东北官话 6 人；会说一些日常用语，东北官话 9 人；基本不会说，东北官话 6 人；完全不会说，东北官话 4 人。说的程度排序（前三项合并）：蒙古语 = 普通话（37 人，100%）>东北官话（18 人，48.6%），其中蒙古语掌握程度略高于普通话。总体而言，调查对象语言掌握程度排序：蒙古语>普通话>东北官话。选择“基本听不懂”和“完全听不懂”东北官话的学生表示，汉语意味着普通话，他们没有东北官话的概念；选择“基本能听懂”“会说一些日常用语”东北官话的调查对象认为自己的东北官话不标准。

（4）文字掌握程度（可多选）：读书看报无障碍，蒙古文 33 人/汉文 28 人；能看懂简单文章，蒙古文 4 人/汉文 9 人，合计 37 人；熟练写作，蒙古文 33 人/汉文 21 人；能写简单文章，蒙古文 4 人/汉文 16 人，合计 37 人。数据表明，调查对象蒙古文掌握程度高于汉文，且蒙古文读写能力相当，汉文读的能力高于写的能力。

（二）语言文字使用

（1）家庭语言使用（可多选）：与长辈，蒙古语/普通话 20 人，蒙古语 15 人，普通话 2 人，合计 37 人。分解多选项：蒙古语（35 人次）>普通话（22 人次）。与同辈，蒙古语/普通话 19 人，蒙古语 13 人，普通话 5 人，合计 37 人。分解多选项：蒙古语（32 人次）>普通话（24 人次）。与长辈仅使用普通话的 2 名调查对象均来自城镇社区，他们表示，父母期待自己熟练使用蒙古语和普通话，所以特意用普通话与他们交流。

（2）学校语言使用（可多选）：与本民族教师，蒙古语 26 人，蒙古语/普通话 11 人，合计 37 人；与其他民族教师，普通话 35 人，蒙古语/普通话 2 人，合计 37 人。与本族同学，蒙古语 22 人，普通话 15 人，合计 37 人。蒙古族学生与本族教师或同学多使用蒙古语，与其他民族教师多使用普通话。一位双选蒙古语和普通话的 16 岁男性调查对象表示，遇到哪个民族的老师就使用哪种语言，但在学校更多使用蒙古语，课下与语文教师也使用蒙古语。选择与本族教师使用普通话的一位 16 岁女性调查对象表示："有的老师和我们说普通话，我们也和他说普通话。"

（3）文字使用（可多选）：日常书写，蒙古文/汉文 24 人，汉文 9 人，蒙古文 4 人，合计 37 人；记课堂笔记，蒙古文/汉文 25 人，蒙古文 10 人，汉文 2 人，合计 37 人；发手机消息，汉文 30 人，蒙古文/汉文 7 人，合计 37 人。使用蒙古文的比例总体低于汉文，手机发消息时尤为明显。一位 16 岁男性调查对象表示："手写蒙古文比较方便，用手机打蒙古文不是很方便。"使用汉文记课堂笔记的调查对象均表示这是语文老师的要求。

（4）媒体语言接触（可多选）：广播电视，汉语 32 人，蒙古语/汉语 5 人，合计 37 人；电话微信语音，蒙古语/汉语 16 人，蒙古语 12 人，汉语 9 人，合计 37 人；发短信微信文字，汉文 33 人，蒙古文/汉文 4 人，合计 37 人；浏览网页，汉文 33 人，蒙古文/汉文 3 人，无此情况 1 人，合计 37 人；阅读报刊或媒体文章：汉文 30 人，蒙古文/汉文 5 人，蒙古文 1 人，无此情况 1 人，合计 37 人。总体而言，调查对象在打电话和发微信语音时以蒙古语和汉语为主，其他均以汉语文为主。

由上可知，在家庭场域和学校，调查对象的蒙古语使用频次均高于汉语，其中与长辈和同辈主要使用蒙古语和汉语，与本民族同学和教师多使用蒙古语，与其他民族使用普通话。日常书写和做课堂笔记主要使用蒙古文和汉文，用手机发信息多使用汉文，打电话、发微信以蒙古语和汉语为主。

（三）语言文字社会地位评价和发展期望度

总体而言，调查对象对汉语文的评价高于蒙古语文，对蒙古语文的发展虽持积极态度，但前景期望度低于汉语文，具体调查数据见表 4 和表 5。

表 4 语言文字有用度评价（$n=37$；人）

指标 语言变体	蒙古语	蒙古文	普通话	汉文	东北官话
很有用	23	25	27	30	1
对一部分人或在一定范围内有用	14	12	10	7	20
没有用	0	0	0	0	16
无法回答	0	0	0	0	0
合计	**37**	**37**	**37**	**37**	**37**

表 5 语言文字发展前景评价（$n=37$；人）

指标 语言变体	蒙古语	蒙古文	普通话	汉文	东北官话
有很大发展	22	23	25	25	1
在一定范围内有发展	14	12	9	9	14
任其自然发展	0	2	3	3	5
个久后将不会使用	0	0	0	0	2
无法回答	1	0	0	0	15
合计	**37**	**37**	**37**	**37**	**37**

（四）语言学习态度

（1）选择蒙古语授课高中的原因（可多选）：学习蒙古文 10 人，情感需要/学习蒙古文 6 人，情感需要/家长意愿 4 人，学习蒙古文/想从事相关工作 3 人，情感需要/学习蒙古文/想从事相关工作 2 人，情感需要/学习蒙古文/家长意愿 2 人，情感需要 1 人，情感需要/学习蒙古文/想从事相关工作/其他 1 人，情感需要/学习蒙古文/家长意愿/老师建议 1 人，学习蒙古文/想从事相关工作/优惠升学政策/家长意愿/老师建议 1 人，学习蒙古文/想从事相关工作/优惠升学政策/家长意愿/其他 1 人，家长意愿 1 人，无法回答 4 人，合计 37 人。分解多选项：学习蒙古文（27 人次）>情感需要（17 人次）>家长意愿（10 人次）>想从事相关工作（8 人次）>老师建议 = 优惠升学政策 = 其他（各 2 人次）。由此可知，调查对象选择蒙古族学校的首要原因是学习蒙古文，情感需要次之。

（2）父母期望学好什么语言（可多选）：蒙古语/普通话 19 人，蒙古语/普通话/英语 10 人，蒙古语 3 人，英语 2 人，普通话 1 人，无法回答 2 人，合计 37 人。分解多选项：蒙古语（32 人次）>普通话（30 人次）>英语（12 人次）。由此可知，父母希望子女掌握多种语言，其中蒙古语仍占优势，普通话次之。

（3）希望教师用什么语言讲课（可多选）：蒙古语 24 人，普通话 10 人，蒙古语/普通话 2 人，英语 1 人，合计 37 人。分解多选项：蒙古语（26 人次）>普通话（12 人次）>英语（1 人次）。多数调查对象更喜欢蒙古语授课，选择英语的调查对象表示喜欢英语老师讲课，选择普通话的调查对象多表示汉语容易学。一位 17 岁的女性调查对象谈道："也不是不喜欢汉语，只是更习惯蒙古语。"

（4）影响学习的因素有哪些（可多选）

蒙古语文：语言使用环境有限 10 人，学习兴趣低 6 人，缺少教辅资料和读物 5 人，语言使用环境有限/学习兴趣低 4 人，语言使用环境有限/缺少教辅资料和读物 2 人，学习兴趣低/缺少教辅资料和读物 2 人，教材内容不合生活实际 2 人，其他 2 人，学习兴趣低/教材内容不合生活实际 1 人，无法回答 3 人，合计 37 人。分解多选项：语言使用环境有限（16 人次）>学习兴趣低（13 人次）>缺少教辅资料和读物（9 人次）>教材内容不合生活实际（3 人次）>其他（2 人次）。选择"其他"的 2 名调查对象分别表示"没有影响"和"课外阅读少"。

汉语文：缺少教辅资料和读物/课时量少 7 人，语言使用环境有限 6 人，缺少教辅资料和读物 3 人，学习兴趣低 2 人，学习兴趣低/缺少教辅资料和读物 2 人，其他 2 人，语言使用环境有限/学习兴趣低/课时量少 1 人，语言使用环境有限/课时量少 1 人，学习兴趣低/其他课占用时间多 1 人，缺少教辅资料和读物/其他课占用时间多 1 人，课时量少 1 人，教材内容不合生活实际 1 人，无法回答 9 人，合计 37 人。分解多选项：缺少教辅资料和读物（13 人次）>课时量少（10 人次）>语言使用环境有限（8 人次）>学习兴趣低（6 人次）>其他课占用时间多 = 其他（各 2 人次）>教材内容不合生活实际（1 人次）。

影响蒙古族学生汉语文学习的因素主要包括：课外阅读资料少、课时量少、语言使用范围窄、学习兴趣低等。与蒙古语文相比，汉语文学习受到课时量、课外资料及语言使用环境的影响更大，且“课时量少”是最重要的影响因素。

（5）什么语言对升学就业更重要（可多选）：蒙古语/汉语16人，汉语14人，蒙古语3人，其他1人，无法回答3人，合计37人。分解多选项：汉语（30人次）>蒙古语（19人次）>其他（1人次）。76.9%的调查对象认为汉语对升学或就业更重要，选择“其他”的一位16岁女性调查对象指出：“每种语言都很重要，语言不分高低贵贱。”

（6）使用的教材存在什么问题（可多选）：蒙古语文教材，没有问题18人，内容偏难8人，内容偏难/翻译存在错误6人，翻译存在错误2人，内容过于简单1人，无法回答2人，合计37人。汉语文教材，没有问题20人，内容偏难15人，内容过于简单1人，翻译存在错误1人，合计37人。选择“内容过于简单”的16岁女性调查对象表示：“听说我们现在学习的内容都是别人初中学的，而且我们考试都是日常对话，太简单了。”

（7）本地蒙汉语文教学模式存在哪些问题（可多选）：没有问题11人，可报考专业有限11人，蒙古语文课时少4人，蒙古语文课时少/可报考专业有限2人，无法回答9人，合计37人。分解多选项：可报考专业有限（13人次）>没有问题（11人次）>蒙古语文课时少（6人次）。多数调查对象认为目前蒙汉语文教学存在“可报考专业有限”的问题。

综上所述，蒙古族学生全部掌握蒙古语文和汉语文。蒙古语使用环境以学校为主，家庭使用蒙古语和汉语的比例较高，媒体接触语言以汉语文为主；文字使用因媒介而异，日常书写和课堂笔记等手写文字主要使用蒙古文，用手机发短信主要使用汉文。语言学习态度方面，学生对汉语文的学习兴趣及评价均高于蒙古语文。目前蒙汉语文教学模式主要存在“可报考专业有限”“蒙古语文课时少”“课外阅读资料缺乏”等问题。

五、科左中旗蒙古族教育的问题及对策

（一）蒙古族教育存在的问题

科左中旗蒙古族教育从起步到稳定发展已有100多年历史，取得了一定成就，积累了丰富经验。目前，科左中旗蒙古族教育还存在着教育发展不均衡、蒙古语授课学校师资和教材建设不足以及生源流失等问题。

1. 教育发展不均衡

（1）与汉语授课学校存在差距。科左中旗蒙古语授课学校与汉语授课学校存在一定差距，主要表现在两方面：第一，汉语授课学校教学质量较高，以科左中旗实验小学为例，该校教师本科学历比例高，年轻骨干教师较多，学生上线率高，毕业生可就读当地重点高中保康二中。第二，汉语授课学校办学规模更大。例如，保康镇中心学校有 28 个教学班、1726 名学生、125 名教师，面向保康镇户籍（不包括社区户籍）适龄儿童招生，2021 年招收 6 个班共 277 人；蒙古族实验学校小学部有 18 个教学班、700 名学生、80 名教师，面向保康镇户籍蒙古族招生，2021 年招收 3 个班共 107 人。

（2）城镇与农村社区学校存在差距。市、旗、村镇的蒙古语授课学校发展不均衡，导致科左中旗蒙古语授课学校办学规模、师资水平和生源质量均低于通辽市蒙古语授课学校。以生源质量为例，科左中旗蒙古族中学 2021 年录取分数线为 365.7 分，同年通辽市蒙古族中学录取分数线为 505 分，这一定程度上影响了科左中旗蒙古族教育的质量和发展。[①] 科左中旗蒙古族实验学校位于保康镇，其办校规模、硬件设备及教学质量均高于村镇的蒙古语授课学校。然而，该校仅招收保康镇户籍的蒙古族适龄儿童，其他村镇户籍的蒙古族适龄儿童只能就近读书。农村蒙古语授课学校教学水平良莠不齐，学习环境和教育资源远不及城镇学校，这也影响了蒙古族适龄儿童的入学选择。市、旗、村镇蒙古语授课学校教育发展不平衡，影响着蒙古语授课学校学生的发展，甚至导致了蒙古语授课教育的式微。

2. 蒙古语授课学校师资、教材建设不足

（1）师资队伍建设有待提高。自治区推行国家统编教材以来，科左中旗政府积极落实统编教材教师队伍建设，组织学校新招统编教材专科教师，免费培训原有教师，允许不能适应教学要求的教师转岗。这些措施虽然解决了统编教材改革带来的部分问题，但教师的学科素养仍有待提升。首先，蒙古语授课中小学缺少高学历、高层次人才，教师学历合格率虽达 100%，但其中 50% 为自主提升学历。其次，教师队伍缺少新鲜血液，积极性不强，部分教师年龄较大，教学方式恪守陈规；部分教师推迟退休时间，影响年轻教师的引进和培养；部分教师一人带多班，时间精力不足，影响教学质量；部分教师科研积极性低，也不参加课外活动。最后，推行统编教材以来，一些教师难以胜任原教学工作的调岗换位，导致所教非所学，影响教学效果。

---

① 数据由科尔沁左翼中旗蒙古族中学提供，特此致谢。

（2）教辅资料缺乏、学生汉语基础差。蒙古语文课本教辅资料缺乏、查找教辅资料的途径少、学生汉语基础差很难自主查阅资料，这一定程度上影响了教学进度及教学质量。

3. 生源流失

科左中旗蒙古语授课学校招生人数逐年减少，生源流失严重，城镇地区尤为突出。据科左中旗蒙古族实验学校领导和教师的访谈材料可知，这种现象主要有以下四种原因。

第一，人才需求量小、就业形势严峻。蒙古语人才需求量小，蒙古语授课专业毕业生多数面临“毕业即失业”的危机，只能与汉语授课专业学生竞争同一岗位。以教师招聘为例，蒙古语授课学校少，蒙古语授课的师范专业毕业生只能报考汉语授课学校教师岗位，然而其汉语水平远不及汉族学生，缺乏竞争力。另外，目前蒙古语授课学校汉语授课科目增多，蒙古语教师需求量下降，这也增加了蒙古语授课专业毕业生的就业压力，间接导致蒙古语专业生源的流失。

第二，家长思想观念发生变化，更看重子女升学就业与未来发展。蒙古语高等教育的专业设置和招生计划人数等都与汉语教育存在明显差距，蒙古语授课专业毕业生就业形势严峻。据访谈了解，多数家长持有“学习蒙古语后大学专业少”“不好找工作”“没有出息”“在社会上没有优势”等观念，这也影响了后代的教育选择。

第三，蒙古语授课学校与汉族学校教学质量存在差距。蒙古族实验学校中考升学率总体较高，但仅24%的学生能考上市里蒙古族高中，其他学生多就读于当地蒙古族高中，少数另寻出路。汉语授课初中的重点高中上线率高于蒙古族实验学校，考上通辽市重点高中的比例更高。教学质量的差距导致蒙古语授课学校招生更少、更困难。

第四，蒙古语授课学校分布格局遗留下的历史问题。本文所选后浩坦额仁嘎查就是这一类型农村社区的典型代表，当地村民缺乏蒙古语学校教育背景，无法辅导子女学习蒙古语文。据了解，科左中旗蒙古族聚居的嘎查村中，因缺少蒙古语授课学校或学校发展曲折而导致当地村民未接受蒙古语学校教育的现象并非个案。

（二）对策建议

针对科左中旗蒙古族教育中存在的问题，本文提出以下对策建议。

1. 积极推进蒙古族教育的均衡发展

推进蒙古族教育的均衡发展，需要协调不同民族、不同地区的教学资源和教育水平。

（1）缩小与汉语授课学校的差距。教育部推行“三科”统编教材，目的之一就是缩小蒙古语授课学生与汉语授课学生的汉语水平差距。提升蒙古语授课学生的汉语水平，能够提高他们的社会竞争力，一定程度上解决就业问题。统编教材推行一年以来，科左中旗蒙古语授课学生的汉语水平已有一定提高，据一位二年级的语文教师介绍：“目前学生比一年级时进步很多，一年级还需要蒙古语辅助教学，现在已经基本不需要。”由此可见，科左中旗蒙古语授课学生的汉语水平将在可预见的范围内逐步提高，蒙古语授课学校教学水平也得以提高。可依学校实际情况，为蒙古语授课学校引进优秀青年蒙古族教师，并建立相应奖励机制，鼓励蒙古族大学生到此就业。对因私延迟退休的教师，可提出教学质量要求。另外，“三科”教材推行初期，学校蒙古语教师需求量大大减少。在此期间，应为蒙古语授课毕业生提供就业保障，如在公务员、事业编制或其他工作岗位招聘中，规划一定比例给蒙古语授课学校毕业生，增加他们的就业机会。

（2）缩小蒙古语授课学校间的差距。村镇、旗、市蒙古语授课学校教学质量的差距主要体现在教学环境、师资水平和生源质量三方面。首先，政府可结合当地实际，分层次给予教学基础差的村镇政策倾斜，比如优先考虑当地教师的教学成果，辅之参照教学年限等相关因素，在教师薪资待遇和职称评定等方面给予一定优惠，以保证农村教师教学质量和教学年限的持久性。加大引进优秀人才工作力度，焕发农村蒙古语授课学校的活力。其次，重视教师的学科素养及教学能力，以能力为参照，适当放宽附加条件限制；加大农村教师培训力度及范围，重视培训效果。最后，在完善前两点的基础上，应当努力提高生源质量，例如给中考或市级以上竞赛中取得优秀成绩的学生适当优惠和奖励。

2. 加强师资队伍建设、适应统编教材改革

推行“三科”统编教材以来，个别教师难以适应新教材的教学内容，影响了教学质量及教学进度。为加强教师队伍建设，本文提出两点建议：一是做好年轻教师队伍建设工作，引进优秀毕业生和青年教师，重视教学成绩，弱化教师职称评定的年限要求；二是组织学科专业及教学方法培训，重视培训效果。目前培训多以思想观念教育为主，较少涉及教师专业技能及学科素养等内容。因此，需加强教师专业素质培训，尤其需要提升语文教师古诗、文言文等课本新增部分的教学能力与素养。

3. 转变学习观念、减少生源流失

目前，蒙古族家长和学生的思想观念均发生了变化。多数家长认为“蒙古语不用学”“学习蒙古语没出息”，更愿意为子女选择汉语授课学校；学生

则认为“汉语比蒙古语更容易学会”，这一定程度上导致了蒙古语授课学校生源严重流失。为解决这类问题，首先，地方政府需做好政策宣传工作，加强民族政策、教育政策以及相关优惠措施的宣传力度；其次，学校需帮助学生转变“学习为了就业”“追求轻松”的观念，激发其学习民族语言文字的主动性，树立“做双语兼通型人才，才能更好建设家乡”的理念和正确就业观；最后，各级政府决策部门及教育行政部门要站在提高蒙古族学生综合素质的角度，充分认识蒙汉语文教育在地区发展中的重要性，严格把握各项政策的落实。

参考文献

[1] 哈斯额尔敦．科尔沁左翼中旗蒙古族语言使用现状及其演变[M]．北京：商务印书馆，2012.

[2] 韩建岗．新疆巴州蒙古族语言使用状况研究[D]．陕西师范大学博士学位论文，2016.

[3] 姜昕玫，王远新．新疆基础教育阶段蒙古语文教学现状、问题及对策[J]．民族教育研究，2017（1）.

[4] 科尔沁左翼中旗志编纂委员会．科尔沁左翼中旗志[M]．呼伦贝尔：内蒙古文化出版社，2003.

[5] 王远新．中国民族语言学：理论与实践[M]．北京：民族出版社，2002.

[6] 王远新．河北省抚宁县朝鲜族村的语言使用状况和双语教学[J]．民族教育研究，2004（6）.

[7] 王远新．语言田野调查实录（14）[G]．北京：中央民族大学出版社，2018.

[8] 乌吉斯古冷．科尔沁左翼中旗蒙古语言文字使用情况调查研究[J]．内蒙古民族大学学报（社会科学版），2019（3）.

[9] 英君．蒙古族大学生蒙汉双语使用状况及成因探究[J]．前沿，2012（5）.

[10] 张慧聪．城市蒙古族儿童双语教育现状调查研究——以呼和浩特市为个案[J]．民族教育研究，2016（6）.

[11] 赵剑宏．蒙汉双语教育背景下蒙古族学生英语学习研究——以锡林郭勒盟蒙古族中小学为个案[D]．中央民族大学博士学位论文，2013.

[12] 郑婷．辽宁省阜蒙县佛寺镇蒙汉语言接触情况调查研究[D]．渤海大学硕士学位论文，2016.

[13] 朱晓琳．肃北蒙古族自治县蒙汉双语教育研究[D]．西北民族大学硕士学位论文，2015.

语言调查综述

官话方言尖团音研究综述

吴　青*

【摘要】本文从汉语方言尖团音的概念、分布规律、变化动因、发展趋势和变异特点等方面概述尖团音的研究现状，认为学界在辨析尖团音概念和描写其分布表现等方面有深入探讨，但对尖团音结构变异和社会变异的研究相对薄弱，应增加对不同调查点和言语社区的变异调查，丰富调查实例，进一步揭示汉语方言尖团音正在进行的变化。

【关键词】尖团音，官话方言①，晋语，语音变异

尖团音是汉语方言的重要现象，相关研究可以为汉语史、方言史以及方言接触和演变提供语料支持，也能作为方言划分的重要依据。尖团音研究成果丰富，就笔者搜集的文献看，尖团音这一音韵术语首次出现在 1743 年无名氏撰写的《圆音正考》中，该书为满汉对译所作。此后，陆续有学者使用尖团音这一概念，并探究其成因、分布和发展。直至今日，尖团音仍是方言学和音韵学的重要研究内容。笔者以“尖团”为关键词，检索中国知网中文数据总库，共获得文献 446 篇/部，其中学术期刊 218 篇、学位论文 171 篇、会议论文 5 篇、中文图书 1 部、其余各类资料 51 篇。此外，多部方言专著重点描写了尖团音，如乔全生（2008）、钱曾怡（2010）、沈明（2022）。

一、尖团音界定、演变和类型研究

（一）尖团音界定

学界对尖团音概念界定讨论较多，影响较大的有两类。一类以黄伯荣、廖

*吴青（1998—），女，中央民族大学中国少数民族语言文学学院语言学及应用语言学专业社会语言学方向 2021 级硕士研究生，主要研究社会语言学和汉语方言学相关问题。

① 钱曾怡主编的《汉语官话方言研究》（2010：6）将“晋语”纳入官话方言范围，本文沿用这一分类。

序东主编的《现代汉语》（1990：46）为代表，“声母 z、c、s 跟 i、ü 或 i、ü 开头的韵母相拼叫尖音；声母 j、q、x 跟 i、ü 或 i、ü 开头的韵母相拼叫团音。普通话没有尖音，只有团音”。这是从共时音值角度界定的尖团音，便于教学和普及现代汉语，但忽略了团音来源于 g、k、h 的语言事实。另一类以董少文《语音常识》（1955：118—119）为代表，作者从历史音类角度指出，凡是古代精清从心邪五母字，现代的韵母是 i、ü 或者 i、ü 起头，叫作尖字。凡是古代见溪群晓匣五母字，现在的韵母是 i、ü 或者 i、ü 起头，叫作团字。因尖团音与尖团字概念相连，一般将该定义纳入尖团音讨论范围内。罗福腾（1996）、蓝恭梓（2002）、王娇（2012）、王秋云（2017）等学者从多角度讨论了以上两类定义，其中罗福腾（1996）对以上两类定义的关注较为全面，他从概括性、科学性、实用性三方面展开讨论，指出《现代汉语》版定义利于学科教学，《语音常识》中的定义更符合科学研究需要。

劲松、瞿霭堂（2009）结合各地方言尖团音现状，指出从语音角度定义的尖团音概念无法包含尖团音的各类读音，如山东诸城尖音为 t 组，团音为 ts 组，且 ts 组和 tɕ 组字不止源自于精见组，还有知组、照组等。从声类角度定义的尖团音概念将细音前精见组的关系扩大至精组字与见组字，不符合尖团音研究传统。因此，他们根据细音前精见组是否分化和分化后是否自成一类，对尖团音做以下定义：细音前精组字语音发生变化自成一类的，称尖音；细音前见组字语音发生变化自成一类的，称团音。

由于尖团音涉及音类、音值及不同方言尖团现状，不同学者对尖团音概念各有侧重，有诸多讨论。总体而言，学界较为认可董少文对尖团音的定义，认为应当在此基础上进一步增补。分析归纳已有的研究成果，笔者从历史音类出发，对尖团音做如下定义：精见组（或其中一组）在细音前未分化或精见组（或其中一组）分化后自成一类且二组读音不同，称为尖团分立，其中精组为尖音，见组为团音。

（二）尖团音演变

1. 尖团合流的时间

尖团音经历了尖团分立、腭化发展和尖团合流等阶段，学界对尖团音开始腭化和不分尖团的时间多有讨论。蓝恭梓（2002）主张，元代周德清的《中原音韵》和明代兰茂的《韵略易通》中没有精见组与细音相拼腭化的现象，此阶段还未出现尖团合流。根据语音演变的规律可知，口语往往先于书面语发生变化，如在书面语中大面积存在语音变化实例，那口语则会更早出现。杨婉婷（2019）在分析研究多种文献资料后，发现清初时期官话体系的尖团合流仅在口语中出现，书面语中依然尖团分明。《圆音正考》（1743）提及“夫尖团之音，汉文无所用”，如该书真实描写了当时的语音状况，那尖团合流这一现象大致于这个时期就已经出现。金基石（2001）和杨亦鸣、王为民（2003）等学者结合满文音变规律和汉语韵书与朝鲜文献的对音，得出《圆音正考》时期北京话音系确实发生了尖团合流现象的结论，验证了《圆音正考》的准确性。以上研究从历史文献出发，讨论尖团合流在口语和书面语不同层次中出现的时间。

乔全生（2008：134）采用历史比较法，比较不同文献和方言今音，寻找见系腭化实例，推断见系腭化过程，得出了晋语见系腭化发端于唐五代、形成于宋、高化于元明的结论。他在研究晋语各片方言后发现，尖团音的发展极不平衡，大致可分为尖团分明、尖团合流和超前演变（腭化后发音部位继续向前推进，从而出现舌尖音）三类，难以断定尖团合流完成的时间。对比周围方言可知，晋语中心地区及汾河片尖团合流萌芽时间早于北京话、山东话，最终完成时间比北京话、山东话晚。

整体而言，学界多认为尖团合流大致萌芽于元末明初甚至更早，并认为见系声母可能先腭化。笔者认为，官话和晋语各地方言精见组开始腭化的时间、发展的速度以及完成合流的时间大多不同。

2. 细音前精见组腭化的动因

语音的发展演变有内部和外部双重原因，深入探讨其内部原因的学者有罗福腾（1996）、王秋云（2017）等。罗福腾主张，明代中期后，受细音韵母或韵头 i、y 同化影响，精见两组声母向舌面运动，出现尖团合流。王秋云认为，齐撮呼是近代精见系舌面化的条件，真正动因是汉语声母系统内部演化，具体过程为宋代知照合流为 tɕ 组，明代 tɕ 组位置由精见组细音填补。语音结构内部的发展演变导致精见组腭化，方言与标准语、方言与方言之间的接触为部分方言精见组腭化的外因。

（三）尖团音的类型

我国各地方言尖团音复杂多样，音值丰富，总体呈现出一定的类型规律。

劲松、瞿霭堂（2009）先判定一地方言是否有尖团音，再将有尖团音的方言分为四类，一类是尖团合并型，指细音前精组和见组独立分化后变成相同的音；一类是尖团完整型，指细音前精组和见组独立分化后变成不同的音且与原组字读音不同；一类是尖团单一型，指细音前精组或见组只有一组独立分化出来，只出现尖音叫尖音型，只出现团音叫团音型；最后一类是尖团局限型，属于以上三种类型的下位类型，指细音前精组和（或）见组在一定条件下发生变化，变成不同的音，强调精、见组只有一部分发生变化。王娇（2013）从尖团音历史音类角度出发，将汉语方言划分为三类，一类是尖团合流型，指精见组与细音相拼时发音相同，不局限于舌面化；一类是尖团区分型，指精见组与细音相拼时没有变为同一声母，泾渭分明；一类是尖团混合型，指一字存在腭化前后两种读音和同组字都已发生变化，个别“落后分子”没有改变的现象。

另有学者从具体音值角度划分尖团音类型，如蓝恭梓（2002）将尖团音类型分为两类，分别是 ts-tɕ 组和 ts-k 组，杨亦鸣、王为民（2003）增加 tɕ-k 组。以上学者在划分尖团类型时，受普通话精见组与细音相拼腭化成舌面前音 tɕ 组影响，将音值作为标准，但在方言实际中，尖团的音值种类繁多，难以全面概括。

二、官话方言和晋语尖团音分布规律

官话区总体不分尖团，北京官话和东北官话已完成尖团合流，胶辽官话、中原官话、冀鲁官话、西南官话、兰银官话、江淮官话和晋语有较多方言点仍尖团分立。目前来看，官话方言区分尖团音的一些方言点正处于由分走向不分的动态过渡阶段。不同方言尖团读音各异、类型复杂，结合读音现状，大致可以将官话方言尖团音由分到合的演变归纳为以下过程：精组尖音 ts→tɕ = tɕ←c←k 见组团音（钱曾怡 2010：20）。为摸清官话方言尖团音的分布现状，笔者梳理了未完成尖团合流的方言片区尖团音研究成果。

（一）胶辽官话

胶辽官话是官话方言中较为少见地大面积集中区分尖团音的方言。截至 20 世纪 90 年代，胶辽官话山东部分四十个方言点尖团分明，区分尖团是胶辽官话一大特色。张树铮（2007）主张胶辽官话登连片山东部分基本分尖团，青莱片尖团可分为两类，盖桓片不分尖团。钱曾怡（2010：107）根据胶辽官话各方言点尖团音音值将其分为七类，其中六类分尖团，分别是荣成型、牟平型、龙口型、青岛型、诸城型和日照型，指出荣成型（ts-c 组）是胶辽官话中最古老、发展最缓慢的尖团读音。孙庆玉（2020）在描写胶东尖团音现状的基础上，指出胶东尖团音正处在尖团合流的过程中，可分为文白异读、部分合流和完全合流三个层次，并认为胶辽官话部分方言点的尖音在腭化过程中会出现 tʃ 组过渡。笔者从胶辽官话现存尖团类型中发现，尖团音腭化为舌面中音的过程中有时会出现过渡音 tʃ 组和 c 组。

（二）中原官话

总体而言，中原官话团音腭化程度高，其方言区的西北部分地区团音仍为 k 组，这与 i 介音先行脱落导致舌根音腭化的语音条件缺失有关。

钱曾怡（2010：183）指出，中原官话大多尖团不分，分尖团的方言集中在河南省和山东省南部的洛徐片、郑曹片以及蔡鲁片。除以上三片区外，刘雪霞（2006）主张，商阜片阜阳、亳州等方言点区分尖团。汾河片是处于山西境内的中原官话，兼顾中原官话与晋语的特点。田希诚（1990）认为，汾河片白读团音为 t、t^{h}、ç；钱曾怡（2010：184）提出，汾河片见组开口细音字声母读音分为 ȶ、ȶ^{h}、ç 和 tʂ、tʂ^{h}、ç 两类。结合两位学者的调查可以发现，汾河片的擦音独立腭化，说明在尖团音腭化过程中，发音方式有重要影响。秦陇片分尖团的情况较为复杂，陕南和宁夏地区不分尖团，但陕南有个别尖音读为 ȶ、ȶ^{h}、s，体现了尖音原貌（高葆泰 1989、庄佳 2019）；甘肃地区以开合为条件分尖团；青海地区大多尖团分明，为 tʃ-tɕ 组（芦兰花 2011）。陇中片天水与秦安两地分尖团，天水话团音为 k 组，同时 i 介音脱落，失去腭化的语音条件；秦安方言尖音读为 ʦ 组（张惠强 2018）。河州片团音多为 tɕ 组，民和等地方言团音白读为 k 组（介音 i 脱落），尖音分为两类（芦兰花 2011）。关中片多分尖团，团音为 tɕ 组，尖音分两类（孙立新 1997）。南疆片部分见系开口二等字为 k 组（介音 i 脱落），这与新疆汉族多是甘陕移民后代有关（周磊 2007）。

（三）冀鲁官话

冀鲁官话区团音腭化程度高，其中与北京官话接触频繁的方言点大多尖团合流。

黄卫静（2004）系统调查了河北省内尖团音，指出河北省分尖团的方言点都分布在石家庄附近及以南的石济片，团音为 tɕ 组，尖音分为六类。钱曾怡（2010：149）主张冀鲁官话大部分不分尖团，据其调查，冀鲁官话河北区域 40%左右分尖团，分布在保唐片的定霸小片、赵济小片、邢衡小片及聊秦小片的西部清河地区；山东区域仅有 15%分尖团。张春霞（2012）指出，山东境内分尖团的冀鲁官话尖团音读为 ʦ-tɕ 组。

（四）西南官话

一般来说，西南官话的一致性是现代汉语方言中最高的（李蓝 1997），其内部较为一致地不分尖团，仅有部分方言片区和方言点分尖团，其中齐撮、韵母（韵摄）会影响尖团是否合流，母语或母方言影响尖团使用。

西南官话分尖团的有桂柳片的柳州和滇西片的保山等地（李霞 2004，郭丽 2009，孙越川 2011）。曾献飞（2004）在描写西南官话湘南片（现为桂柳片湘南小片）语音现状时发现，湘南片部分方言分尖团。湘南地区官话和地方土语交混，李蓝（1997）主张，湘南人区分尖团与否与其土语背景关系密切，区分尖团的发音人在使用西南官话时也区分尖团，反之则不区分。钱曾怡（2010：262）认为，西南官话精见两组声母读音类型非常复杂，在 17 种读音类型中，尖团对立的 8 种又可分为 4 类：阳朔类，尖团对立最彻底，精见组没有腭化，读为 ʦ 组和 k 组；柳州类，精组或见组在细音前腭化或者处于腭化过程中，造成尖团对立；兰坪类，见组声母细音前腭化，精组声母以韵母为条件决定是否分化，部分尖团对立；丹寨类，精组和见组声母在细音前均腭化，精组尖音字均为齐齿呼，见组团音字均为撮口呼。

（五）兰银官话

方言接触加速了兰银官话的尖团音腭化，音韵地位对其是否腭化有重要影响，文白异读可以形成不同层次的尖团音。

兰大中文语言研究小组于 1963 年发表的《兰州方言》中描写了见系二等字的文白异读现象，指出新文读 ʨ 组声母出现时间较晚，且是突然出现的，说明兰银官话中 ʨ 组的出现受到了语言接触的影响。张燕来（2003）主张兰银官话不分尖团，但见系开口二等字中有 24 个字（多为蟹摄）存在文白层面的尖团分立。

（六）江淮官话

吴波（2007）系统分析了江淮官话精组和见组读音类型，认为精组有三种读音，分别为 ʦ、ʨ、ʈʂ（tʃ）组；见组有五种读音，分别为 ʨ、k、ʦ、ʈʂ（tʃ）、t 组，其中 t 组仅见于枞阳话。冯法强（2014）主张，中古时期江淮官话尖团对立，如今依然尖团分明的仅有苏南部分，其中南京老派方言保留最好，部分地区见组在细音前读为舌尖音，这与介音高化有关。

（七）晋语

晋语指山西及其毗邻地区有入声的方言（李荣 1985）。晋语受其较为封闭的地理位置影响，不但留存了入声，而且众多方言点依然尖团分明。

一些学者描写晋语尖团音并划分了类型，影响较大的有侯精一、温端政

（1993：18—20），他们将晋语内部的尖团类型划分为读音无区别、读音有区别、部分字有区别、白读音有区别四类，较为完整地展现了晋语尖团音面貌，详见表1。

表1 侯精一、温端政对山西尖团类型的划分

类型	地区	精组		见组	
		齐齿呼	撮口呼	齐齿呼	撮口呼
读音无区别	86点	不分尖团			
读音有区别	平顺、壶关	ts、tsʰ、s		c、cʰ、ç	
	黎城等4点	tɕ、tɕʰ、ɕ		c、cʰ、ç	
	高平	ts、tsʰ、s		c、cʰ、ɕ	
部分字有区别	临县	ts、tsʰ、s	tɕ、tɕʰ、ɕ	tɕ、tɕʰ、ɕ	
	阳泉等5点	tɕ、tɕʰ、ɕ		ts、tsʰ、s	tɕ、tɕʰ、ɕ
白读音有区别	平遥、介休	ts、tsʰ、s白		tɕ、tɕʰ、ɕ	
	蒲县等4点	tɕ、tɕʰ、ɕ		t、tʰ、ɕ白	
	万荣、河津	tɕ、tɕʰ、ɕ		tʂ、tʂʰ、ʂ白	

田希诚（1990）主张，并州片有少量方言点尖团对立，其韵母读为开口呼和合口呼。钱曾怡（2010：335）以齐撮为条件，将晋语分尖团的方言分为三类：尖团音在齐撮前读音都不同，如黎城；在齐齿呼前读音不同，如临县；在撮口呼前读音不同，如阳泉。

分析以上研究提及的尖团类型及区域，可发现晋语上党片尖团类型比较丰富且集中。王利（2012）专题研究上党片尖团音，将其分为五类，分别是平顺型、高平型、町店型、潞城型和黎城型，详见表2。在此基础上，她按照尖团音演变速度再分类，将见晓组腭化速度快于精组的平顺型、高平型、町店型和潞城型划分为一类，将精组腭化速度快于见晓组的黎城型单独划为一类。

表2 王利对上党片尖团类型的划分

类型	精组细音	见晓组细音	方言点
平顺型	ts、tsʰ、s	c、cʰ、ç	平顺、壶关、树掌
高平型	ts、tsʰ、s	c、cʰ、ɕ	高平
町店型	ts、tsʰ、s	tɕ、tɕʰ、ɕ	町店、古寨、西河底

续表

类型	精组细音	见晓组细音	方言点
潞城型	tʃ、tʃʰ、ʃ	tɕ、tɕʰ、ɕ	潞城
黎城型	tɕ、tɕʰ、ɕ	c、cʰ、ç	黎城、龙溪、陵川等

综合官话方言尖团分布现状，笔者认为，细音前精见组腭化经历了多种形式的过渡音，见组腭化程度总体较高，部分地区出现腭化后的超前演变；介音、韵母、韵摄、开合、齐撮、音韵地位是影响腭化的语音条件；方言接触在腭化过程中有促进作用；文白异读可能会形成不同层次的尖团读音。

三、尖团音变异研究

山东大学中文系社会实践方言调查小组于1963年调查撰写的《烟台方言报告》（1963）指出，烟台方言分尖团。该小组在1979年再次调查时，发现新派烟台方言已不分尖团。随着方言接触和普通话的影响，许多方言的尖团音正处于由分向合的转变中，呈现出语言结构和语言使用上的差异。

（一）尖团音结构变异

部分方言尖团音会根据语音结构出现尖团分立、尖团合流和一字两读等三套系统。李小凡（1997）认为，苏州方言精组舌尖声母细音字演变成舌面声母后出现的尖团合流现象受到后字和非后字两类分布位置的制约，后字位置倾向保持旧音，非后字位置倾向新音。曹晓燕（2011）在调查无锡方言尖团分混时发现，相邻音节、介音以及声母的清浊对尖团读音有影响。

（二）尖团音社会变异

有学者调查研究尖团音在不同社区、群体中的使用差异。管延增（2004）采用社会语言学和方言学方法调查研究青岛城区尖团音的变异情况，分析不同社会特征（性别、年龄、职业和文化程度等变量）语言使用者的尖团音使用差异。研究表明，青岛城区没有出现明显的尖团音使用代际差异，每个年龄层都有一定数量分尖团的被试，性别、职业、文化程度等变量体现了尖团音的使用差异。这一研究基本包含与尖团音使用差异有关的所有社会变量。类似研究多见于硕士学位论文，比较有代表性的有张雪丽（2008）、李晓雨（2018）、韩烨（2020）、郝朋丽（2021）、咸桂香（2021）等。

傅根清（2002）运用王士元的词汇扩散理论解释方言中不同词的变异差别，认为尖团合流首先在少数词中发生变化，逐渐扩散到其他词。杨佶（2002）同样使用词汇扩散理论解释苏州话尖团分混现象，认为苏州话并没有完成尖团合流，有些字倾向读尖音，有些字倾向读团音，有些尖团皆有，苏州话的尖团合流以共时变异的词汇扩散形式呈现，它受制于语言和非语言因素。

（三）“女国音”相关研究

北京一些女子中学的学生将 tɕi-、tɕ^{h}i-、ɕi-读成 tsi-、ts^{h}i-、si-，这种女学生特有的读音为“女国音”。早在 20 世纪 20 年代，黎锦熙先生就关注到这类现象。“女国音”发源于劈柴胡同，原北京师范大学附属女子中学，因此也称为“劈柴派读音”。此后，陆续有学者提及此类现象，如赵元任、罗常培、李方桂（1937），徐世荣（1957，1979），曹耘（1986），胡明杨（1987），朱晓农（1989）等。

曹耘（1986）在讨论北京话 tɕ 组声母前化时将 tɕ 组读为 ts 组的现象视为北京话 tɕ 组声母前化的独立方向，认为其产生和发展与苏沪方言、京剧和老国音等的尖团音对北京话的影响有密切关系，并在老中青三代和男女皆有分布，只是在青年和女性中更为常见。

胡明杨于 1987 年摸底调查中国人民大学北京女学生的发音，显示 20 世纪 80 年代的北京女学生仍然存在“女国音”现象，占比约为 30%，且分布地域已从主城区扩大至北京郊区。“女国音”受韵母和词汇常用程度等的影响，从音节角度来看，与历史上的尖团音没有关系。究其形成原因，多与女青年向往娇俏发音的心理机制和社会对女性潜在的强压有密切关系。

朱晓农（1989）曾观察到东北和胶东地区存在类似的“女国音”现象，如哈尔滨、荣成等地，认为“女国音”的 tsi-并不是纯粹的齿音，部分人的音值多为略带腭化的 tsjɪ，推测北京话喉牙音的腭化存在性别差异，男性齿音腭化与腭化后的喉牙音合流，女性进一步前化与齿音合流，“女国音”与胶东等地的类似现象存在历史联系，不是单纯的巧合。朱晓农（2004）认为，可以从亲密高调论的生物学角度解释其产生原因。

多数学者将“女国音”定性为女青年尤其是女学生在青春期阶段出现的特殊语音现象，较少存在于男青年中，且随着年龄的增长会逐渐消失。“女国音”虽然同尖音的“表现”相似，都是细音前的舌面音读为舌尖音，但其产生源流与尖音不同，因此，学界通常不将其视为尖音的年龄和性别社会变异。

（四）京剧中的尖团音

京剧作为官话（北京）的传统戏剧，其念白与唱歌都要求“尖团分明”，但目前只有老一辈京剧艺术家还保存尖团音，部分中青年演员仅保留“进、姐、青”等几个常用的尖音字，更多演员已经尖团不分，甚至将团音读为尖音。近些年创作的京剧现代戏已完全不分尖团，与普通话保持一致。虽然京剧保存了部分尖团字的读音，但领域较为特殊，多数关于京剧中的尖团音研究关注教学与尖团分辨，语言学界对其关注较少。

四、小　结

有关尖团音的理论探讨和事实描写成果较多，且多集中在尖团音的概念辨析、类型分类、语音描写和变异研究等方面，但仍存在一些不足。

（一）研究不够深入

汉语方言的尖团音现象多样复杂，学者在描写一地方言语音面貌时大都会关注尖团音，但研究往往停留在描写阶段，深入探讨其演变动因和路径并提供文献实例的成果较少。根据现有研究成果可知，尖团音的发展演变会受到语言结构内部的影响，如韵母、韵摄、开合、音节位置等，深入这一语言现象，有助于揭示语音演变的规律和特点。笔者认为，方言尖团音研究应当充分描写语音面貌以及各项语音变体，分析不同变体在口语中的存在条件。在此基础上，可以更好地探究语音演变的原因，揭示语音演变的规律和特点。

尖团音的总体发展趋势是尖团合流，但不同方言的尖团音表现出不同的发展特点。然而，尖团音的研究多集中在精见两组，很少涉及其他音类。语言事实表明，尖团音在现代方言的读音有时会与精见组之外的音类相混，如晋东南晋语的尖团音不同程度地与知庄章相混（王利 2008）。如果不能充分描写和揭示这些语音变化的特点、规律，则难以说明尖团音在当地的分布现状、历史演变和发展趋势。

（二）对尖团音社区差异关注少

尖团音社会变异研究多关注不同社会特征人群的使用差异，较少关注社区之间的差异。同一方言不同社区的语言使用、语言态度有较大差异，在语言变异分析时应关注不同社区之间的差异。以往关于尖团音社区变异的研究，多涉及城乡社区，未关注特殊社区，如双言社区。笔者认为，调查研究双言社区尖团音使用差异不仅可以观察记录尖团音的发展演变情况，更可以从中分析双言社区居民的语言身份构建情况，为语言认同与语言使用提供个案参考。

参考文献

一、著作

[1] 董少文．语音常识[M]．北京：文化教育出版社，1955.

[2] 高本汉．中国音韵学研究[M]．赵元任，罗常培，李方桂，译．上海：商务印书馆，1937.

[3] 侯精一，温端政．山西方言调查研究报告[M]．太原：山西高校联合出版社，1993.

[4] 黄伯荣，廖序东．现代汉语（增订版）[M]．北京：高等教育出版社，1990.

[5] 钱曾怡．汉语官话方言研究[M]．济南：齐鲁书社，2010.

[6] 乔全生．晋方言语音史研究[M]．北京：中华书局，2008.

[7] 沈明．晋语语音研究[M]．北京：商务印书馆，2022.

二、期刊论文

[1] 曹晓燕．以尖团分混考察影响方言变异的语言因素[J]．苏州大学学报（哲学社会科学版），2011（2）.

[2] 曹耘．北京话 tɕ 组声母的前化现象[J]．语言教学与研究，1987（3）.

[3] 陈建伟．临沂方言尖团音研究[J]．苏州教育学院学报，2009（3）.

[4] 付义荣．中国农村社会语言学的研究现状及理论思考[J]．语言文字应用，2021（3）.

[5] 傅根清．景宁畲话尖团音分混现象研究[J]．语文研究，2002（4）.

[6] 高葆泰．宁夏方言的语音特点和分区[J]．宁夏大学学报（社会科学版），1989（4）.

[7] 谷少华，郭沈青．林州方言尖团音分混现状及其成因[J]．殷都学刊，2015（4）.

[8] 韩剑南．河南汝州尖团音研究[J]．平顶山师专学报，2004（1）.

[9] 胡明扬．北京话“女国音”调查（1987）[J]．语文建设，1988（1）.

[10] 黄卫静．邢台市方言尖团音分混问题[J]．邢台学院学报，2005（4）.

[11] 劲松，瞿霭堂．尖团音新议[J]．语文研究，2009（2）.

[12] 兰大中文语言研究小组．兰州方言[J]．兰州大学学报，1963（2）.

[13] 蓝恭梓．略论尖团音[J]．济南教育学院学报，2002（4）.

[14] 李蓝．六十年来西南官话的调查与研究[J]．方言，1997（4）.

[15] 李蓝．西南官话的分区（稿）[J]．方言，2009（1）.

[16] 李荣．官话方言的分区[J]．方言，1985（1）.

[17] 李小凡．新派苏州方言声母系统的演变[J]．方言，1997（3）.

[18] 罗福腾．“尖团音”概念订误[J]．语言教学与研究，1996（1）.

[19] 罗福腾．胶辽官话尖团音的现状与演变轨迹[J]．中国语言学报，2016（0）．

[20] 雒鹏．甘肃汉语方言声韵调及特点[J]．西北师大学报（社会科学版），2001（2）．

[21] 乔全生．晋语与官话非同步发展（一）[J]．方言，2003（2）．

[22] 山东大学中文系社会实践方言调查小组．烟台方言报告[J]．山东大学学报（语言文学版），1963（S7）．

[23] 苏晓青，刘磊．徐州方言向普通话靠拢趋势的考察——新老派语音差异及变化特点分析[J]．徐州师范大学学报（哲学社会科学版），2002（4）．

[24] 孙立新．关中方言略说[J]．方言，1997（2）．

[25] 孙淑红．河南方言分尖团音现象探究[J]．信阳农林学院学报，2015（4）．

[26] 田希诚．山西方言的尖团音问题[J]．语文研究，1990（2）．

[27] 王东茜．对韩剑南《河南汝州尖团音研究》一文的补充[J]．佳木斯教育学院学报，2010（5）．

[28] 王娇．尖团音探析[J]．大理学院学报，2013（5）．

[29] 王利．论晋语上党片方言的尖团音问题[J]．山西师大学报（社会科学版），2012（2）．

[30] 王秋云．汉语尖团音的发展[J]．长江丛刊，2017（10）．

[31] 王为民，杨亦鸣．《音韵逢源》氐毕胃三母的性质[J]．民族语文，2004（4）．

[32] 王为民．满文文献与尖团音问题[J]．中国语文，2017（3）．

[33] 徐世荣．北京语音音位简述[J]．语文学习，1957（8）．

[34] 徐世荣．普通话语音和北京土音的界限[J]．语言教学与研究，1979（1）．

[35] 杨佶．当代苏州方言尖团音情况的初步考察[J]．语言研究，2002（S1）．

[36] 杨剑桥．“尖团音”辨释[J]．辞书研究，1999（4）．

[37] 杨婉婷．尖团合流在清代初期的演变[J]．汉语史与汉藏语研究，2019（1）．

[38] 杨亦鸣，王为民．《圆音正考》与《音韵逢源》所记尖团音分合之比较研究[J]．中国语文，2003（2）．

[39] 张春霞．山东三大官话区声母的尖团现象[J]．文教资料，2012（27）．

[40] 张惠强．甘肃中原官话陇中片古音遗存稽略[J]．天水师范学院学报，2018（4）．

[41] 张树铮．胶辽官话的分区（稿）[J]．方言，2007（4）．

[42] 赵学玲．山东方言尖团音的今读类型及其历时演变[J]．对外汉语教学与研究，2017（0）．

[43] 周磊．新疆维吾尔自治区的中原官话（稿）[J]．方言，2007（2）．

[44] 朱晓农．腭化与失落的对抗[J]．徐州师范学院学报，1989（1）．

[45] 朱晓农．亲密与高调——对小称调、女国音、美眉等语言现象的生物学解释[J]．当代语言学，2004（3）．

三、学位论文

[1] 曹永巧．河北临西方言尖团音今读调查研究[D]．河北大学硕士学位论文，2016.

[2] 冯法强．近代江淮官话语音演变研究[D].南开大学博士学位论文，2014.
[3] 贡贵训．安徽淮河流域方言语音比较研究[D].河北大学博士学位论文，2011.
[4] 管延增．青岛城区尖团音研究[D].北京语言大学硕士学位论文，2004.
[5] 郭丽．湖北西南官话音韵研究[D].复旦大学博士学位论文，2009.
[6] 韩烨．河北藁城方言尖团音变异研究[D].北京外国语大学硕士学位论文，2020.
[7] 郝朋丽．邢台市方言尖团音分混变异研究[D].河北大学硕士学位论文，2021.
[8] 胡松柏．赣东北汉语方言接触研究[D].暨南大学博士学位论文，2003.
[9] 黄卫静．河北方言的尖团音问题[D].河北师范大学硕士学位论文，2004.
[10] 李霞．西南官话语音研究[D].上海师范大学硕士学位论文，2004.
[11] 李晓雨．山东莒县方言尖团音语音变异研究[D].上海外国语大学硕士学位论文，2018.
[12] 刘雪霞．河南方言语音的演变与层次[D].复旦大学博士学位论文，2006.
[13] 刘玉娜．河北邱县方言尖团音的分布与变异[D].暨南大学硕士学位论文，2012.
[14] 芦兰花．湟水流域汉语方言语音研究[D].陕西师范大学博士学位论文，2011.
[15] 邱磊．鄂东北江淮官话研究[D].南开大学博士学位论文，2010.
[16] 孙庆玉．胶东方言尖团音调查研究[D].鲁东大学硕士学位论文，2020.
[17] 孙越川．四川西南官话语音研究[D].浙江大学博士学位论文，2011.
[18] 王利．晋东南晋语语音研究[D].山东大学博士学位论文，2008.
[19] 吴波．江淮官话语音研究[D].复旦大学博士学位论文，2007.
[20] 咸桂香．山东沂南方言尖团音变异研究[D].上海师范大学硕士学位论文，2021.
[21] 曾献飞．湘南官话语音研究[D].湖南师范大学博士学位论文，2005.
[22] 张雪丽．河南省中原官话尖团音的发展演变情况研究[D].暨南大学硕士学位论文，2008.
[23] 张燕来．兰银官话语音研究[D].北京语言文化大学博士学位论文，2003.
[24] 庄佳．陕南中原官话秦陇片方言语音研究[D].陕西师范大学硕士学位论文，2019.

中原官话兖菏片研究综述

孔鑫颖*

【摘要】梳理中原官话兖菏片的研究文献，认为本体研究涉及面广泛、描写细致，但在研究内容、方言片内部的方言点选择方面存在不平衡性，调查研究方法有待进一步完善。受行政区划制约，兖菏片方言研究更多立足于“点”的描写，忽视了方言学意义“片”的研究。今后应当从单一方言点的调查研究转向方言片内部不同代表性方言点的对比研究，同时加强语言接触、社会语言学的探讨，深化研究。

【关键词】中原官话兖菏片，语言本体，研究特点

一、引　言

按照古入声字的演变，可以划分官话与非官话；根据古入声清声母字的演变，可以把官话进一步分为东北官话、兰银官话、北京官话、中原官话、冀鲁官话、胶辽官话、江淮官话和西南官话。中原官话的划分，主要依据“清、次浊入今归阴平，全浊入今归阳平”（钱曾怡 2010：166）。中原官话内部又可以划分为不同的方言片区，如《中国语言地图集》（1987）将河南、山东、皖北、苏北等地的中原官话分为汾河、信蚌、蔡鲁、洛徐和郑曹五个片区，主要依据“一是古知庄章三组字的今声母；二是古仄声全浊声母字逢塞音、塞擦音今是否送气；三是‘根庚、今经’两组字是否同音”（贺巍 1985）。贺巍（2005）指出，上述划分“有的片过大，如郑曹片为九十一县市；有的片两地分离，如洛徐片当中有郑曹片的县市相隔”。因此，《中国语言地图集·汉语方言卷（第2版）》（2012）将相关地区的中原官话进一步分为兖菏、徐淮、郑开、洛嵩、南鲁、漯项、商阜、信蚌和关中九个片区。总体而言，以上研究的主要变化是将原郑曹、蔡鲁、洛徐三个片区分解为兖菏、徐淮、郑开、洛嵩、南

---

*孔鑫颖（2000—），女，中央民族大学中国少数民族语言文学学院语言学及应用语言学专业社会语言学方向2022级硕士研究生，主要研究社会语言学和汉语方言学相关问题。

鲁、漯项、商阜七个片区，将河南峄函地区的汾河片改名为关中片，信蚌片的名称虽未改变，但包括的区域有一定变化。

兖菏片包括山东省和河南省的33个县市，其中山东省有31个县市：兖州市（现兖州区）、菏泽市、枣庄市、郯城县、临沂市、苍山县（现兰陵县）、费县、平邑县、滕州市、微山县、临沭县、邹城市、曲阜市、宁阳县、汶上县、泗水县、东平县、郓城县、嘉祥县、济宁市、鱼台县、金乡县、单县、巨野县、成武县、曹县、东明县、定陶县（现定陶区）、鄄城县、梁山县、阳谷县。河南省有两个县：范县和台前县（贺巍 2005）。

笔者在“超星发现”数据库以“县市名称+方言/话”为关键词，检索兖菏片涉及的33个县市区的方言，得到有效文献344篇（部）：期刊论文223篇，学位论文94篇，学术专著27部。本文依据上述检索的文献并结合其他文献，从方言区划、语音、词汇和语法等方面梳理已有的研究成果，指出其特点与不足，提出针对性的建议。

二、方言区划

语音是汉语方言分区的首要依据。贺巍（2005）认为，兖菏片除具有中原官话整体的语音特点外，还具有以下突出特点：（1）“刚知专尊方丁边天”等阴平字的调值为曲折调213，是本片山东口音区别于河南口音的主要特点。（2）“抓猪庄吹初窗刷树双”等字，其他各片一般读［tʂ tʂʰ ʂ］或［ts tsʰ s］声母，而兖菏片有的读［pf pfʰ］声母；［ʂ］声母拼合口呼韵母的字，范县、鄄城、郓城、菏泽等今读［f］声母。

山东境内方言的分区与山东境内官话的分区存在一定的对应关系。《山东省志·方言志》（山东省地方史志编纂委员会 1993：5）认为，现代山东方言可以分为三区：东区、中北区、西南区；《山东方言研究》（钱曾怡 2001：20—22）将山东方言分为东西两大区，其次东西区又各分两片：东区的东莱片和东潍片，西区的西齐片和西鲁片。前者的西南区（西菏片、南兖片、南临片）以及后者的西鲁片大致都对应中原官话的兖菏片。西鲁片涉及的28个方言点即临沂、郯城、苍山、费县、枣庄、平邑、滕县、微山、泗水、曲阜、邹县、宁阳、兖州、济宁、东平、汶上、郓城、巨野、嘉祥、金乡、成武、单县、范县、鄄城、东明、菏泽、定陶、曹县均属于兖菏片（钱曾怡、高文达、张志静 1985）[①]。

钱曾怡（2001：22）概括出中原官话西鲁片与邻近的冀鲁官话西齐片的区分标准：（1）古影疑母一二等字的今声母读舌根浊擦音 ɣ；（2）古止摄以外的日母字多读 z 或 ʐ，或按开合口分化为 z 和 v；（3）古生书禅三母的合口字声母多数地区读 f 声母，如刷=发，树=富，双=方；（4）有 fi 音节，“飞肥匪费”读 fi；（5）精组合口洪音读撮口呼，如“坐”［tɕyo］；（6）古次浊入声字的今调类多数地区归阴平，如“麦业木律”等；（7）去声调型多为中降升型。

张树铮（2007）描述了山东方言部分语音特征的地理分布，认为这些语音特征呈现出自西向东的扩散趋势；从历史层次看，东莱片最古老，其次是东潍片、西齐片、西鲁片。

结合钱曾怡（2001）和张树铮（2007）的研究可知，西鲁片的语音特征主要表现在以下 13 个方面：（1）中古知庄章三组声母今多读为 tʂ 组或 ts 组，“争”与“蒸”同音；（2）中古清声母入声字今调一般读阴平；（3）中古日母（除止摄开口字“儿耳二”等），不读零声母，有 ʐ、z、z/v、ʐ/v 等读法（除东明）；（4）中古次浊声母入声字今调一般读阴平；（5）阴平的调值为低降升调；（6）去声的调值为降升调；（7）中古见组字细音今声母一般读 tɕ 组；（8）中古影疑母逢今开口呼韵母的字（今北京话一般读零声母），读 ɣ 声母；（9）中古曾梗摄入声洪音字今韵母一般读 ei；（10）中古宕江摄入声字今韵母，多数读作一套韵母：ə（或 o）、uə（或 uo）、yə，比较整齐，且与果、山和臻摄入声字的韵母相混；（11）中古咸山摄见系开口一等字的韵母多读 ə；（12）中古咸山深臻摄阳声韵，东明读 n 韵尾，其余都读为鼻化元音；（13）相当于今北京话读 ai、uai（主要来自中古蟹摄洪音）和 au、iau（主要来自中古效摄）的字，今读为 ɛ、uɛ、ɔ、iɔ。上述特征为中原官话兖菏片语音研究提供了重要的依据。

三、语音研究

（一）音系

与兖菏片音系相关的研究可分为全面描写和专题描写两类。

---

① 该文根据 1957 年前后汉语方言普查 97 个点的材料和 20 世纪 80 年代调查的 13 点材料写成。1957 年范县属山东省，作者将其方言归入山东方言西鲁片；1964 年，范县划归河南省。

1. 全面描写

全面描写兖菏片某方言音系的文献主要集中在20世纪末和21世纪初的部分专著。改革开放以后，受全国汉语方言调查的影响，兖菏片方言的研究广度和深度都有了进一步的拓展。研究者记录了大量方言语音材料，并整理了许多方言点的音系，例如《曲阜方言志》(1992)、《金乡方言志》(2000)、《临沂方言志》(2003) 等。一些县志中也涉及方言音系的描写，例如，《泗水县志》(1991)、《汶上县志》(1996) 和《梁山县志》(1997) 等。这一时期的研究成果为兖菏片方言研究奠定了基础。近年来兖菏片音系的研究主要体现在部分学位论文中，比如《山东菏泽市方言语音研究》(2016)、《山东境内中原官话语音研究》(2019)、《曹县方言语音研究》(2020)、《山东平邑方言语音研究》(2021) 等。

2. 专题描写

一些学者针对兖菏片某方言声母、韵母或声调进行了专题描写。声母方面，何茜（2011）分析了古知庄章组声母在枣庄方言中的演变，认为这三组声母在今天读为［ts］［tsʰ］［s］和［pf］［pfʰ］［f］两套声母，与其所属方言片区的其他方言点存在差异。韵母方面，吴永焕（2009）观察到郓城话与兖菏片其他方言不同的撮口呼韵母，认为其介音音值不是［y］，而是由［i］、［u］复合而成的双介音［iu］，这种“转呼”现象对揭示与解释方言的音系规律有一定的意义。安洺芊（2023）运用实验方法研究山东方言的鼻尾韵，对比了不同方言点鼻尾韵鼻化属性的共时差异，认为西鲁片韵尾脱落更为广泛，主要元音鼻化色彩更强。声调方面，吴媛媛（2017）运用实验语音学方法研究了济宁方言的单字调，总结了调值和调型。吴永焕（2018）观察到山东菏泽郓城方言状态形容词末音节存在［213］和［53］两类变调，且可以自由变换使用，不具有别义作用，结合音义特点，他认为：“或许正是方言阴平、阳平的该类调值读音，相比方言声调格局中的其他声调，更有助于突显方言状态词词调的特定旋律变化，更符合方言状态词状态生动描摹的形态需要，因而被用作方言状态词形态变调的重要语音手段。”

（二）共时和历时音变

对兖菏片音变现象的研究包括共时语流音变和历时语音变化两个方面。

1. 共时语流音变

丁振芳、张志静（1987）介绍了曲阜方言两字组、数词和量词结合、单音节动词 AA 重叠式、单音节形容词 AA 重叠式的四种变调类型。朱晨曦（2003）描写了平邑方言的变调、轻声和由轻声所引起的声韵母变化以及小称变韵的特殊音变现象。田静（2010）分析了费县方言中变调、轻声、儿化、同化、异化五种语流音变类型。杨文波（2010）描写了兖州杨庄方言儿化词的语音特点，根据韵母变化情况将其分为直接加卷舌动作、增加央元音或央化、鼻化音丢失、韵尾丢失、韵尾丢失同时主元音鼻化五种类型。

2. 历时语音变化

侯怡雪（2019）分析了费县方言古生书禅船昌母字、古日母字、古庄组字、古精见组字声母文白异读和古宕江摄入声字、古曾梗深摄入声字及蟹止摄字、古咸山摄入声字、古臻深摄舒声字、古通摄入声字和流摄字的韵母文白异读，并与中古音比较，总结了费县方言声韵母古今演变的特点。亓文婧（2022）梳理并对比了滕州市半个多世纪以来的单字调，依据其变化程度，将现阶段滕州单字调分为三种类型：徐州型、南北兼容型和新生型。

（三）语音变异

语音变异是"进行中的变化"，强调语音演变的动态性。兖菏片语音变异的研究较少，主要成果有杜兆金（2010），杨文波（2010），张瀛月、朱晓农（2015）。杜文考察了枣庄方言人说普通话时产生的语音变异现象，认为这些现象与该方言中古入声字归派、母方言调值特点以及说话者的文化程度相关。杨文从社会语言学角度考察了兖州杨庄方言子尾儿化叠置现象，认为性别和年龄是影响子尾儿化使用差异的重要因素，青年和女性更倾向于儿化，而老年和男性更倾向于子尾。张瀛月、朱晓农采用实验语音学方法，从共时变异角度将滕州方言的声调分为老派、老派变异派和新派，认为新老派演变的主要动因是调系内部的自然调整，属自然音变，邻近方言的影响只起到加速或延缓音变的作用。

（四）语音接触

刘进（2003）将苍山方言分为南部方言和北部方言，认为南部方言的连读变调是北部方言和徐州东部方言影响的结果，两地方言的接触使苍山南部方言两字组的连读变调产生了三种并存的形式。张伟静（2014）调查了费县方言内部声母数量、pf 类声母的过渡、精见两组声母尖团分混情况、古知庄章组声母今读等方面的差异，她指出，该地方言总体上具有鲜明的中原官话特点，但因为周边地区的方言接触使其具有了冀鲁官话和胶辽官话的特点，体现出由西向东的扩展趋势。孔国兴（2020）分析了巨野方言受普通话和济南话影响产生的声调相似借贷和对应借贷、声韵母音值借贷现象，并认为由此形成了巨野话文白读的不同层次。

四、词汇和语法研究

（一）词汇研究

兖菏片词汇研究涉及构词、词汇语义和词汇使用三个方面。

1. 构词

丁振芳、张志静（1988）认为，曲阜方言词汇具有以下构词特点：叠音现象丰富多样；词缀“子、头、二、么、巴、拉”等运用频繁；时间词、村镇名称词多含儿化音节等。李雨桧（2015）广泛搜集了泗水方言词汇，从音节数量、构词语素、造词方式等方面分析其构词特点，从历时角度探究了其叠加、替换和演变的动态过程。董业明（2011）采用田野调查法、描写法和比较法等方法探讨了枣庄方言名词、动词和形容词的构词方式，认为附加法在实词构词中的大量运用是其鲜明特点。颜峰（2011）分析了郯城方言名词、动词和形容词的词缀及其蕴含的意义。孙浩峰（2013）将滕州方言的词缀分为典型词缀和类词缀，前者包括“老”“头”“子”三个，它们既承袭了普通话的用法，还发展出了一些特殊用法；后者有“洋”“圪”“来”“种”“熊”“货”“拉”“巴”“乎”等九个。它们涉及类推、语义和语法三个方面。

2. 词汇语义

邵娟（2009）探讨了枣庄方言词汇的动态演变形式，总结了方言蕴含的民俗文化，并据此进一步细化了方言词语分类。董业明（2011）以枣庄方言泛义动词“治”为代表字，从语义、语法、语用三个平面及古代汉语、普通话、方言角度考察了泛义动词的演变途径。王全华、吴福祥（2022）从语义和语法角度考察了费县方言的“漫”，认为其语义具有多功能性，总结出费县方言“漫”的语义演变路径：“跨越”义动词>经由介词>处所源点介词>处所介词；“跨越”义动词>处所源点介词>时间源点介词。

3. 词汇使用

词汇使用主要包括特色词和亲属称谓词两个方面。

李荷（2014）采用传统方言学和社会语言学相结合的方法，以汶上方言的特色词为研究对象，考察了城镇居民、农村村民、高中生和公务员群体汶上方言特色词的使用情况，认为不同群体方言特色词使用的共性是知晓率较高、使用率较低，年龄、性别、出生地及居住地是影响特色词知晓和使用的重要社会因素，预测汶上方言特色词的发展会随着普通话的普及逐渐走向衰微。李荷

(2023) 结合汶上县高中生群体语言习得和语言使用的现状，考察了他们对六类特色词的知晓、使用情况及语言态度。调查结果表明，城镇出生调查对象方言特色词的使用率高于农村出生的调查对象。

伊淑娟（2016）从微观角度调查了成武方言亲属称谓语的使用情况以及年龄、性别、文化程度和语言环境等因素对亲属称谓语的影响，认为普通话亲属称谓语的使用范围会日渐扩大。刘振婷（2023）考察了阳谷方言中不同年龄、性别、文化程度、居住地和语言能力的群体的亲属称谓形式使用差异，认为语言接触、社会文化和被调查者的观念是主要影响因素。

（二）语法研究

1. 词类

词类研究多涉及代词、副词、形容词、名词等实词研究，虚词研究较少。

张晓瑞（2008）通过菏泽市牡丹区方言生活会话实例分析了"你"和"恁"的多元复杂语义，指出它们不仅可以指代第二人称，也可以指代第一人称和第三人称的单复数。邵园园（2012）描写和分析了枣庄方言中的特色时间副词、程度副词、语气副词、范围副词、情态副词和否定副词，并与普通话的副词比较，总结了枣庄方言副词的语义、语法和语用特点。杨文波（2016）以兖州方言为例，从句法位置、表义功能和语音实验的角度描写了"ABA"式重叠副词，并推测这种重叠式可能是由"ABAB"式副词的语用重复缩减而来的。魏翔（2021）从构词法、句法功能、语义、运用等角度分析了平邑方言的形容词。程璇（2011）在枣庄方言名词分类的基础上，对比普通话名词，揭示了枣庄方言名词的构造形式、语音特点、表义功能、句法功能和语法意义。

2. 句法结构

邵平和（2007）在分析单县方言"上/下"词义的基础上，考察了"上/下+宾语"结构的对称性、动态成分、语义关系以及配价。李怡林（2021）分析了枣庄方言主观极性程度量构式"X得不撑"的语义、语法和语用功能，指出构件"X"的准入条件包括形容词和动词，它们一般不独立存在，常于句末补充前文信息，可充当谓语、补语、宾语或独立成句，具有反预期、主观评价和夸张的语用功能。

3. 特殊句式

颜峰、徐丽（2005）描写分析了郯城方言的叫字句及与之相关的几种句式，认为这种句式兼具施事和受事功能，因此在语境中可能会形成歧义。明茂修、王定康（2006），孔丽（2010）分别描写了临沂方言和曲阜方言中的比较句并进行了分类。欧士博（2011）分析了巨野方言的处置句、被动句、比较句和疑问句，比较了它们与普通话结构的异同。

4. 语法比较

殷相印（2006）将微山方言分为北片、南片和西片，认为三个片区语法的共同特征集中体现在名词、动词、形容词及特殊的短语、句式和复句类型上，差异主要表现在副词、代词、介词、语气词、叹词、数词、量词等词类上，并针对异同点做了具体的论述。唐亮（2009）讨论了巨野方言名词、代词、副词、介词和助词等词类以及比较句、反复问句、复句等句法句式，通过对特殊语法现象的描写、与共同语和山东境内其他方言的比较，揭示了巨野方言的语法特点。

五、研究特点

（一）研究内容和内部方言点研究

总体而言，兖菏片方言研究的内容较丰富，本体描写较细致，但也存在研究内容不平衡的问题。语音方面主要涉及音系、共时和历时音变、语音变异、语音接触等内容，词汇方面涉及构词、词汇和语义、词汇使用等内容，语法方面涉及词类、句法结构、特殊句式、语法比较等内容。不同方言点的语音研究成果较多，词汇和语法研究成果较少；词类研究中实词研究成果较多，虚词研究成果较少。

兖菏片内部诸方言点也有研究侧重的不同，在所涉及的33个县市方言点中，枣庄、临沂、菏泽、滕州、费县、济宁、单县等地的研究成果较丰富，定陶、邹城、东明、鱼台、曹县、鄄城、范县、台前等地的研究成果较薄弱。

（二）调查研究方法

调查方法方面，多数学者采用实地调查法，且多选择老派方言人为调查对象，认为他们的方言更为正宗，以此获得的语言材料更具代表性，但缺少对不同社会特征人群方言使用情况的考察。调查工具方面，字表、词表和专项调查问卷使用频率较高。这类方法虽然方便快捷，但有时会遇到方言人不识字、发音不自然、结果不真实等问题。有的研究者甚至采取文献法，直接沿用前人的调查结果，这种方法存在两个弊端：一是难以保证前人调查材料的信度；二是前人的调查结果不一定能够反映现实的语言状况。

研究方法方面，既有定性描写，又有定量分析，但以定性研究为主，定量分析仅涉及少数实验语音学研究；以单点描写为主，一些研究与普通话对比，但忽视了与相关方言的对比。研究角度方面，以传统方言描写为主，结合语言类型学、方言地理学、认知语言学、社会语言学的研究较少。

六、努力方向

（一）加强方言小片内部的对比

纵观兖菏片方言的研究，多数研究者从行政区划角度出发，研究题目多以“行政区划（某市或某县）+的+语言要素/语言结构+研究”为主。这种模式的形成一方面是因为处于相同行政区划的方言一般而言具有较大的一致性，而且人们的语言认同感较强，便于研究者开展调查；另一方面是因为以行政区划为单位的已有研究较多，积累了丰富的语料和研究成果可供参考。以行政区划为单位开展的语言研究能够提供“点”的验证，但过度强调了每个方言点的个性，割裂了方言片区的整体性。兖菏片方言涉及 33 个县市，即行政区划意义上的方言点，它们之间既有差异，也有共性。应当加强方言小片内部不同方言点的对比，将具有共性的方言点结合起来，进而增强片区方言研究的系统性。

（二）加强片区语言接触研究，探讨方言分区标准

钱曾怡（2002：13）指出：“从动态的角度来看方言，可以说，任何一个方言点都是处于历史、地理纵横两发展的交叉点上，因此从本质来说都有其过渡性质。”从地理分布看，方言的过渡性质与方言接触密不可分，同一个方言片区、邻近方言片区的方言点之间均存在方言接触。《曲阜方言志》（张志静、丁振芳 1992：3—4）指出，受方言接触的影响，曲阜方言南区乙片语音带有泗水、邹城方音的某些特点，北区丙片与宁阳、泗水的方音相近。同时，兖菏片与中原官话郑开片、商阜片、徐淮片，冀鲁官话沧惠片、石济片以及胶辽官话青莱片相邻，使得平邑、费县、泗水、东明、曹县等过渡地带的方言具有不同于所属片区的特色，加强这些方言点的接触研究，对深化方言描写、揭示方言特征、探讨方言分区标准都有重要意义。

（三）创新研究方法，拓展社会语言学研究

结构主义的语言学研究持有“同质有序”的语言观，认为只有考察和描

写同质、静态、形式化的语言，排除其他社会因素的干扰，才能得到有效的研究结论。受这种传统的影响，汉语方言研究形成了较为固定的调查研究方法，即从静态角度选取一个或几个老派发音人，从共时描写和历时比较两个维度描写语音、词汇、语法等语言要素，并将方言个性作为整个片区的共性。这种传统的方言研究方法，运用真实时间的语言材料，能够描写语言系统、揭示语言规律，但难以解释语言变化的具体过程。

社会语言学弥补了传统方言学研究的不足，它将方言的过去、现在和将来联系起来，“打破了共时研究和历时研究的壁垒”（徐大明 2006：11），“表面看来杂乱无序的语言变异系统，就进入了一个有序的规则系统”（王远新 2008）。传统方言学研究为社会语言学研究积累了丰富的材料，而方言的社会语言学研究又可以为方言正在进行中的变化提供科学解释，“社会语言学的研究模式大大扩大了我国方言学的研究视阈”（祝畹瑾 2013：85），因此我们完全可以将两者结合起来研究。

纵观兖菏片方言研究可以看出，多数成果以传统方言的静态描写为主，只是近年来社会语言学的研究成果逐渐增多，这一定程度上拓宽了方言研究的视野，引入了新的研究方法。该片区社会语言学的研究以语音、词汇研究为主，语法研究较少，且调查研究方法缺乏系统性与全面性。今后应当加强不同方言点、不同语言要素、不同社会特征群体的研究，为兖菏片方言研究注入新的活力。

参考文献

一、著作

[1] 李荣，等．中国语言地图集[M]．北京：中国社会科学院出版社，1987.
[2] 梁山县志编纂委员会．梁山县志[M]．北京：新华出版社，1997.
[3] 马静，吴永焕．临沂方言志[M]．济南：齐鲁书社，2003.
[4] 钱曾怡．山东方言研究[M]．济南：齐鲁书社，2001.
[5] 钱曾怡．汉语方言研究的方法与实践[M]．北京：商务印书馆，2002.
[6] 钱曾怡．汉语官话方言研究[M]．济南：齐鲁书社，2010.
[7] 钱曾怡，马凤如．金乡方言志[M]．济南：齐鲁书社，2000.
[8] 山东省地方史志编纂委员会．山东省志·方言志[M]．济南：山东人民出版社，1993.
[9] 山东省泗水县地方史志编纂委员会．泗水县志[M]．济南：山东人民出版社，1991.
[10] 山东省汶上县志编纂委员会．汶上县志[M]．郑州：中州古籍出版社，1996.
[11] 徐大明．语言变异与变化[M]．上海：上海教育出版社，2006.
[12] 张志静，丁振芳．曲阜方言志[M]．济南：山东地方史志办公室，1992.
[13] 中国社会科学院语言研究所，等．中国语言地图集（第2版）·汉语方言卷

[M].北京：商务印书馆，2012.

[14] 祝畹瑾.新编社会语言学概论[M].北京：北京大学出版社，2013.

二、期刊论文

[1] 丁振芳，张志静.曲阜方音记略[J].齐鲁学刊，1987（2）.

[2] 董业明.枣庄方言中的泛义动词“治”之探究[J].枣庄学院学报，2011（1）.

[3] 杜兆金.郑曹片枣庄方言与普通话接触的语音变异规律研究[J].农业考古，2010（6）.

[4] 何茜.古知庄章三组声母在枣庄方言中的演变[J].枣庄学院学报，2011（4）.

[5] 贺巍.河南山东皖北苏北的官话（稿）[J].方言，1985（3）.

[6] 贺巍.中原官话分区（稿）[J].方言，2005（2）.

[7] 孔国兴.山东巨野话的语音借贷及其蕴含性顺序[J].语言科学，2020（1）.

[8] 孔丽.曲阜方言比较句探究[J].理论界，2010（1）.

[9] 李荷.汶上县高中生方言特色词的使用和语言态度 [G] //王远新.语言田野调查实录（17），北京：中央民族大学出版社，2023.

[10] 李怡林.枣庄方言主观极性程度量构式“X得不撑”研究[J].枣庄学院学报，2021（4）.

[11] 明茂修，王定康.山东临沂方言的比较句[J].宿州教育学院学报，2006（3）.

[12] 亓文婧.半个多世纪以来滕州单字调的变迁[J].语言研究集刊，2022（2）.

[13] 钱曾怡，高文达，张志静.山东方言的分区[J].方言，1985（4）.

[14] 王全华，吴福祥.山东费县方言“漫”的多功能用法及语义演变[J].方言，2022（4）.

[15] 王远新.论语言功能和语言价值观[J].湘潭大学学报（哲学社会科学版），2008（5）.

[16] 吴永焕.山东郓城话中双介音撮口韵及相关问题[J].中国语文，2009（5）.

[17] 吴永焕.山东郓城方言状态词词末音节的变调[J].中国语文，2010（2）.

[18] 吴媛媛.山东济宁方言单字音声调声学实验研究[J].现代语文，2017（34）.

[19] 颜峰.山东郯城方言中的词缀[J].现代语文（语言研究），2011（2）.

[20] 颜峰，徐丽.山东郯城方言的叫字句及相关句式[J].语言科学，2005（4）.

[21] 杨文波.山东兖州方言“ABA”式重叠副词初探[J].语言学论丛，2016（1）.

[22] 张树铮.山东方言语音特征的扩散方向和历史层次[J].山东大学学报（哲学社会科学版），2007（5）.

[23] 张晓瑞.山东菏泽牡丹区方言中“你”和“恁”的语义及语用分析[J].现代语文（语言研究），2008（9）.

[24] 张瀛月，朱晓农.山东滕州的声调变异——边界方言的演化动因[J].东方语言学，2015（1）.

[25] 张志静，丁振芳.曲阜方言词汇管窥[J].齐鲁学刊，1988（2）.

三、学位论文

[1] 安洺芊．山东方言鼻尾韵的实验研究[D]．山东大学博士学位论文，2023.

[2] 程璇．枣庄方言名词研究[D]．山东师范大学硕士学位论文，2011.

[3] 董顺．曹县方言语音研究[D]．西北大学硕士学位论文，2020.

[4] 董业明．枣庄方言实词构词法研究[D]．山东师范大学硕士学位论文，2011.

[5] 范亚婷．山东平邑方言语音研究[D]．北京语言大学硕士学位论文，2021.

[6] 侯怡雪．费县方言文白异读研究[D]．北方民族大学硕士学位论文，2019.

[7] 江语林．山东菏泽市方言语音研究[D]．山东大学硕士学位论文，2016.

[8] 李荷．中原官话兖菏片汶上方言特色词研究[D]．中央民族大学博士学位论文，2014.

[9] 李雨桧．泗水方言词汇调查研究[D]．云南师范大学硕士学位论文，2015.

[10] 刘进．苍山方言连读变调研究[D]．河北大学硕士学位论文，2003.

[11] 刘振婷．阳谷县方言亲属称谓的社会语言学研究[D]．北方民族大学硕士学位论文，2023.

[12] 欧士博．巨野方言句法现象考察[D]．山东大学硕士学位论文，2011.

[13] 亓文靖．山东境内中原官话语音研究[D]．山东大学博士学位论文，2019.

[14] 邵娟．枣庄方言词汇研究[D]．曲阜师范大学硕士学位论文，2009.

[15] 邵平和．山东单县话“上/下+宾语”结构考察[D]．湖南师范大学硕士学位论文，2007.

[16] 邵园园．枣庄方言副词研究[D]．山东师范大学硕士学位论文，2012.

[17] 孙浩峰．山东滕州方言词缀研究[D]．渤海大学硕士学位论文，2013.

[18] 唐亮．巨野方言语法研究[D]．广西师范大学硕士学位论文，2009.

[19] 田静．费县方言语音研究[D]．山东师范大学硕士学位论文，2010.

[20] 魏翔．山东平邑方言形容词研究[D]．山东师范大学硕士学位论文，2021.

[21] 杨文波．山东兖州杨庄方言儿化研究[D]．上海大学硕士学位论文，2010.

[22] 伊淑娟．山东成武方言亲属称谓语研究[D]．扬州大学硕士学位论文，2016.

[23] 殷相印．微山方言语法研究[D]．南京师范大学博士学位论文，2006.

[24] 张伟静．山东费县方言语音研究[D]．山东大学博士学位论文，2014.

[25] 朱晨曦．平邑方言语音研究[D]．山东大学硕士学位论文，2003.

我国群体语言认同研究综述

马雯雯*

【摘要】梳理国内语言认同的研究，以群体为依据，分别综述第二语言学习者、留学生、海外华人、少数民族、流动人口、预留学高中生语言认同、语言行为、身份认同、民族认同、文化认同的相关研究，总结语言认同研究的特点，指出存在的不足与努力方向。本文认为，不同群体的语言认同研究侧重点不同，语言认同与语言行为、身份认同、民族认同、文化认同关系复杂，影响因素错综。除一般背景信息和情感态度外，还应当考虑调查地的历史、宗教、经济、人口流动、民族构成以及语言实用功能等因素对语言认同的影响，进而提炼理论认识。

【关键词】语言使用，语言态度，语言认同

语言认同是语言使用者通过语言行为认识语言功能从而达到自我身份建构的过程，具有多重性，受多种因素影响。语言认同研究长期关注语言使用者如何通过语言行为反映、构建身份认同和民族认同，语言在多大程度上影响文化认同等问题。本文主要关注宏观语言认同研究，以群体分类，按照第二语言学习者、留学生、海外华人、少数民族、流动人口、预留学高中生等六个方面梳理相关研究，指出我国语言认同研究重点关注的内容、研究成果，揭示以往研究不足，如历时研究少、解释性研究少、研究成果不平衡等问题，以期引起学者的关注，后人可在现有的基础上进一步补充研究。笔者以“语言认同”为关键词，检索中国知网中文数据总库，共获得文献 146 篇，其中学术期刊 92 篇，学位论文 29 篇，会议论文 6 篇，其余各类资料 19 篇。

*马雯雯（1996—），女，中央民族大学中国少数民族语言文学学院语言学及应用语言学专业社会语言学方向 2021 级硕士研究生，主要研究社会语言学相关问题。

一、概念界定

（一）认同

关于认同的概念，可以追溯到古希腊时期的哲学命题“认识你自己”，该命题中的“如何认识自己”以及“我是谁”是人类认识活动的重要问题。“如何认识自己”是个体与某一个群体的相似性特征，是个体与群体的共同属性；“我是谁”是指个体与其他群体的区别性特征，是个体独有的属性。当共性与个性同时发生时，认同才得以完成。随着时代发展，认同概念的外延逐渐扩大，心理学、哲学、语言学、人类学、社会学、文学等众多学科领域均有所涉及。

认同的概念经历了从结构主义向建构主义的转型。结构主义认为，认同是固定、客观的外部社会结构范畴，例如种族、国籍、性别、地域等，或是以此为分类基础的主观定位。结构主义过于强调外部环境的决定作用，忽略个体主观能动性且认同概念涵盖广阔，使得20世纪末的建构主义认同概念逐渐受到关注。建构主义认为，认同是个体在社会文化历史情境中与外界互动发展出来的多元、动态身份定位及过程（高一虹、李玉霞、边永卫 2008）。建构主义强调主客体间的互动性，即个体在社会中通过与他人互动、妥协逐渐建构自己的身份认同。

认同的类型多，类型界限模糊。不同学者对认同类型的划分也存在不同意见，如周庆生（2016）认为，认同可分为身份认同、自我认同、民族认同、国家认同、政治认同、社会认同、文化认同、宗教认同、地域认同和性别认同等；亚历山大·温特（2000）则主张将认同分为集体认同和类别认同，再将其他的认同归入其中；黄行（2016）指出，语言认同是族群认同的重要属性，共同的语言是族群认同形成的基础。由此可见，认同涉及的领域广泛，划分的方式多样。

认同的研究范式具有多样性，如理论研究、实证调查、民族志观察等。郭熙（2018）认为，将思辨性论证、实证式调查和民族志式的观察融为一体，是全方位探索语言和认同关系的新方式。这类研究有助于加深人们对认同问题的理解和认识，提升认同建构的能力和效果。

（二）语言认同

早期的社会心理学派从宏观视角研究语言认同，关注社会中不同群体间的关系，认为语言认同是一种独立的形态，即作为某民族的一员应当使用本民族语言且身份认同也应是本民族，语言与民族身份认同保持对应关系。传统社会语言学的变异研究指出，“语言认同”等同于社会类别，是社会结构的被动产物。

一些学者受后结构主义影响，在社会经济、文化历史和政治制度的背景下研究语言认同，认为语言和认同之间存在互相建构的关系，他们的研究呈现出从结构观到建构观转变的色彩（Norton 2000；Block 2006，2007；高一虹等 2008；郭熙 2015；方小兵 2018）。

有学者认为，语言认同的概念界定需与语言使用、语言态度相联系。杨荣华（2009）指出，语言认同是指群体成员对语言的评价和归属意识，以及由此产生的语言使用、语言态度等一系列语言行为。阿斯罕（2015）在研究蒙古族语言认同时指出，语言认同指蒙古族三语人在对蒙古语、汉语、英语的习得、学习和使用过程中形成的对语言使用、能力和态度及个体身份和职业发展产生影响的基本认识。

有学者认为，语言认同的概念与“身份”“同一性”密切相关。杨荣华（2010）指出，语言认同不仅是讲话人对语言本体特征及其所承载的社会文化价值的认同，还涉及讲话人的身份重构。王锋（2010）认为，语言认同是语言观念和语言态度的综合体现，即对语言价值的评价、对语言使用和发展的态度，在此基础上产生的语言选择以及所引起的语言保持、语言转用等一系列结果。尹小荣、崔巍（2015）指出，语言认同是对本民族语言或文字系属的自我认定。

综合以上观点，瞿霭堂和劲松（2017）提出，语言认同有广义和狭义两种理解，广义的语言认同指对外语的认同，即个人或群体对其他语言属性的认识和态度；狭义的语言认同指对母语的认同，即个人或群体对自己所使用语言的同一性认识和态度。

笔者认为，语言认同具有多重性，包括认知层面对不同语言功能的认同、社会语言层面通过语言行为建构自我身份的认同以及实践层面使用语言的情况与态度反映的文化认同等。简言之，语言认同是语言使用者通过语言行为认识语言功能从而达到自我身份建构的过程。

二、国内语言认同研究

国内语言学的不同领域对语言认同的研究呈现出不同聚焦倾向。外语教学领域多关注外语学习者语言认同和身份认同，大多将学生的学习动机、教师的教学方式等联系在一起研究；少数民族语言学领域多关注少数民族的语言认同与族群认同、国家认同的关系；对外汉语领域多关注海外华人、留学生的语言认同与身份认同的关系；社会语言学领域多关注城市流动人口的语言认同及该群体随着环境变迁呈现的语言适应和身份建构。

从研究内容看，语言认同研究大体分为两类，一类以理论梳理、文献综述为主，如黄行（2012，2016）、周庆生（2016）、朱瑶瑶（2017）、姚欣（2020）等，对相关研究具有理论指导作用；另一类以实证研究为主，主要涉及汉语、外语、少数民族语言等领域，主要研究语言认同与语言行为、语言认同与身份认同、语言认同与民族认同、语言认同与文化认同等之间的关系，这类研究对个案积累和研究方法借鉴具有积极作用。

从研究角度看，语言认同研究可分为宏观研究和微观研究两类。宏观语言认同研究大多以群体为研究对象，通常采用民族志等调查方法，考察不同社会变量特征对语言认同的影响。20 世纪 90 年代起，国内语言使用变异研究逐渐兴起，如高一虹、苏新春、周雷（1998）探讨了香港回归前的香港、北京、广州三地大学生对普通话、粤语及英语语言态度差异的社会因素，认为社会地位、经济地位、优良人格、社会制度、意识形态是影响语言态度的重要因素。龙惠珠（1999）分析了香港人的职业背景和语言态度的关系，结果表明，追求社会阶梯的被试对广东话的评价较低，对攀爬社会阶梯的意念较薄弱的被试对广东话地位价值的评价稍高。周庆生（2016）从六个方面综述了国内二十多年来的语言认同研究，包括语言认同的内涵、社会语言与认同、教育语言与认同、农民工语言与认同、少数民族语言与认同、海外华人语言与认同等。方小兵（2018）指出，宏观语言认同研究主要包括性别、民族、代际、阶层等社会变量体现的语言特征。如拉波夫（Labov 1966）的语言变异研究，采用了定量研究方法，考察了语言变量与社会身份的关系，分析了社会因素对语言使用的影响，是宏观语言认同研究的经典代表。

微观层面语言认同研究多从语用学视角出发，关注具体对话中即时性、暂时性的身份。大多以个体为研究对象，通常采用观察法、话语分析和话语策略等方法分析如何在具体语境中建构话语角色及实现交际目的。如陈新仁

(2013) 从语用学角度考察各种交际场合下的身份选择和建构，利用话语分析方法分析医生如何在会话中建构“专家”“帮助者”“协商者”“倾听者”“同情者”等不同的语用身份，以适应交际过程中“权势”和“面子”的需求，推动交际目的实现。

语言认同是一种复杂的文化心理趋同现象，是其他认同的基础，与语言行为、身份认同、民族认同、文化认同相互交叉、界限模糊。下文主要从群体角度切入，分别从第二语言学习者、留学生、海外华人、少数民族、流动人口、预留学高中生等六个方面进行综述。

（一）第二语言学习者语言认同研究

近年来，第二语言学习者语言认同研究得到众多学者的关注。国内研究主要以英语学习者为研究对象，考察语言认同对身份建构的影响以及第二语言能力与异文化认同之间的关系。

高一虹（1994，2001，2002）借鉴人本主义心理学家 E. 弗洛姆（Erich Fromm）的“生产性取向”概念，根据数十名“最佳外语学习者”的访谈材料，提出了“生产性双语现象”（productive bilingualism），即第二语言学习中母语和目的语的掌握、母语文化与目的语文化的理解相得益彰，就会提高学习者的认知、情感和行为能力。她的团队从 2005 年开始对北京五所高校的千余名本科生进行了为期四年的跟踪调查，考察调查对象英语学习动机与自我认同发展的关系。研究表明，语言学习除提高学习者基本语言能力外，还带来非语言层面即自我认识方面的改变。英语学习者的自我认同发展在高年级表现出更明显的复杂性、矛盾性和个体多样性。

郭风岚、松原恭子（2000）关于日本留学生的汉语使用调查表明，日本留学生对汉语的认同距离高于汉语的使用频率，认为在跨文化的交际过程中，第二语言学习者的社会—文化心理敏感性更强，社会—文化心理距离更大；母语文化及由此积淀的社会—文化心理对日本留学生适应汉语、对汉语的语言认同具有决定性作用。

秦晨（2012）认为，中国英语学习者并不具备英语文化的群体成员身份，因此中国英语学习者不一定认同西方文化，文化认同建构的前提是完成身份认同。李蕾（2021）指出，学习第二语言能够打破在背景、观念、性别等各方面的文化壁垒，实现对第二语言的文化认同。傅裕（2022）调查了 106 位巴基斯坦汉语学习者的学习态度、动机对文化认同的影响，认为态度对文化认同有直接的正向影响，即学习者的语言学习态度越好，文化认同程度越高；学习情境动机对文化认同有直接正向影响，即学习情境动机程度越高，文化认同程度也越高；社会氛围动机对文化认同有直接负向影响，即社会氛围动机程度越高，文化认同程度越低。

（二）留学生语言认同研究

留学生是一个跨文化的群体，其文化认同和身份认同会随着对异国语言文化的了解与深入不断变化，是一个渐进的动态过程。陈向明（1998），郑雪、王磊（2005），汤林芳（2009），王媛（2012），邹柳、葛俊丽（2012），杜思婷（2019）等从不同角度入手，探讨了留学生语言认同与文化认同之间的关系。

陈向明（1998）跟踪调查了留美中国学生，收集了许多跨文化交际的真实案例，并采取质性的研究方法和深度访谈与观察的调查手段，阐述了该群体的跨文化交际心态与状况。该书指出，留美中国学生若不能与当地人建立良好的交际网，那么消极的社会关系会带来诸多负面情绪，如无助感、负罪感等，即留学生对异国文化环境的融入程度与异国文化认同感呈正相关。

J. 贝瑞（J. Berry 1989）认为，个体进入新的文化生活后，其文化适应存在四种类型：边缘型，即对本族文化与异族文化都排斥，身份认同不明朗；融入型，即排斥本族文化，完全吸收异族文化；融合型，即保留本族文化的核心部分，部分吸收异族文化；分离型，即只认同本族文化，排斥异族文化。郑雪、王磊（2005）以澳大利亚中国留学生为例，认为边缘型占 8.9%，融入型占 8.3%，融合型占 40.1%，分离型占 42.7%，融入程度与对异族文化认同度成正比，对异族文化认同融入程度直接影响着中国留学生在澳大利亚生活的幸福感。融合型和分离型占比超过 80%，说明中国留学生更在意对本族文化的坚守，对本族文化的认同感更强。汤林芳（2009）从人际圈角度分析了海外中国留学生跨文化适应情况，研究表明，中国留学生在海外文化适应程度与他们的社交圈有关，与中国人的接触能让中国留学生更加认同自己的文化。王媛（2012）调查了中国留学生的语言能力与文化适应的相关性，认为中国留学生在异国偏好与同族或相似文化背景的人在一起交流，并没有积极地融入当地文化，对异国或异族的文化认同感较低。邹柳、葛俊丽（2012）从异文化的社会背景和双语实践关系的角度出发，探究了语言实践、身份认同、社会背景三者的关系，结果表明，语言实践、身份认同和社会环境存在着相互关系；双语人群在多语言社会里的语言实践有各种可能性；身份认同是一个动态的过程，人自身对环境认识的变化起着决定性的作用。

杜思婷（2019）调查了华侨大学东南亚留学生的汉语认同，认为留学生在语言认知和情感态度上对汉语持较高评价，但在语言行为方面没有体现出学习汉语的主动性与积极性，语言使用与语言认同存在不一致的现象。此外何丽、李秋杨、王雪梅（2010），周薇（2011），姚春林（2013）等人的研究也指出语言态度和语言使用存在不一致的情况。

笔者认为，留学生对异国语言文化的积极适应，能提高学习及生活质量，还能加强对异国文化的认同感。

（三）海外华人语言认同研究

语言不仅是人们的沟通工具，也承载着一个族群的历史与文化，是族群认同的重要标志，人们需要依靠保持其族群特性才能区别他族，界定自我，找到身份归属和文化认同（赵静、张贝 2018）。在跨文化环境下，海外华人在异文化环境的碰撞中不断探索、建构自己的身份认同和文化认同。

王爱平（2006），杨荣华（2009），邹晓彧（2012），张健（2014），沈玲（2015），陈颖、蔡炜浩（2016）等通过共时研究揭示了海外华人的语言态度、语言能力对身份认同、文化认同的复杂影响。

王爱平（2006）调查了印度尼西亚“全面强制同化时期”[①] 出生、成长的华裔青少年一代的语言使用后指出，华裔学生的祖辈和父辈大多都会汉语，青少年最先习得父母使用的语言，即汉语和印尼语。学生汉语水平较高，对汉语怀有更强烈的亲近感，具有强烈的华人身份认同意识；印尼语使用表明其具有融入当地社会的积极性，但只有客观的国家认同，而无主观的情感认同，这与当地法律及政策有关。

杨荣华（2009）对英国华人普通话认同情况的调查结果显示，他们对普通话与中国人身份的认同一致，即语言认同与身份认同具有一致性。陈颖、蔡炜浩（2016）的研究表明，美国华人虽然对华语和中华文化认同度较高，但身份认同与语言认同表现出不一致的情况。部分调查对象虽使用华语，但不承认自己是美国华人或中国人；另一部分调查对象几乎不会说华语，但认同自己的华人身份。

张健（2014）指出，汉语教育对马来西亚华人的文化认同具有促进作用，他们对中华文化的认同感与汉字学习及其产生的思维意义、情感价值有着很大的关系。沈玲（2015）的调查表明，印度尼西亚华裔的语言态度、语言使用与文化认同具有一致性，老一辈华人对中国文化的认同度最高，其后代对中国

①“全面强制同化时期”指1965年“九·三〇”事件后，印度尼西亚政府全面、彻底地推行强制华人同化的政策，严厉禁止华人说华语、用华文，禁止保留中国传统文化习俗等，明确地把清除华人的文化特性作为其同化政策的重点。

文化的认同度呈代际减弱的趋势。邹晓彧（2012）关于菲律宾华校学生语言态度和文化认同相关因素的调查研究表明，华校学生的文化认同总体处于中等水平，汉语水平和文化认同呈现正相关趋势，汉语越好，其文化认同度越高。

（四）少数民族语言认同研究

语言认同是民族认同的一项重要指标，也是民族认同感的重要表现形式，它可以体现一个民族共同的文化和心理。当民族语言不再使用，民族语言的凝聚、排他功能便无法正常发挥。随着新时代社会的多元化发展，我国各少数民族也趋向城市化融合发展。这种发展浪潮对本地的少数民族和外来人口的语言认同均会产生强烈的冲击，同时也会影响各民族的母语使用情况。该方面研究成果较为丰富，如王远新（2009）、包冬梅（2009）、刘玉屏（2010）、英君（2011）、阿斯罕（2015）等。

王远新（2009）在调查研究青海同仁土族的语言认同和民族认同时发现，吾屯话和保安语都是同仁土族的家庭和族内交际语，但使用不同语言的土族群体之间彼此认同度不高，导致民族认同度趋于弱化。刘玉屏（2010）对塔吉克族语言使用与语言态度进行了为期四年的田野调查，调查结论显示，大多数塔吉克人为双语人或多语人，有着较强的民族身份认同；塔吉克人对汉语的认同度高于本民族语，认为普通话最重要，这有助于促进汉语教学。

英君（2011）在研究蒙古族大学生对普通话和蒙古语的态度时指出，虽然被试大多选择汉语授课的学校，但蒙古族对本民族语的情感认同度高于汉语。包冬梅（2009）、阿斯罕（2015）关于蒙古族语言态度、语言认同的调查表明，蒙古族双语人或多语人既通过掌握母语的方式增强民族认同感，同时积极学习普通话、英语等其他语言构建其社会身份以期更好地适应社会，蒙古族对蒙古语的情感认同度高于普通话，对普通话、英语的社会地位评价较高，对蒙汉双语使用持积极态度。

吴慧（2019）、丁云亮（2020）、姜艾伽（2023）等将国家通用语言和中华民族认同联系在一起，深入探讨了二者的关系。吴慧（2019）认为，维护我国语言安全是促进中华民族文化认同的关键；丁云亮（2020）指出，不同社群的语言身份是构建国家话语与认同的基础；姜艾伽（2023）认为，提高少数民族对推广普通话的认知水平，能够促进少数民族民族认同和国家认同的良性互动关系，有助于更好地铸牢中华民族共同体意识。

从以上研究可以看出，语言认同与民族认同的关系复杂，既有一致性也存在不一致性。二者互相影响，但未必表现一致。在具体研究时，也应考虑历史、文化等因素对语言认同与民族认同关系的影响。

（五）流动人口语言认同研究

流动人口语言认同的研究中，多以进城务工人群、城市移民为主，探讨这类人群在环境变迁中的语言认同、文化适应以及身份建构的关系。随着我国城市化和市场化进程加快，城市中流动人口规模迅速扩大。付义荣（2015）、张斌华（2016）、杨彩贤（2016）、王远新（2020）、董洁（2021）等研究了进城务工人群的语言认同和身份认同。

付义荣（2015）指出，农民工在城市说普通话，回到农村说家乡话，这与农民工对城市、农村的社会认同没有太大的关系。同样，杨彩贤（2016）对西安市农民工调查后指出，在西安市农民工心中，普通话不是西安市市民身份的象征。这些研究均表明，农民工的语言使用与社会身份认同之间不存在显著的相关性。

张斌华（2016）的调查表明，98.7%的新生代农民工是双言或多言者，普通话的掌握及语言的再社会化对农民工融入城市有促进作用，对普通话的高频使用反映着对城市身份的认同。王远新（2020）调查了维吾尔族经商务工者在石佛寺镇的语言生活，指出维吾尔族被试对普通话的社会地位评价及使用功能评价均高于维吾尔语，学习汉语文的态度较为积极，对普通话的认同度较高，对城市身份认同较为积极。董洁（2021）指出，城乡劳动力人群在言语交际过程中采用口音切换、城市言语特征等行为构建其城市身份，努力摆脱"农民工"这一称谓，他们的子女对城市身份具有较高的认同，使用普通话的程度更高。

自 2001 年国家开始实施易地扶贫搬迁工程以来，王远新针对少数民族地区不同类型移民社区搬迁者的语言文化适应问题做了 20 多个个案调查，丰富了城市移民语言生活的研究。王远新（2022）考察了布依族、苗族易地扶贫搬迁者的语言生活、语言文化适应和新的社会身份建构，研究表明，搬迁者对普通话的评价较高，也期望后代最先学会普通话。彭婧（2023）认为，扶贫搬迁改变了原有的生产生活方式和语言文化环境，为更好地适应城市生活，建构新的社会身份，搬迁者对普通话的社会地位和发展前景持积极态度，主动学习普通话、对后代先学会普通话的期望高于本族语。

（六）预留学高中生语言认同研究

预留学高中生是指计划未来出国读大学，并接受国际班教育的高中学生，包括公立高中国际部和国际学校。本文关注北京市预留学高中生群体，特指在北京市就读公立高中国际部和国际高中的所有中国学生，不限于京籍的高中学生。该群体高中所学的内容均依据海外大学录取学生和人才培养的标准所设定，与我国普通高中的课程内容不同。他们身处中国本土文化环境，按照国外高中的教学体系接受国际教育，英语成为其重要的学习语言。

随着国际化水平的提高，中国留学生在欧美及亚洲多个国家稳居国际学生占比首位。许多家庭为孩子选择出国留学的道路，孩子在高中阶段进入国际部或国际高中学习，为出国留学做准备。国际学校在线、顶思等第三方机构2021年底公布的统计数据表明，各类国际学校总数超过1300所，考虑到2022年开办、停办的学校数量不多且有相互抵消情况，国际学校存量仍有1300多所，学生总量近几年来保持在55万名左右。①

笔者在中国知网中文数据总库以“高中生留学”为主题检索，共获得文献112篇，其中学术期刊38篇，学位论文18篇，会议论文1篇，其余各类资料55篇。通过梳理预留学高中生相关文献，发现学者对于预留学高中生群体的关注点主要集中在出国留学的适应性以及留学动机等问题上，研究方式也逐渐由理论研究转向实地调查。以预留学高中生为研究主体的文献较少，针对预留学高中生语言认同的研究更少。笔者认为，有必要对预留学高中生语言认同问题进行深入研究。预留学高中生群体面对两种不同语言文化的冲击，会做出怎样的抉择，如何在保持语言自信、文化自信的基础上，拥有国际视野、尊重他国文化，完成自身的身份构建等问题，值得探讨。

三、结　语

（一）研究特点

语言认同是一个整体，与身份认同、文化认同、民族认同等彼此影响、相互交织。本文按照群体角度分类，从第二语言学习者、留学生、海外华人、少数民族、流动人口、预留学高中生等六个方面综述了语言认同的相关研究。

第二语言学习者的语言认同分别与学习者的语言态度、学习动机及语言使用呈正相关的趋势，但语言态度与语言使用存在不一致的情况。留学生的语言认同主要与文化适应相关，积极的文化适应会带来积极的语言认同。海外华人

① 中国教育报环球周刊国际学校项目组．2022年国际学校发展趋势盘点［N］．中国教育报，2022—12—29（9）．

的语言认同主要与身份认同、文化认同相关，不同认同之间既存在一致性也存在不一致性，需要根据具体个案具体分析。少数民族的语言认同与民族认同直接相关，它是构建民族身份的重要表现。流动人口的语言认同与语言的社会功能相关，变化的生产生活方式、文化社会环境影响其语言选择，语言认同与社会身份认同的关系较为复杂。预留学高中生的语言认同研究成果较少，后人可类比其他人群的语言认同研究对其深入探讨。

（二）研究不足及努力方向

国内语言认同研究成果丰富，但也存在一些不足。

一是共时研究多，历时研究少。语言认同的共时研究多考虑在特定时间中语言认同的相关影响因素，历时研究需要研究者长期持续地深入研究，这是深入学术问题、获取科学系统研究成果的必要方式，对研究者来说是一大挑战。语言认同受多种主客观因素影响，具有天然性、建构性和互动性，这就要求研究者将共时与历时、定量与定性研究结合起来。

二是描述性研究多，解释性研究少。语言认同的实证研究较多，通过定量研究、数据统计分析能够客观反映语言认同的状况，但分析语言认同与身份认同、文化认同关系的成果较少。如语言认同与身份认同的表现是否一致、其成因主要是什么，语言认同在身份建构过程中起什么作用，语言能力、语言态度、语言选择等是否会影响文化认同与身份认同，各种影响因素之间有怎样的关系等，还需要进一步探讨。

三是研究成果不平衡。语言认同方面的研究，大多集中在第二语言学习者、留学生、海外华人、少数民族和流动人口等群体。《中国留学发展报告（2022）》显示，学生出国留学的意愿依然强烈，中国依旧是最大的留学生生源国。目前国内语言认同研究大多聚焦在中国留学生，对预留学高中生群体的语言生活关注较少。笔者认为，预留学高中生群体在汉语环境里接受英文授课的国际教育，不仅使其获得关于世界的知识，尊重和理解他国文化；同时，这种有别于国内普通高中的教学体系也会对其心智的成熟、认知的全面、语言的认同、身份的建构产生一定的影响，具有研究必要性。

参考文献

一、著作

［1］陈向明．旅居者和“外国人”——留美中国学生跨文化人际交往研究［M］．长沙：湖南教育出版社，1998.

［2］陈新仁，等．语用学视角下的身份与交际研究［M］．北京：高等教育出版社，2013.

[3] 高一虹．“1+1>2”外语学习模式[M]．北京：北京大学出版社，2001.

[4] 高一虹，等．大学生英语学习动机与自我认同发展——四年五校跟踪研究[M]．北京：高等教育出版社，2013.

[5]（美）亚历山大·温特．国际政治的社会理论[M]．秦亚青，译．上海：上海人民出版社，2000.

[6] 游汝杰，邹嘉彦．社会语言学教程[M]．上海：复旦大学出版社，2009.

二、论文集和集刊

[1] 瞿霭堂，劲松．论语言与认同[G]//王远新．语言田野调查实录（12），北京：中央民族大学出版社，2017.

[2] 赵静，张贝．海外华人的语言认同与语言学习的个案研究[A]．第十三届国际汉语教学研讨会论文选[C]．北京：商务印书馆，2018.

[3] 朱瑶瑶．语言认同研究综述[G]//王远新．语言田野调查实录（12），北京：中央民族大学出版社，2017.

三、期刊论文

[1] 陈颖，蔡炜浩．美国纽约华人社会的语言生活和语言认同[J]．海外华文教育，2016（2）.

[2] 丁云亮．国家传播视域下的语言身份及其认同建构[J]．中国编辑，2020（5）.

[3] 董洁．从“农民工”到工人——城市化进程中流动人口的语言身份认同[J]．语言战略研究，2021（3）.

[4] 方小兵．当前语言认同研究的四大转变[J]．语言战略研究，2018（3）.

[5] 付义荣．新生代农民工的语言使用与社会认同——兼与老一代农民工的比较分析[J]．语言文字应用，2015（2）.

[6] 高一虹．生产性双语现象考察[J]．外语教学与研究，1994（1）.

[7] 高一虹．“对话的交流者”——英语学习者认同典型模式的新发展[J]．中国外语，2014（2）.

[8] 高一虹，李玉霞，边永卫．从结构观到建构观：语言与认同研究综观[J]．语言教学与研究，2008（1）.

[9] 高一虹，刘璐，修立梅，丁林棚．大学生基础阶段英语学习动机跟踪——综合大学英语专业样本报告[J]．天津外国语学院学报，2008（6）.

[10] 高一虹，刘璐，修立梅，丁林棚．大学生基础阶段英语学习与认同变化跟踪——综合大学英语专业样本报告[J]．中国外语教育，2009（1）.

[11] 高一虹，苏新春，周雷．回归前香港、北京、广州的语言态度[J]．外语教学与研究，1998（2）.

[12] 高一虹，赵媛，程英，周燕．大学本科生英语学习动机类型与自我认同变化的关系[J]．国外外语教学，2002（4）.

[13] 高一虹，周燕．英语学习与学习者的认同发展——五所高校基础阶段跟踪研究[J]．外语教学，2008（6）.

［14］高一虹，周燕，战凤梅．英语学习与学习者的认同发展——五所高校高年级阶段跟踪研究［J］．外语研究，2011（2）．

［15］郭风岚，松原恭子．日本留学生对汉语部分称谓的适应与认同［J］．语言教学与研究，2000（4）．

［16］郭熙．关于新形势下华侨母语教育问题的一些思考［J］．语言文字应用，2015（2）．

［17］郭熙．专题研究：语言认同［J］．语言战略研究，2018（3）．

［18］何丽，李秋杨，王雪梅．和谐社会之语言和谐：云南省多民族地区语言使用、语言关系与语言态度研究——昆明市沙朗白族乡个案分析［J］．西南民族大学学报（人文社科版），2010（3）．

［19］黄行．我国民族语言的沟通度与语言群体认同［J］．云南师范大学学报（哲学社会科学版），2011（2）．

［20］黄行．论国家语言认同与民族语言认同［J］．云南师范大学学报（哲学社会科学版），2012（3）．

［21］黄行．论中国民族语言认同［J］．语言战略研究，2016（1）．

［22］李蕾．第二语言习得理论下文化和语言的认同——评《认同和语言学习：对话的延伸》（第二版）［J］．领导科学，2021（3）．

［23］刘璐，高一虹．英语学习动机与自我认同变化——综合大学英语专业二年级跟踪调查［J］．中国外语，2008（2）．

［24］刘璐，高一虹．英语学习动机与自我认同变化跟踪——综合大学英语专业三年级样本报告［J］．外语与外语教学，2010（1）．

［25］刘璐，高一虹．英语学习动机与自我认同变化跟踪——综合性大学英语专业四年级样本报告［J］．外语与外语教学，2012（2）．

［26］刘玉屏．塔什库尔干塔吉克族语言使用与语言态度调查［J］．西北民族研究，2010（1）．

［27］龙惠珠．从职业背境看语言态度的分层［J］．外语教学与研究，1999（1）．

［28］彭婧．易地扶贫搬迁安置社区语言生活研究——基于贵州黔东南的语言调查［J］．原生态民族文化学刊，2023（2）．

［29］秦晨．从 identity 到“认同”：巴别塔的困境——以中国英语学习者为对象的研究［J］．社会科学研究，2012（2）．

［30］沈玲．印尼华人家庭语言使用与文化认同分析——印尼雅加达 500 余名新生代华裔的调查研究［J］．世界民族，2015（5）．

［31］王爱平．汉语言使用与华人身份认同——对 400 余名印尼华裔学生的调查研究［J］．福州大学学报（哲学社会科学版），2006（4）．

［32］王锋．论语言在族群认同中的地位和表现形式［J］．云南师范大学学报（哲学社会科学版），2010（4）．

［33］王远新．论我国少数民族语言态度的几个问题［J］．满语研究，1999（1）．

［34］王远新．青海同仁土族的语言认同和民族认同［J］．中央民族大学学报（哲学社会

科学版)，2009（5）.

[35] 王远新．新疆喀什古城的语言生活——高台民居社区居民的语言使用和语言态度调查[J].新疆社会科学，2013（1）.

[36] 王远新．哈萨克族移民新家园的语言生活——乌鲁木齐市阿克苏乡鹰舞庄园居民语言使用和语言态度调查[J].语言与翻译，2017（4）.

[37] 王远新．维吾尔族在豫经商务工者语言生活及语言文化适应调查[J].民族教育研究，2020（5）.

[38] 王远新．易地扶贫搬迁者语言生活和语言文化适应调查：贵州省兴义市麻山社区的案例[J].民族学刊，2022（4）.

[39] 王媛．中国留美学生留学准备情况与文化适应性分析[J].安徽文学（下半月），2012（7）.

[40] 吴慧．全球化场域中的语言安全与中华民族文化认同[J].内蒙古社会科学（汉文版），2019（3）.

[41] 杨彩贤．西安市农民工的身份认同与语言选择关系研究[J].西南交通大学学报（社会科学版），2016（4）.

[42] 杨荣华．语言认同与方言濒危：以辰州话方言岛为例[J].语言科学，2010（4）.

[43] 姚春林．城市化进程中甘青藏区语言文化生活研究——以甘肃省天祝藏族自治县华藏寺镇为个案[J].中央民族大学学报（哲学社会科学版），2013（6）.

[44] 姚欣．语言认同的本质及其发展进路[J].西安外国语大学学报，2020（4）.

[45] 尹小荣，崔巍．锡伯族的语言群体认同研究[J].兰州学刊，2015（12）.

[46] 英君．蒙古族青年的语言态度研究[J].前沿，2011（19）.

[47] 张斌华．珠三角新生代农民工语言使用、态度及认同研究[J].语言文字应用，2016（3）.

[48] 张汝伦，申小龙．论文化语言学[J].复旦学报（社会科学版），1988（2）.

[49] 郑雪，王磊．中国留学生的文化认同、社会取向与主观幸福感[J].心理发展与教育，2005（1）.

[50] 周庆生．语言与认同国内研究综述[J].语言战略研究，2016（1）.

[51] 周薇．语言态度和语言使用的相关性分析——以2007年南京城市语言调查为例[J].语言教学与研究，2011（1）.

[52] 周燕，高一虹，臧青．大学高年级阶段英语学习动机的发展——对五所高校学生的跟踪调研[J].外语教学与研究，2011（2）.

[53] 邹柳，葛俊丽．中国留澳学生语言实践与身份认同的关系研究[J].佳木斯教育学院学报，2012（4）.

四、学位论文

[1] 阿斯罕．布迪厄实践理论视角下的语言认同：四位蒙古族三语人案例研究[D].北京外国语大学博士学位论文，2015.

[2] 包冬梅．在京蒙古族青年语言使用及语言态度调查[D].中央民族大学硕士学位论

文，2008.

［3］代永杰．在俄国际生的学业适应现状及其影响因素研究［D］．东北师范大学硕士学位论文，2017.

［4］杜思婷．华侨大学华文教育专业东南亚留学生汉语认同调查分析［D］．华侨大学硕士学位论文，2019.

［5］傅裕．巴基斯坦汉语学习者态度、动机对跨文化认同的影响［D］．北京外国语大学硕士学位论文，2022.

［6］姜艾伽．国家通用语言对国民认同塑造探析［D］．吉林大学硕士学位论文，2023.

［7］汤林芳．从人际圈的角度分析海外中国留学生的跨文化适应［D］．上海外国语大学硕士学位论文，2009.

［8］杨荣华．想象的言语社区：全球化语境下英国华人语言认同研究［D］．南京大学博士学位论文，2009.

［9］张健．马来西亚华人文化认同之汉字影响研究［D］．西南大学博士学位论文，2014.

［10］朱瑶瑶．留美回国人员语言认同研究［D］．中央民族大学博士学位论文，2017.

［11］邹晓彧．菲律宾华校学生语言态度和文化认同相关因素研究［D］．福建师范大学硕士学位论文，2012.

五、英文文献

［1］Berry，J.，et al. Acculturation Attitudes in Plural Societies［J］.*Applied Psychology*，1989（38）.

［2］Block，D. *Multilingual Identities in A Global City*：*London Stories*［M］.Basingstoke：Palgrave Macmillan，2006.

［3］Block，D. *Second Language Identities*［M］.London and New York：Continuum International Publishing Group，2007.

［4］Gumperz，J. *Discourse Strategy*［M］.Cambridge：Cambridge University Press，1982.

［5］Labov，W. *The Social Stratification of English in New York City*［M］.Washington，DC：Center for Applied Linguistics，1966.

［6］Le Page，R. B. &Tabouret-Keller. *Acts of Identity*：*Creole Based Approaches to Language and Ethnicity*［M］.Cambridge：Cambridge University Press，1985.

［7］Norton，B. *Identity and Language Learning*：*Gende*，*Ethnicity and Educational Change*［M］.Harlow，England：Pearson Education，2000.